# 明清帝制农商社会研究（续编）

MINGQING DIZHI NONGSHANG SHEHUI YANJIU

赵轶峰◎著

科学出版社
北京

## 内 容 简 介

本书接续《明清帝制农商社会研究（初编）》，探讨帝制后期即明清时期中国社会的结构与历史趋势。本书作者提出的明清帝制农商社会说从比较文明和结构分析的视角审视明清时代的中国社会，认为明清中国社会发生了多种不可逆转的深刻变化，同时延续着漫长历史演变过程中形成的一些深层结构特征，展现为一种独特的社会形态。在此种社会形态中，以商品经济繁荣为突出表征的新经济社会趋势与帝制体系构成了一种互洽格局。该说提出以来，在学术界引起广泛反响。本书分17个专题，从概念与框架、国家与社会、思想与学术、中心与边缘4个部分进行拓展性研究，深化了“初编”所提出的基本主张，体现了近年明清社会结构与历史趋势前沿性探讨的新主张和新动向。

**图书在版编目（CIP）数据**

明清帝制农商社会研究：续编 / 赵轶峰著. —北京：科学出版社，2021.4
ISBN 978-7-03-067152-3

Ⅰ. ①明… Ⅱ. ①赵… Ⅲ. ①社会制度-研究-中国-明清时代
Ⅳ. ①D691.71

中国版本图书馆 CIP 数据核字（2020）第 244695 号

责任编辑：李春伶 耿 雪 / 责任校对：韩 杨
责任印制：师艳茹 / 封面设计：润一文化
编辑部电话：010-64005207
E-mail: lichunling@mail.sciencep.com

科学出版社出版
北京东黄城根北街 16 号
邮政编码：100717
http:// www.sciencep.com
三河市春园印刷有限公司印刷
科学出版社发行 各地新华书店经销
*
2021 年 4 月第 一 版 开本：720×1000 1/16
2021 年 4 月第一次印刷 印张：22 3/4
字数：335 000

**定价：118.00 元**

（如有印装质量问题，我社负责调换）

# 前　言

如题所示，本书讨论的依然是我自2007年正式提出的明清帝制农商社会说。该说最初的框架体现在《明代的变迁》一书的结论部分，展开研究后的初步结果汇集于《明清帝制农商社会研究（初编）》（以下简称“初编”）中，本书为“初编”的延伸，数年内还会有“三编”出版。

“初编”前言中已经说明，明清帝制农商社会研究的基本目标是就明清中国的社会特质及其与现代社会的关联提出一种总体的看法。这无疑是一个宏大的课题，尤其是拟定研究计划不仅要勾画一个轮廓，而且要在梳理和评析以往研究的范式并通过具体领域的实证来展开研究的情况下进行，更显艰难，然而并非不可能。因为我要做的，与任何其他历史学研究一样，都不过是呈现一个史学研究者个人的认识，这种认识根本不应被预设为最终的结论，而是一种思考的建议，它还要由读者来审视、研判。只要能够有益于同一方向学术探索的进展，这项工作的意义就充备了。“初编”出版以后，著名明清史专家高寿仙教授撰文进行了评论，肯定了研究的基本方式和主要论证，同时提出了一些富有洞察力的追问，显示出已有研究的不足。这既是一种鼓励，也对我接下来的思考提供了重要的启发。更多的反应体现在学术界对此说与葛金芳教授提出的唐宋时期“农商社会”说和林文勋教授及其团队提出的中唐以后“富民社会”说，以及李治安教授提出的“中国历史演进框架论”说的并同评论和讨论中。北京师范大学、首都师范大学、云南大学、湖北大学、厦门大学、南开大学、东北师范大学、中国社会科学院历史研究所都参与组织了相关的多次研讨会。这几种论说无论从方法论还是从研究的核心问题看，都有差异，但有一个基本共同点，就是为在历史学最新进展的基础上提出对中国历史演进理路新的阐释和叙述体系方面做出尝试——这种尝试的学术意义和现实意义都是不言而喻的。在我看来，对于中国历史的新的兼具本土学术特色与国际和时代眼光的阐释和叙述范式，正在这类讨论中逐渐形成。

本书继续“初编”专题探讨的方式。所有17个专题分列于“概念与框架”“国家与社会”“思想与学术”“中心与边缘”4篇项下。其中个别专题在编辑“初编”时已经写就，但因篇目分类考虑留入本编，而绝大多数则是在“初编”出版之后陆续写出并在学术期刊作为单篇论文刊出的。采用这种论文累积方式的原因，“初编”曾作过说明，是由于明清帝制农商社会研究不是一本书能够完成的计划，必须在多年间逐步推进——我其实觉得自己研究历史40年来一直在探索相关的问题，而且还必须随时汲取学术界的反馈。这种方式可以最大限度地限制方法论预设对具体研究造成过度的规定性，允许实证考察随时调整最初的假说。因而，虽然这实际上影响了“初编”和“续编”形式意义上的严整性，但我坚信这项研究的整体性并不依赖它的文本形式，而在于贯通其中的问题、方法和思考路径。不过，三编皆得完成之后，我毕竟还是要将研究的结果和能够引发的进一步思考重做整合的呈现。

第一篇“概念与框架”结合与总课题相关的晚近研究，进一步讨论基础理念层面的问题。《明清帝制农商社会说的问题意识与研究取径》将此说置于国内外相关学术论说推进的历程和相互关系视角下，重新表述明清帝制农商社会研究的概念、方法、基本观点。与先前的表述相比，此番视野有所拓展，一些分支问题看法的分寸把握有微小调整，总体沿着最初的研究方向充实推进，代表研究至今的总体看法。《文明史视角下中国社会演进的阶段性》用概括的方式，回答明清之前中国社会基本形态与明清帝制农商社会的关系，实际上是把明清帝制农商社会放到一个中国通史的框架里观察其位置。我始终认为中国历史上各时代的基本形态特征要在实证的基础上概括出来，而不是从某种理论中演绎出来。所以，此番概括的基础是我所了解、理解的各断代关联情况。如今处于一个史料大发现的新时期，各断代研究不断有新的进展，当看到相关实证研究足以提供新的理解的时候，我会调整和重述这种认识。《从地方到全球——思考明清社会研究的单元意识》观照当前学术界在社会研究中采用多种研究对象单元的情况，分析各种对象单元研究的指向、功能、局限，以及可能的关联。目前的学术界，倡导地方社会研究者偏重微观课题、地方知识；倡导全球史者走向宏大和普遍关联。各有所见，却不见将微观与宏观两极置于一个视野下的讨论，"宏大叙事""碎片化"也都在各擅胜场之后，受到一些诟病。这背后的基本问题，其实就是个历史研究的单元及其相互关系问题。此篇讨论略为简略，以后必要时会更具体展开。《重新思考明清鼎革——兼谈"十七世纪危机""大分流""新清史"》结合晚近对明清易代的各种影响较大的论说，讨论明清鼎革的历史含义。明与清是中国帝制时代最后两个王朝，将之作为一个共同时代来考察，是因为最后这次王朝更革所带来的一些断裂并没有达到割裂这个共同时代历史连续性的程度。中外学术界都非常重视明清鼎革发生的17世纪，将之视为要阐释中国现代社会发生过程时最低限度要追溯到的原点，当然也可以追溯得更远，但更近就无法形成略具原委的说明了。研究既多，分歧也多。此部分围绕在明清帝制农商社会视野下的明清鼎革观，提供对17世纪中国历史宏大变迁的一种透视，其间包括对近年来影响巨大的"17世纪普遍危机""大分流""新清史"各说在与明清鼎革阐释相关方面主张的评论。

第二篇"国家与社会"包含5章。明清帝制农商社会说的一个明确预设是，明清时代不应被总体概括为封建社会。这一看法先前多次被提到，其基础一是多年研治明清史所知情况的综合，二是对五种社会形态依次递进说与中国历史演进历程不一致的学术、思想史考察。《明清时代的帝制与封建》正面考察明清帝制总体框架与虽已不据主导地位但依然存在的封建制之表现的关系以及相关的思想。帝制自秦汉时代成为主导制度框架后，封建作为辅助性的分支性制度长期存在，时隐时显，在明清时代亦有活跃表现。明清时人话语中的封建，含义高度一致，都是与郡县对应的一种世袭特权性质的制度安排，而对于这种制度的看法，尤其是其与现实处于主导地位的郡县体制之间的关系，却有许多分歧性主张。只要认真阅读这些主张，就会对明清时代帝制与封建的关系形成很明确的认识。《论国家与社会的一般关系——兼及明代国家与社会之历史关系》已经写成并单独发表数年，通过梳理国家与社会关系的要点，约定理解帝制农商社会的政治学话语范畴，思考明代——实际上也适用于思考清代国家社会关系的要点。《明代皇权转移之际的合法性博弈》在前节基础上，通过考察皇权转移之际的政治博弈，呈现作为帝制时代政治文化隐性框架要素的合法诉求与建构如何体现于具体政治实践中。《明代度牒制度的变迁》和《度牒制度与清前期社会制度变迁》两章前后相衔，考察明清两代政府僧道度牒制度的运行理念和方式，从中探视明清政府对宗教和出家人口的管理思路与实践。从这个角度看，从明到清，宗教信仰的管控是趋于放松的，因而基层社会的人口流动性也是趋向活络的。

第三篇“思想与学术”共含4章。《明代的“四民”说》梳理分析明代君臣关于人民成分的观念。先秦即有用“士农工商”指称人民基本构成的说法，后世不断发生变化，但这种话语在明初依然流行，到明中后期，四民异业而同道、工商为本的言论普遍为思想者所接受，“四民”说法虽存但已经空洞化。此间发生变化的主要不是士、农、工，而是商人地位，反映的是绅商成为社会主导人群，以及职业等级区分的消解。《论海瑞的浩然之气》通过对一向被视为中国历史上最典型“清官”的海瑞心胸境界的考察，揭示孟子学术通过心学如何塑造了明代士大夫的人格。制度可以塑造守法的官僚，但真正品格高尚的士人，却更有一种天下情怀和道德自觉，海瑞的人生境界，是心学的理想，其含义不是“清官”二字可以涵盖的。明清中国有这样的士人和养成这种士人的氛围，当时的文化就分明是富有生气的。《论清代汉学不是“文艺复兴”》是在世界历史视野下对明清时代学术精神做基本判断的一个专题，具体针对梁启超、胡适、傅斯年视清代汉学为中国“文艺复兴”的言说，指出诸位因民国“启蒙”之现实需求而刻意在中国帝制时代找寻与欧洲“文艺复兴”同质的表现，其间多有牵强比附，既误解了欧洲的“文艺复兴”，也误解了中国宋明清时代学术演变的基本脉络与特点。明清中国与同时代欧洲的思想学术舞台在上演不同的剧目。《李约瑟难题与明清社会——读〈文明的滴定：东西方的科学与社会〉》借诸李约瑟本人对“李约瑟难题”的回答，尝试对明清时代中国科学技术精神、状况、方向做出大致判断。李约瑟这本书实际上提供了迄今为止关于中国与欧洲科技发展经历最周至、最深入的对比，意味着他自己对“李约瑟难题”的解答言尽于此。明清以前时代曾在许多领域表现出把科技知识运用于实践的先进性的中国，是在“现代科学”兴起的比照下落后的，“现代科学”与“古代科学”有根本差异，其兴起有非常复杂的制度和文化背景。

第四篇“中心与边缘”包含4个考察帝制权力中心与土司、外藩、邻国关系的专题。《奢香的遗产——明初政治文化外缘区域秩序建构的一个案例》以自明中叶开始就传奇化的贵州土司奢香与明中央政府关系为个案，展现帝制国家权力辐射差序格局中中央与土司的关系，包括围绕这种关系而发生的分歧与妥协，以及边缘区女性与核心区女性地位的差异。奢香个案体现的是明初情况，后来围绕改土归流等还有更复杂的情况，要在以后讨论。《重谈洪武时期的倭患》排比相关史事记载判定，倭寇侵扰是明初东南沿海严格管控的基本背景，不是所谓“禁海”导致倭寇而是相反。这既是对明代倭寇的一种认识，也是对明代“海禁”的一种认识。《“大行”消息到朝鲜——以〈世宗大王实录〉关于永乐帝宾天的记载为中心》利用朝鲜世宗朝实录与明朝文献，梳理永乐皇帝“驾崩”之后朝鲜王朝的反应方式和节奏，从礼仪和信息互动侧面呈现主要封贡国朝鲜与明朝关系的具体情形。《清前期中朝关系与“东亚”秩序格局》梳理清朝方面关于其与朝鲜王朝基本关系的记载，归纳出该时代中朝关系的特点，进而将之与清同日本等其他国家的关系进行对比。近年流行从“东亚”视角看明清时代的历史，但今日所谓“东亚”在整个明朝和清朝大多数时间范围内并不在当时话语体系中，因而也不是思想中被真实运用的单元。当时并不存在由“朝贡体系”联通的一个“东亚”国际关系架构，原因是明清两代的大多数时期，包括整个清代，日本都不在以中国为中心的“朝贡体系”之内。“东亚”在历史研究中可以有效运用到19世纪中叶以后时段，若向更早投射，就会把当下关切过多投射到先前时代，势必带来曲解。

坦率地说，在“初编”出版后两三年能够完成如上这些专题的考察，我自己是很满意的。这里面涉及几个对于帝制农商社会论说而言非常关键的问题，如今做了正面的阐释，确认了“初编”提出的基本看法，拓展了实证考察的范围，也进一步检验和充实了方法论。在此基础上，我相信“三编”会将明清帝制农商社会的面貌和内里的逻辑更清晰地呈现出来。

我的研究，一向得益于同道的帮助。本书写作期间，尤其得与南炳文、赵毅、葛兆光、李伯重、李治安、李华瑞、葛金芳、孙卫国、董少新、范金民、林文勋、彭卫、李振宏、王彦辉、周启荣、张兆裕、何孝荣、张强、罗冬阳等各位学者往来之益甚多，特致谢忱。我的几位学生一向要分担我所写的一切文稿的校读之苦，本书写作过程中李媛、刘波、宋兴家、李小庆、闫瑞、王慧明分担尤多，也在这里致谢。科学出版社耿雪女士在“初编”之后，慨然承担“续编”的编辑和出版安排之事，保证本书风格气息能够一以贯之，感激不尽。东北师范大学资助了本书出版，亦致谢意。

赵轶峰

2020年1月6日于长春

# 目　录

## 第二篇 国家与社会

## 第四篇　中心与边缘

# 第一篇

# 概念与框架

# 一

# 明清帝制农商社会说的问题意识与研究取径

以将明清时代中国社会称为“帝制农商社会”为话语轴心来展开的关于明清中国社会结构与历史趋势的学术探讨已经提出13年了。[①]近年来，此说与葛金芳先生以唐宋时期社会经济为考察重心的“农商社会”说、林文勋先生以唐宋以降中国社会主导力量为考察中心的“富民社会”说一起受到日渐增多的关注，以相关概念为主题的学术会议已经连续举行6年，并被各种评论所涉及。[②]这种关注，必然鞭策论说提出者对自己的学术主张进行深入、缜密的省察。这里对明清帝制农商社会说的问题意识和研究取径重新进行说明，其中包含该说提出以后的一些新的认识以及对学术界评论的回应。

## （一）问题的由来

20 世纪70年代末，我开始在李洵先生指导下从事明清史的学习与研究。李洵先生关注的根本问题是“明清社会结构”。其基本含义，与当时学

① 这一论说最初提出在2007年，参看赵轶峰：《明代中国历史趋势：帝制农商社会》，《东北师大学报（哲学社会科学版）》2007年第1期。

② 参看林文勋、张锦鹏主编：《中国古代农商·富民社会研究》，北京：人民出版社，2016年。

术界主流的理解一致，主要是指以生产资料所有制为核心的社会生产关系或者生产方式。所以，先生特别关注对明清资本主义萌芽的研究。但他并未将对这个问题的思考局限在生产关系，而是扩展到更广阔的社会，提出了关于明代流民、海盗与资本主义发生趋势相关联的看法。① 他的研究，引领我很早就把明清社会结构与历史趋势置于思考的中心。当时国内学术界的相关研究，在具体层面有多种分歧，但在基本理念层面则是一致的。研究者都主张明清时代是封建社会解体的时代，也是资本主义萌芽产生的时代，是中国显示出走向资本主义社会形态的初期，分歧则在于资本主义萌芽的具体表现、程度，以及如何解释中国资本主义萌芽为什么最终没有能够发展成为资本主义社会。我最初尝试沿着学术界的主流方式考察下去，首先想确证明清中国的资本主义萌芽与同时期的西方相似，在向一种全面的资本主义社会发展，但很快发觉证明不了。把前辈们发掘出来的资本主义萌芽证据加在一起，能够确证明清中国经济领域充满活力，在变化、发展，但不能确证这些发展已经汇流成为一个确定的、走向资本主义的历史趋势或过程。而且，学术界对相关史料的发掘已经揭示了明清社会经济的基本面相，还会有新资料的发现，但很难达到足以改变当时对明清经济基本面相判断的程度——后来 30 多年的文献研究实际证实了这一点。至于有关资本主义萌芽未能发展成资本主义大树原因的分析，在当时语境中，都属于对推论必然发生而又没有发生的事情的解释。历史学研究的直接对象是已然之事，对未然之事虽可推测展望、连带思考，但不可能用实证方法考察，只能形成“观点”而不是“事实”性质的判断。所以，讨论中国为什么没有自发形成资本主义社会更接近于在探讨理论，从历史学意义上说，远不如讨论明清中国究竟是怎样的一种社会更有意义。于是，明清中国究竟是怎样的社会，如何透视其基本组织运行方式并在世界历史的视野下阐明其类型特征及其向现代社会过渡的方式，重新成为充满魅力的问题。

20 世纪 80 年代是一个思想活跃的时代，我既已在钻研前贤研究从而形成基本知识的过程中察觉到前贤研究的视角可以调整，就去梳理更早的问题

① 参看李洵：《下学集》（第二版），北京：中国社会科学出版社，2006 年。

和方法论渊源。于是追溯到20世纪30年代的社会史论战、亚细亚形态说、东方专制主义说，以及相关的思维方式和马克思、恩格斯、列宁、斯大林著作中的相关论述，同时在更大的范围对历史认识论、方法论问题进行钻研。这时候发觉了三个相互关联的情况。

第一，参与资本主义萌芽讨论的多数学者没有特别注意区分"资本主义"是被作为一个社会体系，还是经济体系的问题。这可能是因为当时中国学者大多自然地倾向于经济决定社会的其他方面，因而觉得二者区分的意义不大。但如果是那样，在思维层面就落入了单向决定论，这种思维不适合用来讨论复杂系统，而社会历史的形态演变就是一个复杂系统。如果"资本主义"被视为一个复杂的社会体系，那么生产关系领域的雇佣劳动关系萌芽现象只表示出现了在性质意义上与资本主义经济契合的情况，不表示已经发生了在历史趋势意义上向资本主义社会体制的演变过程，因而不应该将之称为"资本主义萌芽"。如果"资本主义"被视为一个被抽象化的经济类型，那么雇佣劳动关系就可以被称为"资本主义萌芽"，但这种萌芽可以追溯到更早的时代。中国学术界讨论的"资本主义萌芽"虽然在多数情况下都是被作为"资本主义生产关系的萌芽"来讨论的，但其言外之意，又几乎无一例外地是把生产关系作为整个社会之性质的基础的，具有比较明显的单向决定论和经济决定论的思维色彩。

第二，资本主义萌芽研究者的方法论都立足于人类社会五种形态依次演进的学说，并且将之视为马克思主义的基本原理。为此我做了认真的梳理研究，最终判定：马克思表述过两种社会形态概念系列，一是三大形态系列，二是五大形态系列。其三大形态系列是逻辑和历史的统一；其五大形态系列是逻辑的，而不是历史的，而且马克思的五大形态是指亚细亚的、古代的、封建的、现代资产阶级的以及共产主义的五种"生产方式"，与中国学术界习惯的表述不同，而且从来没有表述过五大形态是作为世界普遍规律的表现而依次递进的。我们习惯表述的原始社会、奴隶社会、封建社会、资本主义社会、社会主义依次发生、前者孕育后者的模式是苏联理论家以斯大林名义表述的说法。20世纪80年代以前中国学术界习惯于假定几位"经典作家"

的观点一致，在自己的表述中让他们相互代表、相互解释，从而也就时时把斯大林的言论归结为马克思主义。但对他们的论说进行深入分析，差别其实很大。如果我们真正尊重这些思想家，就应该尊重他们各自思考的历程和特殊之处。①

第三，无论中国还是西方的现代历史学，都受西方中心主义影响。资本主义萌芽这个问题本身其实就与西方中心主义有些关联。因为，这个问题的论证指向是求证中国历史发展符合世界历史普遍规律。需知，人类历史的普遍规律需符合历史的经验事实，起码是基本事实，按照中国在人类历史中波及的空间范围、人口占比、文明表现，如果中国历史与“普遍规律”不符，那么该规律就不普遍。换言之，我们原不应该提出中国历史是否符合人类历史普遍规律这样的问题。西方中心主义是一种长期浸润人类思想的观念，且已深入到思维方式层面，并不是选择个情感立场这样的简单问题。这些考察使得明清时代社会结构和历史趋势对我来说，回归成为一个需要从根本层面重新探讨的学术问题。

20 世纪 90 年代我在加拿大求学，收获主要在史学理论、社会史、世界史以及对西方明清史研究的了解方面，但所有的思考依然会投射到前面提到的基本问题上去。把其间重要的心得归纳一下的话，可以这样表述：

资本主义萌芽是中国大陆历史学界的特殊话题，虽然在亚洲其他国家史学界也有讨论，但不是国际学术界的前沿话题，西方学术界主流不使用这个概念，也不赞成这样提出问题，其中未必没有意识形态的偏见成分，但也有学术方面的理由。国际学术界认真对待的问题，其实是现代性在中国发生的历史过程，以及是否存在本土文化、社会、历史依据的问题——这与资本主义萌芽问题有很大不同。世界历史上只有西欧的历史接近于斯大林图式的五形态递进历程，其他地区、民族、国家皆非如此，所以五形态依次递进不是定律。文化差异对于理解宏观历史演变，尤其是文明的推演，具有根本性意义。我们以前思考社会历史时对文明视角过度忽视，接近于把历史演变当作

① 这些研究论文在 20 世纪 80 年代先在期刊上发表，后收入《学史丛录》，参看赵轶峰：《学史丛录》，北京：中华书局，2005 年，第 58—88 页。

经济带动的过程，而人类历史演变中的普遍逻辑和共性并不严格规定各文明、文化、社会自身历史演变的道路。西方学术界也没有关于明清中国社会结构与历史趋势的现成答案，相关的研究能够带来很多启发，但并无定论，且时时可见较强的欧洲中心主义——中国学术界的教条主义其实是一种另类的西方中心主义。中国历史演变必须通过历史的方法即考察已然历程的方法来认识，不能用演绎的方法来认识。认识中国历史演变的独特性与认识中国历史与其他民族、社会历史的共同性同样重要。中国的晚近发展其实正在日益醒目地提示中国社会、历史道路的独特性。后现代批评思潮已经揭示出“现代社会”存在种种局限，因而，“现代社会”并不是历史的终极目标，无论西方还是东方，人们都需要继续思考社会合理性的建构问题。这些认识如果展开，需要很多文字，这里不能详说。

## （二）研究范式的检讨

如果我们要研究一个涉及面很宽而又有许多前贤研究过的问题，就一定要对前人研究的范式进行深入剖析。这类问题其实不可能因为一两个实证性环节存在分歧就长期不能达成共识，所以如果有重大分歧或难点，就一定存在研究范式层面有待澄清的问题。我们暂且采取把现代性发生作为思考明清社会结构与历史趋势的核心，那么，已有的各种相关研究范式在我的梳理中会大致呈现为下述情形。

（1）中国学术界的明清资本主义萌芽研究在这个视野下显示为“资本主义发生障碍范式”。这种研究偏重强调经济因素必然带动社会整体形态向某种世界性普遍同一的模式演变，理论预设性强，而实证依据不足。此点前面已经谈及，不再重述。应该注意的是，参与资本主义萌芽问题讨论的学者虽多，但以经济史家为主，绝大多数经济史家偏重从经济角度审视整个社会，所以“资本主义”在多数情况下既被作为一种经济体系，也被作为一种社会形态。其背后的思维逻辑是，经济体系会自然而然地确定整个社会的基本制度。但这是一种要素决定论的思维——无论经济在整个社会体制中占有何等重要的地位，它都不能单独“决定”整个社会体制。所以经济体制与社会体制是有差别的。资本主义萌芽讨论初看是在讨论经济生产方式，实际的指向却是整个社会的基本体制，这是论证难以通透的原因之一。把问题提升到现代性发生的层面，这个困境则可以化解，但接下来其路修远。

（2）马克斯·韦伯（Max Weber）的新教伦理促发资本主义说提供了一种从信仰倾向角度解释资本主义发生过程的研究范式。①他本人甚至研究了中国各种信仰与资本主义在逻辑上的可契合性问题。②他以这种范式解释英国资本主义起源的论说在西方学术界既产生了巨大影响，也引起诸多质疑，包括认为他夸大了新教伦理推动英国资本主义发展的作用。后来一些评论者借助此一范式解释20世纪中后期亚洲几个国家的经济崛起。余英时先生受韦伯影响，写了《中国近世宗教伦理与商人精神》，提示中国“近世”也存在新的宗教伦理和商人精神。③这种范式对关注信仰方式于社会结构推演的作用有启发意义，但因夸大宗教伦理引导新质商业精神的作用，忽视经济、政治等诸多其他重要领域，并不能透彻说明明清时代的社会结构与历史趋势。

（3）伊懋可（Mark Elvin）在1973年出版的《中国历史的模式》，提出“高水平均衡陷阱”（The high-level equilibrium trap）说。他承认明清中国经济有一定发展，但依赖高密度人力投入所形成的经济发展最终陷入发展停滞。④他不是明清史研究的实证史家，所有分析资料都借助二手或更间接的资料。他的论说之重要性，一是虽然最终判定明清时代中国经济还是陷入了停滞，但表达出尝试摆脱中国历史长期停滞说法的意图；二是提出了明清时代中国经济结构的一种模式说。该书长期没有中译本，对中国学术界影响很

---

① 韦伯著作，近年有广西师范大学出版社结集出版的中译本，参看〔德〕马克斯·韦伯：《新教伦理与资本主义精神》，康乐、简惠美译，桂林：广西师范大学出版社，2010年。

② 〔德〕马克斯·韦伯：《中国的宗教：儒教与道教》，康乐、简惠美译，桂林：广西师范大学出版社，2010年。

③ 余英时：《中国近世宗教伦理与商人精神》，台北：联经出版事业公司，1987年。

④ Mark Elvin, *The Pattern of the Chinese Past*, Stanford: Stanford University Press, 1973. 该书第三部分的几个标题准确表达了伊懋可的核心主张：第三部分标题是 *Economic development without technological change*（没有技术变化的经济增长）；该部分中一个小节题为 *Quantitative growth, qualitative standstill*（数量增长，质量停滞）；其下一个小标题为 *The high-level equilibrium trap*（高水平均衡陷阱）。参看该书第 203—319 页。

小，但对后来兴起的加州学派影响很大。

（4）贡德·弗兰克（Andre Gunder Frank）的《白银资本：重视经济全球化中的东方》（*Reorient：Global Economy in the Asian Age*）中译以后对中国学术界产生了不小的影响。① 弗兰克是依附论的主要论说者之一，而依附论是20世纪60年代以后观照拉美国家经验而兴起的影响最大的反欧洲中心主义的、具有全球史观含义的现代国际关系结构论说。从历史角度看，弗兰克强调包括中国在内的亚洲是在地理大发现之前就已存在的商业世界体系的中心，白银和中国对白银的需求对世界经济发展产生了巨大的促进作用。虽然梁方仲、全汉昇等曾对明代白银输入中国情况做过详细研究，但偏重具体实证，弗兰克的考察虽并没有使用明清中国的原始资料，却具有非常宽广的世界眼光和理论性，比较深刻地阐释了明清中国与世界大变迁的关联。不过，弗兰克带有依附论者刻意从非欧洲范围梳理现代起源的主观倾向，夸大了白银和中国市场对现代世界兴起的作用，没有把前现代经济、社会体系与现代经济、社会体系之间的差别说清楚，当然也没有正视明清中国的社会结构究竟如何的问题。另外，他当然也不是明清史领域的实证史家，在论述中曾借助于前述伊懋可的高水平均衡陷阱说。

（5）加州大学黄宗智的明清经济内卷化（involution）理论与伊懋可的高水平均衡陷阱说很相似。"内卷化"概念来自美国人类学家克利福德·格尔茨（Clifford Geertz），指一种系统在发展到某种模式之后无法转化进入另一种高级模式的现象。黄宗智在他的《长江三角洲小农家庭与乡村发展》中借用这个概念，并将之重译为"过密化"，用来指明后期以降"总产出在以单位工作日边际报酬递减为代价的条件下扩展"的经济模式，认为这种通过"过密化"而实现的增长，不仅不会导致小农经济让位于大规模生产，甚至会因为单位劳动力报酬更低而阻碍雇佣劳动生产的发展，所以也称为"没有发展的增长"。② 他在题为《中国研究的规范认识危机——社会经济史中的悖论现象》的论文中对这一主张做了进一步的说明，明确指出，"过密化

① 〔德〕贡德·弗兰克：《白银资本：重视经济全球化中的东方》（第二版），刘北成译，北京：中央编译出版社，2005年。

② 〔美〕黄宗智：《长江三角洲小农家庭与乡村发展》，北京：中华书局，2000年，第11—12页。

解释了没有发展的增长这一悖论现象”[①]。在黄宗智的论述中，这种“过密化”的经济模式在中国一直延续到20世纪中后期。正因为如此，该说作为关于中国农村经济结构的假说，对认识直到晚近的中国农村经济结构意义很大，但是作为解释明清中国社会结构和历史趋势的研究，问题就很多。其中最主要的是，农业生产中的“过密化”与土地、人口数量高度相关，江南在明前期就已经出现土地不足、人口密度偏高等问题，而其他诸多地区并无同样、同程度的问题，明清继替，全国的农业可耕地面积大幅度增加，就全国而言，“过密化”是否构成普遍事实，具体情景如何，还需要经过大量黄宗智并没有进行的实证研究。其次，他虽是大量运用原始文献的经济史家，但他喜欢大时间跨度地分析史料，一些重要数据的考证难以令人信服。[②]

（6）加州大学的另一位学者彭慕兰（Kenneth Pomeranz）提出了“大分流”说。[③] 其鲜明特色之一，是努力克服西方中心主义的现代社会兴起叙述，强调中国、亚洲及其他非欧洲社会在这一过程中扮演了重要角色，这是具有很大合理性的尝试。但他的论说也带有比较突出的经济决定论色彩。该说用GDP作为一个比较的尺度，判断17世纪中国江南地区的经济水平与同时期英国约克郡相当，到18世纪末，中国与欧洲的经济发展水平才“分流”，而“分流”的重要原因是欧洲开始大量使用新的矿物能源。他把江南地区孤立出来与英国的一个郡比较，这是无法说明作为整体的中国的社会历史趋势的。[④] 他的这个颇为复杂但并没有系统使用明清中国原始材料的论说中有一点非常凸显，即被黄宗智归入“内卷化”的17世纪中国，在彭慕兰的论说中却被认为是持续发展的。这意味着两位皆来自加州大学的学者的主张有很大差别。[⑤]

---

① 〔美〕黄宗智：《长江三角洲小农家庭与乡村发展》，第427页。该文最初于1991年以英文形式发表于*Modern China*, Vol.17, No.3，后曾刊于《史学理论研究》，再后作为附录收入《长江三角洲小农家庭与乡村发展》。

② 参看苏新红：《黄宗智“过密化”理论中的事实判定、逻辑分析与模式建构问题——以〈长江三角洲小农家庭与乡村发展〉为中心》，《古代文明》2009年第1期。

③ Kenneth Pomeranz, *The Great Divergence: China, Europe, and the Making of the Modern World Economy*, Princeton: Princeton University Press, 2000.

④ 该说在中国学术界引起很大反响，并反馈到西方学术界，如*Chinese Studies in History*（《中国历史研究》）2011年秋季号（总第45卷第3期）就曾以*The "California School" in China*（加州学派在中国）为该期主题，刊发了龙登高、史建云、王家范、赵轶峰、李宪堂分别撰写的5篇评论文章。

⑤ 参看〔美〕黄宗智：《发展还是内卷？十八世纪英国与中国——评彭慕兰〈大分岔：欧洲，中国及现代世界经济的发展〉》，《历史研究》2002年第4期。

不过，在方法论层面，两人都过度偏重从经济角度看问题。在本文思考的视角下看，与伊懋可的高水平均衡陷阱以及加州大学其他学者的研究方式类似，这种考察把历史问题过分经济学化，把经济从复杂的社会、文化、制度中抽离出来，假定其在很大程度上单独运行，这作为旨在建构模式的经济学方法无可厚非，但作为旨在解释历史的方法就显得建构性过强而忽略的关联事实过多了。而且，把发展理解为关于一个社会人均生产力增长的问题，是20世纪50年代兴起的现代化论（modernization theory）的主要观点之一，而该理论的局限已经受到学术界多角度的批评。①

除了前述这些之外，还有其他许多学者的研究对明清社会结构与历史趋势也有重要参考价值，但从方法论层面看，要比前述几位学者的影响力弱一些。前面提到的几种研究范式在本文思考的问题视角下各自显示出一些局限，同时也各自带来一些启发，而其全面学术含义还要以更细致的方式梳理和评价，那不是这里要做的事情。

这里有必要稍微窥测一下前述各种范式背后更深一层的思想背景。如果把关于中国历史“停滞”的各种表述追溯上去，可以看到从魏特夫、马克思到黑格尔，再到16世纪前后欧洲旅行家和传教士言论影响形成的东方知识和东方意象，有一条欧洲中心主义推演的线索。中国多数学者不赞成中国历史停滞论，但他们的反驳路径，大多是通过主张中国历史符合世界历史普遍规律切入，而他们心目中的“普遍规律”又是在很大程度上以西方经验为中心概括出来的，从而在研究的过程中常常陷入两难。

在更“普遍”的层面，西方中心主义和中国历史停滞论紧密纠缠，其背后的思维取径都与人类历史单线进化发展观和单一因素决定论有关。所以要突破中国历史停滞论，就要突破欧洲中心主义；要突破欧洲中心主义，就要突破线性历史发展观；要突破线性历史发展观，就要突破历史的单一因素决定论。持定单一因素决定论，就会演绎出线性历史发展图景，在现代性起源问题上就会把欧洲代表的现代社会作为历史目标，认为其体现历史必然和普

① 现代化论对亚洲历史的理解方式曾产生普遍而且深刻的影响，但其可议之处甚多，有待深入分析。对于该理论的简要评论可参看〔美〕皮特·N. 斯特恩斯等：《全球文明史》，赵轶峰等译，北京：中华书局，2006年，第710页。

遍真理，与之不同的历史趋势也就会被视为“反常”或者缺乏实质意义的。类似明清中国社会结构与历史趋势这样的问题，关涉诸多因素，是任何单一因素决定论都阐释不清的。

弗兰克的论说带有依附论色彩，而依附论的反对欧洲中心主义既有事实和逻辑的基础，也带有拉美社会的反西方情感色彩，亚洲历史研究者很容易出于情感而对其说产生共鸣。从现实归属情感出发而在历史分析中尽量凸显本民族、本国或者更大归属单元的历史重要性的倾向，可以在许多历史研究中看到，虽然可以理解，但常常影响研究的客观性，需要特别警觉辨识。此外，绝大多数关于明清中国社会结构和历史趋势的说法，最初都是由理论家或者宏观经济史家提出来的，而不是由具体考察明清中国的历史学家提出来的，他们在证据层面皆曾做出许多勉强甚至不成立的判断。

所以，我们不能通过傍依前人来解决原初的问题。中国优秀历史学者研究问题其实比较严谨，但他们似乎偏爱经学家本领，习惯沿着名家的主张申说，而怯于兜底重构。这可能与中国历史研究者在思考哲学和社会科学理论时相对谦卑有关，心理上缺少理论质疑、建构的勇气。我自己的理论知识也很有限，但我知道要研究的是历史，历史的判断和解释不能与证据反悖，理论无论多高深，如果不与证据契合，就有修正的余地。因为明清中国社会结构与历史趋势问题的解说涉及理论和实证两个层面，而大理论家多不做实证功夫，所以做断代史的人尽可以用证据去打磨理论。于是，虽然理论知识多有欠缺，我还是在许多年间，陆续把前人的研究路径和结果做比照分析，辨析得失，尝试梳理出一种最大限度规避其局限而又与证据最大限度吻合，在反向推论中找不到重大反证的研究路径来。

在我的研究中，有三个原则很重要。一是结构分析。我把所有社会视为“系统”，避免任何决定论，无论是经济决定论、政治决定论还是信仰决定论，都主张从整体构成的要素、方式、功能多重角度来把握社会形态及其前景。二是实证。历史研究的根本性质是澄清事实，虽然也可以在历史研究中建立、证明、反驳理论，但所有这些都要建立在事实判断的基础上。所以所有前人的理论只能被当作思考的资源，而不可受其规定，不能强证据以就理论。如果发现理论与事实不合，只能修改理论。坚持实证的尺度，其实也是坚持把这项研究作为历史学性质的研究，这会使思考的方向永远不会脱离证据面，也不会轻易被声名显赫的学者裹挟而去。三是文明史观。迄今为止，研究社会结构和历史趋势的概念，大多沿着社会发展史的思考线索展开，或多或少，都把人类社会的演变看作沿着同一轨道的现象。这样来思考，在承认人类社会演变存在普遍法则的意义上有可取性，但却非常容易把普遍法则夸大成为严整的形态规则性，从而忽视差异性。历史演变的最大差异性在于文明的差异。文明作为最大的社会共同体，会在演变中形成各自特有的文化精神，渗透到其成员的思维、行为方式和制度中，从而，不同文明有不同的推演潜质和倾向。各文明在逐渐增多的接触中会有所融合，但也会长期保持各自文化精神和社会组织方式的特质，因而不可能走同样的社会形态演变道路。即使到了现代，文明的差异也难以尽皆消失，所以现代社会依然是多类型的。在这种视角下，明清中国与同时期的欧洲并未在同一条轨道上推进，其差别不能完全用先进和落后来区分，也不能完全用经济尺度来区分。除了将研究的视角从发展进化的单一视角增益成为复线的视角，文明史观还有另一个重要意义，即在面对中国多民族国家历史时，可以做出更合理的说明。这一点以后会再加讨论。

这样看，明清帝制农商社会说的方法论主要是在对已有方法进行批评性审视的基础上做出“综合修正”的结果。至于这项研究的目标，最初是为了梳理明清资本主义萌芽问题。在后来的方法论探讨中，调整为现代性在中国发生的缘起问题。在晚近一段时间，我察觉到，无论如何定义“现代性”，要把“现代性”与欧洲经验彻底分开，是不可能的。因为，现代性在人类历史上的展开是有时间差的，而在欧洲的表现最为确切可辨，并且事实上影响了非欧洲世界的历史运动。因而，在保持对现代在中国发生缘起问题追问的同时，我们必须同时注意这样的基本问题：从社会结构与历史推演的趋势意义上说，明清中国究竟在发生什么？后者肯定与现代性有诸多关联，但未必所有情况都可以被纳入现代性发生的视角下来阐释。至此，研究的问题已经扩展到从基础概念层面开始重新认识明清社会和现代中国。从而，明清帝制农商社会说就具有了更多方法论和研究视角的意义，不再是对一个特定问题的解答。

## （三）明清帝制农商社会说的要点

前文已经表明，明清帝制农商社会研究是一个在多年延续的探索过程中理路逐渐明显的论说。其基本目标是，就明清时代中国社会结构、形态特征及其演变的由来与趋势做出判断。因为这是关于一个长达500多年历史时代中国社会与历史的基本看法，带有审视框架（framework）和方法论（methodology）的性质，同时又要落实于多方面的实证考察，并不是一个单一的具体观点，所以对该说做简单的概括其实总是难以周全地表达其含义，而且研究依然在继续，未来也必定会有些修正。但是，该项研究触及的问题领域一直扩展，不断引发新的问题和思考，使提出者也感到难以驾驭，必须呈现给学术界以获得评论，或者成为更多学者思考的问题，才可能真正深入下去。为此，还是要尽量对该说做出概括。

用最简短的方式表达，该说主张：明清时代的中国社会并没有陷入停滞，而是发生了多方面的发展，并与该时代的全球化运动相关联。依据其结构性特征，明清中国应被称为帝制农商社会，而不是封建社会。这一社会的重要特征是，农商经济共同构成社会基础且与帝制国家体制形成共生格局。其演进的基本趋势是，在帝制农商社会基本框架下继续发展，有更大规模市场经济化的前景，但没有西欧同时发生的那种资本主义、议会民主政治的前景。该时代的中西方文明有交集，但推演路径不同。

稍微具体一些，在偏重与先前学术界主流看法有所差异的意义上，该说包含下列认识。

（1）明清中国社会没有停滞，有多方面的发展，尤其表现在商品经济和市民生活方面。这与各种中国历史的停滞论划清了界限，同时注意到，在性质上与“现代性”契合的“发展”并非均衡地展现在所有领域。

（2）该时期又是中华文明内聚运动基本完成的历史时期，这是与“现代性”之发生不同的另一种意义上的历史发展。“现代性”具有人类历史普遍性，后者则是中华文明历史演变的特殊表现，二者的关系还有待论证，但这肯定构成明清中国历史发展主题和方式独特性的基础之一。

（3）明清时代中国的国家体制是帝制而不是封建制。这并不是一个单纯的名称问题，而是一个实质性问题。帝制是中央集权的，不是层级分权的，由皇权、郡县体制、官僚体制作为骨干支撑。帝制与大规模市场可以共生，封建则趋于自给自足或者地方市场——大规模市场会瓦解封建体制。封建制作为历史孑遗在明清时代依然存在，但并非国家主导体制。明清帝制常态运行且趋于强化，并非处于自我否定、瓦解过程中，也并没有明确的向任何其他体制“转型”的动向。明清嬗替，皇权趋于强化，贵族政治精神也有复兴倾向，但仍未脱离帝制总体框架。从封建社会发展到顶峰从而自我瓦解的逻辑来看明清社会是不得要领的，中国帝制体制的推演轨迹需要用另外的逻辑来说明。

（4）明清社会不是完全封闭、“闭关锁国”的，也不是完全开放的，是有限开放的。有限开放是帝制体系的内在性质，并不瓦解帝制，且可以提供对帝制的支撑。基于这种有限开放性，中国在早期经济全球化历史过程中扮演了重要角色，有贡献于早期现代世界经济转型，也受到早期经济全球化的一些影响。

（5）明清商品经济发展与帝制国家体制形成一种共生态。该时期形成了白银货币体制、货币主导的国家财政体制，地域商帮兴起，商业资本繁盛，出现较多雇佣劳动关系。这些现象在抽象的性质意义上与现代社会具有很大契合性，意味着具有很大的商品经济发展前景，但其表现并没有构成对帝制体系的解构，直到 19 世纪中叶以前，也没有显露出资本主义经济体系的全面特征。明清两王朝在明清商品经济发展变迁中并非顶层设计主体，也不是一味的阻碍者，而是调适适应者，是新水平商品经济与帝制国家体制共生并荣格局的参与者。商品经济的一般发展并不直接瓦解帝制体系。

（6）明清中国没有科技革命和工业革命的迹象。以往研究过分重视生产关系，夸大生产关系领域资本主义萌芽的意义，或把GDP标志的经济总量当作尺度，不甚关注生产力的技术构成。明清中国显然没有发生科技革命，而古代科技不足以推动工业革命，没有工业革命则不可能形成发达的资本主义经济体系。从这一角度看，明清中国不仅事实上没有，逻辑上也不可能先于欧洲发生工业资本主义。

（7）明清思想学术仍以儒学为主流，没有文艺复兴，更无完全意义上的启蒙思潮。中国古典文化不曾断绝，故文艺复兴无从谈起，梁启超、胡适等关于清代汉学是中国文艺复兴的说法不成立。儒学有诸多优长，但不孕育现代社会。没有思想领域的深刻变革，文化毕竟还是沿着传统的基调推演。

（8）明清国家政治、政治文化基本在传统轨道上运行。帝制体系继续发挥功能，皇权趋于强化。其间具有历史意义的转折，突出体现在士大夫政治在明代出现高潮，而在清代基本消失，以及贵族政治在明代趋于沉寂，在清代趋于复兴。中外史学界对明清政治历史与经济历史推演之间关系的阐释都还不够全面透彻。

（9）明清社会结构变迁也与帝制体系互洽。明代社会自由度增强、庶民文化发达，清代社会层级化增强、庶民文化继续发展、社会控制日益强化。这些变化与帝制体制持续发展并行。明清宗教也由帝制国家统摄，多元并存。

所有这些要点皆表示，明清中国社会构成一种学术界以往熟知的各种理论、模式说都不曾具体阐释的形态。对这种社会形态的探索、论证，有助于认识现代中国起源的历史逻辑，也可能会推引出诸多历史研究方法方面的新认识。

## （四）几点回应

明清帝制农商社会说的核心主张已经初步表达出来，但还有若干重要侧面有待专门论述，对于同仁提出一些追问，也需要回应。[①]这里就同仁提及而我先前注意不够的问题略做说明，深入考察需在后续研究中逐步展开。

既然明清时代农业依然是社会经济的第一基础，农业人口依然是帝制国家统治的基本对象，“为何将这样的社会称为‘农商社会’”？既然商业是帝制体系的内在组成部分，早在帝制初期甚至帝制时代以前，商业已经在经济结构中占有一定比例，为何断言直到明清时期才进入“农商社会”而不是更早？此与葛金芳等先生所说宋代的“农商社会”如何区分？[②]高寿仙先生提出的这些追问显示出明清帝制农商社会说中迄今比较模糊的一个侧面。在把明清时代商业经济的系统量化数据基础上，才可以把这个问题说得非常清楚，而目前为止，这样的工作还没有完成，这凸显出明清帝制农商社会说的假说性质，也指出了未来研究的一个主要方向。在充分量化之前，把明清时代称为农商社会的着眼点主要有三个。其一，“农商社会”是从结构特征角度上拟出的称名概念，其基本含义是农业和商业皆构成社会经济体系中的支撑性产业，其重要性皆超过其他产业，并形成普遍认可商业价值观念的社会。与之相对应的，则是商业占比很小并被普遍漠视社会。综合迄今为止学术界对于明清时代商业的研究可以判定，商业在这个时代已经成为社会经济结构中仅次于农业的支撑性产业，其合理性、合法性均得到从政府到民间的普遍认可，市场、货币、商业都市的发展都达到空前水平，并促使国家制度、政策发生了深刻变动。其二，明清中国的商品经济发展与全球化过程同步，并且深度卷入了当时的国际贸易和国际货币流动，这意味着，明清时代中国的商品经济发展与宏阔的全球经济格局、体制变迁密切关联，与现代社会的全球兴起关联，从而具有了与中国历史上以往时代的商品经济繁荣不同的属性和大背景。其三，帝制并不绝对排斥商业，而且会为商业提供大规模市场秩序条件、统一货币、大空间物流。但是，早期帝制对市场、商人管控

---

① 学术界对于明清帝制农商社会说的报道和一般介绍很多，深度评论则主要体现于高寿仙的论文中。参看高寿仙：《建构中国本位的历史发展体系——读赵轶峰〈明清帝制农商社会研究（初编）〉》，《史学月刊》2018 年第 3 期。

② 高寿仙：《建构中国本位的历史发展体系——读赵轶峰〈明清帝制农商社会研究（初编）〉》，《史学月刊》2018 年第 3 期。

过严，货币形态变动不居，劳役和实物赋税比例很大，人身依附关系普遍。商业的自由发展空间在宋代已大为改观，北宋的东京和南宋的临安都已经是非常繁荣的商业都市。但宋朝，尤其是南宋，管理的区域空间狭小，且多政权并立使得制度环境稳定性低，且屡有更改。另外，南宋灭亡之后的商业发展情况尚未考察显明，明初商业黯淡，到明朝中叶以后才进入商业持续发展的不逆转过程，且覆盖了广大的地域空间。仅就商业发达的一般性质和表现而言，葛金芳先生所说的宋代“农商社会”与明清“帝制农商社会”是一致的，存在先后关联。[①] 但“帝制农商社会”推演作为全球化时代中国的一段历史过程是独特的，其综合表现也远比前代复杂。

明代的白银货币运行和货币财政体制发展是否意味着国家转型？[②] 回答是否定的。这个问题在我看来极其重要，但其实证的性质不及前一问题而阐释性过之，所以虽然同样需要将来用很大的篇幅来阐述，但基本看法却比较确定。明代发生了从以实物为主的财政体制到以货币为主的财政体制的转变，这种转变的意义主要在经济领域，其次也涉及国家政治，但经济层面的含义是确切的，政治层面的含义是不确切的。也就是说，财政体制这种变化的国家政治体制含义还要结合政治领域和其他相关领域的情况综合考察。而我对于明清国家体制的多项考察，都指向这个时代的国家政治，尤其是从基本体制上说，没有发生明显的具有近代意义的“转型”——万明和刘志伟先生所说的“国家转型”都指从传统到“近代”的转型。赋役制度和财政制度都与国家形态（类型）相关，但如果要以赋役制度或财政制度为着眼点来判定国家在某个时期转变了类型，不能仅仅局限在赋役或财政领域，必须对国

① 2018年5月昆明会议期间，笔者与葛金芳先生就此点交换意见，皆认为宋与明清的商业制度、商业思想之间的联系应该再做梳理。

② 如高寿仙先生指出的，笔者与万明先生在关于明代历史的诸多方面见解高度吻合，但在前述问题上说法不一致。参看高寿仙：《建构中国本位的历史发展体系——读赵轶峰〈明清帝制农商社会研究（初编）〉》，《史学月刊》2018年第3期。万明关于明代“国家转型”的论述请参看万明：《明代白银货币化的总体视野：一个研究论纲》，《学术研究》2017年第5期；万明：《传统国家近代转型的开端：张居正改革新论》，《文史哲》2015年第1期；万明：《中国的“白银时代”与国家转型》，《读书》2016年第4期；万明：《〈万历会计录〉与明代国家和社会转型》，《史学月刊》2014年第7期；万明、徐英凯：《明代〈万历会计录〉整理与研究》，北京：中国社会科学出版社，2015年，第67—69页。刘志伟先生也认为明清时代发生了“国家转型”，参看刘志伟：《从“纳粮当差”到“完纳钱粮”——明清王朝国家转型之一大关键》，《史学月刊》2014年第7期。

家类型做直接的观察。因为大家都在把张居正改革的万历初期作为“国家转型”的节点，依照国家转型说的逻辑，其后的国家就具有更多近代或现代的属性。然而，后张居正时代的国家基本体制没有改变，把政策面的大事理一理，也不见明显的近现代性质的举措。然后明清易代，帝制国家体制进入一个高潮期。如果康雍乾是近现代“国家”，那么后来的“挨打”也就未必发生了。“国家”的“型”和性质判定，可以把经济状态、财政体制纳入考量，但无论如何必须要把政体属性、国家理念、政府与人民的关系也纳入考量才行，因为“国家转型”无论如何不是一个单纯的经济问题。我也不认为“赋役国家”和“赋税国家”这两个概念可以用来有效地区分国家是否发生了近代意义的转型。因为，无论直接的劳役、实物赋税、货币赋税，本质上都是赋税。三种赋役形态比例的变化，体现社会成员对国家人身依附关系程度的变化和货币市场经济发展水平的变化，却并不直接体现国家的性质——虽然货币赋税比劳役税与现代社会更吻合一些。况且，在张居正改革之后，实物赋税并没有全然消失，直接的力役也有存在，国家对于社会普通成员的人身控制也存在。我会争取在将来与相关的几位学者就前述话题做一些深入的交流、研讨，以便把分歧的节点梳理得更清楚一些。其实，大家在这个问题上的观点，迄今都还表达得比较笼统，共同关注点都在于试图对明清时代的新质社会情状进行解读，研讨之后，大家的表述可能都会更明确一些。

帝制农商社会说主张明清时代对外方针皆为“有限开放”而非“闭关锁国”，但在讲到与清朝同期的江户时代日本时称其为“闭关锁国”时代，当时中国和日本皆有一定量的对外贸易，何以说法不同？[①] 论证江户时期的日本不是我的专业，也不是我的研究目标，说其“闭关锁国”不是为了论证这样一个观点，而是沿用了学术界习惯的用法。这样讲的学者，一般是指德川幕府在1633—1639年5次发布涉外禁令，其中包括除经特许，不可有其他船只驶往外国、日本人不经特许不可前往外国、不接受旅居海外的日本人回

① 高寿仙：《建构中国本位的历史发展体系——读赵轶峰〈明清帝制农商社会研究（初编）〉》，《史学月刊》2018年第3期。

国、除中国和荷兰商人可在长崎通商外，禁止其他欧洲人前往日本。1640年，葡萄牙人来日本要求贸易，船只被焚毁，61人被杀。虽然已有学者指出，17世纪的日本文献中并没有使用“锁国”字样称呼这些禁令，该词汇是在1801年日本人志筑忠雄翻译德国人恩格尔贝特·肯普弗（Engtlbtert Küempfer）所著《日本志》时才使用的，但这些政策具有主动切断日本与外界主要关系渠道的意味，所以前述禁令迄今依然被许多学者统称为“锁国令”，“锁国体制”这样的概念也依然使用。[①] 同一时期的中国清朝，只在台湾统一之前有迁海之令，一旦统一，立即展界、开海，并没有同样明确持久实施的切断中外往来的锁国政令，故有前面表述。其实，如高寿仙先生所指出的那样，无论江户日本还是清代中国，都没有彻底停止一切对外贸易，也都没有处于与外部世界的完全隔离状态。

在与同仁的交流中，多次遇到追问的还有另外一个问题，即“帝制”与“帝国”这两个概念要如何区分清楚？帝制是国家体制概念，核心含义是由皇帝、郡县、官僚为鼎足而立的中心架构组成的国家权力体制。在中国历史上，这种体制从秦代开始，到清末结束。在这一漫长的历史时代，中华文明核心区无论大一统王朝还是局域王朝，无论强大政权还是孱弱政权，都采取这种国家体制。帝国则是从地域和认同角度定义的一种权力结构，指政权很大程度上建立在强力征服缺乏文化或族属认同的他者的体系基础之上，如罗马帝国、蒙古帝国等。帝国作为一种性质，有成色深浅程度差异。如南宋，肯定是帝制的，但没有什么帝国色彩，而元朝和清朝则有比较浓的帝国色彩。所以帝制不等于帝国。这里可能应该提到美国的“新清史”。这种研究强调清朝的满洲特色和帝国性质，这些在先前的研究中常被忽略，所以“新清史”有值得注意的学术见解。但是“新清史”过分夸大了清朝的满洲特色和帝国性质，没有看到清代中国的内地与边疆聚合是中华文明长期聚合运动

① 参看马依弘：《西力东渐与日本的锁国》，《日本研究》1990年第1期；冯玮：《重新认识“锁国”政策对日本吸收西方科学文化的影响》，《世界历史》1992年第5期；朱海燕：《“漂流民”与德川时代日本的“世界”认知》，《史学月刊》2012年第6期；王来特：《清初中日交涉模式的形成和贸易主动权的消失》，《日本研究》2013年第3期；李若愚：《试论日本“锁国”政策对19世纪以前日俄关系的影响》，《西南大学学报（社会科学版）》2014年第1期。

的一个结果，而不是单纯依靠政治力量的组合，这与同一时代的殖民帝国有很大不同。“新清史”还采用一个我不赞成的切入方式，就是把清朝的统治能力和统治时间长久作为清朝“成功”的依据，又在此基点上来讨论清朝为什么“成功”的原因。这种取径不仅过分局限于政治，而且局限于统治者立场，现代历史研究者带有这样一种奇怪的统治代入意识是令人费解的。

帝制农商社会说一直在追问中国现代性的历史因由，这在很大程度上属于沿着启蒙理性路径的思考。所以，我虽然也关注后现代主义批判思潮，但肯定没有时髦到自称后现代主义者的程度。这是否意味着一种局限，我也不知道，但我将继续沿着我所理解的路径思考。此外，如果卡尔·波普尔是对的，一种思想或论说公布之后，就成为“客观知识”，论说者并不拥有也不能控制其展开的结果，那么，明清帝制农商社会说的逻辑展开，可能会有助于重新认识更宽领域的问题而不会为我自己对中国现代性的兴趣所局限。坚执此说绝不是我的目标，沿着此说提示的思考方向找寻新的景致，却令我着迷。

# 二

# 文明史视角下中国社会演进的阶段性

欲对明清时代社会结构与演进趋势提供总体看法，不能不对明清以前历史演变基本线索进行审视并做出大致的说明。中华文明作为一个社会文化共同体，从国家组织方式来看，基本结构形态可以区分为先秦时代的王制、秦至清的帝制，以及民国以来的共和制3个阶段。秦至清漫长帝制时代的国家组织形态又可以大致区分为3个阶段，即秦汉到唐为帝制农业社会时期、辽宋金元时代为多元融汇与嬗变时期、明清时期为帝制农商社会时期。明清帝制农商社会处于帝制时代末期，其基本特征突出地体现在15—19世纪中叶这段时间。此时中国在保持帝制国家体制前提下，发生了一系列深刻的经济、社会以及外部环境变迁，呈现出一种独特的结构特征和演进趋势。

## （一）先秦王制时代的基本特征

大约公元前2000年开始的夏王朝以及随后取替夏朝的商王朝，在黄河中下游一带形成了具有强大内聚力的文明演进中心。夏、商时代的国家组织，在很大程度上是通过包容原有的地方性集团势力、血缘氏族组织和自然人群聚落发展起来的，它们都有部族集团联盟的性质，其内部都有不同程度独立的小共同体。王的政令，主要下达给直属的官僚、贵族、诸侯和方国，而不能直接管理诸侯国、方国内部的臣民。各个方国、诸侯国的统治者，在自己统治的范围内都有充分的治权，有自己的军队、司法机构和监狱，而且都依赖自己的家族构成权力的网络。从王室到方国，主导的政治关系是贵族支配体制。周比起夏和商，国家体系更为严密一些。周初分封，以王的名义，授予各级诸侯统治地方的权力，“天下”围绕王畿被分割为各以世卿世禄方式统辖的区域社会。这种以等级分权为特征的体制，比夏、商时代方国联盟特征更浓的体制更具有整体性。然而，即使到西周时代，作为“天下”共主的“王”仍然是与各级诸侯共同实行统治的。这种共治的体系，不可能完全依赖武力而持久维系，需要一种关于王权合法性的观念，即“德政”“圣王”的观念，使王的行为受共同价值的规约，也使王的权威获得道义的支持。在周代，德政与圣王的伦理，与信仰行为结合，确立了“天”“天道”作为政治合法性在信仰层面的终极根源的传统。

以王为中心的分权共治体系，缺乏持久的刚性制约力，在王室衰微的时候，诸侯之间的竞争愈演愈烈，逐渐出现诸侯争霸甚至强者觊觎王权的局面。在这种局面持续的春秋时期，各诸侯国在模仿周王朝典章制度的基础上，发展全面、完整的国家体制，探索更能富国强兵的制度，共同促成了一个改革和争鸣的时代。春秋时代所培育的士人，是一个跨诸侯国的统一阶层，他们在各国间游走，成为所有政权在竞争中都要倚重的社会群体。士人间的百家争鸣，不受单一诸侯国的局限，他们探索的世界观念、治理社会的道理与谋略，都针对着“天下”而不限于一个特定的“国”。当时的语言、文字、书籍，是各国共享的。当时的商人，也穿梭于各国之间，织造着大范围普遍关联的市场。随着诸侯国在争霸和兼并战争中逐渐聚合成少数几个强国，“天下”迟早归于统一成为趋势。秦在这样的背景下，吞并六国，实现了中华文明核心区的统一。这次统一后建立的体制与夏、商、周朝有根本的不同。

### （二）秦汉帝制体系及其结构特征

秦所建立并且延续到了清朝的根本制度是帝制。这种帝制体系并不是直接继承于夏商周的制度，而是春秋战国数百年大竞争、大变革过程中逐步形成统一趋势的结果。其基本特征是，皇权、官僚、郡县三者互为犄角，构成中央集权体制的支柱。

夏商周三代最高统治者称“王”，战国时代各国国君也都先后称“王”。秦王嬴政统一后，自号“始皇帝”。意为亘古无先之大帝，并望后世绵绵继承，“二世三世至于万世，传之无穷”①。从此以后，直至清朝灭亡的1911年，最高统治者都称“皇帝”。皇帝自称“朕”，“天下之事无小大皆决于上”②，确立了皇帝从上制下的金字塔式权力体系。这种体系以上驭下，是为专制。皇帝是法律的最高制定者，是司法决策的最终裁决人，也是一切人事任免以及行政决策的最高主脑。皇帝的权力通过由郡县制形成的从中央到地方的支配架构和由官僚机构构成的运作体系辐射到全国各地，既实现庞大国家共同体的一统调度，也实现以皇帝为首的统治阶层对于社会的控制。

与夏商周之初年为贵族、实力派各自安排势力范围的方式截然不同，秦统一之后，收缴、销毁了民间兵器，把先前各国的贵族、富豪迁徙安置，使其脱离原有的社会基础，削弱其经济实力，拆毁六国修筑的关隘壁垒，修筑以都城咸阳为中心的驰道、干线，“东穷燕齐”、“南极吴楚”③、北抵九原④，构成中央直接控制各地的交通基础设施。此外，推行多种统一制度：统一货币、度量衡、文字书写，并将秦国的赏功罚罪、奖励农战、严刑峻法之类政策推行全国。帝制时代的皇位传承，基本遵循嫡长子继承制原则，少数情况下有例外。

这种“家天下”的中央集权体制，从秦到清，延续了2000多年，其间并没有另外最高政权承袭、交替思想被提出来。这提示我们，帝制体系的社会和文化基础甚为深厚。其中可能包含四种特别重要的因素：第一是中华文明的核心区幅员广大，同时又经常处于周边游牧民族的挑战之下，这使得中原需要比较强大的国家共同体来维系整体安全和基本稳定；第二是中国农业社会需要应对水害，兴修水利，举行较大规模的公共工程，这也构成对强有

---

① （汉）司马迁撰：《史记》卷6《秦始皇本纪第六》，北京：中华书局，1959年，第236页。
② （汉）司马迁撰：《史记》卷6《秦始皇本纪第六》，第258页。
③ （汉）班固撰：《汉书》卷51《贾邹枚路传第二十一》，北京：中华书局，1962年，第2328页。
④ （汉）司马迁撰：《史记》卷6《秦始皇本纪第六》，第256页。

力国家体系的需求；第三是农业社会生活的相对简单和基层社会单位的可自给自足性，使从上到下辐射性的行政管理可能比较有效地实施；第四是中原核心地区文化在长期历史积淀过程中形成的相对于周边区域的精密性、优越性和人口数量优势，使得即使发生边疆少数民族入主中原的情况，也要很大程度上并入先前的国家体制传统。

中国历史上的帝制体系虽然以比较生硬的即统治性的方式运行，但也具有一定的调节弹性。皇权本身建立在一定程度的社会认同基础上，故皇权运作的相当一部分精神，被用来申说和表现现实皇权的合法性。其中包括：第一，皇帝要在一切可能场合宣扬皇帝受命于“天”，把天的宏大、威严、深邃、无私、溥惠的品格转接过来，为此举行经常化的天地、神明祭祀，以显示皇权的合法。这固然带有一定的欺骗性，但也设立了高于皇权的天道权威，使得皇权是被评价的，因而其权力是有条件和极限的。第二，帝制政治文化传统要求皇帝接受臣工乃至庶民的劝谏，要崇敬古往今来的“圣贤”，并不可以为所欲为，否则就会被视为“暴君”“独夫”，在极端情况下引发争执、振荡。第三，帝制政治文化传统要求皇帝实行仁政，关心民众疾苦，节俭、宽厚、孝友、勤政，保持道德高尚。所以，虽然中国帝制时代的政治制度中缺乏限制皇权的刚性安排，但却存在一种对于皇权的文化上的规约，它并不认可肆无忌惮的个人统治。过度缺乏社会认可的皇权，会丧失臣民的拥护，失去皇位。秦以后中国历史上的朝代，只要将西汉与东汉、北宋与南宋分开看待，寿命都不超过300年，民众或其他势力推翻皇权重组新朝的事情贯彻帝制时代之始终。

从秦到清一直存在的皇室贵族，是皇权政治固有的家族传承特性和皇室特权的衍生品。此外的贵族，一是皇室联姻造成的“外戚”，二是少数获得世袭特权的军功贵族，三是主要存在于唐中叶以前的豪强“士族”。这些贵族拥有依据血缘而世袭的由国家认可的司法、政治或者经济特权，在国家政治生活中扮演特殊角色。贵族对于皇权政治既是不可缺少的基础，又可能构成对于皇权的直接威胁，发生皇权争夺。所以，如何安排这样的一个不能缺少又构成威胁的势力，一直是帝制时代政治的一个重要问题。汉、晋、明三朝都曾出现给予皇室贵族过重的地位而导致皇权争夺，经过战争再回归到皇权绝对压制贵族权力的格局。由少数民族主导建立的元朝、清朝，也保持了贵族在国家政治中的较高地位。但是从基本权利、地位结构看，先秦王制时代覆盖社会管理体系的贵族在中央集权的帝制时代萎缩成为皇帝周边的亲族支撑基础，不再是常态施政阶层。这使帝制时代保持着与王制时代的政治牵连性，也体现着政治和社会权利向社会更大层面的分布。

帝制体系主要依赖专业化的官僚阶层而不是靠贵族来实现日常国家管理。秦国在商鞅变法以后就开始推行郡县制，用这种制度把先前由封君、贵族世袭掌控的地方社会剥夺过来，由中央政府任用的职业官僚系统来统一管辖。官僚在商周时代已经存在，但在春秋战国以前，有世卿世禄的贵族执掌核心权力，官僚在国家机构中不是主流，其知识素养也还没有专业化。春秋战国时代，各国为了竞争图存，各自削弱本国贵族势力，依托王权来延揽人才，改革变法，专门化并扩大的官僚阶层就成了各国政治的实际运作者。在此基础上出现秦汉大一统帝制体制。与官僚制相辅相成的是郡县制。与分封制度相比，郡县制的基本精神是中央与地方关系中的中央集权制，即把全国各地划分为区域化的层级管理体系，由对中央政府负责的职业官僚实施管理。秦代以后主导国家体制的皇帝—郡县—官僚三重权力架构具有强大的统治效能，故政权常更替而这种基本政治体制的变化主要体现在技术层面而非根本层面。

大幅员、多人口的社会共同体，必然包容巨大的区域性差异，从而在和平的环境下，会趋于物资、人口、知识信息的大范围、经常性空间流动，也使得不同类型的对外互动交流可能通过具有特殊条件的个别区域发生，进而影响大共同体本身，而大范围的制度统一性，也使各种流动性获得了一定的秩序基础。这种支配结构的长期运行，倾向于扩大基层社会普通人口的社会自由度。因为皇权制度虽然具有强烈的专制性，但也具有普遍均平的含义，它强化大空间共同体意识和社会均平意识，倾向于把先前层级分明且具体的人身依附关系泛化为编户齐民对于国家的隶属关系。这在很大程度上会抵消、平抑地方贵族，割据势力或者豪强势力对于基层民众的直接控制力——

高居于社会最顶端的支配权弱化甚至取消了中间层支配权的终极合法性。最高支配权在实践的意义上常常是间接的，因而政治支配关系在底层民众的日常生活中是被弱化的。中国帝制时代经历的大约两千年间，基层民众的社会自由度相对于国家体系而言，在基本倾向上说是增益的，不是减少的。而且，职业化的官僚体制作为一种替代贵族行政权的体制，具有行政职权向社会开放的性质，官僚阶层地位逐步挤压贵族、门阀、士族而上升，带来社会分层体系内部更经常化的上下流动性。这种流动性又是一般知识和价值观普遍化的基础，养育社会底层的文化教育诉求。所以帝制中国的乡村社会，并不是蒙昧的。那个时代的“社会精英”，分散于各地的城乡，城市与乡村，地位并未悬绝，更非对立。

## （三）秦汉到唐的帝制农业社会

秦汉时代的政府明确认定了农业为立国之本的地位和抑商的国策，这种方略在观念和话语系统中一直延续到明清时代。但是帝制体系的宏大规模本身之维系从一开始就为大空间物质、信息置换提供比地方分权时代更高的要求和更好的条件。这种体制造就的大空间便利的交通体系、统一的货币、基本一致的税收原则，以及大规模的物流调动，都会促成统一国内市场的发育，因而整个社会更大程度上着落在农商并举的产业结构基础上。基于农业第一本位、农业人口便于控制和农民为军队直接基础的传统，秦汉时代政府实施一些压制商人法权地位的政策，但商人社会活动其实保持活跃，“抑商”从来不是一个名实双归的政策。

秦汉帝制社会已经铺垫了农商社会的结构性基础，但是除了经济、社会发展的累积需要逐步实现以外，还有两个重要因素使之延宕缓行：一个是帝制体系的王朝经常解体重建；另一个是华夏文明圈的内聚运动。帝制国家体系的统治效能会因多种原因而周期性递减，递减的国家公共权力运作效能会激化社会矛盾，所以在不到300年的时间内，所有的王朝如果不是被推翻改立，也会被彻底重建。这种国家体系的颠覆、重建运动，使经济、社会层面演变的延续性削弱，积累势能时时中断，政治权力兴替不断凸显为历史的主题。华夏文明早期发展基于农业生产便利的环境区域，因而奠定了一个核心区域影响和带动周边区域发展变化的基本格局。这个核心农业文化与周边农耕与游牧或者纯粹游牧文化区域在持续互动中构成的文明区域的外缘是地理环境决定的——人类日常生活难以逾越的巨大山脉、沙漠、海洋把经常互动因而相互依存的华夏文明圈与其外部大致区分开来。处于核心区域的中原帝制共同体需要以巨大财力、物力应对外缘区域的挑战，中原文化区域不断地与外缘文化区域融合，发生边缘社会的重组甚至游牧民族主导中原王朝的局面。秦、汉两朝政权都耗费巨大财力、物力、军力处理与外缘区域的关系问题，比较有效地将周边对核心区的推进浪潮阻止在核心区以外。但在魏晋南北朝时期，北部边缘区的多个游牧、半游牧民族聚合强盛，与中原核心区展开了一场长达四个多世纪的竞争与融合，其间政权分立，各地制度差异，经济与社会结构的变动也有差异。然而分立、差异的格局之底层，仍然涌动中华文明聚合的潮流，所以能够最终转入统一的体制。

帝制时代中国的历史，如从社会结构演进的阶段性角度看，大致从秦汉至唐代中期，可称为“帝制农业社会”。此时期在皇帝—郡县—官僚体制之内，社会的支配力量为具有可袭荫性质的各种豪强、身份地主为主体的官僚阶层，农业在经济生活中具有绝对主导地位，商业虽有相当规模，但商业活动受到国家体系较为直接的制约，全国市场网络不发达，农业生产品商品化程度不高，货币体系由国家权力把持和运作，手工业人口受到普遍的人身束缚，赋税制度体现强烈的人身支配关系，农业产品为主的实物赋税占赋税总量的较大比例。唐代中前期，世袭大族，当时称为士族，在国家政治体制中的特权地位萎缩，借助隋朝以来推行的科举制度，凭借本人学识能力入仕的士大夫逐渐成为运行国家机器的主要人群。秦统治者曾试图将社会思想乃至文化知识全部纳入国家严格控制之下，于是有焚书坑儒事件。汉朝吸收秦朝教训，探索中央集权政治体制与社会文化、知识分子间的共生关系。其基本方针是选定儒家思想为国家意识形态核心，大力倡导，对民间其他思想文化则不多干预。这一方针，为知识分子与国家政治的结合开辟了宽阔的道路，柔化了国家与知识分子之间的紧张关系。在此过程中，汉朝中央兴建太学，地方立“郡国学”，儒家典籍被尊为“经”。这使大批知识分子成为国家管理人才。汉末以后，战乱频仍，政权林立，社会动荡，学校制度和选拔人才的察举制度都难以得到持续有效的实施，各个政治势力不同程度地采取了不拘一格、“唯才是举”的选任人才方针，包括九品中正制等。隋朝统一之后，废除九品中正制，在保持推荐用人机制的同时，逐步设立了通过考试选拔人才的科举制度，促使士族门阀制度加速衰落。唐朝通过科举、学校两个途径选拔官僚，平民及官吏皆可应试，大批庶民由此成为官僚群体的成员，获得政治经济特权，聚集财富，世家子弟的世袭特权相对削弱。这些变化，使政治权力资源向社会普遍分散，社会中下层与国家权力的关系得到强化，社会权力从大族主导到缙绅主导，社会财富也更多地在中下层蕴集周转。

### （四）辽宋金元时期的多元融汇与嬗变

晚唐、五代、辽、宋、金、元时期，中华文明处于一个新的融合期，其基本内容仍然是中原农业区域外缘与中原核心区域的经济、文化、民族融合。这一融合期与魏晋南北朝时期的不同在于，中华文明经过先前数百年的融汇，北方游牧民族自身的社会组织方式已经与中原制度趋于相似，以高度组织化的区域性统一政权形态，而不是分散的部落形态，向中原方向移动。辽、金、蒙古，连续性地达到将整个北方统一然后挑战中原王朝领导地位的程度。因而，这是北部游牧为主体的社会区域与中原农耕为主体的社会区域大板块融合的时期。因为以北部游牧为主体的社会已经具有高度组织性，所以，这种融合比魏晋南北朝时期具有更明显的大政权体系冲突的色彩。从唐朝灭亡到忽必烈建立元朝，这段时间从907—1271年，历364年，都处于多政权并立的状态。保持中原经济、文化主导地位局面下的多政权并立，弱化了大一统时代过度强化的中央集权体制对地方的控制，在不发生战争的情况下，使各区域的自主发展获得了更大的自由空间。所以，五代十国时期，相对和平的南方经济社会有了快速的发展。其中，东南沿海地区对外贸易的发展、坊市制度的废除、经济市镇的普遍化、纸币的发展，是对后来中国社会形态发生长远影响的动向。到10世纪前后，在中原和东南沿海区域，商业在社会经济格局中的地位已经大幅度上升，市场自由度提高，对外贸易发达，整个中国经济体的开放性增强，科技、文化也进入富有创造力的状态。从国家制度角度看，科举制度在宋朝进一步稳定，依据定期公开举行的考试选拔官僚的制度趋于成熟，从而使帝制体制进入一种更具有开放性、平民性的轨道。

然而宋朝始终是与其他政权并存的政权，如果仅仅依据宋朝范围的政治和经济状况来概括当时中国的社会形态，就过分忽略了辽、夏、金、蒙古广大区域在中华文明整体历史演进中的地位，因而也就会看不清当时中华文明宏观运动的总格局。这几个以游牧民族为主体的政权，都是高度组织化的体系，其发展的空间指向都是针对中原的，原因是游牧、半游牧民族只有与农业社会形成互补关系才能汇聚成稳定的大社会共同体，其与农业社会的联系愈强，则两个社会体系汇合的趋势也就愈强。这意味着，晚唐以后，中华文明在经历新一轮融汇，因而中原、江南地区的政治体制、经济秩序、文化倾向会与北边相继兴起的几个游牧民族社会共同体掺和重组。这个过程在南宋时期已经发生在中原的黄河以北区域，到元朝重新建立大一统秩序的时候，就扩展到全国。这个过程表明，宋朝那种精致的文化、比较温和的政治制度、相当活跃的市场和城市经济状况，多方面体现着中国社会发展的方向，但依然还是“可逆的”。因而，其固然开启了更多的商业经济和社会自由化的前景，却并没有构成一个确定、连贯的趋势。元朝依照中华文明内聚的大逻辑，把游牧民族社会与农耕社会的融合放到了优先的地位。如果从宋朝统治区域去看元代，可以看到行政空间的扩展和许多新的社会因素，也会看到社会、经济、文化乃至政治制度方面许多前代现象的回潮。

元代社会组织方面的重大变化之一是人身依附关系被再度强化。手工业工匠被元朝统治者视为“驱口”，军人的家庭世袭性增强，整个社会中的奴隶制关系成分增多，不同民族渊源的人被区分为权利差异的人群。这都是倾向于固化社会关系、降低社会活性的制度。与此同时，元代的世界意识却比较开放，外向的交往、对外贸易都继续发展，大都成为国际化的大都市。元朝政府还比较有效地运作了纸币发行与流通，这些比起宋代，都应视为进步。但是元朝将游牧区域从北向南推进了一步。元朝前期取消科举制度，仅在后期偶尔开科取士，带来巨大政治开放性和社会纵向流动性的科举制度在很长时间中被束之高阁，意味着社会纵向流动放缓，阶层封闭、固化增强。元朝封大批蒙古贵族为世袭王侯，贵族制回潮。以上变动，使表现在宋代统治体系和统治区域中的向农商社会的变化倾向变得模糊不清。然而元朝实现了中华文明大共同体的又一次整合，这为以后的发展奠定了重要的基础。

## （五）明清时期的帝制农商社会

明朝取代元朝成为中华文明共同体核心区的政权，有深远的意义。从唐末出现割据状态以及辽、宋、夏、金、元多政权先后并立状态看下来，元朝重建了大一统，实现了北方民族与中原、江南社会的又一次整合。继承元朝的这一遗产，明朝才具有中华文明核心区的代表地位。明朝最初刻意恢复自耕农为主体的农本经济体系，并为稳定自耕农经济而限制商业活动和社会流动性，强化皇权主导的帝制体系。明初统治者似乎并没有正视五代、宋、元数百年间商业经济社会要素的增长，一定程度上继承了元代人身依附关系强化的社会制度。然而，一旦社会制度框架基本走上中原体制的轨道，中华文明核心区域历史传统就成为影响后来演变的强有力因素，从15世纪开始，发生了一系列“历史性”的变迁。

第一是外部世界的变化使得中国卷入了全球性大变迁的历史过程。这一时期，欧洲的殖民主义向全球伸展，中国不再有相对独立存在和演变的外部条件。在欧洲人的大航海开始以前，明朝的郑和率领庞大的船队远航到非洲东海岸，实际控制着西印度洋的海上贸易通道。这种官方的海外活动虽然没有长久维持，但明朝与外部世界的交流实际从来没有停止，尤其是在嘉靖末倭患平息以后，明朝开海禁、通贸易。大批美洲白银通过贸易渠道输入中国，玉米和甘薯等北美的农作物也传入中国，推动了北方的农业开发。天主教随着欧洲海外殖民活动的推进，在17世纪初进入中国内地。徐光启等一大批士大夫认真研究西方，视野因而拓展。清初吸纳很多欧洲人在朝廷服务。即使在中国政府和罗马教廷决裂以后，西方知识、文化人士也没有停止在中国的活动，其后还有圆明园的修建，欧洲绘画也在中国流行。中国在与西方文化、思想直接接触中，形成了文化变迁的一些新的可能性。晚明和清代的中国还可以通过澳门、香港两个门户港岛了解西方。

第二是市场经济空前繁荣。15世纪以后，全国市场体系在区域性市场的基础上恢复了活力，贵金属货币普遍使用，赋役体系全面货币化，在明朝政府直接控制区沿线形成了内地与边疆间诸多贸易中心，大批与行政设治无关的商业、手工业市镇迅速发展，乡村经济更大程度上与商品交换和国内、国际商品交易联系到一起，城市流动人口增多，商品生产中出现了更多自由雇佣劳动关系，海外贸易虽然未能完全自由化，但却由民间商人推向前所未有的贸易规模，中国市场上出现了大量来自亚洲、欧洲地区的商品。

第三是社会分层体系简单化。明代恢复了元代基本中断的科举制度，社会上下流动性超过了以往的时代。明中叶以后的手工业者不再被劳役制度严格束缚，而是成为一种职业，人身自由程度大大提高。明初限制农民空间流动，但15世纪以后大为放松，到万历初期普及"一条鞭法"的时候，农民的生存方式与20世纪前期的农民就没有多大差别了。商人在明朝初期受到很多限制，但15世纪的商人已经非常活跃，通过"开中"、"商屯"、"茶马"贸易、物料买办与明朝政府结成多种合作关系，其地位受人羡慕。这时的社会分层体系中，极少数贵族和极少数贱民处于上下之顶端，中间则有士绅和庶民两大基本阶层，其中庶民人口数量又居绝对多数。庶民之中，包含农、商、工等各类职业人群，他们之间，以及他们与士绅阶层之间，存在流动的渠道。这样的结构，虽然并未体现出社会成员人人平等的现代社会原则，但是在中国文明史上，已经是最接近现代社会的结构类型了。

第四是市民文化活跃。随着社会文化教育水平和普及性提高，形成了大批相对过剩的文化人，这些人加入文化产业领域，使文化内涵深入市民日常生活中来，精英文化与庶民文化融合到了一处。其突出表现，包括白话小说创作和流行达到空前水平，各类戏曲普及，印刷业繁荣，绘画、书法更为商品化。明中叶以后的中国，已经发展为一个生动活泼的庶民社会。

第五是人口爆炸。关于明朝后期人口总数的判定，学术界仍有争议，但肯定已在1亿以上。人身依附关系的削弱、经济的增长、新农业品种的引进都是其重要的相关因素。这是当时中国历史上社会新异性、不可逆转变局的重要一环。仅此一项，就使此后中国历史的发展逻辑，不会再是先前历史的循环。

第六是中央政府货币财政体制形成。明中叶之前，国家财政收支中力役、实物成分占很大比重。明中叶以后，国家财政收支主要用货币衡量，用货币实施，力役、实物收支大幅度减少。这意味着国家财政已经并非纯然建立在自然经济基础上，也建立在市场交换关系基础上。这种制度发展，国家管理就需要更多具体的经济性运作，经济规律也会更直接地影响国家事务。

第七是儒学社会化。心学在明中期成为儒学主流学派。心学对释道皆有包容倾向，并以人人皆有的"良知"为依据追求天地万物的至理，拓宽了儒学普世化的道路，构成对全社会世俗化变迁的呼应。

除了上述巨大变迁，明清时代中国历史经历的其他方面以继承为基本性征。中央集权的世袭君主制、科举-官僚制、贵族制残余、宗法性社会关系、专业科技探索支持与保障体系的缺乏、农民的普遍贫困等，都是帝制时代以来一直存在的。这些延续前代的制度和结构性要素与变迁的要素共同作用，使得明清时代的中国，一边大幅度增强了经济社会活性，一边又强化了政治集权。其推演的可能性，肯定包含商品社会、庶民社会的延伸膨胀，却不包含民主化的政治。将这个时代的变迁与延续综合起来看，当时的中国构成了一种独特的形态，可以称之为帝制农商社会。

从文明演进的视角出发，对明清时代的中国社会做大致的审视，可以看到如前的阶段性。在此基础上做具体深入的考察则会看到，大量以往司空见惯的史料与历史现象，都可以重新分析。这种分析的最大意义在于，摆脱以西方历史为先定的框架而将中国社会变迁纳入其中的研究方式，从中国"发现历史"，从而逐步揭示中国社会历史演变的内在理路。

# 三

# 从地方到全球
## ——思考明清社会研究的单元意识

明清社会史研究在20世纪80年代以后迅速发展，已成显学。凡称社会史，皆受社会学影响，以相对于国家的地方性人群、共同体为对象，大致相当于区域社会史。这种研究取向，对长期以国家政治为中心而相对忽略社会底层日常面貌的中国历史学研究产生了巨大的影响，极大地扩展了历史研究的视野，使得“从上而下”的研究可以与“从下而上”的研究交互作用，把国家与社会关系的认识推向具体、深化，也使得地方社会的组织方式、日常生活样态，乃至籍籍无名的普通人在历史舞台上显露出来。社会史兴起稍后不久，全球史研究也在中国展开，方兴未艾。全球史从更宏阔的视野超越国家政治史，注重从跨国家、跨区域、跨文明的交流、互动现象甚至环境条件中审视人类历史变迁。这种研究，同样扩展了以往历史研究的视野。从研究对象规模、范围角度看，地方社会与全球是两个相差悬绝的单元。于是，我们看到了从极小单元到极大单元两极对历史学的改造，并且都推出了可观的成果，各自意义不言而喻。历史学家选择一种研究取向，并不需要通过其成果证明其具有知识增进意义之外的特别理由，史学理论及史学史研究则会对不同取向及其关系加以讨论，以便形成对历史研究经验的评价。从地方到全球的两极单元取向，各有怎样的认识倾向，关联如何？本节就此做方法论角度的讨论。

## （一）地方社会的组织形态与支配关系

历史学研究的“地方”，不是单纯的空间单元（place），而是在人的生活经验轨迹上形成的社会单元（local）。社会单元可以自然生成，也可因国家权力的干预而发生散乱、重组、迁移等，但只要构成社会，就具有组织性，就有一定的组织方式，社会就是组织起来的人群。因而，地方社会研究的重要课题之一，是组织方式，也可以称为社会纹理（social fabrication）。组织的功用是提供有序性，对于基层社会来说，包括日常生活的安稳、应对紧急状况的集体合力，以及回应上层社会要求时所需的行动秩序。明清时代，除了孤处社会以外的个人之外，都处于基层社会组织之中。不同社会以不同方式组织起来，即有不同的纹理。因而，研究明清社会史的学者，既需要关注家庭、都、图、里甲、乡约、保甲、宗族、村社之类基层社会组织，还要关注所研究地方是否存在特殊的社会组织方式。家庭是所有社会都有的基本单元，但其规模和构成方式，在不同文明体系、不同社会的不同地区乃至不同阶层间有很大差异，明清时代基层社会的家庭结构是有差异的。保甲更是中国帝制后期才特有的名目。宗族虽在具有血缘基础的意义上是普遍的，但从社会的意义即作为一种在日常生活中发生组织作用的角度看，宗族形态却有很大的区域差异，在华南、华东、华北各有特色。都、图、里甲处于政府社会控制体系和赋税征收体系之中，覆盖政府权力所及的“内地”——这表明与政府权力关联的社会组织比民间的社会组织更倾向于普遍均衡。乡约虽得政府支持，但却多因地方自主行为而产生，故并非普遍均衡，而且往往需要具有超越地方意识的知识精英在其中发挥推动作用。

明清基层社会组织，既涉及民间自治行为，也涉及国家管理行为。即使是在所有社会组织中最小的单元——家庭，也受明清律例的规范，都、图、里甲更是国家权力伸展向基层社会的触角。因而，明清时期基层社会的大多数组织名目，实际笼罩在国家权力伞盖之下。迄今为止，有关都、图、里甲的研究，虽在具体对象意义上指向基层社会，考察的问题却主要是国家权力运行及其后果。明清政府机关，向下达于县级而止，但这不等于国家权力至县级而止。法律应用于基层，以役的名目任用非政府官吏担任的里甲、粮长、老人等原在基层的角色，也都身附着国家权力，并且具有向政府反馈民情的职能，充当连接国家与社会的纽带。

任何社会组织都不足以囊括社会权力，因而也都不足以囊括一切社会支配关系。在考察明清基层社会的秩序时，要考虑体制以外的支配关系，这就必然注意精英人群。社会史研究中的精英（elite），不应是一个道德概念，而应是一个权力概念。精英是一个社会单元中在公共领域具有支配力和影响力的人。明清时代地方社会中，最能体现这种角色的是所谓的乡绅，即居住乡里——意为地方而不一定是乡村，而拥有官方身份的人。因为明清时代的社会身份连带家属，所以乡绅身份虽因个人而获得在支配力和影响力意义上却当以家庭论。休致居乡的官僚自然是乡绅，现任官僚在乡家属也应属于乡绅阶层。在科举经济中获得进士、举人、秀才者，也都属于广义的绅。尺度在于合法特权身份，秀才为其最末等级，可以称为小绅（petty gentry），依然有赋役优免的特权，有面向官府的方便渠道。这些人，因其与国家权力的关联以及关于外部社会的知识，通常在所有地方事务中享有高于非绅者的发言权，可能成为基层社会需要组织力时被优先期待的组织者。绅的支配力，主要通过反射国家权力而实现，其次也可能依托财富、社会关系和知识。如果绅权与国家制度发生重大矛盾，最终裁决在于国家制度而不是乡绅。并非所有基层社会单元里面都有乡绅，乡绅的影响力、道德意识及其在基层社会实际扮演的角色，也千差万别。所以，乡绅在基层社会的功能并不相同，社会史研究既不应该给乡绅在地方社会的角色标上统一的标签，也不应该把乡绅在基层社会的支配力过度夸大。

财富有支配他者的功能，因而可以成为一种权力。明清基层社会，有许多没有绅的身份的富民，在地方公共事务中扮演重要角色，他们依赖的就是财富。财富的支配力，也需要制度条件。首先，要存在私有制，存在对私有财产提供保护的法权体系，这样，财富在支出的时候才有合法的个人标签，才会为财富拥有者带来支配力。其次，在明清时代，能够带来财富累积的，一是特权，二是经济行为，三是攘夺。其中最普遍的，还是经济行为。经济行为中，土地经营和商业经营是致富的主要途径。这两条途径，都需要外部环境，主要是社会普遍秩序条件和市场。没有广大的市场需求，商人固然难以谋求发展，经营地主也难以积累财富。因而，富民本身就体现着明清基层社会的非封闭性。他们需要外部市场来实现财富积累，并通过市场成为地方社会与外部连接的纽带。乡绅和庶民大地主、商人作为地方精英，还需要参与地方公共事务。财富可以用来满足拥有者的享用需求，但这并不是带来社会支配力的主要途径，用于公共事务才是形成社会支配力的主要途径。明清时代的乡绅和庶民富裕者，在地方公益事业和公共工程中扮演的角色愈突出，愈有助于将自己凸显为具有声望和话语权的人群。

地方士绅中人数最多的应是科举功名获得者。进士绝大多数成为官僚，在家乡成为乡绅。举人可任官吏，品阶低微，有出有不出者，秀才不予官吏品阶，但享有国家给予的赋役优免特权。这种中国帝制后期特别发达的制度，突出体现社会常态化的上下流动。社会流动资格所依赖的，是知识。知识构成基层社会与国家之间常态且制度化的纽带，意味着基层社会的非封闭性，也构成国家体制、文化精神覆盖全社会的一种结构。

明清基层社会日常生活，既有大量“自然”的，即生活流变逐渐衍生的情状，也有大量人为的即制度化的情况。后者中最突出的，一是普遍通行的法律，二是赋税。明清基层社会可有公约，不可立法，而国家的户籍制度却覆盖整个社会，从这种意义上说，明清社会很大程度上是扁平的。但同时，明清社会中有身份等级，绅是特权等级，庶民是中间等级，倡优、奴婢、贱民是下层等级。清代的八旗，带来更复杂的等级。等级都是人为的，所有存在等级区分的社会，都不能仅作为自然存在的对象来考察。与法律相关，所有基层社会成员都有向政府缴纳赋税的义务——优免赋税是特许待遇而不是根本权利，也有实现赋税征缴的细密规则。赋税是从基层社会分取劳动价值的强制行为，对基层社会人民的生存状态自然会产生重大影响，前述基层社会组织，大多与应对国家要求相关。从这一视角看，基层社会生活的日常状态受到国家制度的强有力制约，民生日常的重要内容之一，就是应对政府。

## （二）地方、区域、国家

明清时期的地方社会既然不是封闭的，研究地方社会就需要观照更大范围的空间单元。在中文中，“地方”和“区域”常常混用，而且在许多语境中混用而无伤，二者都是模糊而需要言说者加以界定或通过语境才能明确的概念。但如果以地方对应local，所指可小至村社，大至州县，超过州县的空间范围，则可用区域（region）来指称。区域在国内语境中可被用来指称大于州县而小于国家的地区，不一定是行政区，也可以是经济区、文化区，在国际范围，也被用来指称今日所说的类似“洲”“东亚”“东南亚”“北非”“地中海沿岸”之类范围。从国内范围着眼，地方、区域、国家构成三重层次。当然，“地方”如指州县范围，其内部还可再加细致分层。

从制度、经济、文化等各种角度看，“地方”内部都有一些基于惯性而形成的联系，使之可以与外部区分开来。这种联系使得出现利益纷争的时候，一个地方会因共同处境形成共同诉求和共同行为。行政区划一般要考虑这种联系，但也未必完全从这种联系出发来决策，造成一些跨行政区的范围在经济、文化的意义上构成同一地方单元。然而此类情况，在历史研究中只需要研究者对自己的研究概念、视角有清晰的把握，就不难处理。

“区域”当然也有内部联系，最少一定是地理毗连者方能归于同一区域，有环境、气候方面的关联，资源、信息、交通、物流，也便于连接，如果与行政区重合，还有管理意义上的内部联系。但如与“地方”相比，“区域”范围更大，就包容更多的差异。所以，社会史研究不能假定所研究的区域内所有方面都自为单元，而应比研究“地方”时更多考虑跨区域联系。施坚雅（G. William Skinner）在研究清代中国经济时所做的经济区分划，就并不与行政区重合。社会既受经济关系的影响，也受政治关系的影响，所以，社会史研究的区域，也不应该只用行政区划单元，而应该另做地图。其实，单项的社会史研究并不适宜取过大的范围作为对象。社会史研究的长处是比其他方式的研究更便于展示、剖析社会存续、运行的具体机制和样貌，因而在社会史研究中会较多呈现案例（case）。对案例的分析，因为历史证据常常是缺断、不足的，在多数情况下，其实大多要采用韦伯所说的理想化（ideal type）方法，即依照分析的指向，把关联因素范围缩小，设定一些条件，以实现对课题分析过程的驾驭。范围过大，社会史研究的优长就难以发挥。对范围较大区域的研究必须是运用综合方法的。

社会史研究通常有意选取与国家政治研究不同的视角，通过强调非国家政治视角来凸显新意，并由此查见国家政治研究所不见的社会内容。这肯定是一种有意义的拓展，但并不能否定国家政治视角本身的价值。无论何种视角，最后都要落实到证据和事实。明清史这个概念本身，就是国家单元的，因而在类似“明清区域研究”这样的话语中，区域是被置于国家范围之内来看的。前面的分析也提示，无论地方还是区域都具有开放性，都与国家制度和政策行为相关联。所以，地方史和区域史的研究，实际上都离不开对国家的考察，也不是国家单元历史研究的对立面。

讨论到这里，就涉及地方、区域具有怎样的自主性即非政府秩序问题。如果按照前文所说的地方、区域定义，晚清以前，地方可能已经具有一定程度的自主性，而区域虽然未必绝对但很难具有什么自主性。原因是，自主性需以内部一定程度的整合为基础，区域很难形成民间的整合。即使在地方层面，自主性也大多存在于小于州县的层面，如家族、村社，或者相关的多个村社中。家族几乎是在不违背国法前提下自理其秩序的，村社秩序中则一般会融合传统、亲缘、宗族与国家权力的参与。合股经商者，内部是自理秩序的。书院、文社、诗社之类也是自理秩序的。此外，寺院也会培育出信众与寺院关系的某种秩序——制度化的宗教在社会研究中一般被视为规模最大的非政府组织。明清商人、士绅可能组成会馆、公所之类机构，通过这类机构提出一些共同诉求，并谋求官府接受或者支持。根据周启荣先生的研究，这类情况提示明清时代存在民间的“公共空间”。但因为会馆、公所都是脱离乡土者的组织，在地方社会研究中是很特殊的对象。它们体现出科举仕途和商业活动会把可能距离遥远的地方、地域连贯起来，相关的组织，会在异地组成公共空间。谢国桢先生研究的晚明党社，达到很大的规模，分布广泛，没有离开乡土，却有跨区域的表现。这样的民间社会组织，自然也构造出一些公共空间，而无论从科举经济还是政治诉求角度看，它们关注的方向，还是庙堂。商业公会在清代比明代发展显著，到晚清已经具备比较充分的现代社会组织形态和功能，这也是公共空间，体现着民间社会的自理功能。不过，前述情况都属于有关生活特定领域关系的秩序，不是统辖或治理意义上的秩序。除非在战乱情况下，各类精英在地方社会的支配力，都限于特定领域，不是全面自治。

## （三）从地方到全球

前文提到，社会史和全球史都是晚近中国历史学研究的重要取径。宏微趋于两极的两种研究方式之间，自然差异巨大，但二者之间也存在关联。明清时代的地方本就具有一定程度的开放性，地方、区域、国家三重空间结构，也提示地方和区域都不是孤立的存在，而且它们与外部的联系，不限于国家范围。除了全球气候、环境等从来不理会国界的那些现象外，明清中国处于早期全球化这样一个大时代，中国卷入了全球化进程。

在这个时代，把中国与外部世界关联起来的最伟大的力量，首先是市场，此外还有中外的邦交、战争、宗教界与知识界的相互交流等。其中，对地方社会产生重大、持续、深刻影响的，毕竟还是贸易活动体现的国际化市场经济。从贸易活跃程度看，沿海地区肯定是与国际市场关联最密切的。政府推动的合法对外贸易与私人走私贸易在联通中国社会与外部关系意义上，作用是同样的。其实，走私贸易更体现民间社会参与国际贸易的自主性和积极性，也更会带来地方社会秩序关系的变化。晚明东南沿海的海盗、海商是从东南沿海参与国际贸易的地方社会中发展起来的，其势力壮大之后，成了国际性的武装力量，从荷兰殖民者手里收复台湾，显示地方社会一旦与国际贸易关联，可能爆发巨大组织潜力。所有生产出口产品的地方，包括以家庭手工业方式生产最终出口产品的地方，都通过贸易与国际社会连接。这不一定对地方社会的秩序结构产生直接影响，但肯定影响经济生活方式，增大地方社会的开放性，也对赋税形态产生影响。集中生产出口产品的地方，如景德镇，在明清时代已经成为工业城镇，与国际社会的关联更为直接。

白银在明清时代通过贸易大量从外部进入中国，再通过商品货币关系渗透到整个中国，从而极大地影响了各个“地方”“区域”的生活面貌，甚至国家财政体制。有关白银的研究，近年已经成为热点，但关注货币金融本身和财政制度、赋税关系的多，考察白银对在地方社会究竟如何产生影响、产生怎样影响的少。外来农作物在明清时代明显增多，尤其是玉米、番薯、烟草种植广泛。新物种进入中国，是宏观的国际联系；新物种在中国落地生根，就成为具体的地方、区域现象。对于新物种怎样在哪些地方培育起来，怎样影响社会生活和经济面貌，虽有研究，也未周至。

体现明清中国地方社会处于世界普遍关联网络的事物还有很多，共同要点是，明清时代的大多数“地方”连着世界。全球史研究无法实现对地方社会的深入考察，地方社会的研究却可以置于宏大的场景和过程中。地方社会研究的理念和方法，并不妨碍其把下层的、微观的对象，纳入全球史的考量中。在这种意义上，纠结碎片化与否并没有很大的意义。碎片可以被连接起来。

前面的思考，偏重说明地方与更广大场域之间存在关联，也偏重对秩序问题的思考，其他还有许多重要问题，并没有涉及。比如，对地方社会的静态横剖面的研究之外，对流动性的研究就很值得考虑。地方社会常被预设为很大程度上依据习俗、传统来运行的，而习俗和传统都不断地在累积中嬗变，在同一地方的不同人群中，有不同的取舍。地方社会中的个人，虽受制度、习俗、传统制约，但也有自由意志和自由行为。地方社会中的各类人等之自由意志处于怎样的状态，有怎样的空间，也很少有人去研究。接受历史人类学、新文化史研究理念影响的地方社会研究，都注重地方知识、仪式、符号等象征性事务、现象背后的文化信息，进而考察地方社会中人的心态与精神面貌。这类比较新颖的研究，其实也已积累了大量成果，可以更多地考虑其与制度的关系，以及地方特异性在更大范围文化场域中的流变等问题了。此外，有关地方社会的研究，针对乡村居多，城市略少。这很容易使人形成地方社会与“原生态”关联的联想。但是城市也是“地方”。在那里，另有别种秩序的纹理和生活面貌，也具有更大的开放性，得到的研究却也不够。

# 四

# 重新思考明清鼎革——兼谈“十七世纪危机”“大分流”“新清史”

仅就词义而言，“明清鼎革”指明清两个王朝间的改朝换代。在这个层面对之进行思考，涉及明朝灭亡的原因、清朝兴起并得以入主中原的原因、明清两朝政权更迭的性质与后果等。这些问题各自又可以延伸出多个分支问题，既涉及史实的认定，也涉及价值观和理论，因而历来众说纷纭。相关讨论自明朝灭亡之际就已开始。当时的指向，主要是反省明朝败亡的原因和性质。不仅中国，朝鲜、日本、越南甚至欧洲来华人士中也曾出现评论。清初的言说，常含对前朝的追思，甚至反清思想，因而成为一些反清举动的助力，稍后被清朝禁止。到雍正皇帝公布《大义觉迷录》、清修《明史》颁布的时候，官方说法高度一致，社会也已稳定，民间的评论就沉息下来。直到晚清革命，中国面临国家体制和社会观念的深层改造，明清鼎革的记忆再度被取来参照，从特定的角度成为推动社会变革的资源。迄于当时，已有的讨论基本都取国家政治视角，附带对族群关系和文化冲突的观照，思考范围基本局限在中国内部。20世纪前期，“新史学”在中国兴起，历史学视野拓宽，普遍价值与法则、跨国比较、交叉学科知识等渗入历史学，关于中国历史道路和社会形态、“资本主义萌芽”等问题的讨论把整个明清史研究与中国现代历史命运紧密关联，明清鼎革研究在中国社会发展进程和历史命运的视角下，大大超出了先前单纯政治史的局限。20世纪80年代以后，现代化、现代性研究受到普遍注重，经济学、社会学、人类学方法在明清史研究中运用日益纯熟，国内外研究深度连接，遂形成若干关涉明清鼎革的国际性话题。其中，全球化的时代背景促使诸多学者把明清鼎革纳入全球普遍联系中，既包括在全球经济关联角度思考明清鼎革前后的中国情况，也包括将17世纪“小冰河期”气候变化作为该时期中国变局解释要素的主张和把中国纳入“17世纪普遍危机”中展开的讨论。这些讨论提出了一些可以深化明清鼎革与同时期欧洲乃至世界诸多变化相关联的认识，也掺杂了许多误解和似是而非的论证。美国的加州学派主要运用经济学方法比较明清中国与西欧经济生产力发展水平，提出了晚明中国经济陷入“内卷化”模式、18世纪末中国与西欧经济发展“大分流”等相互关联又有差异的论说。被概括为“新清史”的一些学者，从批评强调清朝统治“成功”较多依赖其“汉化”的说法入手，提出清朝不仅是一个中国历史上的王朝，也是一个内亚帝国，而其“成功”主要依赖其保持了满洲特色。这些研究，把明清鼎革带入更为复杂的问题阈。视野的扩展不断带来新的阐释，但如推究晚近的各种说法，原有的问题没有达成共识，新出的解释方案也是相互颉颃，分歧并未减少而是大大增加。笔者提出的明清帝制农商社会说以阐释明清时代中国社会结构与历史演变基本趋势为核心，明清鼎革既为明清历史演变的一大关节，在明清帝制农商社会视阈中无可规避。前人研究丰厚而又歧义纷呈，这时重新思考，虽难面面俱到，但所见既有不同，亦当尽量陈说，供方家指正。

## （一）王朝兴衰与明亡清兴中的因果

明清鼎革最浅表因而也是最确定的含义是两个王朝的更替。王朝更替，在中国历史上不断上演，是一种不定期而有规则性的事变。通秦到清，没有任何一个王朝完整维持到300年。西汉与东汉，虽然皇室皆刘氏，其实是两个王朝。北宋与南宋皆赵氏，但北宋皇帝被掳，都城失陷，南宋已是重建的偏安朝廷，略似南明，只是维持得长久一些。其他各朝无须说明。从王朝更替是一种规则性事变的意义上看，明朝从1368年到1644年，已经达到王朝统治的时间上限，其终结是随时可能发生的情况。这不是说没有任何因素会使明朝维持得更长久一些，而是说明朝灭亡的原因中，有相当一部分与前代类似。王朝无永存之理，明朝的灭亡在大约半个世纪前就有端倪，万历中期已经出现明朝将有大乱的警告，如万历二十八年（1600年）户科给事中田大益指出：“方今内帑收贮无虚岁，无虚时，无虚月，无虚日。夫积而不泄，鬼将作祟。不有脱巾揭竿，藉为鼓噪之资，即恐英雄睥睨，席为用武之地……怨极必乱，夫众心不可伤也……恐玉崩衅成，决而莫制，家为仇，人为敌，众心齐倡而海内因以大溃，岂不大可惧乎？祸迟必大，国家全盛二百三十余年，已属阳九，加以迩来暴盘朘削，种种败道而犹晏然无事，东征西讨，所向快意，盖将前之掩祖德……二竖固而扁鹊走，元神索而大命倾。”[①] 万历二十五年，前山西巡抚时任刑部侍郎吕坤上《忧危疏》，内称：“臣闻治乱之兆，垂示在天；治乱之实，召致在人。窃见元旦以来，天气昏黄，日光黯淡，占者以为乱征。微臣不习天文，但观人事，当今天下之势，乱象已形而乱机未动；天下之人，乱心已办而乱人未倡。今日之政，皆拨乱机而使之动，助乱人而使之倡者也。”[②]

那么，哪些情况会导致一个王朝灭亡并发生在明朝身上呢？如果一个王朝不是如秦朝那样很快崩溃，而是曾经进入较长兴盛期，其灭亡的基本条件就一定是统治失序。曾经反复发生的导致王朝统治失序的原因包含如下几种：其一，统治阶层严重腐败及内讧——二者如影随形；其二，社会矛盾激化——民间离乱、反叛发生；其三，强敌入侵——边疆势力或者外国势力入侵。在我们关于中国帝制时代历史的知识中仔细寻绎，可知每个维持了较长时间的王朝都是因为这三个原因中至少两个之作用而解体的。万历中期以后，这三个症候并皆发作而日甚一日，何而不亡？这三种情况周期性发生的

① 《明神宗实录》卷354，“万历二十八年十二月庚辰”条，台北：台湾“中研院”历史语言研究所校印本，1962年。

② （明）吕坤：《去伪斋集》卷1《忧危疏》，《四库全书存目丛书》集部，第161册，济南：齐鲁书社，1997年，第27页。

根本原因，一是由于帝制时代的王朝都是集权君主制的统治性权威，二是由于这些王朝都处于中华文明圈的核心区因而受中华文明内聚运动的影响——仅晚清增加了更多外国强力挑战的因素。集权君主制政府无一不是依赖武力建立，所谓“打天下”“坐江山”，因而必须供养日益膨胀的皇室和军功贵族阶层，外加特权次之而规模更大的官僚阶层。最高统治者世袭，即依照血缘、宗法等规则在狭小范围内选择君主，肯定会不规则地出现统治者低能、失德、威望不足等情况，带来不同程度的统治失序。贵族阶层世袭而供养充裕并享有其他各种特权，人口增长率远高于庶民，必然造成社会权益、财富失衡，时日愈久对于基层社会挤压力愈重，造成社会矛盾激化而不可逆。官僚阶层是集权制下的国家管理者群体，集权积久滋生腐败，逐渐消解政府治理功能。所有制度，日久弊生，需要不断调适、改革才能保持运转，但社会上层固化、腐败，改革的有效性就会降低或消解，甚至引发统治层内部冲突。因而，王朝治理功能在长时段视野下呈起伏状态，而度过鼎盛期后会快速削弱。此后各种突发局势都可能引发王朝统治失序，包括社会矛盾激化导致的反叛，外敌入侵，统治阶层内部觊觎权力的行为，以及巨大的自然灾害。中国帝制时代的所有王朝，其实都是中华文明共同体中处于核心区局部的政权，汉、唐、元、清覆盖程度大一些，宋、明等覆盖程度小一些。覆盖程度大的，一般最直接的挑战来自王朝内部的社会矛盾；覆盖程度小的则在内部矛盾之外都会加入边疆危机，甚至主要由边疆危机引发全面崩溃。通常，这种中华文明共同体内部的边疆挑战来自北方，原因是与中原具有长期经济依赖关系的北方最容易聚集起强大的军事力量，并因与中原财富、文化更密切的关系而更倾向于向中原推进，同时更具有这种推进所需要的社会组织力。前述情况在帝制时代反复发生，明朝并不例外。从这种意义上说，明清鼎革是一次传统类型的王朝更迭，或者说是中华文明历史长期推演的延续，并非独一无二。前人曾经反复推敲党争、民变、建州诸因素在明朝灭亡中的角色，这些都是前述因果关系的具体表现而已。

除了传统的结构性延续作用，明清鼎革也有17世纪新的时代背景。“新航路”开辟以后，欧洲海外贸易和殖民活动快速发展，形成将亚洲、欧洲、美洲联成网络的空前规模的国际贸易体系。中国自身商品经济在15世纪就已相当活跃，形成巨大贸易和白银需求，大量外部白银涌入，加速货币白银化和政府财政税收货币化，进入了农商并重的经济结构状态。而国家管理体制，包括行政体系、军事动员与补给体制、财政制度虽有局部调整、改革，但未能与商品货币经济发展同步协调。这种经济结构与国家管理体制的不协调在万历时期因长城沿线防御及包括援朝战争在内的“三大征”、皇室开支恶性膨胀、后金挑战等一起造成难以化解的财政、边防、社会稳定多重危机。[①] 待天启时期下层民众反叛蜂起之际，明朝灭亡就只是短时段内的时间问题了。

明亡与清兴密切关联。如果以1644年北京失陷、崇祯帝自缢身死为明朝灭亡的标志，则明朝并非清朝而是基层社会反叛所推翻的。不过，后金/清政权对明朝的挑战长期耗费明朝大量资源，加速其统治失序，最终是清朝通过战争而将之灭亡，而且清朝建立了新的统治秩序，所以明亡清兴可以看作同一过程。

北方兴起为颇为强大的地方政权，这在中国历史上也是一种经常出现的情况。后金兴起之前，东北地方曾经出现诸多强大政权，雄霸一方或者谋取中原的都曾有过，建州到后金初年的经历与前代反复发生的情况原无重大差别。但是，努尔哈赤建立的八旗制度，虽然也有辽金某些制度的影子，却比以往任何时代的边疆政权组织更为严整，而且覆盖了整个满洲社会。随着后金统一东北大部分地方，整个东北被整合成了一个军政合一的体系，收服东部蒙古以后且向西延伸。这样一个庞大的势力，在万历中期以后，虽尚不足单独从明朝手中夺取政权，却随时可能在明朝遭遇危险之际出而颠覆明朝。这种形势，明朝人已经有所认识，所以明万历以后的对后金/清战争，已超过一般的抚定边疆而具有生死存亡的含义了。在这种情况下，明朝在万历中期的所谓“三大征”，即平定宁夏哱拜之乱、援朝抗倭、平定播州杨应龙之役中大伤元气，天启时期民变蜂起，清朝不断从东北方向加大对明朝的压

① 关于晚明财政危机的因由与情状，参看赵轶峰：《试论明末财政危机的历史根源及其时代特征》，《中国史研究》1986年第4期；赵轶峰：《明代的变迁》，上海：上海三联书店，2008年，第232—277页。

力，到李自成军队攻占北京而又未能采取具有远见的策略情况发生时，清朝推进中原的时机就到来了。清军入关后得以立足并能逐步统一全国，除了八旗体制提供的强大军政社会整合力、明朝衰败且严重丧失社会支持、民间反叛势力政略不当三个背景条件之外，还依赖其采取了足以在竞争者中胜出的策略。这种策略的核心是在严酷武力镇压反抗者的同时尽量收拾人心。为此，清朝以明朝既有基本制度为基础恢复社会秩序，承认儒学崇高地位，声称为明帝复仇，打击李自成、张献忠部队，为崇祯帝治丧，大规模招纳降人为其所用。清朝以前，北朝多“胡人”政权，辽金曾统治中原北部，元曾灭宋，基本是借诸中原王朝失序、衰败，驱大军而入，竟能建立统治。清朝运用更为精细的策略，而明末之混乱无序毫不亚于前代，故清之胜出，有足够的根由，既非全由规律支配，也并非尽出偶然。至于其间哪些个人之何种作为发挥了怎样作用等，已属“时势造英雄”之事，虽然也值得考索讨论，但所干宏旨，已然不著。要之，清朝代明而立，并不因为其具有比明朝更多的新社会或现代性含义，入关之际的清朝也并不比明朝有更多的国际关联。

## （二）明亡清兴对于中国社会发展的含义

政权更替一定带来制度、政策改变，制度与政策会深度影响社会状况，而且明清作为中国帝制时代最后两个王朝，更革之际关涉中国历史命运至深且巨，有超出一般制度、政策变动之外者。

明亡以后，顾炎武曾说过：“有亡国，有亡天下。亡国与亡天下奚辨？曰：易姓改号，谓之亡国。仁义充塞，而至率兽食人，人将相食，谓之亡天下。”[①] 王夫之、黄宗羲也有类似慨叹。这提示明清易代在王朝更替同时，因伴随统治者族属改变而带来一场文化变迁。在中原一些士大夫看来，这场变迁是由文明到野蛮的倒退。这样的感受，当然基于中原士大夫习惯辨析“华夷”的传统，含有对边疆区民族文化的鄙视意味，但是当时中原典章文

① （清）顾炎武著，（清）黄汝成集释：《日知录集释》卷13《正始》，上海：上海古籍出版社，1985年，第1014页。

化无疑总体上比边疆发达精致，而且清军入关后强力推行剃发易服、圈地等政策，顾炎武的感叹，也是当时历史的一页写照。不过，明清鼎革带来怎样的变局并非顾炎武等身当其时者所能亲见，需结合后续史事，方得真切。明清鼎革作为一场历时数十年的国家权力转移和社会秩序重组过程，伴随大量武装冲突、杀戮、掠夺，造成深重民生灾难，留下长久的心理创伤，也造成经济发展的一度停滞甚至萎缩。其中包括晚明社会所孕育的一些社会活性遭遇挫抑。历史的这一环节并不能用后来的逐渐稳定、恢复与新的发展抹杀。历史是人民生活之流，人民的生活遭受摧残，肯定是历史书写的内容，不应作为宏大过程的代价而被轻描淡写。对于17世纪生存着的下层民众而言，明清鼎革是一场持久的灾难，相关情况学术界耳熟能详，但从民生角度来考察明清鼎革的研究尚不充分。

转变到中国历史长久演变视角下看，这场灾难带来的最为宏远的后果则是中华文明内聚运动的推进。现代世界以主权国家为分野，然而虽然国家在人类文明发生时代就已形成，主权国家的明确概念及其普遍公认的国际法权地位却是在17世纪才确立的。此后，国家至上，领土神圣。此前，则统治者代表国家，领土经常被统治者做政治交易，疆域变动比现代频繁而轻易。主权国家，有从疆域长久确定的传统国家而来者，有外部殖民者重建者，有殖民地原住民实现独立后成立者，有从殖民帝国萎缩而来者，有从文明共同体演进而来者。现代中国是由文明共同体演进而来的主权国家，因而在讨论中国历史包括明清鼎革的时候，就不能没有文明的视角。文明是标志人类进入“历史”时代的较大规模、历时长久、具有独特文化特征的社会文化共同体。世界历史上曾出现诸多文明共同体，规模、持续时间及所达到的文明程度各异，中华文明是其中最早达到高度文明水平的共同体之一。上古时代就已形成的伟大文明，大多在后来的演变中消亡、离散，或发生大幅度变异，而中华文明虽也经历种种变迁，却保持着整体性而延续下来，从古代生长进入现代。中华文明在亚洲内陆形成，在国家形成时期和国家发展早期，其核心区在“中原”，其后在核心区与周边区域的互动中逐渐展开。中原为核心的中华文明以农业为基础，当时相对于周边，更易于积累财富和生产生活经验，是经济最发达的地域，也比周边区更具有制度建构和精细文化发育的能力，终于建构起以庞大的农业为主要基础的统一政权体系。秦汉时代中华文明核心区的国家形态，是中央集权的皇帝、郡县、官僚为最主要支柱支撑的帝制体系；其精神文化，是名义上“独尊儒术”而实际上以儒家学说为基础杂合百家的思维方式和价值观；社会构成，则是“编户齐民”对应于皇权统御的政府权威，以及宗法或半宗法的民间基层组织；经济上，从农业与比例较小的管制型商业、手工业为基础，逐渐转变为农业与增大比例的自由商业、手工业为基础，且商业、手工业，以及海外贸易在国民经济中所占的比重加大。这种国家与社会的组织方式，一直到20世纪初才告终结。中华文明演进历史中一个非常重要的结构性关系是核心区与边缘区的互动。其中最主要的，是中原农业文明核心区与其以北一线游牧、半游牧区的互动。东部较早融入核心区，西南山地部族疏离，难以聚合成为强大势力，唯北部游牧、半游牧地带与农耕区域之间，互动最为紧密频繁，于中华文明的聚散离合也关系最大。农耕文明相对于草原文明更易于财富、文化的积累和人口增殖，也更具有经营领土的意识；草原文明受气候等自然因素变动影响更大，流动性更强，其整合、兴盛也快速，其散乱也急骤。历史上，唯靠近农耕区域的游牧、半游牧地带，最易于凝聚出强有力的政权，也具有较强的进取性。万里长城，就是中华文明农耕核心区与北部游牧、半游牧区域生活方式差异且又相互关联、长期互动的象征性建筑。这种互动在先秦时代就已经开始，秦汉帝国的统一，使得这种互动更为敏感，战争、和亲、内附、远徙皆是其展开的形式或后果。辽代以后，北部边缘区与中原的互动关系发生了一场深刻的变化，这就是北部边缘区人民在原初社会组织方式基础上借鉴中原制度组合成为强大、常常是统一的政权体系以进取姿态向中原推进，辽、金、元皆是如此。这些政权与核心区政权的组织方式之相似的程度，达到了后世史家将其历史与中原王朝同样作为“正史”的地步。这背后是中原核心区与北部边缘区文化、社会、经济融合的深化。清政权在东北地区的兴起，已是中华文明内聚运动最后阶段的事情。清为女真后裔，其先祖曾经控制黄河以北大片农耕区域，到明代已经是农耕、渔猎综合经济为基础的社会，长期接受明朝封号，与中原经济、文化关联紧密，其整合强盛之后的进一步发展，注定指向中原中华文明核心区。

清朝统一中国，消除了中原核心区与东北地区的政治间隔。又因清朝积极建构与蒙古各部的联盟，对西藏、回部实行积极管理，大幅度消除了中原核心区与北部草原地带之间的政治间隔。象征农耕核心区与北部边缘区差异与对抗的长城，在入清之后失去了传统作用。以往近乎周期性的北方边缘区与中原核心区之间的军政博弈之地缘政治基础发生了深刻改变，以往中国历史上频繁发生的从边缘区势力推动改朝换代的逻辑大幅度弱化，中华文明的地理区域与中国统一行政管辖范围趋于重合。这样，中华文明经过漫长的帝制时代，在全球现代性关联快速增强的时代，进入了文明空间与行政空间大致重合的状态——这恰好是15—18世纪中国历史与欧洲历史主题差异的关键所在。因而，在中华文明共同体聚合演变的长时段视野下，明清鼎革与以往的朝代更迭有重大的不同。

宏大空间且多民族内聚而形成的文明在整合为统一国家体系的时候，国家权力必然高度集中，而集中的国家权力必以基层社会自主性让渡为条件，或者会导致后者。清代国家体系包容了更大范围差异的人群，既需要实行差异的政策，又需要有将差异的区域、人群、政策统合的力量，这就构成了清代国家权力进一步集中的结构性基础。这种高度强化、集中的权力可以对社会发展产生推动作用，方便推行从上而下的政策变革或者大规模拓殖，可以快速推崇起某种文化风潮，同时也可能缩小社会变革推动力的范围，形成思想禁锢，造成除非统治者要改革就难以发生社会变革的格局。清朝要消化种种多样性带来的失序势能，在社会、文化、政治领域推行了多种保守性的政策，难得一见明显应和“现代性”变革的政治举措。但在经济领域不同，在度过明清鼎革带来的社会动乱之后，清朝继续明中后期已经展开的市场化发展趋势，推进都市繁荣和贸易拓展，积极调节货币体系，使商品经济达到了前所未有的活跃程度，由此带来商人群体社会地位与支配力的增强。当然，所有这一切都笼罩在帝制国家权力的影子中。社会人群构成中通常最具有创新力的科学家没有独立的社会地位，人文学者或投身仕途，或潜心于古代经典与文献的整理与研读，商人中的佼佼者，多依附权力，成为绅商。这样，17世纪以后约两百年间的中国，呈现为一种帝制国家体系与商业经济发展契合从而使两者皆呈延伸状态的局面。

明清鼎革所造成的政治统合为帝制农商社会在18世纪呈现高峰状态提供了条件。明清时代，尤其是15世纪以降，中国社会总体结构呈现出明显的商品经济活跃，货币关系发展，中外经济通过贸易往来联通，商业、手工业在经济结构中地位上升而与农业并重，帝制国家体系与商品经济互洽共生的状态。与此同时，帝制国家政治保持原有制度结构方式继续强化，从而形成帝制统治强化与商品经济扩张并行发展的趋势。明朝中后期出现的一些旨在调适国家财政、赋税制度与商品经济发展趋势关系的改革，颇有利于商品经济发展，但并未改变既有帝制国家基本规制，也未能阻止明朝统治的失序。清朝以强力重建统治秩序，将满洲政治、社会制度与中原帝制体系嫁接，扩展中央政府行政管辖空间，一定程度吸收明朝统治政策教训，化解对明朝财政和社会稳定构成持续威胁的长城沿线军政对峙、博弈与持续的庞大开支，调整赋税征收方式和货币政策，推进朝廷控制下的文化建设工程，经过数十年稳定过程，在康熙中叶到乾隆后期亦即18世纪呈现了以国势强大、社会稳定为突出标志的“康雍乾盛世”。这是中国帝制时代最后也是历时最长久的一次“盛世”，也是帝制体系与农商经济并同发达、国家大规模文化工程和公共工程频繁举措的帝制农商社会的巅峰状态。这次“盛世”提示：明代所发生的各种危机都不构成帝制本身的最后危机，帝制体系继续发展强化，社会经济包括商品经济在明清鼎革后出现继续发展，晚明人口增加导致的人地关系紧张并未达到经济发展的天花板，可耕种土地在清代大幅度增多，18世纪中国的繁荣与同时期欧洲的发展不在同一轨道上。

明清鼎革通过统治集团更换实现，直接带来一系列制度、政策乃至文化气息的变化。在制度层面，最突出的是出现了满洲贵族主导的满洲、蒙古贵族与汉族士大夫联盟的权力架构。这种格局增加了王朝统治上层的复杂程度，带来对于边疆区域更为积极的统治倾向，也带来贵族政治一定程度的回潮，社会分层加深加细。同时，先前更大程度上采纳儒家文化精神的国家统治也转变为一种多元杂糅的统治状态。在这种状态中，儒家传统依然受到尊崇，但其工具化更为明显，在明代颇为活跃的士大夫群体政治诉求销声匿迹，君臣关系向君主绝对权威进一步靠近，官场腐败则变换具体形式而有增无已。

清朝处于全球化变迁加速发展，欧洲与中国逼近关联的新时代，然而清朝政府与世界变迁潮流若即若离。以往学术界强调清代中国“闭关锁国”，其说过度夸张。清朝统治者很早就吸纳欧洲传教士在朝廷任职，从事天文观测、指导火器制作、参与地图绘制、参加对外交涉、提供西学知识、从事建筑和艺术活动。这类活动，被清朝尽量控制在宫廷范围内，防止欧洲人与中国民间社会的直接往来，限制基督教传播。清朝政府与欧洲多国政府及教皇之间的交涉增多，在此过程中，清朝政府的领土和处理国家主权问题的经验比前代增强，对欧洲国家的防范意识比明代明确，但从来没有清晰地看到世界正在发生变局的全面含义，更没有形成直接相对于欧洲发展与逼近的应对方略。结合前述中华文明推演角度的观察，明清鼎革具有与当时西欧主导的全球化历史过程相关又并不完全吻合的含义。亚洲大陆在继续一个悠久文明聚合的过程中强化了帝制体系、实现了农商复合经济前所未有的繁荣并伴随着大规模族群融合。这场变迁与西方主导的殖民主义与国际贸易的全球扩张并未按照同一个旋律演奏，与西欧在此前后发生的科技革命、宗教改革、启蒙思潮以及工业化也不指向同一个方向。在这个意义上说，17世纪的世界，并没有笼罩在同一个宏大历史进程中。而且，即使中国本身，也包含巨大的区域差异，并非只有一种运行的趋势。欧洲的变革，在明中期以后就通过贸易、欧洲在亚洲殖民的开拓、天主教士东来、枪炮引入而成为中国历史演变的新的重要因素，并实际上构成了17、18世纪中国历史演变新的宏观背景。这样，在欧洲殖民势力和全球贸易快速发展并瓦解或渗透到全球各地原有经济社会乃至政治组织的背景下，中国形成了一个新的具有强大组织能力的王朝，预示着欧洲的全球扩展在亚洲大陆会遭遇强大国家的反应，两大文明的最终全面对接会以较强对抗形式发生。

## （三）“17世纪普遍危机”与明清鼎革

20世纪中期以后，从全球普遍联系的角度考察历史变动成为历史研究的趋势之一，在此背景下，“17世纪普遍危机”于60年代成为欧洲史学界的一个重要的争论性话题。[①] 1965年由特雷弗·阿斯顿（Trevor Aston）编辑出版的相关论文集，名为《欧洲危机：1560—1660》在整个欧洲语境中讨论各国17世纪某时期的危机现象。[②] 70年代，被讨论的危机开始“普遍”化，超过欧洲而扩展到欧亚大陆，并且所指时间也延长到整个17世纪。21世纪初，中国学者开始引介相关研究，至于今日，相关讨论已经成为理解明清鼎革必须回应的重要话题。参与这一话题讨论的学者赞同在全球历史普遍联系的基点上观察17世纪的人类历史，这无论从理论还是史实层面看，都可以扩展审视明清鼎革的视野。但是，在此基点上，学术界对当时全球普遍联系的程度以及这种联系在明清鼎革中所发生的具体作用如何的判断却存在很大分歧。

新西兰学者阿谢德（Samuel A. M. Adshead）在1973年发表的《17世纪普遍危机在中国》是较早讨论“17世纪普遍危机”与中国历史关系的论文。文章开篇指出，今日世界的重要特征是发达与不发达国家之间的差别，欧洲属于前者，中国、印度和印度尼西亚属于后者：“本文认为这一社会差异的起源，比如欧洲和中国之间的差异，是在17世纪产生的，特别是源于欧洲和中国对于这场同时在两个地区爆发的普遍性危机——包括政治、社会和经济——的不同反应。欧洲社会从这场危机的重建中兴起，比以前更加强大，更加一体，而中国社会则保持了相对的不变。”[③] 显而易见，阿谢德是在20世纪50年代以后流行的东西方现代化进程对比语境中开始讨论“17世纪普

---

① 一般认为，霍布斯鲍姆1954年在 *Past & Present* 上发表的《17世纪危机》是最早明确提出这个概念的论文。Michael Roberts在1962年发表的论文中提到，当时用“17世纪普遍危机”来指称1640—1650年欧洲社会失序就是欧洲学术界已经习惯的事情了。参见 Michael Roberts, “Queen Christina and the General Crisis of the Seventeenth Century”, *Past & Present*, No.22, July, 1962.

② Trevor Aston, *Crisis in Europe, 1560-1660*, New York: Basic Books, 1965.

③ S. A. M. Adshead, “The Seventeenth Century General Crisis in China”, *Asian Profile*, Vol.1, No.2, Oct., 1973, pp.271-280. 引文见国家清史编纂委员会编译组：《清史译丛》第11辑《中国与十七世纪危机》，北京：商务印书馆，2013年，第37页。

遍危机”在中国的情况的，这种切入方式透露出“17世纪普遍危机”说与现代化论历史观之间存在密切关联。而且，该文包含了追问中国与欧洲走向不同历史道路的问题意识——这又显示出“17世纪普遍危机”说与后来出现的中西历史“大分流”话语的关联。在阿谢德该文之前，“17世纪普遍危机”话题限于探讨欧洲各国经济衰退与政治动荡之间的普遍联系和因果关系。阿谢德沿着这个思路把中国17世纪的事变与欧洲联系起来，认为欧洲的塞维利亚作为当时货币体系中心的崩溃，“促成了17世纪遥远的亚洲地区的革命，导致了一些显然没有关联的事件的发生，如中国明朝的覆亡、越南内战、厄鲁特蒙古在内陆亚洲的崛起以及奥斯曼帝国的混乱”[①]。文章关于晚明经济衰退和政治动荡的史实性陈述全部基于其他现代学者的研究，并没有亲自梳理原始文献的迹象。这样的陈述虽与当时流行看法大体一致，但不时出现似是而非处。如果逐一推敲这类问题会显得吹毛求疵，略举一二例则可有助于评估论者了解明清史事的程度。

文章说：“李自成的胜利看起来意味着一场社会与政治革命，但中国的统治阶级并不准备接受这场革命。因而，北京的高官们、军事统帅吴三桂以及致仕的内阁大学士冯铨，邀请满洲贵族入关，并将李自成赶出京城。”“当满洲人抵达北京并问鼎中原之时，官员就集结在他们周围，而反对他们的，正是推翻明朝的那些社会力量……唯一的区别就是，这些叛乱者，曾反对明朝，而今却是以明朝的名义在行动，而清王朝镇压反叛要比明朝更加卓有成效。”[②]这样的叙述会使读者形成这样的印象：“中国的统治阶级”整体性地成为邀请清军入关的主体，南明的抵抗中并无中原士大夫参与，清军入关后的敌手全部是原来明朝的反叛者。这就会构成对南明史的全面误解。接下来，同样全部基于二手研究，作者描述当时中国与世界货币体系的主要关联：中国在16世纪借助于白银流入增长经历了“朝资本主义方向的经济起飞”，货币折征白银，但“1596—1605年，塞维利亚货币体系经历了预示着它的最后崩溃的第一次大规模紧缩。塞维利亚的这次紧缩通过跨越太平洋和

① 国家清史编纂委员会编译组：《清史译丛》第11辑《中国与十七世纪危机》，第37页。
② 国家清史编纂委员会编译组：《清史译丛》第11辑《中国与十七世纪危机》，第42页。

大西洋的两条路线传到中国，带来白银的突然紧缺和相应的国内资源找寻，而这接下来使政治紧张气氛和派系斗争升级”。[①] 依据行文，作者所说的“相应的国内资源找寻”明确地指万历皇帝派出矿监税使的举措。万历皇帝首次派出矿税监是在万历二十四年（1596年）七月，与作者所说塞维利亚货币紧缩的开始同年。如果确如作者所说二者之间有因果关系，那么17世纪货币全球化的水平需达到与21世纪初同样的水平，而且还需要以明朝与欧洲共同加入到如同今日这样水平的国际金融网络中才可能。如果真是这样，我们就要对整个17世纪的全球经济史做颠覆性的重新理解了。最少，做这样的因果论证，需要给出塞利维亚货币紧缩的总量，以及该量如何在同年就通过中欧贸易和中国的关税收入与财政调拨影响到明朝的政府行为，通过外贸进入中国的白银有多少进入朝廷财政才行。依据中国的文献，万历皇帝派出矿监税使的因由，主要是其扩大政府开支造成的财用匮乏，前文所说“三大征”及稍后的多起皇室婚姻等都是重要因素。欧洲白银进入肯定是当时中国经济状况的重要作用因素，但直接进入明朝财政的部分却很少，其减少之量根本不足以促成矿监税使这样的举措。白银输入对于中国经济的影响与对于政府财政的影响并不是一件事情，与皇室财政的影响又不是一件事情。在不能理出塞利维亚货币紧缩影响中国的具体数据和时间节点之前，深描中国庙堂政治争斗、明朝灭亡与其的关联，会带来深度曲解。因为夸大了17世纪中国历史演变与欧洲的关联程度，作者接下来关于17世纪欧洲与中国本来“平行发展”的历史由于各自应对危机的方式差异而虽然都重返繁荣但却“分流”向现代社会和旧秩序的说法，无论是否反映一定事实，基础都是支离破碎的。

1982年，艾维四（William S. Atwell）发表《1530—1650年前后国际白银流通与中国经济》。该文认为该时期国际白银输入中国量的变化“很大程度上颠覆了明帝国最后数十年的经济和政治稳定”[②]。文章描述，日本和美

① 国家清史编纂委员会编译组：《清史译丛》第11辑《中国与十七世纪危机》，第45页。

② 国家清史编纂委员会编译组：《清史译丛》第11辑《1530—1650年前后国际白银流通与中国经济》，第78—104页。该文原刊于 *Past & Present*, No.95, May, 1982.

洲通过欧洲向明朝中国的白银输入数量巨大，明朝自身白银产量不足、制钱供应不足，很大程度上仰赖外部输入白银。这些判断都有理由，但是，作者利用了全汉昇、李龙华1972年发表的《明中叶后太仓岁入银两的研究》，而该文统计数据其实有很严重的错误。[①]这透露出该文推进证据和逻辑瑕疵之一斑。文章最后一节讲晚明白银输入减少，白银短缺升值，导致人民难以缴纳赋税和租金，甚至难以购买食物，明朝难以供养军队，逐渐失去对北部的控制，遂有清军入关。这项研究与大多数使用“17世纪普遍危机”概念来解释明清之际中国历史变动的文章一样，在说明当时中国通过贸易与白银输入而与欧洲存在紧密关联方面把前人实证研究的结果汇集作为证据，再加进一步推论，推进到将所有这些关联作为明清鼎革的原因时却不再提供这种因果作用具体运行的证据。因而，被作为因果来讨论的关联，其实只构成背景说明。换言之，那些关联的效用在解释17世纪中国历史变动时被放大了。这种放大处理，不仅涉及万历以后太仓白银收支的误判，涉及晚明白银输入量变动足够确切数据和系列化整理的缺乏，还忽略了晚明物价乃至经济状况的巨大区域差异、晚明财政和军队供给系统本身的长期紊乱、白银购买力以及银钱比价波动的区域差异等。[②]艾维四在2005年还发表《1635—1644年前后白银输入中国的再考察》，对其他学者就其先前关于白银输入与17世纪中叶中国变局关系论说提出的质疑做出回应，主要强调明朝灭亡前一段时间白银输入的确明显减少。该文同样没有立足于对中外原始文献的系统梳理，而是在现代学者的大量相关研究中择取自己的依据，所以也并没有建立其文章标题所指向的该时期白银输入中国数量的新的数据判断。这篇文章在坚持了该时期白银输入减少的看法同时，婉转地柔化了他1982年文章中关于白银输入与明朝灭亡之间因果关系的主张，说他仍然对1982年文章的结论感到满意，而当时的结论是：“1644年明朝的灭亡不是简单地因为白银输入的急剧下降，而是这一下降加重了明朝的困境，帮助破坏了明朝的稳定。”[③]如果

---

① 参看赵轶峰：《明后期太仓收支数字考》，《明代的变迁》，第278—281页。

② 关于后者，参看赵轶峰：《试论明末财政危机的历史根源及时代特征》，《中国史研究》1986年第4期。

③ 国家清史编纂委员会编译组：《清史译丛》第11辑《1635—1644年前后白银输入中国的再考察》，第155—179页。该文原刊于 *Journal of World History*, Vol.16, No.4, Dec., 2005.

这样说，原是合理的，但如前所述，他在1982年发表的文章的核心主张却是夸大白银进口减少对明清鼎革的影响。

很有意思的是，艾维四在2005年发表的前述回应并没有谈到万志英（Richard von Glahn）1996年对他的批评。万志英在《中国17世纪货币危机的神话与现实》中鲜明反对认为白银输入量迅速下滑导致明朝覆亡的观点。认为“这种假说停留在一种可疑的理论和经验基础之上”。他指出，一些学者把明朝政府税收银两的上涨作为当时中国社会对白银需求的指标，“但实际上对于白银的需求来自私人经济，而不是国库”。万志英指出的这一点非常重要。因为，晚明为军事供给而加征“三饷”，这使明户部的财政收入需求在很短时间内从大致400万两增加到约2000万两以上，而这种增加并不体现社会经济对白银的需求。万志英还认为，1636—1639年，“日本的白银出口量甚至高于从前，并且在17世纪40年代初一直保持高位。日本的外贸统计数据表明，在1604—1645年这一时期，日本出口到中国的白银大概为2400吨”。他综合统计，认为“明朝的最后一个世纪，出口到中国的白银总量粗略算来大概有7325吨……这里所收集的中国进口白银数据在明朝衰落的年份中，没有显示出任何明显的下降……总体上说，在明朝统治的最后几年中，中国经济并没有发生白银进口量的突然减少”。中国的白银进口在17世纪最后30年中的锐减，比明朝末年更为严重，到18世纪前期才恢复到1665年前的水平。而且，谈论17世纪中国白银输入减少造成危机的学者错误地忽略了货币总量的意义，因为新的白银流入量的作用取决于既有白银量的大小。明末铜钱贬值也不是白银短缺造成的，而是由于铜钱标准的降低和私铸泛滥。[①]晚明白银输入量的估计显然是分歧的焦点之一——这个问题至今还没有足够可靠的数据统计。与此同时，中国社会对白银的需求肯定如万志英所指出的那样，要考虑社会白银总量而不是单纯的年输入量，晚明的物价、银钱比价也需要通过具体的中国历史记述来求证，而不是直接从白银输入减少推论出其间的因果关系。

① 国家清史编纂委员会编译组：《清史译丛》第11辑《中国17世纪货币危机的神话与现实》，第125—154页。该文原刊于 *The Journal of Economic History*, Vol.56, No.2, June, 1996.

1985年，对明清易代做过系统研究的魏斐德（Frederic E. Wakeman, Jr.）教授发表《中国与17世纪危机》。该文从回顾明代白银从欧洲大量流入的研究入手，谈到17世纪40年代白银输入急转直下，人口激增并遭逢小冰河期，灾害频发，人口锐减，并把经济日益货币化、贫富分化、明朝赋税、财政制度紊乱、官僚腐败、皇室和太监的掠夺、朝廷政治争斗、公共服务系统瓦解、农民起义等情况梳理进来。接下来就是清朝的秩序重建和60年代的经济恢复，并讲到清朝盛世的形成与缺少强劲竞争对手有关。结论指出：“中国的17世纪危机发生在东亚世界经济体的内部，受与气候和疾病相关的全球普遍性现象的影响，而且也与当时正在形成中的大西洋世界经济体系有间接的经济上的联系。”中国恢复了秩序和繁荣，但没有改变政治制度，相对于欧洲已经落伍。[①] 魏斐德的文章相对谨慎且以叙述方式推进，并没有展开逻辑论证。他关于中国17世纪所发生的事情与世界贸易关联的说法大致成立，但对其程度的描述是模糊的，关于气候、流行病共时性的说法则是指出了显而易见的事实。总之，他支持了中国卷入17世纪普遍危机的一般看法，但并没有尝试在中国的明清鼎革与欧洲货币或者经济状况之间建立确切的因果链条。

金世杰（Jack A. Goldstone）在1988年发表的《17世纪的东方与西方——斯图亚特英国、奥斯曼土耳其和明代中国的政治危机》强调17世纪英国、奥斯曼帝国和中国明朝发生了平行、相似而且相关的主要源于政治、社会或宗教分裂的“一体化、多面向”的危机，是一场世界范围的农业和绝对主义国家因为财政恶化、精英派别活动和不忠诚，以及人民生活水平下降及破坏传统的民众争取权利活动造成的危机，3个国家的危机本质相同。他认为这场危机有共同的因果框架，人口持续增长而土地和农业产量没有相应增长造成的物价上涨、税收不足压力带来的政府财政恶化是主要因素。他也明确拒绝艾维四关于晚明白银输入量减少导致危机的说法，认为晚明白银输入量的

① 国家清史编纂委员会编译组：《清史译丛》第11辑《中国与17世纪危机》，第53—77页。该文原刊于 *Late Imperial China*, Vol.7, No.1, June, 1986.

变化相对于中国的经济总量而言影响微小，几乎可以忽略不计。① 此文研究的重要意义在于，指明了那种用晚明白银输入量减少建构一个单线因果链而不去审查因果作用关系的实际历史情节如何的方法之无效，把更广泛范围的情况纳入视野，因而与晚明历史文献的记载有更大的契合度。与此同时，他关于英国、奥斯曼、明朝在17世纪发生着平行、相似而且相关的危机的论断仍然掺杂了过多的想象。如果平行仅仅意味共时而没有联系，可能基于偶然，对共时现象只有找到联系才能揭示其历史意义。相似，是一个含糊的语汇，相似到何等程度是重要的。相关，从气候和贸易角度说肯定存在，但关联的方式与程度以及其间是否有因果作用关系需要指明。这些都需要用实证的方式来考察，而金世杰的研究在这方面基本依据二手文献，难免粗糙和误解，如文章说："在最富裕的地区，尤其是长江三角洲，也是士绅望族的集中之地，中央政府难以课税。虚假的土地登记及与地方官员的串通，使富有的地主能够逃避纳税。本可以用于避免灾难发生的资源从政府的税收中流失了。故而，赋税负担更为沉重地加在了更为贫困的西北地区及南方更为贫困的农民身上，而政府财政收入远远不能满足现有的支出。"② 为这三句话，作者注出了五位学者先前的研究作为支撑，却没有提供一条来自17世纪中国的文献依据。这种在社会科学研究中可能司空见惯的做法，对于历史研究说来，意味着证据不足。明朝经济重心在江南，当明朝都城陷落前，江南还是一片笙歌，直到明朝最后的几十年，长江三角洲依然为明朝提供大量赋税收入，江南士绅逃避赋税由来已久，却并不是晚明政府财政危机的主要原因。又如文中称依据黄仁宇的研究，"16世纪60年代的盐课监督一年的个人收入约4万两白银"③。所注黄仁宇著作该处所说是，"在一份17世纪初

---

① 国家清史编纂委员会编译组：《清史译丛》第11辑《17世纪的东方与西方——斯图亚特英国、奥斯曼土耳其和明代中国的政治危机》，第180—227页。该文原刊于 *Comparative Studies in Society and History*, Vol.30, No.1, Jan., 1988。

② 国家清史编纂委员会编译组：《清史译丛》第11辑《17世纪的东方与西方——斯图亚特英国、奥斯曼土耳其和明代中国的政治危机》，第193页。

③ 国家清史编纂委员会编译组：《清史译丛》第11辑《17世纪的东方与西方——斯图亚特英国、奥斯曼土耳其和明代中国的政治危机》，第194页。

期的非正式资料中，一个盐课监督官员每年可以挣到3万两（白银）”[①]。金世杰把黄仁宇讲的17世纪初3万两变为16世纪60年代的4万两，需要一些推算，但他却没有做出任何说明。黄仁宇的“非正式资料”（informal source）指周玄暐《泾林续记》。该书仅1卷，多记类似咸鱼翻身、地下埋银走动之类荒诞不经事，故一般列为志怪笔记，而且在周玄暐在世时就因为被人指为诽谤而引发民乱，连中央政府都介入处理。[②]黄仁宇引用这样的书而不加考证地作为依据本是缺陷，金世杰再加朦胧转用，就越说越不可靠了。而且，周玄暐所说情况专指广州一地的盐课提举，与其他地方无关。[③]在金世杰的转述中却只能造成各地盐官一年都能挣得4万两白银的印象。此外，金世杰该文为说明晚明发生了“精英派别活动和不忠诚”而列举的情况也包含使读者放大晚明书院等知识分子活动与明朝对立性的色调，其中把晚明书院类比于英国新教涉及更多的误解。[④]

稍后，对明清鼎革与欧洲危机之间联系的研究中，出现更多表示谨慎态度的声音。尼尔斯·斯廷斯加尔德（Niels Steensgaard）在1990年发表文章分析关于“17世纪普遍危机”的讨论，结论很明确：“把17世纪危机之谜视为一种欧亚现象的解答是，它并未对亚洲产生影响，但在欧亚大陆西端，它却意味着一个新的开始。”[⑤]迈克尔·马默（Michael Marmé）2008年提醒学界考虑“我们是否是将我们的关注简单地投射到了过去”这样的问题。[⑥]他注意到，“强烈意识到距离遥远，运输和通信缓慢，物资、人员及信息的流通有限，那些试图弄明白明朝覆亡不只是一个长期发展过程的人，已将他们的精力放在了为共有的危机找一个相同的触发原因。因此人们关注白银流

① Ray Huang, *Taxation and Governmental Finance in Sixteenth-century Ming China*, Cambridge etc.: Cambridge University Press, 1974, p.215.

② 傅衣凌：《周玄暐〈泾林续记〉事件辑录——明末社会变革与动乱杂考之一》，载中国社会科学院历史研究所明史研究室：《明史研究论丛》，1982年，第29—35页。

③ 周玄暐：《泾林续记》，清华学校图书馆藏《涵芬楼秘籍》本（第8集），第48页。

④ 参看国家清史编纂委员会编译组：《清史译丛》第11辑《17世纪的东方与西方——斯图亚特英国、奥斯曼土耳其和明代中国的政治危机》，第209—211页。

⑤ 国家清史编纂委员会编译组：《清史译丛》第11辑《17世纪危机与欧亚史的统一》，第310页。该文原刊于 *Modern Asian Studies*, Vol.23, No.4, Oct., 1990.

⑥ 国家清史编纂委员会编译组：《清史译丛》第11辑《确有关联还是事后之明——东亚视野下的17世纪危机》，第282—295页。该文原刊于 *American Historical Review*, Vol.113, No.4, Oct., 2008.

通、气候变化以及人口压力”[①]。这种谨慎的态度提示，此前关于“17世纪普遍危机”的争论有助于人们注意明清鼎革发生在全球普遍联系强化的时代，中国发生的事情有与同时欧洲发生事情共同的气候背景和一些关联，也存在诸多类似的组织结构和冲突现象，但是相关的讨论已经夸大了欧亚大陆不同地域事变之间的关联，将之不适当地描述成了同一个过程，而这样做的代价，就是降低那些事变具体因由和逻辑对于我们理解历史的重要性。其实，即使局限在欧洲的范围内，差异性也是重要的。意大利学者卡洛·M.奇波拉（Carlo M. Cipolla）就认为，“今天，经济和社会史学家往往一提起十六世纪，就把它称作欧洲经济和社会史上的黄金时代，而将十七世纪描绘成灰暗一片，含混其词地说什么‘17世纪危机重重’。将问题简单化，从根本上说，固然常常能揭示一些真理，但是这种简单化的说法应当有所保留地被接受”。他指出，无论16世纪还是17世纪，欧洲的情况都是差异的，也发生了许多意义深远的新发展。16世纪前期对意大利并不是黄金时代，而是保守战争、瘟疫、饥馑和贫困的折磨。17世纪“对于西班牙、意大利和德国来说是一个黑暗的世纪，对于法国来说至少也是一个灰暗的世纪。然而，对于荷兰，它却不失为一个黄金时代；对于英国，如果算不上黄金时代，起码也算是一个白银时代”。[②]同样的问题，当然也发生在对中国和亚洲16、17世纪历史的讨论中。贡德·弗兰克（Andre Gunder Frank）1998年出版的影响深远的著作《白银资本：重视经济全球化中的东方》中专有一节，题为“有一个‘17世纪危机吗？’”。他对关于“17世纪普遍危机”的主要研究著述进行了评析，认为17世纪欧亚大陆各地的确发生一些局部危机，中国17世纪的事变与气候及国际贸易带来的白银输入量相关，但并不存在一个普遍、长期的“17世纪危机”，更不存在亚洲的“17世纪危机”。欧洲的经济影响力尚未达到把世界经济全部拖下水的程度，塞维利亚也“不是任何世界体系

① 国家清史编纂委员会编译组：《清史译丛》第11辑《确有关联还是事后之明——东亚视野下的17世纪危机》，第287页。

② 〔意〕卡洛·M.奇波拉主编：《欧洲经济史》第2卷《十六和十七世纪》，贝昱、张菁译，北京：商务印书馆，1988年，第5—6页。

的中心"。欧洲的许多地方在17世纪仍在发展，亚洲的印度、日本也看不到这种危机的迹象。他的判断十分肯定："总之，很显然，根本不存在普遍化的长期的'17世纪危机'。"[①]

早在1978年，美国学者杰弗里·帕克（Geoffrey Parker）和莱斯利·史密斯（Lesley M. Smith）就曾选择一些稍早发表的关于欧洲"17世纪危机"的论文，汇集为《17世纪的普遍危机》出版。1997年和2005年，该文集两次出版新编版。2005年版中，主编撰写了新的序言，并且增加了4篇针对亚洲的文章。[②]其中两篇关于中国，一是艾维四的《东亚的17世纪"普遍危机"》，二是尼尔斯·斯廷斯加尔德的《17世纪危机与欧亚史的统一》。艾维四该文不是他阐释相关看法的主要论文，前文已经通过对艾维四另外两篇论文的讨论呈现了他的基本看法。斯廷斯加尔德论文的主旨在前面已经提及。帕克编辑这些论文集并作序，表明了其支持17世纪普遍危机包括亚洲的基本主张，但最能表达其本人具体主张的还是他在2013年出版的《全球危机——17世纪的战争、气候变化与灾害》。该书出版的时候，20世纪70年代提出的有关中国卷入同一场危机的许多因果论证已经少有人继续坚持——这很可能与这类看法主要来自社会科学家，而魏斐德、万志英等知名历史学家虽介入讨论却对前述看法并未积极支持有关，得以保留的共识主要是17世纪中国与气候、贸易以及欧洲的事变存在关联的一般看法。帕克该书有关中国的部分是梳理前人研究写出的，除了坚持前述一般看法外，并没有实证方面新的发现，甚至也没有提出新的论证。这部著作的主要意义，是提供了一幅突出强调气候变化作用的17世纪普遍危机全球图景——除了欧亚大陆，非洲和美洲也被纳入讨论。该书第5章讨论中国情况，占37页篇幅，其中包括叙述明亡清兴的过程、明朝权力系统失效、财政税收失衡、皇室侵占土地与开支巨大、官僚系统腐败、党争、军队失去战斗力、李自成与张献忠的反叛、清朝崛起和明清战争、自然灾害和人民生活困境、士人离心离德等。行文中有一

---

① 〔德〕贡德·弗兰克：《白银资本：重视经济全球化中的东方》，刘北成译，北京：中央编译出版社，2000年，第321页。

② Geoffrey Parker and Lesley M. Smith eds., *The General Crisis of the Seventeenth Century (second edition)*, London and New York: Routledge, 2005.

些含糊夸大处甚至可商榷处，但总体平允，气候变化并没有被视为危机的总原因，也没有过分强调白银输入减少在其中的作用。[①]

前述梳理表明，“17世纪普遍危机”所指最初限于欧洲范围，后来扩展到全球；最初是从欧洲看亚洲，也带着分析欧洲与中国历史发展道路共性与差异的意识。社会秩序的打破与重建，以及对同类失序现象的相似性与共时性分析在前期讨论中占据了中心位置。后来，研究逐渐延伸到对同一时期各大区域历史关联性的重新审视。在落实这种关联性的具体事实证据过程中，研究者其实没有能够建立起关联性背后存在直接因果链的证据，但是在共时性变动存在共同气候背景和全球贸易背景方面意见趋于一致，在关于社会有序与无序的结构条件方面也有共识。这一话题中间涉及明清鼎革的那些论说，在提示气候变化、自然灾害和以白银输入为主的国际贸易因素在明清鼎革中发生重要作用方面值得注重，但当时相关的讨论都没有充分注意明清之际历史事变与先前历史的连续性，包括宏观结构的连续性和推演的连续性，对于中国社会状况的区域性差异也关注不足，因而不应被视为关于明清鼎革的更有透视力的论说。

## （四）“大分流”“新清史”与明清鼎革

西方学术界关于“17世纪普遍危机”的讨论中常用的一个名词“大分流”（great divergence）在彭慕兰的《大分流：欧洲、中国及现代世界经济的发展》中译本出版之后成为一个流行词。差别是，早期使用“大分流”概念的学者在论述中掺杂着比较明显的欧洲中心主义预设，而彭慕兰则具有克服西方中心主义的意识。“17世纪普遍危机”主要持论者把17世纪中国视为一个灾鸿遍野的残破时代，彭慕兰则认为17世纪中国经济发展水平甚高。尽管有这类差别，谈论中国与西方历史“分流”这种话语本身，从一开始就是误导性的。参与“17世纪普遍危机”的多数讨论者和彭慕兰都是通过数据化

① Geoffrey Parker, *Global Crisis: War, Climate Change & Catastrophe in the Seventeenth Century*, New Haven and London: Yale University Press, 2013.

的经济发展水平分析来谈论“分流”的，而数据化的经济发展水平所看到的是特定时期的经济某一侧面的结果，抛开前现代社会的经济数据准确程度远低于现代不说，同水平的 GDP 总量或人均 GDP、增长速度等都可能在差异巨大的制度和文化环境中实现。也就是说，此类分析都以忽略制度、文化复杂因素为前提，都是马克斯·韦伯所说的理想型（ideal type）思维的产物，而理想型是社会科学研究中可以被有效利用的一种通过简化观察对象的要素和关系来实现清晰定义并构建一致性思想的方法，却不是用来直接做出已然历史事实判断的可靠方法。[①] 彭慕兰《大分流：欧洲、中国及现代世界经济的发展》一书以中国江南地区与英国约克郡为单元进行经济增长情况的比较，得出中国与欧洲在 17 世纪处于相同的经济发展水平，而到 18 世纪末才主要因为西方发现并利用了矿物能源而形成“大分流”的结论，就是采用理想型的方式把中国与欧洲视为类似经济体而把制度、国家规模及其他种种复杂因素基本省略的。在彭慕兰《大分流：欧洲、中国及现代世界经济的发展》出版接近 20 年后，同为美国加州学派主要成员的王国斌（R. Bin Wong）与另一位学者罗森塔尔（Jean-Laurent Rosenthal）合作在中国出版了《大分流之外：中国和欧洲经济变迁的政治》。这本书修改了彭慕兰著作的一些核心方法，注重了国家政治和国家规模、制度在经济史分析中的重要地位，改变了比较的单元，也考虑了文化差异。在这样修改之后，被彭慕兰视为中国与欧洲“分流”之关键的资源禀赋就大大降低了重要性，从而他们相信，“在 1750 年以前，也就是能源和新大陆资源在历史舞台上大放异彩之前，中国和欧洲就走上了各自不同的发展道路”；“从公元 1000 年开始，中国和欧洲的政治逻辑就已经大异其趣，而在此后的演进过程中，这种差异又不断地被强化。13 世纪忽必烈汗重新统一中国后，中国和欧洲的政治分流也最终完成”。[②] 尺度改变，结论就差出了 500 多年到 700 多年。方法与尺度如

---

① 马克斯·韦伯对理想型作为方法的阐述集中体现在其《社会科学认识和社会政策认识中的“客观性”》一文中，见〔德〕马克斯·韦伯：《社会科学方法论》，韩水法、莫茜译，北京：中央编译出版社，1999 年，第 2—61 页。按：该书将 idea type 译为“理想类型”。

② 〔美〕王国斌、罗森塔尔：《大分流之外：中国和欧洲经济变迁的政治》，周琳译，南京：江苏人民出版社，2018 年，第 8、10 页。按：近年有 Roman Studer 所著 *The Great Divergence Reconsidered: Europe, India and The Rise to Global Economic Power*，主要以印度为例对加州学派“大分流”说提出商榷。该书中译本由王文剑译，格致出版社 2020 年出版。

此重要，可不慎乎？然而王国斌和罗森塔尔的新方法仍然有问题：公元1000年（宋真宗咸平三年、辽圣宗统和十八年）以前中国与欧洲既然没有“分流”，那会是“合流”的吗？这当然又会涉及尺度，而只要分析其选择的尺度就会看到，那依然是片面的。在“分流”与否的话题中，考虑的因素越多越全面，看到的差异也就越多。其实，如果说“全球化”是一个把人类世界联系起来的过程，“全球化”之前很大程度上分别发展的国家、文化、文明之间的类型相似和关联就都不曾达到过“合流”的程度。如果不曾“合流”，所谓“分流”也只是特定视角下的相似性而已。不过，“大分流”到王国斌的新著这里，已经与明清鼎革问题拉远了距离，毋庸多言了。

另外一些关涉明清鼎革的国际性话题是美国学术界一些被称为“新清史”研究者的学者表述的，最初从罗友枝（Evelyn Rawski）反驳何炳棣关于清朝“成功”地实现长期统治是因为其汉化还是保持满洲特色开始。双方都以清代实现了两百多年统治并将这种统治力作为一个基本成就来探讨其缘由，何炳棣强调清入关之后参照中原制度文化进行调适，发生明显的“汉化”过程，这一转变是清代诸多成就的重要基础。罗友枝偏重从内亚视角提出问题，主张清朝保持两百多年统治并取得诸多成就的根本原因是满洲统治集团保持了满洲特色，这种特色使得清朝作为一个内亚帝国统治庞大疆域和差异的族群，清朝不等于中国。[①] 学术界围绕他们的主张已经展开了波及深远的讨论，细节难以详述。这里只讨论明清两代的继承性与断裂性问题。

如果说何炳棣的主张偏重强调明清两代的继承性，“新清史”的主张就是偏重强调断裂性的。其实，两代的继承性是明显的，断裂性也是明显的，而继承性大于断裂性。清朝“入主”中原、自称“中国”，统治了明朝的臣民与国土、继承了明朝的帝制国家体制、继续了对儒家思想为主的国家政治学说的研习推崇、沿用《大明律》和基本赋税与经济制度、随着统治日久而与中原文化融会趋深，明代经济发展的基本趋势也在清朝统治稳定之后延伸

① Evelyn S. Rawski, “Reenvisioning the Qing: The Significance of the Qing Period in Chinese History”, *The Journal of Asian Studies*, Vol.55, No.4, Nov., 1996. pp.829-850.

下去。凡此种种，都确然无疑地体现明清两代的继承性，清朝统治者的“汉化”作为一个过程，也确然无疑。与此同时，清朝统治集团核心是中华文明共同体边缘区域的满洲上层，别有文化风格与军政、社会治理的思路，也有自身特殊利益考虑，“入主”之后，肯定带来一些对中原而言非传统的政令。其中影响深远的，一是强制剃发易服，从而改变了中原服饰；二是尽量保持“入主”中原以前就已形成的八旗体系以及与之配伍的多种满洲特权制度；三是在中华文明边缘区域进取经营，以差异化方式实际扩展了中央政府的治权范围。这些基本事实尽人皆知，争论者虽然就这些情况反复论证，分歧的关键其实却在于解释的倾向。何炳棣强调清朝统治中的“汉化”，对其保持的满洲传统之作用正视不足；“新清史”学者在强调满洲传统在清朝统治中作用时，将其作为消解“汉化”说的表现，其中比较极端者至于以清朝为包含中原王朝与中亚帝国的复合体。论争双方都没有注意本文前面所说的中华文明共同体的内聚运动。自先秦时代，中原王朝就只是中华文明核心区政权，在推演中不断与周边族群聚合，其间多次呈现多政权并存情况，而总体的融汇聚合趋势始终伴随核心区与边缘区的差异，而凡大一统的中原王朝，都非单纯的汉族王朝。辽朝建立以后，北方区域整合度大为强化，向核心区的聚合势能也大为增强，从而发生元朝和清朝的两度“入主”。元朝官修《宋史》《辽史》《金史》，明朝官修《元史》，清朝官修《明史》，各政权无论核心统治集团族属如何，都被视为中国的“正统”王朝，并非只有“汉”居核心统治地位才属中国，这至清代已然成为传统。因而“汉”与“非汉”，并非中国与否的终极尺度。在这样的视角下，清在继承明朝中原统治同时所带来的一些断裂性并没有超出中华文明内聚运动范围，其实现的恰是中华文明核心区与边缘区的再度整合。通过文明整合实现的国家，包容较大的族群、文化多样性。正如“现代”来临时代全球各地经济发展有巨大差异一样，前现代全球各地的国家形态也有巨大差异。

文明聚合是一种宏大复杂的过程，其间包含和平的往来与交融，也包含激烈的冲突。这种宏观运动的含义，需要在长时段演变中才能看得清楚，置身其中者，则会更多从自身直接体验出发来评论。所以，明清易代之际，是

“华夷”之辩凸显的一个特定时期。中国、朝鲜、日本在这时都产生了一场历时长久的华夷秩序变更论。中国的黄宗羲在《留书》中说：“夫即不幸而失天下于诸侯，是犹以中国人治中国之地，亦何至率兽而食人，为夷狄所寝覆乎？”[①] 日本林春胜、林信笃父子编辑的《华夷变态》之序言开篇即说：“崇祯登天，弘光陷虏，唐鲁才保南隅，而鞑虏横行中原。是华变于夷之态也。”[②] 朝鲜王朝君臣长期以“小中华”自居，沿用崇祯年号。这些情况，都体现了明清鼎革在周边长期受中华文明影响的文化心理震动。清朝统治者入关之际的大肆掳掠、屠杀，强化了这种印象。但是清朝在稳定统治之后，虽然长期保持了满洲贵族的优越地位，却也停止圈地、保护明朝皇陵、尊崇儒学、实行科举、大规模编辑历史文化典籍、兴修水利、发展经济、以中国姿态处置外事，所谓“华夷”之界限，虽始终没有完全消除，但总体趋于模糊，中华文明的文化融合程度，毕竟在清代大幅度提升。各种历史文献也显示，明清鼎革之际的文化颠覆心理逐渐平和，以至于中原的文化精英在后来的两百多年间，习惯了生活的新常态，并在19世纪中叶以后的国际冲突中和演变中，站在了一起。历史演变的长期趋势，并非任何个人所能设计或把控，清代的融合也非皆出于清朝的顶层设计，其间的冲突博弈、回环往复不一而足，但是总体而言，清朝在中华文明聚合这一重大问题上，还是顺应了历史的大势。所以，对于“汉化”还是“满洲性”，原无须推敲过甚，将之放在中华文明聚合的长期历史运动中，会看到更周详的情况。

## （五）结语

明清鼎革是中国帝制时代最后一次王朝更替，历代王朝失序瓦解重构的因果关系在明清鼎革中大多依然发生作用。同时，这次王朝更替发生在中国卷入全球化加速发展100多年后的17世纪中叶，与世界其他地方，尤其是欧

---

① （明）黄宗羲：《留书》，载赵轶峰注说：《明夷待访录》，开封：河南大学出版社，2016年，第211页。

② 林春勝、林信篤編：《華夷變態·華夷變態序》，载《東洋文庫叢刊》第十五上，東京：東方書店，1981年，上册，第1页。

洲和美洲正在发生的一些重大变局有重要关联。复因时逢全球气候变冷，北半球温带农业生产水平普遍降低，中国与其他气候类似地区的经济低迷以及随之而来的社会震荡具有共时性和背景相似性。晚近学术界受全球史观影响，比前深化了对明清鼎革在全球历史大变迁角色的认识，同时也因把历史问题与现实问题联系过紧而偏重强调其国际性和特殊性，这一定程度消解了明清鼎革作为中国历史长期演变一个环节的性质，曲解了明清鼎革的世界史含义。将研究的焦点置于不同族群的关系上，也不得要领。注意明清鼎革在中华文明长期内聚运动视角下的意义，可以更好地把明清鼎革之际的政权更迭与族群差异与融合纳入同一视野下进行分析。明清鼎革并不是中国与西方历史发展走向“大分流”的转折点，在现代化波及全球以前，世界各大文明体系乃至大区域、距离遥远的国家之间，存在联系、互动，以及组织方式、生产力水平等方面的可比性——包括相似与差别，但综合审视，却从来不曾“合流”。“分流”之说，只能是将社会共同体的综合状况用理想化和分拆处理之后从特定角度进行分析的一种阶段性的侧面解读。17世纪以后，中国帝制体系经历了又一轮强化，中国经济也发生了农商并为本业的一次持续繁荣，中华文明共同体的进一步整合是这个时代中国历史的一个重要主题。而这些与同时期欧洲正在发生的变动，依然关联，却并不在同一轨道上。在欧洲开始主导以殖民地开拓、国际贸易、民族国家发展、科技革命、宗教改革、文化思想变迁等为主要形式的现代化运动时代，欧亚大陆还在发生一些其他宏大规模的历史进程，沙皇俄国、奥斯曼帝国、中国清朝都有不同于西方的历史推演。在这个意义上，研究者既应注意17世纪前后历史的世界普遍联系，也应注意不要轻易把这种联系夸大到与各区域历史证据不相吻合的程度。历史学对于证据的要求，超过经济学，对模式建构的追求弱于经济学。这一点在关涉明清鼎革的学术史梳理中可见一斑。

# 第二篇

# 国家与社会

# 五

# 明清时代的帝制与封建

自20世纪80年代以来，中国史学界对中国历史研究中的“封建”话语进行了反思性的评论，冯天瑜《“封建”考论》是其中最具有系统性的著作。在此时期，马克·布洛赫《封建社会》、弗朗索瓦·冈绍夫《何为封建主义》等关于欧洲封建制的研究著作中译本问世，也促进了中国与欧洲结合视角下对封建制和封建社会的重新探讨。相关的研究，虽然还难说已达成全面共识，但肯定使得以往习以为常的“封建”话语泛化成为学术界谨慎对待的问题。从新的视角对中国历史演变的总体历程和社会形态特征重新进行研究的尝试也已展开。笔者自21世纪初开始提出的明清帝制农商社会说，即与前述有关中国封建制、封建社会的研究密切相关。该说主张从秦到清的国家、社会根本体制应归结为帝制，这种帝制体制经长期演变在明清时期呈现为一种可被概括为帝制农商社会的状态，主要论点已在多次会议上申说，并有专题文集出版，但尚有一些相关侧面未曾展开论证。帝制与封建的关系以及明清时代“封建”之表现如何，就是未加深论的问题之一。此部分从封建与帝制的定义及一般关系，明、清两代帝制体系中的封建表现，明清时期人的封建观念诸方面进行初步考察。

## （一）封建与帝制的定义与关联

冯天瑜《“封建”考论》的突出贡献是基本厘清了“封建”概念在中西文本中的源流与含义。虽然有人更早已经开始讨论封建社会的概念问题，但《“封建”考论》以最系统化的方式揭示出，大抵20世纪中国史学界所用的“封建”概念脱离了中国历史实践和历史文献原初含义，是一种泛化的用语。冯著指出：封建一词，“本为表述中国古代政制的汉字旧名，意谓‘封土建国’、‘封爵建藩’，近代以前在汉字文化圈诸国（中、越、朝、日）未生异义。19世纪中叶西学东渐以降，日中两国先后以‘封建’对译西洋史学术语feudalism（封土封臣、采邑领主制），衍为一个表述普世性历史阶段和社会形态的新名”[①]。冯天瑜提到，“封建”之泛化，不仅是中国近代以来学术界的现象，在欧洲情形也相类似，feudalism曾被视为欧洲中世纪普遍的社会制度。布罗代尔指出：“我特别要强调，对于封建主义这个经常使用的词，我与马克·布洛赫和吕西安·费弗尔一样感到本能的厌恶。他们和我都认为，由通俗拉丁语‘feodum’（采邑）演化而来的这个新词仅适用于采邑制及其附属物，而与其他东西无关。把十一到十五世纪之间的整个欧洲社会置于‘封建主义’之下，正如把十六到二十世纪之间的整个欧洲社会置于‘资本主义’之下一样不合逻辑。”[②]显然，在布罗代尔等看来，欧洲中世纪是比“封建社会”更复杂的、存在多种地域差异和不同演变过程的历史时期。弗朗索瓦·冈绍夫在讨论封建主义的时候，也充分注意这种复杂性，他把自己研究的范围限定在法兰西、勃艮第–阿尔勒王国及德意志，认为这些地方的根本特点相同，而欧洲的其他地方，封建主义并不典型。他对英格兰和意大利中世纪社会并不讨论，表达出一种谨慎的、对缺乏实证研究的对象不加定性的态度。这些学者的研究提示我们，无论考察中国的还是欧洲的封建制

---

① 冯天瑜：《“封建”考论》，武汉：武汉大学出版社，2006年，“题记”，第1页；并请参看赵轶峰：《关于中国“封建社会”的一些看法》，《东北师大学报（哲学社会科学版）》2005年第3期。

② 〔法〕费尔南·布罗代尔：《15至18世纪的物质文明、经济和资本主义》第2卷，顾良译，北京：生活·读书·新知三联书店，2002年，第506页。

度，都需要避免将之预设为一种无差别的对象，封建作为一种制度和社会关系乃至文化，是通过复杂多样的方式呈现在人类历史的某些情境中的。

中国历史文献中，“封建”是一个讨论国家权力基本配置关系的轴心性概念。从先秦以抵清末，使用这一词汇所做的叙事、论证文字数不胜数，几乎所有重要思想家都会对封建问题表达自己的看法。其间，对封建制度利弊的看法差异巨大，但对何为封建的理解，却高度一致。诚如冯天瑜所指出的那样，“汉语旧名‘封建’，本指殷周分封制度，又延及后世各种封爵建藩举措，所谓‘列爵曰封，分土曰建’，还指涉与分封制相关的朝政、官制、人身关系、土地制度等等。此为古时不刊之论”①。加以比较可见，中国古代文献所描述的封建与冈绍夫所研究的欧洲一些地区的封建主义相似，都以层级分权与世袭贵族全面特权，以及与此相应的土地分割领有和强硬的人身依附关系为基本特征。依据现今可见历史文献记载，中国历史上，以层级分权与贵族全面特权为基本国家体制并伴随土地分割领有和强硬人身依附关系的典型时代在西周。春秋战国作为一个大变革时代，基本的体制变动就是封建制的松动。这场历时长久的变动以秦国的统一收结，战国时期发展起来的秦制随之覆盖全国，形成专制皇权与郡县制、官僚制鼎足支撑的帝制体系。此后，封建作为一种历史传统不再构成普遍主导的基本制度，但没有消失，而是蜕变成为帝制体系的一种补充性结构。

封建伴随帝制始终的主要根源，在于无论封建还是帝制，都是世袭君主制。世袭君主制依托宗法系统沿着血缘亲疏网络辐射政治、经济、司法特权。在封建时代，多层级的君主构成大量拥有政治、经济特权的贵族；帝制时代，集权于中央的皇帝成为唯一的君主，利用非世袭或非完全世袭的官僚处理国家日常事务，大规模缩小了贵族的数量，同时保持了收缩到权力顶端的皇室贵族系统。此一系统为皇权世袭提供宗法血缘保障，落实“家天下”的延续，因而在整个帝制时代绝不可能也从来未曾根除。从这一角度看，帝制与封建在文化精神层面本是同根生，但在权力配置方式上则分为两途。帝

① 冯天瑜：《“封建”考论》，第9页。

制通过皇权—郡县—官僚三足鼎立的总体权力结构把封建关系包容于其中，帝制涵盖一切，封建成为帝制体制内部的一个附属于皇权的支线结构。帝制时代中国历史文献中数不胜数的讨论封建制的言论，既然从未从根本上质疑君主制，也就从来没有根本灭绝贵族制的主张，于是封建就成了被默认的一种成分。那些讨论的核心，其实主要在于“封建”比照“郡县”，是否构成更合理有效的基本权力架构和国家管理体制，以及作为制度支线的封建应居怎样位势，皇帝宗亲如何安置、管理、利用之类的问题。封建在中国帝制时代从来没有消失，不断作为一种选择被讨论，而且经历多次升浮。升浮的高点，大多出现战乱。就中原核心区而言，汉初分封到吴楚七国之乱为其一；晋“八王之乱”为其二；明初诸王典兵到“靖难之役”为其三。未达到同样程度的封建升浮，也曾引发局部失序。即便如此，帝制时代还是不断出现主张局部恢复封建的意见，原因是，封建和郡县两种权力配置方式都有弊端。

中国与欧洲的封建制度，乃至欧洲内部、中国各历史时期的封建制度相互间都有差异，但当我们用“封建”这个概念来讨论历史问题时，毕竟要捕捉其共性，从而使之具有基本的指向。冈绍夫认为，“‘封建主义’可以被视为一种社会形态，它所具有的鲜明特征不难勾画。这些特征可以概括为：社会中的人身依附因素发展到极端，专职军人阶层居于社会等级体系的较高级别；地产所有权的极度分割；土地权利的等级体系，它由地产所有权的分割所产生，大致对应于上文提及的人身依附关系的等级体系；公共权力分散于自治等级体系——人们为了自己的利益行使通常属于国家的权力，这些权力实际上常常源于国家政权的分崩离析”①。取冈绍夫对封建主义一般特征的概括与中国历史文献中对于“封建”的表述对照，不难发现二者间具有一致性。依据中国历史文献，由政治分封造成基于土地、人民管属权力层级性分剖是封建的基本要素。在先秦封建体制主导的时代，这种分剖一般会造成冈绍夫前述归纳所表述的所有四种情况，在帝制时代则情况变得复杂。分看此四点：第一，高度发展的人身依附关系——这在中国历史上表现充分，但冈

① 〔比〕弗朗索瓦·冈绍夫：《何为封建主义》，张绪山、卢兆瑜译，北京：商务印书馆，2016年，第3页。

绍夫特别指出在这种情况下专职军人阶层会居于社会等级体系的较高级别，此点在中国历史上表现程度和形式不稳定，宗法贵族地位比较突出，同时军功贵族始终是分封的主要对象，而且在明清两代皆有特殊表现。第二，地产所有权的极度分割——所谓分茅裂土，在中国封建体制主导时代表现充分，在帝制时代则有分封而不裂土，“封而不建”等弱化与变通表现。第三，由第二项所导致的与人身依附关系相对应的土地权力等级体系——此点在中国封建制主导时代表现充分，在帝制时代表现变得复杂且各时期不同。第四，“公共权力分散于自治等级体系”——由分封导致或认可的分散的地方性权力分割中央权威，这在中国历史上于先秦表现充分，帝制时代退化为边缘区选择实行的制度。下文将结合这些特点，对明清时代的封建稍做具体考察。

## （二）明代的封建

### 1. 皇室藩封

洪武二年（1369年），朱元璋编定《祖训录》，确定分封诸王之制。[①]次年四月，朱元璋以封建诸王祭告祖庙。其后，晓谕群臣曰：

> 昔者元失其驭，群雄并起，四方鼎沸，民遭涂炭。朕躬率师徒，以靖大难。皇天眷佑，海宇宁谧。然天下之大，必建藩屏，上卫国家，下安生民。今诸子既长，宜各有爵封，分镇诸国。朕非私其亲，乃遵古先哲王之制，为长久长治之计……先王封建，所以庇民。周行之而久远，秦废之而速亡，汉晋以来莫不皆然。其间治乱不齐，特顾施为何如耳。要之，为长久之计，莫过于此。[②]

这种分封名义上是取法“先王”，但有区别，其中最重要的是两点。其

---

① （清）张廷玉等撰：《明史》卷2《太祖本纪二》，北京：中华书局，1974年，第22页。

② 《明太祖宝训》卷1《封建》，台北：台湾“中研院”历史语言研究所校印，1962 年，第69—70页。另，台湾校勘本明各朝实录均于 1962 年出版，学术界通用此版，始见注出，后不再标注。按：分封诸王诏书由王袆起草，见（明）陈子龙等选辑：《明经世文编》卷4，北京：中华书局，1962年影印本，第29页。

一，上古封建中的很大比例其实是承认既有地方势力保持原来地位而加封爵；明初则是皇帝让自己的儿子切割打下来的江山而分享之。其二，上古分封附带充分地方自治权；明代则是“列爵而不临民，分土而不任事”①。这种情况下，明初所封诸王获得世袭贵族权力，但因并非裂土，受封者无全面自治管辖权，全国行政，仍在郡县体制架构中运行——郡县名目此时已演变为布政使司、府、州县，但本质相同。所以这种封建，是在皇权—郡县基本体制中，为皇室贵族分割出一块特区，既以天下养皇室，又用皇族拱卫帝位，使之确然控制在皇帝家族手中。因而，这时的封建，本是被作为皇权和帝制体系的支柱而激活的。然而明初分封造成的分权倾向过强，诸王各拥重兵节制一方而居嫌疑之地，朱元璋死后，矛盾立显。建文帝朱允炆忌惮诸叔而削藩，燕王朱棣很快举兵，篡取皇位。朱棣登极后，继续削藩，严管宗室，使之成为难以参与政治、衣租食禄的寄生人群。即便如此，永乐以后还是有诸王反叛。《明史》评论称：

> 封建之不可行于后世也，信矣！明太祖建立亲藩，大封诸子，方谓枝叶相维，根本益固，乃一传而有燕王之变，篡夺之祸，起不旋踵。厥后高煦、宸濠逆谋屡动，非所谓最强则最先反者欤？中叶以来，矫枉过正，防闲之峻，至于二王不得相见，省墓请而后许，识者讥焉。降及末季，盗贼充斥，社稷之危在于呼吸，而起兵勤王者，且援祖制以罪之。诸王之据名城、拥厚资，束手就戮，所在皆是。其能资捍御者谁耶？维屏维翰之谓何吁？亦可鉴已！②

实际上，明中期以后诸王虽不掌兵、不与政，但坐享巨额社会财富，宗室人口高速增多，分割国家赋税，加速了明政府的财政危机和社会矛盾激化。相关研究已多，不述。

帝制时代的封建与上古封建名目相同，形式略似，但也有重大区别。上

---

① （清）嵇璜：《钦定续文献通考》卷208《封建考·同姓封建》，《景印文渊阁四库全书》第630册，台北：台湾商务印书馆，1986年，第892页。

② （清）张廷玉等撰：《明史》卷120《诸王五》，《景印文渊阁四库全书》第299册，第101页。按：《四库全书》本《明史》明指明太祖分封之过，反映乾隆中后期清廷对明初封建的看法。1974年版中华书局校点本以乾隆四年形成的武英殿本为底本，论赞颇为明太祖遮掩，反映清廷更早时期的看法。

古封建具有联盟意味，是多政权聚合而拥共主的体系；帝制时代的封建，尤其是明代的封建，主体部分是沿着皇室血缘关系分割权力和特权的体系。古未集权而行封建，可能持久；明代已集权而行封建，不旋踵而乱。朱元璋附庸古代“亲亲”之说，不辨今古，家天下而行封建，致乱不可避免。通帝制时代，皇权家族世袭从未改变，所有政治思想家也没有提出根本改变世袭皇权体制的理论或建议。在此前提下，特权沿宗室血缘网络做一定程度的分散辐射，权衡的只是其对皇权稳定性的利弊，无论如何具体操作，根本上皆不出帝制运行范围。

### 2. 沐氏世守云南

明代非皇子不封王，原则上无军功不封爵。皇子之外，受封并得世袭拥有巨大权力的是朱元璋义子沐英。洪武十六年（1383 年），明朝平定云南，令西平侯沐英留镇云南。沐英死后，子孙世代承袭爵位并镇守云南。永乐六年（1408 年），加封沐英次子沐晟黔国公，并赐“铁券”。通明一代，沐氏在云南世代镇守，明朝在北京的中央政权垮台后，沐氏仍然在许多年间参与抗清。李建军、谢雪冰曾对沐氏镇守云南事进行考察，将沐氏世守云南称为“亚分封制”。文称：此种安排，“既不是完全意义上的分封制度或土司制度，也有别于以流官为特征的省府州县制度或郡县制度，而是介于分封制度与省府州县制度之间的一种独具特色的管理体制。受封的云南沐氏家族嗣爵执政者不是真正的诸侯、藩王、土司或流官，却同时兼有诸侯、藩王、土司和流官的某些特点和权益”[①]。明朝在云南既设流官，亦设土司，并曾有朱氏藩王一度封驻其地，沐氏不是以分茅裂土方式专制一方，而是以皇帝义子、皇族姻戚、功臣多重资格，监督镇守偏远之地。其全部资格、权力，皆来自皇权信托与荣宠，完全没有分割或制约皇权的位势和功能。沐氏对于地方行政机关，可以监督、干预，但非全责管辖，但因其被皇权信托，遇有兵事及其他重大事宜，地位就会自动上升。云南地处边鄙，与明朝行政中心间

---

① 李建军、谢雪冰：《论明代云南亚分封制》，《云南师范大学学报（哲学社会科学版）》2013 年第 5 期，第 149 页。

限山隔水，此种在常规郡县体制外另设世袭者镇守的做法，可以加持皇权，却不足成割据之忧。沐氏安于其地位，成近300年世袭罔替格局。可见，即使在帝制时代后期，变通的“亚封建”在特定情况下仍可构成对中央政权的拱卫之势。

### 3. 土司与羁縻

明朝对西南地区统治，采取流官与土司交错方式。土司为前代遗留下来的偏远地方治理单元，依据相对原始的地方群落自治政权，赐以名封，使之在不改变内部权力制度的前提下纳入帝制总体框架，世袭管理，以安一方，如有不便，则可能改土归流。此种形式与王朝腹地行省、流官制度迥然有别，从承认地方自治权力和统治者世袭意义上，与古代于边缘地区所行制度取义相近。唯西南地区土司在山地，与流官所治交错，多设于流官不便管理之地。东北、北方、西北毗邻内地行省边缘地带，因常凝聚具有较强内部管理能力的地方部族势力，明朝对其首领封与官职，认可其世袭，意在不致为乱，称为“羁縻”，如封建州女真首领为都督、封蒙古俺达为顺义王等。土司、羁縻政权之内，不另设流官，不征常赋，亦不以中原法律加以规范，但要求定期入贡，保持名义上的统属格局。两者从根本上说，皆为安置边疆秩序之法，比较而言，土司带有更多今日所说“原住民”保留区自治的意味，羁縻政权则有更强的内部整合性，且可能向其原住区域以外扩展规模，故后者与中央政权的关系具有更大不确定性。“土”相对于“流”，所以是帝制时代的制度、名目，分明表示已在帝制体系之内。“羁縻”原为描述中央对边缘地带政权方略的用语，也是帝制体系辐射出去的制度设置。两者皆为世袭，皆由中央政府授予资格，皆有地方自治权。从前述意义上说，二者都具有封建性质。

### 4. 武臣世袭与品官荫蔽制

封建在帝制结构内更微弱些的表现，在武臣世袭和品官荫蔽制度中。明代除极例外，无军功不封爵，故文臣基本不世袭，武臣有世袭。这与冈绍夫所说封建制下军人占据特殊地位的特点一致。武臣封爵、世袭之外，给予法律特权，凡“公、侯、伯封拜，俱给铁券。形如覆瓦，面刻制词，底刻身及子孙免死次数……所谓免死者，除谋反大逆，一切死刑皆免”[①]。由此构成皇帝及其宗族以下，普通社会成员之上的军功特权阶层。帝制时代的封建，极少分茅裂土之事，但以经济、政治、法律特权加以补偿。文臣虽无世袭，另有比照世袭减杀的荫蔽特权，高级品官子弟，可以因其父祖身份而获得优先进入国子监读书的机会，由此增加进入官僚体系的更多机缘。特定社会的社会、政治、经济权益是有限的，此长彼消，所以前述特权，都是从普通大众身上剥夺权利而赠予权力体系内部支持者而来，体现帝制体系利用封建精神制造社会不平等的政治实践。

### 5. 周边附属国及朝贡国之封建

明朝与周边国家，多以藩封形式构成藩属关系。其中最为稳定者，为朝鲜、安南、占城、琉球等。此类关系的基本含义，包括受封者承认皇帝作为名义上天下共主的地位；定期入觐朝贡，表示臣服；接受朝廷颁赐的封号；行用明朝历法。明朝对于此类受封国，并不干预其内部行政，令之“自为声教”，对其中关系紧密者如朝鲜，则承担保护责任，也有可能令其为朝廷军事行动提供人力、物力支援。明朝与这些属国的往来文书，会将此种关系称为“封建”。如正统十一年（1446年），安南国王遣使入京控诉占城国“欺其孤幼，曩已侵其升华、思义四州，今又屡次率兵攻围化州，杀掠其人畜财物”。明英宗敕责占城国王：“王与安南，俱受朝命，封建年久，彼此疆域，各有定界，岂可兴兵构怨，有乖睦邻保境之意……王自今宜深体此意，祗循礼分，严饬守边头目，慎固封守，毋仍恣肆侵轶邻境，贻患生灵，自取祸殃。”[②] 明朝对于更远地方入贡并被认可的国家，也常颁赐封号，但对其入贡行为并不进行严格管控，亦在实际上并不承担保护义务。封建制在这一层面的继续存在恰好是古代封建遗意的生动体现。古代的世界意识，以“天下”而非“国”为基本概念，“天下”广被无极，行政无法统一，易行封建。帝制时代“国”已强化，中心区易行郡县，边远区则便于用封建名目建立关系。

---

① （明）沈德符撰：《万历野获编》卷5《左右券内外黄》，北京：中华书局，1959年，第137页。
② 《明英宗实录》卷142，“正统十一年六月癸亥”条，第2818—2819页。

明初统治者参酌历史记载和前代统治得失，未得精要，故意图变通分封诸王，迅速失败后，诸王藩封蜕化成为对皇室贵族生活特权的安置制度，与国家基本权力切割。与此同时，封建仍如前代构成帝制中央与偏远地区及周边政权关系的基本制度，武臣封爵与品官恩荫制度则构成封建精神在帝制时代文武官僚制度中的孑遗表现。

## （三）清代的封建

清朝统治者入关时，明代封建已成失败往事，殷鉴不远，故其统治者并未如明初那样刻意推行诸王分封制度。但是，清朝入关之际，其自身内部社会包含较多从部落联盟状态迅速转变为国家体制时具有的军政合一性、联盟性，这些性质与封建制度精神高度契合。中国帝制时代历史上，凡自北方兴起的政权，皆有军政合一及联盟的特点，也因之都比帝制时代的中原王朝更倾向于带有部族联盟色彩的封建制。这些政权若得南进，都会以帝制为基本体制而变通保留封建，然后再强化帝制而弱化封建因素。清朝继承中原大一统帝制体系之后，同样长期保持了封建要素，但与包括明代的前代之封建相比，原委各异、形态不同。

### 1. 清初八旗旗主、王、贝勒议政及“三藩”

萧一山曾指出：“满洲入关前之制度，盖合部族国家为一，而以军法部勒之。”① 清入关之前所建八旗制度，军政一体，内部具有相当程度的自理权，军、政、词讼皆得处置。后金建立之初，八旗总管大臣暨固山额真、旗主贝勒及其他王、贝勒、重要大臣共同参与国政决策。天命七年（1622年）努尔哈赤宣布实行八和硕贝勒即八王“共治国政”制度。依据该制，八王可以公议立、废汗王，集议处置一切大政。② 清入关前后，议政王大臣会议曾

① 萧一山：《清代通史》第1册，上海：华东师范大学出版社，2006年，第190页。

② 《太祖高皇帝实录》卷8，“天命七年三月己亥”条，《清实录》第1册，北京：中华书局，1987年，第116—117页；并参看周远廉：《清朝兴起史》，长春：吉林文史出版社，1986年，第403—411页。

具有中枢决策功能。“国初定制，设议政王大臣数员，皆以满臣充之，凡军国重务不由阁臣票发者，皆交议政王大臣会议。”① 雍正设军机处后，皇权集中强化，其权式微，至乾隆时期裁撤。

清初多用明朝降将，其中势力强大者，定南王孔有德、平南王尚可喜、靖南王耿仲明、平西王吴三桂。孔有德早死，爵除，所余称为“三藩”。稍后，吴三桂王于云南、尚可喜王于广东、耿仲明之孙耿精忠王于福建，各拥雄师，节制一方。吴三桂势力最大，专制滇中，甚至干预朝廷任官，所荐称为“西选”。三藩兵饷，年近两千万两。康熙十二年（1673年），清朝决意撤藩，三藩遂反，史称“三藩之乱”。康熙十七年，吴三桂在湖南衡州称帝，同年死，其孙吴世璠继位。至康熙二十年清军彻底平定三藩，前后战乱历时8年。此后，藩王之产，尽收入官充饷，各地设八旗兵驻防，不使臣下世袭掌握军权、土地，亲贵功臣皆留京师，各省军政分离，藩镇之事，于清乃绝。②

旗主及王、贝勒皆为世袭贵族，旗主且拥有所辖军、政、司法权力。因清初政权处于扩张期，世袭贵族为征战主力，流动性大，不以地域分据而以军民占有为特征，即使在议政会议作为制度取消之后，八旗贵族对军民的占有依然继续。“三藩”与汉初“异姓王”略为相似，皆因战争时期军功而坐大，朝廷因用其力而崇其位，使之世袭，控制一方。帝制时代后期，封建要素虽被包容于帝制体系之内，但封建势力强大，则必然形成对帝制权威的威胁，如非削之，亦必裁抑，使之可控乃止。

### 2. 王、贝勒世袭制度

清帝入关前即封诸子为王，分掌各旗旗务，具有军事、行政权力。入关后，王、贝勒等爵位分封继续，而且“铭勋王室”的高级封爵，世袭而不做代际减杀，较之明代诸王，特权更具有持续性。与明代分封更明显的差异

① （清）昭梿撰，何英芳点校：《啸亭杂录》卷4《议政大臣》，北京：中华书局，1980年，第93页。按：王思治称天聪时期“清初独有的贵族共和制”呈“罕有的全盛状态”，见冯尔康主编：《清朝通史》第6卷，北京：紫禁城出版社，2003年，第3页。

② 参看萧一山：《清代通史》第1册，第393页。

是，清代所封世袭王公贝勒不仅都不是地方行政主管权威身份，而且不能节制地方，而且诸王、宗室，皆在朝廷任职效力，既便于皇帝管控，又难以在地方培植势力。清修《钦定历代职官表》对明代封建甚加批评，而以清代处宗室之法为得：

明太祖慕古封建之制，择名城大都以王诸子，若秦西安，晋太原，燕北平，皆临要冲之地，环边万里，匝于三陲，自以为盘石之安矣。然一传而靖难兵起，遂至夺宗。自是以后，过为防维，诸王就国，郡邑吏得持其短长。至其宗支繁衍，岁禄猥多，竭天下之赋不足以供，过时不给，以致宗人聚谋，焚署殴官，诸宗命名、请婚，胥吏得以邀索，贫者无以应，则沈搁不行，婚嫁失时，愁怨载道……明政之不纲，于此可见矣。我国家敦睦宗亲，恩明谊美。诸王之铭勋王室者，皆延世无穷矣。恩泽启封者，则以次降袭用，以辨等差而昭奖劝。至闲散宗室，月有赡养之银，岁有禄米之给，婚丧嫁娶，特加恩赐。我皇上笃念宗亲，凡贝勒以下之降袭者，皆设为定制，令得常保世封。又念睿忠亲王有赞翊之功，特命配享庙庭，追谥续封。而豫亲王、肃亲王、郑亲王、克勤郡王子孙，亦皆复其原封之号，以彰旧烈。其果亲王等之以罪废者，亦并复其属籍，恩意尤为优浃。近复定亲王之子，给以一品章服，郡王贝勒以下，以次递推，又诏普给宗室冠带，优加职级，新正赐宴乾清宫，赏赉丰渥。又广宗室御史及陵寝官员额，令咸得以才自效。立法之周详尽善，有非三代以后所可几及者矣。①

这种制度，以皇权为中心分配权力和利益资源，血缘和功业为两大脉络，而亲亲为主，赏功次之，上者世袭罔替，下者随世递减，于是通清一代，保持了一个庞大的世袭特权阶层。

### 3. 八旗等级附庸制度

封建制度是一种突出体现人身依赖关系的制度。就军政合一社会单元的

① （清）永瑢、纪昀等奉敕撰：《钦定历代职官表》卷64，《景印文渊阁四库全书》第602册，第440—441页。

属性而言，前代北方政权中已有类似八旗的组织，但都不及八旗制度严密。随着清朝入主中原，此种制度从一种边疆地域性体制伸展到内地，形成旗民分治格局，从而大大扩展了此种制度对中国社会整体的影响。[①]

清入关后的八旗，是一个由具有政治、经济、司法特权的满、蒙、汉旗人构成的封闭性群体，其内部又有非常复杂的等级层次和管理规制。从缘起角度看，八旗具有军事组织属性，具有冈绍夫所指出的专职军事人员享有特权地位的突出性质，同时也因为八旗与清皇室之间的宗族、族属、附庸关系，而具有广义皇族附庸人口特权地位的性质。这种特权身份和地位的世袭特性，必然伴随封闭性。出旗和被纳入八旗，皆有非常复杂的限定条件，社会分层由是而深化。世袭军人从最高统治者处获得社会特权身份地位意义上说，八旗是整个帝制时代体现封建性较强的制度。八旗人群集中在北京、盛京等政治中心，其他地方分布略弱，地缘性远不及社会层级性更为突出。这也是与前代体现封建精神的各种制度之间一个重要不同处。与此制度对应，清朝前所未有地实行给予满、蒙、汉八旗出身人员在官僚体系中预留职位空缺的制度，用意在于保持八旗人员进入军政仕途的优先权，包括超出普遍科举制度途径之外其他入仕途径的优先权。于是，清代通过八旗制度，把封建精神渗透到整个国家体制之中，造成一种更内在化的融合。

除此之外，明代所实行的周边附属国及朝贡国封建、土司与羁縻、武臣世袭与品官荫蔽制继续实行。比较突出的改变是清代曾大规模改土归流。雍正五年（1727年）闰三月，湖北布政使黄焜奏：

> 夫今之土司，无异古之封建。但古制公侯不过百里，今土司之大者延袤数百里，部落数万余，抢劫村寨，欺压平民，地方官莫之敢指。如遇投诚归化之生番，辄议令其管辖。一则曰以土治土，再则曰素所畏服。不知日积月累，渐成尾大不掉之势。今请自后土司有犯，俱改土归流，凡有投诚归化之生番，或归流官，或另设头目管辖，则土司之势不

① 参看赵轶峰：《八旗、保甲与清前期社会结构》，《吉林大学社会科学学报》2017年第1期。

至日炽，易于钤束矣。[①]

改土归流的考量，大致如此。不过清代改土归流虽规模超过明代，但并未消灭土司。清朝对远方入贡国颁赐封号也比明朝更为谨慎，并非入贡即封，周边几个既封且贡的国家才具有封建性质，贡而不封者与清朝实际上仅为外交、经济往来关系。[②]

基于帝制时代始终具有的相对边缘化的封建因素和传统，同时受满族更强的人身依附关系和普遍贵族制状态的影响，封建在中国历史上最后一个朝代的国家权力、社会关系、经济权益各领域都继续存在，虽然并未实行类似明初那样的分封，但等级和人身依赖关系却更为强化。奇妙的是，这些变化，总体上说并没有带来对皇权的挑战，反而支撑皇帝保持了强大权威。

## （四）明清时代的封建观

明清两朝参酌古意，在帝制皇权—郡县—官僚权力架构基础上，变通参用封建制，大要已见前文。与之相关，时人留下大量言论，可以帮助我们探析此类现象背后的观念理路。相关文献数量极大，观点歧义甚多。近有田勤耘《明清“封建论”研究》一书，颇加梳理、议论，可以参考。[③]唯追问的基本问题及所见有所不同，还需探究。

朱元璋分封后不久，洪武九年（1376年），因天变求直言。山西平遥训导叶伯巨（居升）上《万言书》，指当时有“分封太侈”“用刑太繁”“求治太速”三大弊端。关于分封，叶伯巨引古语“都城过百雉，国之害也”，主张“强干弱枝”，认为当时的分封是“各尽其地而封之”，都城宫室亚于天子之都，复赐之以甲兵、卫士，数世之后，将“尾大不掉”。那时削地夺权，就会引发怨恨，可能出现诸王恃险争衡、拥众入朝、缘间而起等“大祸”。他建议朱元璋仿照汉初贾谊之策，早分诸国之地，减其卫兵，限其疆里，使

① 《世宗宪皇帝朱批谕旨》卷89，《景印文渊阁四库全书》第419册，第593页。
② 参看赵轶峰：《清前期中朝关系与“东亚”秩序格局》，《古代文明》2019年第1期。
③ 田勤耘：《明清“封建论”研究》，北京：中国社会科学出版社，2013年。

其国小而无邪心，然后用诸王贤德者入朝为辅相，其余世为藩辅。如此可以“割一世之恩以制万世之利”。[①]朱元璋览书大怒，认为是离间皇家骨肉，将叶伯巨逮问，瘐死狱中。此公其实并未反对分封，也没有深入讨论古今分封的差异与利弊，只是主张分封不当过滥，需防其坐大为乱，见识未出贾谊所论范围，却遭横祸。其后，洪武二十三年（1390年）应天乡试策问以封建为题，安徽绩溪人程通《封建策》称旨，擢第一。所论逢迎朱元璋做法，以亲亲、屏藩为说，别无新意。[②]叶伯巨以论封建致祸，程通以论封建显达，枢机不在事理，帝王旨意而已。

明朝人封建论的主流，是以民本主义价值观权衡封建与郡县的得失，其间对二者得失见解如唐宋时代一样，有所分歧，但着眼点多在民本而认为后世当郡县为主，参用封建。方孝孺在洪武时期作有“深虑”之文10篇，思考的都是长治久安之道，其中首篇，就以封建得失为主。当时朱元璋分封之弊尚未显露，而叶伯巨因言致祸在前不久，方孝孺的论说表达出对分封可保长久的怀疑，却没有直接论证其不当。其大意云：秦惩周之灭亡，“变封建而为郡县”，以为可以长久，不久汉高祖以匹夫而亡秦；汉惩秦之孤立，大封庶孽为诸侯，七国之乱随即发生。汉武帝、宣帝削藩，以为可以无事，卒为王莽所篡……“盖智可以谋人而不可以谋天”，治国之道，不可“肆其私谋诡计，而惟积至诚，用大德，以结乎天心”。如果“欲以区区之智笼络当世之务而必后世之无危亡，此理之所必无者也”。[③]结合“深虑”其他各篇内容可见，他所说的“天心”，就是民生民意。他认为以公天下之心而行仁政才能长久，其他思虑无论如何周详，都不足以保证不会失去政权。这里显然包含对朱元璋以分封子弟来确保家天下长久之策的批评。可见方孝孺后来协助建文帝削藩，是有一些基本政治理念为基础的，并非仅仅出于应对诸王强横的现实挑战。稍后的理学名家胡居仁与方孝孺一样，强调合理的政治在于统治者以公天下为心，认为古代制度是“从天理上裁制出来”，“圣人胸中

---

① （明）叶伯巨：《万言书》，载（明）陈子龙等选辑：《明经世文编》卷8，第53页。

② 参看（明）程通：《贞白遗稿》卷首，四库馆臣提要及卷1，《封建策一》《封建策二》，《景印文渊阁四库全书》第1235册，第725、728—732页。

③ （明）方孝孺：《逊志斋集》卷2《深虑一》，《景印文渊阁四库全书》第1235册，第90—91页。

流出”，若不得遵依天理之人，各种制度都会演出弊政。封建与郡县各有利弊，后世如果不存爱养斯民之心，恢复封建不足成善治；“苟得其人，二法皆可也”。[①] 正德时人黄省曾作《难柳宗元封建论》，对柳宗元所持秦废封建而为天下之大公说，做全面反驳。他认为，王者考虑政体，出发点当在于“生民”而不在自己的子孙，凡不能利于生民者，最终也不能庇护其子孙。柳宗元《封建论》大抵为帝王子孙着想，所以主张把天下之权尽归君主，把秦朝制度视为万世不易之规。政权存亡之机，在于是否以生民为心，如否，行郡县会亡国，行封建也会亡国。三代之兴因其仁，其亡因不仁，并非因为封建与否。柳宗元说上古圣王因时势而不得不行封建，虽欲废之却不能做到，然而封建制度如果真的不善，怎能实行两千余年？尧能禅让于舜，汤、武能推翻暴君，如何就不能摒除既知其不善的封建制度？柳宗元说周代分封导致诸侯尾大不掉，以致于乱。其实上古封建之时，天子定期巡狩查考，诸侯定期入觐述职，不德如防风、四凶者，诛放夺国，不朝者贬爵削地、六师讨伐，权未尝不在天子。周代的衰败，起因于不狩不朝、敌国相征，封建之意沦丧，不在封建制度不善。柳宗元称秦朝速亡，所失在政不在制，其实是“既失于制，又失于政”。就柳宗元的“公天下之端自秦始”之说，黄省曾指其不说人话：“先王之法至秦始尽废，讪笑三代，自号皇帝，而子弟为匹夫，焚典坑贤，何所不极？……行郡县而并万国，以为一人之飨，天下之私莫大于是，而宗元以为公者，毋乃非人之见乎？”[②] 表面看，这是明清时期肯定封建制态度最鲜明的言论，但黄省曾所论及的，都是明以前之事，并未提及明代的分封。而且，他肯定古代封建的基点与方孝孺、胡居仁前述思想一致，根本都是民本政治观，他认为郡县制是私天下，也出于同样的逻辑。这种观念中，封建与否只是具体的制度，并不直接决定天下治乱，其利弊取决于统治者是否从公天下立场来对待国家事务。这种封建观与朱元璋家天下的封建观当然不在同一理路上。章潢《图书编》中所论，与前述方孝孺等一

① （明）胡居仁：《居业录》卷5《古今第五》，《景印文渊阁四库全书》第714册，第48—50页；并请参看田勤耘：《明清“封建论”研究》，第93—101页。

② （明）黄省曾：《难柳宗元封建论》，载（清）黄宗羲编：《明文海》卷92，《景印文渊阁四库全书》第1454册，第86—89页。

样，都以民本为政治逻辑的价值基点，认为郡县与封建不过是代天理民的君主治理社会的两种具体方式。同时他参酌柳宗元的主张，认为郡县与封建各有时势，上古行封建符合当时诸国林立的现实，秦行郡县也是时势使然。两制得失，封建权在诸侯，郡县权在守令。比郡县还是封建更为根本的问题，是人民为政治的根本，一朝之子孙是否世代享有富贵却不是根本的问题。“夫本者何？天之立君与君之承天皆为民也。封建、郡县之制，贤哲俊乂之求，宗社灵长之策，皆所以为民也。为民乃为君也，岂徒为周之姬、秦之嬴子孙世世享有富贵福泽云乎哉？”秦朝速亡，“失在虐民，不能体天心以爱养元元，不可为上天之宗子，失不在郡县之法也”。封建、郡县既然各有得失而根本在于政治是否符合人民利益，后世以郡县为制，而“侯王封爵未之废也”。①

因“大礼议”被嘉靖帝放逐的杨慎作有《封建》一篇，明确抨击封建制，尤其是后世的封建制。他认为，封建制的根本弊端是天下不能统于一。上古行封建，一开始就叛乱征伐不止，到春秋战国时期达到极点。要知道封建的利弊，无须求古，看当下之事就可以明白。川广云贵的土官就是当下的封建。“土官历千百年，川之马湖安氏，弘治中以罪除；广之田州岑氏，正德中以罪除。而二郡至今利之……三代之上，封建时也，封建顺也；秦而下，郡县时也，郡县顺也。总括之曰，封建非圣人意也，势也。郡县非秦意也，亦势也……孟子曰：天下恶乎定？定于一。夫封建之制，国各有君，君各纪元，是非二君，将千百其君矣，恶能定于一？不定于一，恶能不乱？”②他的主张与柳宗元、苏轼等一致，以大一统为论证轴心，只是结合了明代仍存的土司情况而已。文中虽未直接评价朱元璋的封建究竟如何，但从其文意看，还是隐含否定之意。王世贞梳理了明代分封的情况，也涉及前代的封建，但并未深入分析得失。不过他指出，先秦封建对象有同姓、有异姓，大体上是“以功德，不以亲疏”；后世的分封，则多重亲疏而轻功德。明代分

① （明）章潢：《图书编》卷86《封建郡县总论》，《景印文渊阁四库全书》第971册，第590—591页。按：田勤耘《明清“封建论”研究》第三章第三节专门讨论章潢封建思想，但误将章潢所引用的马端临、刘秩等前人说法作为章潢本人言论加以分析，自该书110页至116页所有析出引文皆误。

② （明）杨慎：《升菴集》卷48《封建》，《景印文渊阁四库全书》第1270册，第390页。

封是自汉代以来最显著者。[①] 晚明刘宗周上《条陈宗藩疏》，援引宋张载“为治不法三代者终苟道也”之说，认为封建为三代良法，“夫三代之法，莫大于封建”，明太祖损益前代制度，分封诸王，“外靖边陲，中制襟腹……虽未暇尽善，而规模已宏远矣”，可惜当时之臣者，未能将顺其意，使之经久，以贻子孙，遂至于一传而敝。后世累朝，防范宗室，终致宗藩与国家并困。他推崇封建，但没有主张恢复封建，其建议，包括“议爵”“议禄”“议官”“议教”“议养”“议制”六端，都不过是如何解脱宗室困局的具体做法。[②] 此人所有论说，必取古制为依托，不甚理会古今之变，对明初的分封致乱，也未反省。泥古如此，宜乎其在明季洋洋陈论，无足用者。

明清之际出现一个反思明亡教训、重新思考国家政权体制的思想者群体。他们作为儒家民本主义者，在封建问题上的基本主张大体上都是以郡县为体，参用封建，上下权力制衡，但其间偏重，也有差别。

顾炎武说得很清楚：“知封建之所以变而为郡县，则知郡县之敝而将复变。然则将复变而为封建乎？曰，不能。有圣人起，寓封建之意于郡县之中，而天下治矣。”[③] 他认为，封建制在周朝衰落之时就已经荒废，秦朝封建或不封建，都会灭亡。“封建之失，其专在下；郡县之失，其专在上”，行之既久，都会生乱。现今郡县制的弊端已经达到极致，更革之法，应当“尊令长之秩，而予之以生财治人之权，罢监司之任，设世官之奖，行辟属之法，所谓寓封建之意于郡县之中，而二千年以来之敝可以复振”。[④] 他所说的方法，其实是赋予地方守令之官处置政务的自主权，罢黜皇帝派去监督、镇守的特使，许其自辟属官，做得好的可使世袭一地为官。他把这种方法称为“寓封建之意于郡县之中”，他着眼于地方官的久任和自主权，以便其能有为一方之治长久努力的心愿和条件，削弱皇权对地方事务的干预，却并不包含分封皇帝子孙。这与朱元璋的封建，名同而实异。黄宗羲在《留书》中

① （明）王世贞撰，魏连科点校：《弇山堂别集》卷37《公侯伯表总叙》，北京：中华书局，1985年，第655页。

② （明）刘宗周：《刘蕺山集》卷1《条陈宗藩疏》，《景印文渊阁四库全书》第1294册，第305—314页。

③ （清）顾炎武著，华忱之点校：《亭林文集》卷1《郡县论一》，《顾亭林诗文集》，北京：中华书局，1959年，第12页。

④ （清）顾炎武著，华忱之点校：《亭林文集》卷1《郡县论一》，《顾亭林诗文集》，第12页。

明指三代以后的战乱，根本上说都是“废封建之罪也”。但他的着眼点不在内政得失，而在郡县制不如封建制更能有效抵御外敌。他认为，自秦以降，中国常为外敌侵占，即使号称全盛之时，也要用国家大量赋税防边、纳币，然后仅免。秦以前却不必如此，原因就在于彼时封建。封建之时，兵民不分，无事则耕，有事则战，废封建则兵民不得不分，分之则不得不以民养兵，天下由是而困。外敌乘中国之困，不过一战，天下郡县皆降。“向使列国棋置，一国衰弱，一国富强，有瑕者，又有坚者，虏能以其法取彼，未必能以其法取此，岂有一战而得志于天下如此之易易乎？”况且诸侯取王位，不过是政权更迭，“夷狄”入主，就成了“失天下”。所以封建其实胜于郡县。[①] 他在稍后作《明夷待访录》时，弱化了对封建制的推崇，“今封建之事远矣，因时乘势，则方镇可复也”[②]。方镇在他看来，相对自主，可以略起古沿边诸侯捍御外敌的作用。王夫之以变通的观点看待封建制。他指出：“郡县之制，垂二千年而弗能改矣，合古今上下皆安之，势之所趋，岂非理而能然哉？”上古封建，自然之事，有千年之安。后来“强弱相噬而尽失其故”，至秦而改行郡县。虽然“天子孤立无辅，祚不永于商周”，但郡县时代战乱少于封建之时。所以，“郡县者，非天子之利也，国祚所以不长也；而为天下计，则害不如封建之滋也多矣。呜呼！秦以私天下之心而罢侯置守，而天假其私以行其大公，存乎神者之不测，有如是夫！”[③] 郡县制与封建制，如同冬裘夏葛，各应其时，后世当以郡县为主，略采封建之意：“封建也，学校也，乡举里选也，三者相扶以行，孤行则蹶矣。用今日之才，任今日之事，所损益，可知已。”[④] 所有关于封建与郡县参酌并行的说法都包含关于二者皆非完美制度的见解，也包含时势变迁，制度必须因时而调整的主张。不过，与王夫之较多肯定郡县的思想比较，颜元虽也主张后世可封建与

---

① （明）黄宗羲：《留书》，载赵轶峰注说：《明夷待访录·附录一》，郑州：河南大学出版社，2016年，第209—211页。按：章潢曾在黄宗羲之前提出封建制比郡县制更能有效抵御外敌的看法，参看（明）章潢：《图书编》卷117《仿井田封建之法为寓兵御夷之道》，《景印文渊阁四库全书》第972册，第582—584页。

② （明）黄宗羲：《方镇》，载赵轶峰注说：《明夷待访录》，第161页。

③ （明）王夫之：《读通鉴论》卷1《秦始皇·变封建为郡县》，《船山全书》第10册，长沙：岳麓书社，2011年，第67—68页。

④ （明）王夫之：《读通鉴论》卷3《汉武帝·封建贡士之法不可行于郡县之世》，《船山全书》第10册，第125页。

郡县参互而行，但对郡县制弊端的批评更为尖锐。他说："先王遗典，封建无单举之理，大经大法毕著咸张，则礼乐教化自能潜消反侧，纲纪名分皆可预杜骄奢，而又经理周密。师古之意，不必袭古之迹。"封建最大的好处是可得其屏蔽，譬如农家度日，居大乡多邻之中远比"吞邻灭比而孤栖一蕞"更为安全。前人看到夏、商亡于诸侯以及汉代七国之乱、唐代藩镇之祸为教训，但没有看到三代虽以封建而亡，也以封建而长久。汉、唐受分封藩镇之害，也获分封藩镇之利。"盖民生天地，咸沐封建之泽，无问兴亡，皆异于后世如此。而秦人任智力以自雄，收万方以自私，敢于变百圣之大法，自速其年世，以遗生民气运世世无穷之大祸，祖龙之罪上通于天矣！文人如柳子厚者，乃反为'公天下自秦始'之论，是又与于不仁之甚者也，可胜叹哉！"①

顾、黄、王、颜等，当明清鼎革之际，以士人自诩，言论激扬奋发，少有拘束，且惩明亡教训，对君主专制痛切反思，寻求从根本上改造国家制度，寻制于古，对于具有分权意味的封建制度多有肯定。但他们的论说，都不是主张全面复古，也都不包含对朱元璋封建的肯定，其间差别，在于民本还是君本，是公天下还是私天下。清朝统治稳定之后，学者纷纷入彀，推崇封建制可能招致祸患，言论潮流渐渐变化。

精研《春秋》的顾栋高也主张后世郡县、封建参用，同时偏重强调封建制度的弊端。他指出，封建时代诸国征伐，民生涂炭，为祸惨烈。②宋儒恢复封建的主张为泥古不化，"用后世郡县之制而兼有三代封建之利而去其害，虽使圣人复生，计无易于此"③。《绎史》的作者马骕高度肯定封建制，认为封建为上古善法，至周而隆，人们只看到周因封建而弱亡，不见"其所以长世者，正以封建故也"，周初若不封建，早已亡国而不待战国之末。"如以诸侯为难制，不若郡县之易安也，何三代建国，不闻匹夫横行之祸？秦汉置守，群盗并起，州郡莫有制者？东周虽萎，然犹侯伯相维，未至遽亡。莽、卓盗汉，天下之牧守，无敢议者，戍卒亡命，呼号草泽之间，斗筲穿

---

① （清）颜元著，王星贤、张芥尘、郭征点校：《颜元集》（上册）卷4《存治编·封建》，北京：中华书局，1987年，第111—113页。

② （清）顾栋高：《春秋大事表》卷36《鲁邾莒交兵表》，《景印文渊阁四库全书》第180册，第342页。

③ （清）顾栋高：《春秋大事表》卷七之一《列国都邑表》，《景印文渊阁四库全书》第179册，第399页。

窬，移国柈柂之际。甚矣郡县不足恃，而封建为可久也。”[①]这其实与颜元的论说一致。

雍正帝处置陆生楠非议前代历史案、曾静鼓动岳钟琪反清案，皆涉及封建制问题。清廷对于封建制的强烈批评基调，也在这时定型。陆生楠曾任工部主事，后被撤职发配军中效力，著有《通鉴论》17篇。曾静为生员，教书为业，受吕留良著作影响，鼓动川陕总督岳钟琪反清。此二人言论中都有恢复封建而以郡县为不合理制度的主张，但其实大抵拼凑宋代及明清易代之际学者言论为说，并无独到创见。雍正帝在1729年处死陆生楠，并将审问曾静时的对话整理成《大义觉迷录》。在谈论这两个案件时，雍正帝都表达了否定封建制的明确态度，而且连行文都很接近。针对陆生楠，雍正帝援引柳宗元的观点，认为古人行封建并非因其制尽善，而是用以“驾驭天下”。上古各君其国，各子其民，天下尊亲，圣人各因其世守而封之，时势如此，“虽欲统一之而不能也”。秦始皇行郡县制并非仅靠实力，也是时势所致。“盖三代以前，诸侯分有土地，天子不得而私，故以封建为公。秦汉之后，土地属之天子，一封建便多私心，故以郡县为公。”柳宗元称公天下自秦始，苏轼称封建为竞争之端，都是卓然见识。[②]“大凡叛逆之人，如吕留良、曾静、陆生楠之流，皆以宜复封建为言”，意在一行封建，此国不用可去他国。[③]

> 且中国之郡县，亦犹各蒙古之有部落耳。历代以来，各蒙古自为雄长，亦互相战争，至元太祖之世，始成一统，历前明二百余年，我太祖高皇帝开基东土，遐迩率服，而各蒙古又复望风归顺，咸禀正朔，以迄于今。是中国之一统始于秦，塞外之一统始于元，而极盛于我朝。自古中外一家，幅员极广，未有如我朝者也。[④]

且

> 陆生楠等东南之人，多希冀封建，自谓天堑之外，可择便安处，而

① （清）马骕撰，王利器整理：《绎史》卷21《周建诸侯》，北京：中华书局，2002年，第344—345页。

② 《世宗宪皇帝实录》卷83，“雍正七年七月月丙午”条，《清实录》总第8册，北京：中华书局，1985年，第98—99页。

③ 《世宗宪皇帝实录》卷83，“雍正七年七月月丙午”条，《清实录》总第8册，第99页。

④ 《世宗宪皇帝实录》卷83，“雍正七年七月月丙午”条，《清实录》总第8册，第99页。

塞外边患自有西北中州诸省为之捍蔽耳。不知明代之时，西北各蒙古皆为劲敌，所在蹂躏，在明代二百余年，以中国全力御之而不能支，若以边防专委之西北中州之人，复何能捍蔽一二乎？西北中州既已不支，而东南之人又可能安枕乎？[①]

《大义觉迷录》以问答方式论及封建制。内中提到曾静在所著《知新录》中称“封建是圣人治天下之大道，亦即是御戎狄之大法”，并加以质问，表达的说法与评论陆生楠时所讲基本相同。[②]雍正帝就封建与郡县两种制度的看法，基本沿袭柳宗元说。他将蒙古制度也纳入进来，虽算得是一种与时俱进的扩展，但却概念混乱。蒙古在清代纳入版图，并不是用郡县制方式纳入，而是以内部自治且王公世袭的方式纳入，其实带有封建的性质。清代的大一统，是以郡县为主，兼采封建之意的大一统。

乾隆帝精读明史，在《御批历代通鉴辑览》的批语中多处评论明代分封之失。他认为朱元璋分封是“师古而不知度今，务名而以致害实”[③]，而且其分封的理由也不成立：

若宋元之亡，本不由于孤立。且宋既积弱，即有屏藩在外，亦无能为；元则强藩在外拥兵，屡作不靖，转贻内患，皆已事之可征者。明祖欲大封诸子，假此立言，实未为允，无论。燕王恃其强盛，骨肉相残，不旋踵而成篡夺之祸。即其后高煦、宸濠称兵肆逆，视汉之吴濞、淮南相去有几？及末世流寇充斥，诸王亦惟束手就毙，求其足资夹辅者，又有何人？则其是非得失益了然可见。保世昌后，自有大经，岂在拘泥不可复行之古法乎？[④]

乾隆时期已经不立储君，他认为立储必生猜疑，即使明太祖定要立储，也当立燕王。燕王“素称才武”，立以为储，可以免他日骨肉之衅。古有父

---

① （清）允禄编：《世宗宪皇帝上谕内阁》卷82，“雍正七年六月二十六日”条，《景印文渊阁四库全书》第415册，第273页。

② （清）雍正帝撰：《大义觉迷录》卷2，载沈云龙主编：《近代中国史料丛刊》第36辑，台北：文海出版社，1966年，第194页。

③ 《御批历代通鉴辑览》卷100，《景印文渊阁四库全书》第339册，第188页。

④ 《御批历代通鉴辑览》卷100，《景印文渊阁四库全书》第339册，第193页。

子世及之法，并无太孙继位之名，明太祖泥古好名，自贻后患。[①]乾隆帝的说法，戳破了朱元璋行封建时提出的所谓惩元孤立的理由不过是为子孙计的谎言。

雍正、乾隆二帝虽然表达了很明确的反封建的制度主张，但并没有就此禁绝其他人在封建问题上提出其他看法。乾嘉时人袁枚就曾著文批评柳宗元的《封建论》。他认为柳宗元不分“势”“道”，上古的封建并非如柳宗元所说“似民之自为封建”，是“势”所造成，而是“圣人”之意，原因是上古的井田、学校、军政、宗法制度都“因封建而起”，这些制度不可能都只是自然发生而无创立者的主观意向参与。封建行千年，至周而失天下，“在政不在制”。秦失天下则是“制政俱失”——倘使秦时封建不废，“秦虽暴，不能毒流天下”，也就不至于很快失去全国。春秋战国时代已有郡县，非秦朝所创，乃时势造成，后世郡县不反叛，也不是秦朝的制度贡献。[②]然而后世是否可恢复封建，袁枚认为“道可势不可”。其最重要的原因，是“先王有公天下之心，而封建……故封建行而天下治。后世有私天下之心，而封建……故封建行而天下乱。无先王之心，行先王之法，是谓徒政”。[③]柳宗元认为封建的主要弊端之一是致使帝王徒具空名于上而诸侯尾大不掉，袁枚即此指责柳宗元不知“先王之爱百姓甚于爱子孙”，他指出，周公不肯据险而建宫室，就是为了使将来一旦天子无德时，天下伐之不难。[④]袁枚的论说与前代充满对上古历史理想主义想象的民本主义政治观一脉相承，以公天下为论证的价值轴心，认为封建更能体现政治的公，然而后世君主公心不再，恢复封建也就不再可行。至于“尾大不掉”之类说法，在他看来，如不以天下为私，本不足为虑。

从前面梳理可见，明清时期人封建概念内涵高度一致，主体都是分封、世袭制度，支持前文所论中国本土封建含义界定。封建制度，在明清时代——实际上是通整个帝制时代，一直是政治思想者思考政治合理性和制度

---

① 《御批历代通鉴辑览》卷101，《景印文渊阁四库全书》第339册，第230—231、233页。

② （清）袁枚著，周本淳标校：《小仓山房文集》卷23《书柳子封建论后》，《小仓山房诗文集》，上海：上海古籍出版社，1988年，第1634—1636页。

③ （清）袁枚著，周本淳标校：《小仓山房文集》卷23《书柳子封建论后》，《小仓山房诗文集》，第1636页。按：此处原标点不妥，据文意改。

④ （清）袁枚著，周本淳标校：《小仓山房文集》卷23《再书封建论后》，《小仓山房诗文集》，第1637页。

有效性的一种选择。谈到封建的延展表现，从杨慎到明清之际几位思想家，将土司、方镇、井田等也纳入其边缘范围。虽然论者有推崇封建为古代良法者，但大多以社会稳定性和民生利益为基点，或者从抵御外敌之效能角度立论，这与朱元璋的以封建为家天下之谋不同。除了刘宗周这样泥古的学究之外，罕见有人赞同朱元璋直接返回汉初式的分封。以郡县为基本制度，参酌采用一些封建意味的制度，是绝大多数思想者的主张。他们都看到封建、郡县各自的局限，行久都会生弊，但晚近时代毕竟已经没有全面实行封建制的道理和条件。从方孝孺到袁枚，并不像朱元璋那样以一姓王朝历久作为制度可行与否的尺度，他们实际上是主张一切制度的终极目的是人民的福祉，主张在民本的意义上“公天下”，把民生状态看作比王朝延续更具根本的价值所在。这是中国具有悠久传统的政治民本主义思想在明清时代的再度阐发，颇与反思帝制时代后期皇权专制制度弊端的深化相关。郡县制与官僚制即流官制相表里，是帝制体系的主要支撑。因而，对郡县制弊端的讨论，其实都基于或者包含对帝制现实的反思。朱元璋曾严厉镇压批评封建太滥者；雍正、乾隆帝则曾严厉镇压赞美封建制者，表面看对比鲜明。但是，明清两代自始至终的基本制度都是帝制，郡县为其主要支柱，封建都没有完全废除。朱元璋的分封，只是明初的一次封建制短暂回潮；清帝的反封建，也只是反对把封建作为基本制度，反对利用复封建论来抨击君主极权，规避封建的名目，却在其他许多层面做了封建色彩很浓的制度安排。明清时代的各种封建制度表现，都是郡县制前提下的边缘性表现，具体做法都与先秦的封建有了诸多差别。

综上，帝制始终含纳封建，明清时代帝制体系达到顶峰，封建仍然作为附属制度存在，且有活跃表现。明清两代，封建表现有同有异，并非简单前后相袭。在社会发展及全球化大变迁视角之下，明清时代的所有封建表现，皆不构成现代性社会转变的支持因素。这一历史时期出现大量关于封建制利弊的言论，而且尖锐交锋，其中既包含皇权主义的表述，也包含以封建制约皇权过度专制的主张，以及民本政治思想的申说，可见封建制，直到中国帝制时代后期，依然是政治思想讨论的中心话题之一。中国现代历史学家，未必不曾看到历史文献中大量有关封建的论述，但却在很长一段时期中对封建另做界说，理论与历史记载过度脱节，如果正视历史，应予以调整之。

# 六

# 论国家与社会的一般关系
## ——兼及明代国家与社会之历史关系

所有历史研究都以国家与社会为基本对象。政治史的所有问题，都针对国家；社会史的所有问题，都针对社会；研究财政、赋役等问题，则是在考察国家与社会的经济关联方式。此外，文化史、思想史、艺术史研究，也无一能够摆脱与国家、社会二者的关联。然而关于国家与社会关系，研究者却常笼统视之，很少细致思考。这里笔者尝试从三个角度梳理一下基本看法。

### （一）国家和社会的一般定义

首先是基本定义。过去我们经常说类似“国家是阶级统治的工具”的话，但这类话语并不构成逻辑上一般对定义要求的“种加属差”的周延表述方式，不是对于国家的正面定义，说出来的只是国家的某一种功能或属性，回避开了国家的其他功能或属性。在阶级社会，国家在基本方面体现统治阶级的利益，对其他阶级实施统治，但是除此之外，国家还需要具有组织对外防御以维持所统治区域内人民基本安全的功能、需要具有组织抗御较大灾害的功能、需要具有维持社会日常生活有序性的功能、需要具有一定的文化传承功能等。如果丧失前述阶级统治之外的其他功能，一个已经建立起来的国家就会瓦解。我们在中外历史上都看不到哪一个稳定状态的“国家”只具有阶级统治的功能而不具备上述其他功能。所以即使是在阶级社会，国家也不仅是阶级统治的工具。现代社会——无论中国、西方国家，还是其他地区声称进入“现代”状况的社会，都是阶级关系弱化但并未消失的社会。现代国家保持和伸张了前现代国家的公共权力机关属性，弱化了阶级统治属性。

从国家必须具备的功能意义上说，国家应该定义为“具有政府组织并独立于外部势力的社会共同体”。也就是说，国家本质上是一种社会共同体——这是定义逻辑中国家所属的“种”——是一定规模的人群基于共同经济基础、地域环境和相互认同的文化传统组成的共同生存单元。同时，只有具有高度组织性和内部有序化的即形成政府领导的社会共同体才可能构成为国家；国家区别于其他社会组织机构的独特之处是它对应于特定的疆域和人民且独立，即拥有主权——这是定义逻辑中的“属差”即特殊性界定。完整意义上的国家，都需要满足前述定义要求，所以这样的定义不是选择性的，而是覆盖性的。[①]

一个作为共同体的国家一定是一个特定的社会体系。在这种意义上说，国家与社会两个词汇所指的对象，略有角度差异，但其实是同体难分的。所以，说“保卫自己的国家”与说“保卫自己的社会”并没有根本的区别。

一个具有高度组织性的社会共同体的公共事务管理构成社会政治权力，这种权力一定要交由一个机构来管理，这种机构就是政府。政府是代表社会行使公共权力的机关。这种代表权在现代社会形成之前，大多是通过武力竞争获取的，即代表权由实力体现——事实上拥有支配能力的社会集团代表社会行使公共权力。现代社会，这种代表权其实还是通过实力体现，不过是这种实力被柔性化了，以影响力和公认度为表现，因而是程序上经过大多数社会成员信托的人群行使公共权力。这里说的“程序”，主要是指各种名目的选举，赢得选举需要实力。现代社会各个国家的选举方式、虚实程度各有不同，本质上却是一样的，就是履行或呈现公众信托过程。这时国家是既定

---

① 历史上存在藩属政权、殖民地政权等，其作为国家的含义皆非完整。

的，政府则在国家体制内，经过社会的信托过程界定出来并获得行使公共权力的合法性。所以国家与政府不是一回事。说“保卫国家”，是指对外捍卫所属共同体的行为；说“保卫政府”，是指在国内政治中支持当下掌权集团的行为。这里需要注意一个差别。在对外关系中，政府通常直接代表国家；在对内事务中，政府只是被社会信托的人群组成的行使公共权力的机构，是社会的对应存在。这样，我们应该剖析出，历史学者经常考虑的国家与社会关系问题，其实在多数情况下指的是政府与社会的关系问题。

政府的基本职责是根据社会需要运作公共权力。当政府的公共权力运作符合社会需要的时候，政府与社会就相契合，政府也就较大程度地代表国家；当政府的公共权力运作背离社会需要的时候，政府就与社会冲突，政府行为也就体现着公共权力的异化。公共权力异化有各种各样的形式，但其本质一般归于两种，一是公共权力的私有化，二是政府本身的目的化。前者指政府权力被少数人用首先服务于自己的方式掌控运作；后者指政府在运用公共权力的过程中逐渐把自身而不是社会变成了意义基点。因为政府只有在体现整个社会的共同利益时才体现出合法性，所以公共权力的阶级专属化或者集团专属化本质上是扩大了的私有化，也是公共权力的异化。除了前述两种情况之外，公共权力异化还有另一种情况，就是政府被该社会共同体以外的势力所支配，成为卖国或傀儡政府。这种情况比较极端，这里不去讨论。异化的公共权力是用不符合社会意旨和需求的方式行使的权力，因而缺乏合法性。在具体判断政府权威运作的合法性时，除了考察其形成的基础与过程外，还在于考察其权力运作体现出何等程度的公共性。政府权威的公共属性如何是国家与社会关系的根本问题。

当一个社会将其全部公共权力都委托给政府的时候，政府异化的经常性调节机制就基本消失了。在政府高度异化的情况发生时，只能通过革命来重塑政府，使之与社会的要求接近。革命一定造成社会震荡，要付出巨大代价，因而合理的体制一定是能够较大限度避免革命的体制。这就需要在社会与政府之间设立比政府恒定一些的机关，形成制衡，如元老院、议会、国会、人民代表大会之类的设置。这类设置把公共权力扣留一部分不交给政府，使政府权力被限制在一定的范围。这就在社会与国家之间加入了一个制约层。虽然这个制约层也可以被理解为广义政府体系的一个特殊层级，但从原理上说，这类机关比执政机关更接近社会，因而在长远意义上比执政机关更能代表国家。所以，一个国家最重大的事务，包括基本大法、对外战和等，都要经过这类机关而不能由政府直接决定——即使有时议会被政府控制，原理仍是一样的。在现代三权分立的国家，国会、政府、法院分立，并实行任期制。这就使政府的权力进一步分散，并且要经受周期性的裁判和整理。这都是强化社会治理规约的稳定性并防止政府因为权力过于集中而趋于异化的制度设置。避免政府异化的另一种设置是法律。法律是一个社会秩序理念的文本体现。在古代社会，一般诸法混合。在现代社会，宪法在各种法律中凸显出来，构成国家基本制度规范，实际上是国家组织法，其核心内容正在于界定国家与社会的基本关系。在人类历史上，宪法的出现是一个进步，体现出以约定的方式将公共意志恒定为国家秩序建构原则的觉悟。所以宪法构成对政府异化的一种制约。然而在研究中国古代国家与社会关系的时候，宪法这种清晰界定二者关系的文献并不存在，这层制约也就不存在。宪法以外的其他法律，权且称为普通法，主要是界定社会成员与他者包括作为整体的公共社会之间权益关系以及国家干预方式的。在没有宪法的情况下，普通法是从统治权派生出来的，因而对政府行为制约力十分有限；在有宪法的情况下，普通法体现宪法基本原则在具体社会层面的运用，政府也受普通法制约。

政府权威的公共性运作意味着政府以公众认可的方式运用由公共信托而产生的合法权力。其主要内容，首先是以公众认可的方式提供和维系共同体的秩序；其次是运用整体协调机制应对自然灾害和外部挑战；再次是通过赋税、财政等手段调整社会财富和责任的分配；最后是营造社会生活所需的文化氛围。这些功能，是所有政府都需承担的事情。除此之外，现代国族国家的政府承担比此前的政府更凸显的领导本国参与国际范围生存竞争以及基于人类共同利益而做出的国际共同努力等职能。

与“国家”相比，“社会”是更易于界定的概念。社会是由其个体成员构成的共生体系。每一个国家版图之内所展开的社会，都构成一个大社会共生体。[①] 在这种大社会共生体内部，基于区域、民族的差异，可能存在地域社会、民族社会等亚共生体，不同阶层、职业、宗族的人群也可能构成特殊的社会关联，成为大社会共生体内部纵横交错的社会群体网络。不过，后一类社会群体，虽也具有社会的含义，但偏重指人群意义上的社群（community），而不是法权共同体意义上的社会（society），虽然在某些语境中二者可以混用。社会史研究通常所说的社会，不是大共同体整体意义上的社会，而是与政府相对应的民生层面的社会，因而正是前述的较大共生体内部的那些差异的人群社会。在这样的意义上说，对于社会的研究，实际主要是对于民生方式与状态的研究。

到这里，我们就可以归纳起来说，历史学，尤其是社会史所考虑的国家与社会的关系问题，在相当程度上是政府与社会的关系问题，而政府与社会的关系，就其核心部分而言，主要是政府与民生的关系问题。政府与民生关系问题的根本是：公共权力体系与作为其基础与目的的社会之间的责任、权力、利益配置形态及其运行状态。

## （二）国家与社会关系中的几个关键问题

将前面考虑到的话题整理起来，就可以辨识出国家与社会关系中的几个关键问题。

第一是公共权力的合法性，即政府的合法性问题。政府是否合法，衡量的尺度有两个。一个是该社会成员的意志，另一个是国际和平生存秩序原则。社会成员的意志是从社会共同体内部判定政府合法性的尺度，这是中国古代的哲人早就认识清楚了的，他们用许多方式表达过类似“得民心者得天下”的话，其理甚明。然而这个原理在实践中如何能够得到落实，却是人类事务中最困难的问题之一，这里无法详细讨论。实际掌控权力的人，总是希

① 一个共生的社会体系可能在某种情况下分裂为两个或更多国家；一个国家也可能在某种情况下包含两个或多个相互缺乏认同和一体性的社会体系。这类情况都意味着潜在的不稳定性。然而该问题甚为复杂，这里难以详细讨论。

望把自己对公共权力掌控的合法性从社会成员意志基础迁移到其他地方去，如天意等。所以每当察觉执政者有把自己掌握公共权力的合法性着落在社会成员意志以外的事物时，就应该考虑这个政权是否在异化了。另一个尺度是国际和平生存秩序原则，这是较少应用的。我们来看第二次世界大战期间的事例：法西斯德国、意大利、日本三个政府都不是本国政治将之终结的，不是本国人民将之否定的，而是世界反法西斯同盟将之结束的。不顾本国社会成员意愿而从外部结束一个政府的做法合法性何在？只能基于一个事实，那就是这些政府通过滥用其国家实力严重威胁到人类作为一个更大共同体的和平生存秩序从而激起国际社会的处决合意。这种处置不仅终结相关国家的政府，而且会连带一些对这些相关国家本身的惩罚性安排，使社会和人民也付出一定代价。所以一个政府即使在得到本国社会成员的认可的情况下做出严重威胁人类社会和平生存秩序的事情，也要丧失其合法性。这里所说的“合法性”，实际可能体现在一些文本中，但更大程度上是关于公共意志的语汇，也就是说，它是一种伦理的语汇而不是法律的语汇。公共权力的合法性的最终含义是伦理的，因而在终极意义上与公共权力的合理性是一致的。

第二是公共权力与私人权利之间的关系。公共权力来自社会成员的信托，但一旦形成就具有超越社会任何特定成员的权威性，这时候“公众”“社会”“人民”都被抽象，从而只能由执掌公共权力的机构、人群，乃至个人来代表，公共权力从而就凌驾于私人权利之上。然而如果公共权力不能保障私人的合法权利，则这种公共权力本身的合法性就不成立。这个悖论现象要求公共权力与私人权利之间达成一种制度的和文化的妥协与互洽。相关的制度设计精神就是，统一行使的公共权力与各自行使的私人权利都要为了对方而接受一定的限制，同时尽可能地找到互相间的支撑点。实现这种妥协与互洽的方式差异造成了各种各样的国家体制和法律体系。从极端的角度来说，公共权力的极度扩张就一定会丧失权力本身的公共属性从而蜕变为极权统治；公共权力的极度萎缩就会形成无政府状态；私人权利过度膨胀以社会失序为代价；私人权利的过度压抑则造成国家主义泛滥的普遍愚民状态。

第三是公共权力与社群自治之关系。国家形式的大的社会共同体内部，都包含个人和家庭单位以上的亚共同体，可以统称为社群。最为显而易见的社群是民族，其次为教团、宗族、地方社区及社团等。

现代西方的国家观念，偏向于单一民族国家（nation state），即由一个使用同种语言的具有同一文化基础的人群构成的国家。这种国家要求原本属于其他民族的加入者使用主体民族的语言并认同主体民族的文化，从而使生物学人种意义上的差别不再成为社会开放性的障碍，但文化认同和归属则是必要的条件。正是基于这种国家观，西方的许多思想者和公众倾向于把由多个民族、语言和亚文化构成的国家看成是强力促成的，在发生冲突的时候，他们总是倾向于支持分立。但是这种国家观是基于欧洲近代社会初步展开时代的历史经验的。西方的政治思想家基本忽视了类似中国等国家在很早以前就已经是多民族共生的社会了。而且，经过几百年的演变，现代西方国家也都明显地不是单一民族国家了。从民族成分的角度说，国家主要有民族国家和族群国家两种。此外，历史上出现过武力征服造成的民族统治现象，也出现过殖民扩张造成的宗主国与殖民附属国关系，属于更复杂的情况。

在理论上存在的单一民族国家内，不存在民族关系问题。在族群国家内，各个民族的地位状况折射出该国家公共权力与社群自治之间关系的状况。教团是人类历史上除了国家以外最大规模的社群组织，或者叫作非政府组织（Non-Governmental Organizations，NGO）。在中国历史上主要有佛教组织、道教组织，晚近有基督宗教组织。在欧洲则有以教皇为首的基督宗教教团。教团对于其参与者要求某种归属认同，因而构成一种社会归属和支配关系，从而在国家与个人之间形成一个中间性组织结构。这种中间性组织结构肯定削弱国家对于个人的直接支配力、影响力。在人类历史上，凡教团凌驾于政府之上的公共权力体制，称为神权政治；凡教团与政府合一的公共权力体制，称为政教合一政治体制；凡是教团服从政府管理的称为世俗政治体制。中国的主流体制是世俗政治体制，现代国家多数是世俗政治体制，但仍存在政教合一体制。在世俗政治体制中，教团享有怎样的活动空间以及对于其信众的支配权，是国家社会关系中的一个重要问题。

宗族从家庭扩展而来，是有血缘关系的人们相互认同的一种社会关系。

这种关系可以是极度柔性的，即并不具备对于成员的实质性约束力的，也可以是亚刚性的，即宗族以组织方式存在并构成对于其成员的规约、支配关系。亚刚性的宗族与上述教团类似，构成国家与社会之间的一个中间结构，因而削弱了国家对于个人的直接支配力、影响力。

地方社区（local community）是指居住在同一地区性环境中的人们构成的社会生活单元，小到街区邻里，大到同乡。一般而言，这种地方社区应该在县或者相当于县级以下的单元内考虑，更大的环境一是会使其内部难以构成足够的生活关联度，二是政府管理会变得更为经常化。县级以下的地方社区，如村庄，一般只有弱化的政府机构，乃至没有政府常设机构来管理，然而其内部却有秩序和公益、公害事务需要处理，因而会形成一些公共事务管理组织，如村民委员会等。这类组织通常需要获得政府的认可甚至支持，帮助政府管理地方事务，但也有可能成为草根社会成员与政府交涉、抗衡的组织者。现代西方社会中的这类社区可以通过民主方式建立应用于内部的规约或地方法规，英语称为 bylaw，此类规约在不与国家基本法冲突的前提下受司法保护。

社团指各种各样的民间社会组织，包括行会、诗文社等。现代社会法律一般给予不伤害公共安全秩序及他人合法权益的社团建立和活动的自由，古代社会相关的禁忌则多于现代。专制的体制给予社团的自由空间小，民主的体制给予社团的自由空间大。在被法律禁止的社团中包括一种一般被称为“秘密社会”或者“黑社会”的社团。中国历史上的秘密社会一般涉及与政府对抗的宗教和政治活动。“黑社会”一词主要用于现代，一般指进行非法活动并对其成员有高强支配力的民间社会组织。秘密社会和黑社会都构成相对于政府的异己权威，因而永远有弱化政府权力的作用。

除了上述之外，还有一种司空见惯但较少被从政治社会学角度思考的社会组织，这就是公司。公司是用经济概念组织起来的，但一旦形成，就构成一个社群单位。当一个公司对于其员工有很强支配力的时候，就可能构成以利益支配权利的关系，因而成为国家与社会关系中一个相关类项。近代历史上的东印度公司就不是一个纯经济机构。

第四是政府责任与权力的结构。政府被社会信托以管理日常公共事务的权力，被信托而产生的权力同时意味着对于信托者即社会的责任。如前文曾提到的那样，政府的责任首先是以公众认可的方式维系共同体的秩序；其次是运用整体协调机制应对自然灾害和外部挑战；再次是通过赋税、财政等手段调整社会财富和责任的分配；最后是营造社会生活所需的文化氛围。此外还包括领导本国参与国际生存竞争的责任。这里的规律是：社会期待政府去履行的责任越大，信托给政府的权力越大；政府的权力越大，社会的自主地位越低，社会越易于被政府绑架，从而社会期待于政府的东西，就越可能被体验为被赐予的东西。在这类过程中，政府角色就可能由责任承担者变为权力主体即统治者。因此，国家与社会关系中的一个非常重要的事项是社会赋予政府何等程度的责任与权力，以及社会如何设置对其代价的控制。在政府本身的责任与权力关系中，政府对于社会的责任是根本，政府的权力是履行其责任的手段。如果颠倒过来，政府就异化为社会的主宰了。古代的政府除了控制一些特殊行业部门之外，一般不承担组织领导社会经济部门生产过程的责任，只承担社会经济的制度和安全环境责任，以及部分财政、金融调节责任，现代政府则普遍扩大了经济责任，全面介入社会经济过程；古代政府一般不承担社会如何“发展”的责任，现代政府则把社会发展视为自己的重要责任；古代政府对于文化、教育一般只承担维护基础环境的责任，现代政府则更多涉入文化、教育事务中。凡此等等，表明现代政府增加了其责任，也增加了其权力。现代多大政府，小社会；古代多小政府，大社会。其中道究竟应该如何，并不因古今而定。

第五是在国家与社会的互动中，社会具有何等程度的主动性。从前面表述的关于国家与社会的理解中，社会是公共权力的原点，是一切公共权力合法性的基础，然而在形成国家以后的人类历史上，常态是国家乃至政府操纵社会，社会的变化多因国家或政府行为导致。历史上，社会针对国家的大规模主动行为最突出者莫过于人民革命。革命是社会放弃挽救、改良政府的努力而采取暴力行为另建政府并以此为契机改造国家制度的现象。这种革命不可能是经常性的，社会不可能依赖革命维持运转，也很少有一种行使中的法律承认未来革命的合法性。革命的合法性存在于政治文化价值观念和历史学家的评说中。除了革命，一个社会相对于国家、政府而言如果完全没有主动性，这个社会就成为一个被统治的对象了。在非革命的常规运作情态下，社会的主动性其实就是社会成员参与公共事务的自由权以及个人与社团以合法方式影响国家运作的机制。这种机制一方面体现了社会属于其成员的本质，另一方面构成对于政府异化的制约，同时还释放社会的创造力。所以所有现代社会都会明确申明保障社会自由和社会成员的参政权。

第六是社会中的精英和草根阶层与政府关系的格局。古今中外，所有的社会，无论其理论观念如何表述，其实都存在一个比社会普通民众更具优势地位的复合的支配者阶层。在很多情况下，人们将这个支配者阶层称为社会"精英"（elite）。精英永远是少数人，因而迄今为止的社会实际上都是少数人控制更多的社会权力和社会资源。这样，国家和社会的关系中就存在一个社会分层体系中各阶层公共权力支配份额的问题。社会精英如果具有世袭的特征，这个国家就具有贵族制属性；精英如果是以经过各种方式选拔出来的国家管理人员为主体，这个国家就具有官僚制属性；现代社会的精英，一般出自知识、商业、法律、军事各界上层和政府部门中，是出身有复合性的群体，但直接出自草根社会（grass-root society）的情况却很少见。占社会成员大多数的草根社会成员，即使在民主政治制度下，在很大程度上仍然是被影响、被支配的。精英控制公共权力虽然是一个不曾根本改变的事实，但无论如何，人类进步的内容之一毕竟就是由少数人垄断公共权力到多数人参与和把握公共权力。所以，在一个国家之内，草根社会直接发出声音的可能性和保障程度，是判断该国家体制具有何等程度的公共属性的一个标尺。

### （三）明代国家与社会的历史关系

明代是中国历史上以一个王朝之时间跨度来界定的时代。1368—1644年的276年间，中国的主体部分处于一个政府管理之下，所以可以作为一个单元来讨论国家与社会关系的实际状况。这当然是十分复杂的话题，是一个庞大的研究领域，不可能以只言片语说明其面貌。但是如果我们在前面的讨论基础上，尝试梳理一下当我们具体考察明代国家与社会的各种关系之实态时至少应该看到哪些情况，还会是有意义的。

明代的中国作为一个国家当然是“具有政府组织并独立于外部势力的社会共同体”。明代中国的政府体制是“皇帝—官僚—郡县”制度，简称帝制——明代实际采用的布政司、府州县名目在整个中国历史上可归类于郡县体制。这个政权是因应已经存在一千多年的帝制政治传统，在元朝末年社会的失序和反抗元朝政权统治的社会潮流中，通过武力建立起来的。它的合法性，本来只在于朱元璋势力集团事实上推翻了已经引起社会普遍反抗的元朝统治并重建了社会秩序，但在明朝政府的宣传中，被夸张地表达为“奉天承运”。

明政权与所有帝制政权一样，都是国家与社会并未达到基本理想关系形态时代的政权——其基本结构中就已经包含了公共权力的私有化。这意味着，对于现代国家而言要警惕其发生的那种公共权力异化对于明政权而言，却是与生俱来的。问题是，即使在帝制时代，国家公共权力私有化的程度仍然与国家同社会的矛盾程度成正比。也就是说，朱明王朝统治者出于私的考虑而利用国家权力做出的行为愈多，则社会与这个国家的距离愈远。所以明代就有许多发生在庙堂之上的，要求把皇帝及其家族的行为约束在一定范围的争论，从而显示出公共权力私有化扩张与限制之间的张力。明朝的国家体制中，不存在类似古罗马的元老院、欧洲中世纪开始出现的国会，乃至现代西方国家的议会这类机构，因而皇权所受限制极小，政治体制内对皇权的牵制其实主要只存在于士大夫的劝诫中。不过在大多数情况下，明朝政府履行了政府的一般职能，包括维系共同体秩序，运用政府资源应对自然灾害和外部挑战，通过赋税、财政手段调整社会财富分配，经营社会文化氛围。当其不能有效履行这些职责的程序很深的时候，明朝就灭亡了。

明代中国的“社会”是复杂多元的，即在大社会共同体中包含诸多亚共生体，中心区域与边缘区域之间，不同民族聚居区之间，不同阶层、职业的人群之间，家族及地方社区之间等，都可以看到亚种的分隔，但又是在大社会共同体内是被普遍认同的。

“合法性”是一个现代的概念，明朝人从来没有用这个概念来讨论过问题，但明朝政权的合法性仍然是一个贯穿明代中国历史的问题。明朝君臣的庙堂政论中，其实一直笼罩着如何保持明朝统治合法性的关切，其言辞虽然有时隐晦，然而其事非常肯定。这是研究明代国家与社会关系的第一大问题。

公共权力与私人权利的关系在明代的中国也是一个有趣的问题。帝制时代的公共权力，如果从其控制的最高端即皇权那里看下来，似乎是无所不能管的，但是其实践的样貌却受文化传统的规约，因而其实是有范围的。也就是说，明代中国的私人权利很少被法律条文所保障，但在社会实践中却常常被社会习惯的环境所制约，而一旦发生政府干涉个人权利的事情，又不存在对其实施限制的制度机制。对这种情况，还没有深度的理论说明，很可能需要从中国的法律与传统之间关系的角度进行细致探索之后，才能说得清楚。明朝政府基本不干涉个人的信仰选择[1]，这在那个时代的世界历史上，意味着巨大的自由开放性。明朝中叶以后的庶民百姓只要完纳赋税，在日常生活中就不大感受到政府的干预了。明朝私人的财产，也不受限制，因而社会生活的流变就可能造就出大批的富民和赤贫的人。明中叶以后，用血缘世袭概念规定的社会人群分野大量被破除，社会成员的身份不是被法权地位规定的，而是在生活流变中获取了的。除了明朝初年一个短暂时期以外，明朝中国人的言论很自由，只是抒发个人言论的途径不多。

前述公共权力与社群自治关系的各项基本问题，落实到明代也各有相关点。明朝政府直接控制的版图之内，有多个民族，既在西南等地有少数族聚居的地区，在内地的城乡也有少数族聚居的街区。明朝直接控制版图之外，有羁縻、封贡、藩属区，更是不同族属人群聚居的区域。这种秩序结构，并没有被现代国家、社会理论透彻地说明。但有一点是肯定的，即在明代中国

① 只有在极少情况下和特别的时期，明朝干涉过个人信仰问题。

的民族关系结构基础上演进而形成的社会，一定是族群国家，或者叫作多民族国家。明代的佛、道教团都在政府提调之下，其他宗教信仰基本自由但组织团体则非明朝政府所欢迎。教团存在、发展而非彻底独立，是明代国家与社会关系的一个显著特征。宗族是近年中国学术界研究取得较大进展的领域。就当时而言，宗族提供了基层社会自治的一种方式，减少了公共权力介入基层社会秩序的必要性。在绝对多数情况下，宗族不会构成对于政府的威胁，但会多少从政府那里切割出去一部分公共权力，甚至削弱国家法律在基层社会的规约力度。并且，宗族也是基层社会凝聚资源推出具有社会支配力和话语权的社会成员的基本单位。明代的地方社区有很清楚的名目，坊厢里社等，都不设政府官员和机关，只是由政府认可的民间人士协理，一些地方还有一些被称为“乡绅”之类的家庭在地方生活中发挥主导或影响作用，所以可以认为明代基层社会是半自治的，但绝不能以为明代基层社会是充分自治的。明代的社团，除非秘密社会，享有比较自由的空间。

明代的政府，在诸多情况下能够履行前述的政府基本职责，但具体履行的情况就有无数差异了。明朝人对于政府责任的论说其实不可小觑，是很有深度的。但是明朝君臣关于政府职责与权力的关系始终分说不清，这是现代以前各时代人们皆有的局限，也是中国传统政治文化的缺陷。明朝政府管理财政但基本不直接管理经济，管理教育但主要在培养选用政府管理人才的角度着眼教育，提供文化导向但不控制文化发育。相对于后来而言，明代的中国是“小政府”“大社会”。

明朝的基层社会享有很大的自由，社会与国家之间并没有形成像现代社会与国家之间的那种紧密互动关系，加之明代帝制体系的统治姿态，所以明代社会力量主动干预国家事务、干预政府行为的现象虽有发生，却并不多见，然而所有此类现象，都值得特别注意。

明代的社会精英主要是绅、商两个人群。士绅作为明代社会的精英是中外史学界的共识，商人是不是这个社会的精英，则尚未达成共识。在文化意义上，士绅是这个社会的支撑群体，而商人不是；在经济意义上，则商人作为支配性群体的意味趋于增强，很可能超过士绅，而农民虽然是社会经济中的主要劳动者，却过分分散，不能形成社会引导力。从趋势上看，明代的社会，已经日益趋于在绅商群体的影响之下了。至于皇室、宗亲和勋戚贵族，在明代虽然地位甚高，但却是寄生性的人群，并不具备与绅商可以比拟的社会活力与影响力。

综上所述，关于明代国家与社会的关系，还有许多问题没有得到深入研究。

# 七

# 明代皇权转移之际的合法性博弈

明朝皇权转移之际，颇多波谲云诡之事。研治明史者，对其间情节已做过多方面梳理考察，但有关皇权转移之际种种博弈中关涉政治合法性的分析，仍有剩义。分析皇权转移之际的合法性博弈，可有助于了解明代乃至中国皇权的社会认同和运行机制，对各种政治人群行为的行为倾向，皇位继承的文化和心理条件，帝制运行中传统、实力、社会心理、人事关系间的纠结作深入一层的透视。

## （一）关涉皇权合法性的话语

从政治文化视角看，合法性（legitimacy）主要指政治权威地位及与之对应的权力运行被同一政治共同体成员依据其普遍接受的传统、规则、道德所认可的属性。认可是一种带有“程度”性的需要描述的心理状态，指涉远比任何单一文本所规定的宽泛。对政治权威合法性的认同带来服从的义务感，是政治权威有效运行权力的社会心理基础。阿尔蒙德（Gabriel A. Almond）曾说过：

> 如果某一社会中的公民都愿意遵守当权者制订和实施的法规，而且还不仅仅是因为若不遵守就会受到惩处，而是因为他们确信遵守是应该

> 的，那么，这个政治权威就是合法的……事实上所有的政府，甚至最野蛮、最专制的政府，都试图让公民们相信，他们应该服从政治法规，而且当权者可以合法地运用强制手段来实施这些政治法规。[①]

据此，合法性从原理角度说以普遍认同为基础，同时也会成为强制的依据。哈贝马斯（Jürgen Habermas）也认为合法性基于认同，同时更强调合法性认同在历史上常常是被操作的，是一种“可争论的有效性要求”。他说：“合法性意味着某种政治秩序被认可的价值——这个定义强调了合法性乃是某种可争论的有效性要求，统治秩序的稳定性也依赖于自身（至少）在事实上的被承认。”[②] 他还指出，合法性是一切统治秩序必须具有的条件：“如果把合法力量与政治统治相等同，我就不得不坚持，在不求助于合法化的情况下，没有一种政治系统能成功地保证大众的持久性忠诚，即保证其成员意志的遵从。”[③] 在一种权威已然形成并大致平稳运行的情况下，该政治共同体普通成员对于政治合法性基本是漠然的。一般的政令失误也不会直接导致合法性质疑，累积的和极端的政令失误则会引发合法性质疑，成为统治失序的契机。在政治权威变更的情况下，合法性就一定会成为敏感问题。政治共同体成员会期待新权威的确立符合更迭的传统和程序并具备他们认可的作为权威的人格品质，而主张更迭者也会用各种方式建构权威形象，使之满足普遍期待。马克斯·韦伯（Max Weber）在讨论支配或权威的基础时指出，服从支配可以出于不同的动机，包括习惯和理性的利益计算，此外还需要正当性的信念，故“每一种真正的支配形式都包含着最起码的自愿服从之成分”[④]。他从正当性意义上把支配区分为建立在不同基础上的三种纯粹即理论意义上的类型：理性基础的、传统基础的、卡理斯玛（Charisma）基础的。理性的指“确信法令、规章必须合于法律，以及行使支配者在这些法律规定之下有发号施令之权利”；传统的指“确信渊源悠久的传统之神圣性，及根据传统

---

① 〔美〕加布里埃尔·A. 阿尔蒙德、小 G. 宾厄姆·鲍威尔：《比较政治学：体系、过程和政策》，曹沛霖、郑世平、公婷，等译，上海：上海译文出版社，1987年，第35—36页。

② 〔德〕哈贝马斯：《交往与社会进化》，张博树译，重庆：重庆出版社，1989年，第184页。

③ 〔德〕哈贝马斯：《交往与社会进化》，张博树译，第186页。

④ 〔德〕马克斯·韦伯：《经济与历史：支配的类型》，康乐等译，桂林：广西师范大学出版社，2010年，第292页。

行使支配者的正当性”；卡理斯玛的指“对个人及他所启示或制定的道德规范或社会秩序之超凡、神圣性、英雄气概或非凡特质的献身和效忠”。[①]

阿尔蒙德、哈贝马斯、韦伯所讨论的合法性或正当性，都侧重于权威的支配得以被接受从而能够实现的社会心理基础，而不是权威如何运用强力迫使他人服从的事情，正是在这样的角度，合法性成为一个政治文化方面的论题。不过我们不能忘记，从历史的即经验的意义上说，政治权威永远涉及强制力和权谋，对于任何一个规模巨大的政治场域来说，支配关系中的自愿服从氛围需要追求权威者自己去营造。

中国帝制时代的最高权力在于皇帝。在日常运行中，皇权似乎是终极的权威，但在政治文化视野之下，皇权作为一种权威的支配力与前述几位理论家所讨论的相似，也是有条件的，即需要社会上存在一定程度的合法性认同，存在一定程度的“自愿服从”支配的社会氛围。合法性认同程度极高，便是“明君”在位的时代；合法性认同程度极低，就会出现“苍天已死”的声音。韦伯所说的三种服从支配的基础，在中国帝制时代都有表现。中国古人不使用同样的语汇，但法律、传统、权威者的魅力都以混合在一起的方式作用于皇帝权威的合法性认同关系中。中国历史文献中，有一些谈论皇权合法性的特殊概念，其中天命、正统、德、祖制、民心，在明代皇权合法性言说语境中使用频率较高。此外，还有大行皇帝遗嘱构成新君合法性的重要条件。

“天”在上古时期就构成统治合法性的根本来源，最初指终极自然神的意志，后来融入各种难以言说却具有终极属性的概念成分，成为神意、气运、趋势、民意等的混合体。在民本主义传统的语境中，天的意志与民生状况形成通路，故明太祖称：“所谓敬天者，不独严而有礼，当有其实。天以子民之任付于君，为君者欲求事天，必先恤民。恤民者，事天之实也。”[②]天意在政治生活中被体察的尺度，在于统治者获得人民认可的程度。民生凋敝、民怨沸腾、社会失序，都被视为天命丧失的征候，天命丧失则皇权统治的合法性也即失去。“天”为皇帝合法性的渊源，除了皇帝诏书每称“奉天

① 〔德〕马克斯·韦伯：《经济与历史：支配的类型》，康乐等译，第297页。
② 《明太祖宝训》卷1，台北：台湾“中研院”历史语言研究所校印，1962年，第25页。

承运”外，明代历朝皇帝颁布诏书，必提天意。如朱元璋在吴元年（1367年）十二月，以群臣推戴称帝之意“祭告于上帝皇祇”，内称将在明年正月四日于钟山之阳设坛告与上帝，“如臣可为生民主，告祭之日，帝祇来临，天朗气清；如臣不可，至日当烈风异景，使臣知之”。① 这是在讲朱元璋谋划称帝时，曾以验证方式确定了天的认可。至朱元璋登极之时，即位诏书依然一再提到天命，内有“天命真人”“荷上天眷顾”“告祭天地于钟山之阳”等语。② 在该诏书中，天既是蒙元入主中原的主导者，也是代元而兴的明朝的眷顾者、庇佑者，还通过接受告祭而为朱元璋合法称帝充当授权者和见证者。朱元璋死后，接继其皇位的皇太孙朱允炆继位时，本人无功业可陈，在发布的诏书再度援引朱元璋所获天命及其功业作为自身合法性的依据：“我高祖皇帝受天之命，统有万邦，宵衣旰食，弘济斯民，凡事有益于天下者，无所不用其心。政教休明，规模宏远。朕以眇躬，纂承大统。”③

“正统”在帝制时代曾得郑重、复杂讨论。《汉书》即有：“共惟《春秋》法五始之要，在乎审己正统而已。”④ 欧阳修作《正统论》，内称：

> 夫居天下之正，合天下于一，斯正统矣，尧、舜、夏、商、周、秦、汉、唐是也。始虽不得其正，卒能合天下于一，夫一天下而居正，则是天下之君矣，斯谓之正统可矣……其或终始不得其正，又不能合天下于一，则可谓之正统乎？⑤

在这样的语境中，正统不是一种单纯道义性的概念，而是一种道义与功能符合性的概念。完整的正统，需其得位正当且能将天下统合而为之君；得位如不正当但终能将天下统合而为之君，也因其统合天下的功能而可以被视为正统。处于这样的传统中，明代人通常在较具体方面看待正统问题，主要

---

① 《明太祖实录》卷28下，“吴元年十二月甲子”条，台北：台湾“中研院”历史语言研究所校印，1962年（后文引用明各朝实录皆出此本，时间均为1962年，不再注出），第439页。按：《明太祖实录》说法，届祭祀之日前数日，连日雨雪，“至正月朔旦雪霁，粤三日省牲，云阴悉敛，日光皎然。暨行礼，天宇廓清，星纬明朗”。见《明太祖实录》卷29，“洪武元年正月乙亥”条，第479页。

② 《明太祖实录》卷29，“洪武元年正月丙子”条，第482—483页。

③ （明）姜清撰：《姜氏秘史》，《续修四库全书》第432册，上海：上海古籍出版社，2002年，第554页。

④ （汉）班固撰：《汉书》卷64下《王褒传》，北京：中华书局，1962年，第2823页。

⑤ （宋）欧阳修：《文忠集》卷16《正统论下》，《景印文渊阁四库全书》第1102册，台北：台湾商务印书馆，1986年，第132页。

有三重取义，一是承续圣王道统；一是华夷之辨语境下为华夏正宗；一是君主家族内伦序为正。明英宗第一次在位期间，即以“正统”为年号，将合法性做强力宣示。[①]家族伦序始终是中国君权承继合法性的尺度之一。最初是兄终弟及与父死子继并行，稍后以父死子继为主，并以立嫡以长为第一序列，庶子继承为第二序列，清代改为以遗嘱在所有皇帝子嗣中指定继承人为主，不再实行嫡长子继承制。皇位的家族伦序继承体现中国传统中的家国一体特性。明朝围绕伦序而发生的皇位继承争端，曾发生多次。除景泰帝改立己子为太子而废黜正统帝已立太子（即后来的成化皇帝），万历朝历时长久的“争国本”事件外，明成祖之得位、朱高煦的反叛疑案、“大礼议”期间的争论，以及对一些后妃专擅“圣宠”的指责等，都涉及伦序问题。

“德”与“正统”在伦序及道统方面的含义是一致的，但更偏重皇帝本人作为的道德含义，是称述、评价皇帝品德气象时常用的语词，欧阳修在批评前代王朝每每自诩据有五行中之一德时说道：“自古王者之兴，必有盛德以受天命，或其功泽被于生民，或累世积渐而成王业，岂偏名于一德哉？”[②]他认为君主之德，根本在于为天下，秦以后君主皆不能达到，需以其行为、功业来评论，以免纷争：“呜呼！尧舜之德至矣，夏商周之起，皆以天下之至公大义，自秦以后，德不足矣，故考其终始，有是有非而参差不齐，此论之所以作也。德不足矣，必据其迹而论之，所以息争也。”[③]明宣宗年号“宣德”，明武宗年号“正德”，都显示对皇帝道统端正的称许和为政以德的期许。张辅等进宣宗实录表中，将宣宗比为“自古帝王有大德以及于万民”者，称其“好生之德，允洽于民心；育物之仁，实协乎天道”。[④]明武宗谥号“承天达道英肃睿哲昭德显功宏文思孝毅皇帝”，嘉靖帝为《明武宗实录》所作序言中称许武宗“宽仁之德，孚于臣庶”[⑤]。武宗即位前，依例有

① 明英宗朱祁镇生于宣德二年十一月，此前明朝尚无皇帝为其父登基后之嫡出者。英宗去世以后所修《明英宗实录》追溯，朱祁镇所生日又“适当建子天统之月”，其时“日下五色祥云，见瑞光烛于殿陛”。这种回溯是在对英宗继位时年号定为“正统”做背景说明，但“正统”的含义固不限于这种特意渲染的巧合现象。参看《明英宗实录》卷1，第1页。

② （宋）欧阳修：《文忠集》卷16下《正统论上》，《景印文渊阁四库全书》第1102册，第131页。

③ （宋）欧阳修：《文忠集》卷16下《或问》，《景印文渊阁四库全书》第1102册，第135页。

④ 《明宣宗实录》卷首《进实录表》，第1页。

⑤ 《明武宗实录》序，第2页。

“文武百官军民耆老人等”凡三次劝进，其笺中赞颂武宗“天潢正派，圣学亲承，道足以探帝王之心，业足以继神灵之统……孝诚上格于重闱，令德彰闻于诸夏，幽明协应，遐迩咸归”。[①]“德”既是评价帝王的尺度，称颂帝王高尚品质的话语，也在皇权转移之际构成一种有关合法性的提示。

“祖制”在明人话语中主要指本朝太祖的惯行与垂训，有时也笼统地指称本朝前代君主所定制度与惯行。在位皇帝遵循“祖制”既有韦伯所说理性即法律的意味，也有遵循传统的意味，后者在中国历史语境中又包含“孝”的含义。孔子所谓“父在观其志，父没观其行。三年无改于父之道，可谓孝矣”[②]。对于皇帝而言，既是一种约束，也是标榜举措合法性的一种言辞。明太祖开国后不久就着手编制《祖训录》，反复修订后以《皇明祖训》为名刊布。朱元璋强调，自古法制成于始受命之君，后世帝王长于深宫，易为人蛊惑，故虽已有律令，仍作《祖训》，“立为家法，大书揭于西庑，朝夕观览，以求至当……凡我子孙，钦承朕命，无作聪明，乱我已成之法，一字不可改易。非但不负朕垂法之意，而天地、祖宗亦将孚佑于无穷矣！”[③]故祖制在明代皇权运行中有特别突出的重要性。虽然后世诸君实际上未能严格遵守朱元璋成法，但“祖制”“祖训”“祖宗成法”在通明一代政治话语中始终具有很强的制约力。

民心虽然在承平时代的皇权更替中并不起实际作用，但却是所有皇权更替之际必须要关照的，由是而把“天命”落实到社会支持层面，因而所有新君继位，都要声称已经获得民心的认可。此点在有关“天命”的讨论中已经涉及。

遗嘱继承始终是中国君权继替的重要条件。即使在预立储君的情况下，只要君主不是突然死亡，就要留下遗嘱，明确指定君位继承人。明代皇帝遗嘱的正式文本为遗诏，是确定皇位继承人最具有权威性的文件。然而明成祖遗诏从未公布于世，留下皇权转移之际的一些疑点。[④]两位由藩王而入主大

---

① 《明武宗实录》卷1，“弘治十八年五月癸巳”条，第5页。

② （三国）何晏集解，（宋）邢昺疏：《论语注疏》卷1，载（清）阮元校刻：《十三经注疏》下册，北京：中华书局，1980年，第2458页。

③ （明）朱元璋：《皇明祖训》序，载杨一凡点校：《皇明制书》第3册，北京：社会科学文献出版社，2013年，第783页。

④ 参看赵轶峰：《明代的遗诏》，《西南大学学报（社会科学版）》2010年第1期。

统的皇帝，却因大行皇帝遗诏甚明，新君继位的合法性并无争议。穆宗皇帝遗诏对于皇位继承人表述明确，无所争议，但围绕穆宗临终之际关于顾命大臣的遗言却有不同说法，影响到万历初期的阁臣权势之争。[①] 明朝的皇位继承中，大行皇帝遗嘱虽为确定皇位继承人的最后文件，但在皇帝有子情况下通常预立储君，有因皇帝无子而以遗嘱指定藩王继位者，却没有发生过以遗嘱变更既立储君的情况。皇帝遗嘱对继承人的功用，在清兵入关后还有体现。清军入关后不承认弘光政权合法性的理由之一就是没有崇祯帝遗诏认可。清摄政王多尔衮在顺治元年（1644年）四月晓谕江南文武官员的告示中称："及我进战，流寇西奔，尔南方未知京师确信，又无遗诏，擅立福王，其罪二也。"[②] 清朝，在雍正朝以后则废除预立储君之法和皇位继承立嫡以长的传统，以遗嘱为皇位继承人择定的唯一合法性依据，且秘密进行，去除预立储君的礼仪性程序和公开性，从而把君主个人意志对政治权威树立的作用凸显到极致。

至于韦伯所说的卡理斯玛，也是明代皇权更替之际需要刻意营建的形象特征。开国之君自然可以援引其实际作为支撑其非凡而接近神性的人格与能力，即使承平时期接替皇位者，支持者也要寻找其出身、早年人格、天人感应的异象之征候，乃至父、祖的功业与德性来提示其本人的超凡属性。查看明代各朝实录对新君幼年的书写，都可以看到将其描绘到超乎常人甚至有神异征象出现的文字。

## （二）皇权转移之际的合法性危机

合法性的理念、传统和比较成熟的宣传方式，在皇权转移之际，构成一种稳定机制——具有合法性资质者通常已经事先选定并公布，不具备合法性资质的人违拗社会期待，缺乏支持，难以在这样的时候觊觎皇位。即便如此，皇权转移之际，还是政治上的不确定期。合法性涉及多种复杂要素，可

① 参看赵毅：《〈病榻遗言〉与高新郑政治权谋》，《古代文明》2009年第1期。
② （清）计六奇撰，任道斌、魏得良点校：《明季南略》卷3，北京：中华书局，1984年，第201页。

能衍生不同主张，造成分歧乃至争端。明代皇权转移中的合法性张力，曾经多次埋下政治冲突的祸根，其中振荡规模最为巨大者，是燕王朱棣在建文帝登极后不久举兵反叛，夺取皇位。通过大规模武装反叛而登上皇位的朱棣在其即位诏书中不得不为自己的合法性曲加辩护。该诏书称朱允炆为“少主”，回避“皇帝”之称，但毕竟还是承认朱允炆为合法皇帝。接下来就说朱允炆的行为使得其合法性逐渐丧失，具体包括“秉心不顺，崇信奸回，改更成宪，戕害诸王，放黜师保，委政宦竖，淫佚无度”，不畏天谴等。[①]参酌现存明人记述，这些罪名，并不能逐一落实，能够表明的，只是此类罪名在当时社会心理中可以构成篡位者自身合法性的说辞。该诏书接下来引据朱元璋祖训，申明朱棣起兵合法。但起兵清君侧的依据，并不直接带来篡夺皇位的合法性。于是，该诏书再下文字就是洗刷篡位之名，称朱棣起兵原意是要做周公辅佐成王事，并非图谋皇位，但是建文帝朱允炆自绝于祖宗、天地，这才不得不登上皇位，朱棣只是拾取了因朱允炆自绝而落地不收的皇位。按照这个逻辑，如果朱允炆不死，朱棣即使兵入南京，也不能合法登上皇位。所以，朱棣兵临南京之时，朱允炆已处于必须消失地步。只是，朱允炆皇位合法性既无可置疑，朱棣的申明就难以彻底洗清其篡位甚至弑君的罪名。于是，朱棣入京后，努力迫使朱允炆的主要谋臣方孝孺等为其即皇帝位背书，被拒绝后恼羞成怒，大肆屠戮。朱棣稍后在南京郊区为明太祖营制石碑，中途辍弃，现人称为“阳山碑材”，其巨大程度在人类史上蔚为奇观，也是朱棣据位合法性焦虑的一个印证。[②]在同一视角下，朱棣在位期间好壮举，好征战，功业固不可泯，也可以理解为同样焦虑的反映，或者建立“卡理斯玛”形象的努力。即使如此，加上永乐时期改纂了建文时期已经修成的《明太祖实录》，终明一代，还是不断流传关于朱允炆未曾如朱棣所说自焚而

---

① 《明太宗实录》卷10上，“洪武三十五年秋七月壬午”条，第144页。按：朱棣即位诏全文还可见于《皇明诏令》《皇明诏制》，文本详细分析可参看赵轶峰：《明前期皇帝的即位诏——从洪武到正统》，《求是学刊》2011年第1期。

② 明人顾起元曾描述该碑材：“永乐三年秋，于阳山采石为孝陵碑。石长十四丈，阔三之二，厚一丈二尺，黝泽如漆。”见（明）顾起元撰：《客座赘语》卷3《孝陵碑石》，北京：中华书局，1987年，第85—86页。胡广有《游阳山记》，为永乐间人亲历目睹之言，详于顾起元所述，当为顾述所本，见（明）胡广撰：《胡文穆公文集》卷10，载沈乃文主编：《明别集丛刊》第1辑，第28册，合肥：黄山书社，2013年，第392—394页。按：该碑材最后并未脱离山体，今矗立南京郊区，为一观光景点。

死的传闻、野史。其中凡称朱允炆隐遁江湖的说法，都有怀疑朱棣继位合法性的含义。[①]明朝后世君臣，早在洪熙时期开始，就逐渐为建文君臣“平反”，恢复名誉，虽然并未因此而否定永乐帝的建树，却都包含对“靖难”史事重新评价的意义。至于清朝修纂《明史》，在肯定永乐时期种种功业的同时，还是将其得位及屠戮视为“倒行逆施”。[②]史家的评议，其实也构成中国历史传统中一种关于合法性的文化，对人们对待合法性问题的态度产生实际影响。

另一次有武力参与的皇位转移是英宗退位为太上皇多年后的复辟，该次复辟的前因则在于正统十四年（1449年）正统皇帝朱祁镇在土木堡被蒙古瓦剌部俘获，时称“北狩”，明朝君臣为绝瓦剌要挟之望，宣布尊朱祁镇为太上皇，改立郕王朱祁钰为帝。这作为中国历史上一次非同寻常的事件，要点不在于废一帝而另立一帝，在于这是社稷为重、君次之的一次郑重实践。在这种非常情况下，郕王的即位自然涉及合法性问题，因而其即位诏努力做出交代。诏书宣称自己是宣宗仲子，陈说正统皇帝已经深陷虏廷，皇太后主持其立，正统帝之子已经被立为太子——提示日后皇位仍会归于正统皇帝子嗣，贵族、百官、耆老、四夷劝进，神器无主，正统皇帝口诏传位给他等，都是对其出居皇位的合法性说明。[③]其实，诏中关于正统帝口诏传位的说法，并无其他佐证，亦不甚合于情理，多半矫称。种种拥戴劝进，也有夸张色彩。然而这些，比之朱棣即位时的连珠大谎，毕竟近实。重要的是，此诏显示，明代政治场域中存在为国家社稷而废黜皇帝的可能性。这种可能性与前述皇帝合法性的各种条件都相关联，且增加了另外一种特殊情况：皇帝身陷敌手就会成为敌方要挟的工具，因而可能丧失继续居于皇位的合法性。[④]朱祁镇返回明朝后，接受了退居名义上的“太上皇”的现实，也表明这种安

① 有关明清两代关涉建文帝史事的文献及论说，参看吴德义：《建文史学编年考》，天津：天津教育出版社，2009年。

② （清）张廷玉等撰：《明史》卷7《成祖本纪七·赞》，北京：中华书局，1974年，第105页。

③ 《明英宗实录》卷183《废帝郕戾王附录第一》，“正统十四年九月癸未”条，第3555—3556页。

④ 瓦剌俘获朱祁镇后，曾于正统十四年十月挟之欲进大同城，守臣郭登回称：“赖天地祖宗之灵，国有君矣”，不纳。瓦剌声言要送还朱祁镇，于谦独排众议曰“社稷为重，君为轻”，严备御而不应，见（清）谷应泰撰：《明史纪事本末》卷33《景帝登极守御》，北京：中华书局，1977年，第480、485页。

排是危机形势下可以采取的一种选择。不过，朱祁钰即位诏中用来表示自己称帝合法性的条件之一，即正统帝之子为下一任储君，保持正统帝宗法统系，后来被朱祁钰破坏，他废黜原立太子，将自己的儿子立为储君，加以朝臣权力倾轧，终于发生景泰八年/天顺元年（1457年）的南宫之变。一群武臣、官僚与宫廷势力联合，重新推出朱祁镇，被推翻的朱祁钰不久身死，具体原因成谜，在正统十四年（1449年）危机中推戴朱祁钰并抗击瓦剌的于谦等也被处死。

这样的变故，于天下臣民须有交代，朱祁镇再次登极诏书的主要内容，就是做这种解释。其中说到的理由包括朱祁镇前次合法继位，治理得不错，称"民物康阜"；其被俘是为了捍御"宗社生民"，而得到文武群臣拥立的皇太子之位又被朱祁钰攘夺，朱祁钰在位，"失德"良多，身染重病，不临朝政，以至于"人心斯愤"。在这种情况下，朱祁镇才在"公侯、驸马、伯及文武群臣、六军万姓"拥戴之下，"请命于圣母皇太后，祇告天地、社稷、宗庙"复辟为君。[①] 在这种陈说中，前文所述中国君主合法性的各种要素，多被一一对应作答，可见皇权转移之际对于合法性宣传，重视有加。此类宣传，通常有所掩盖。朱祁镇复辟是在部分武臣支持下的涉暴力突发事件，这一情节全部被掩盖；"六军万姓"并未参与，事后方才得知，在诏书中却成了朱祁镇复辟的推动者。不过，此次复辟与朱棣的篡夺皇位，都发生在皇室内部，在家天下传统中，参与皇位争夺者并非全无竞争的条件，故"六军万姓"并不将之与皇室以外人图谋皇位同等看待，任人盗用其名义而保持沉默。

朱棣即位通过大规模武装叛乱得以实现，朱祁镇复辟借助于部分武装力量以政变方式达成。这两次皇权转移体现的危机性最为显明，其他则程度递减。表1显示了明代皇权转移之际涉及合法性问题的各种情状。

**表1 明代皇权转移情状**

| 情状 | 人/次 | 人物 |
| --- | --- | --- |
| 始建国 | 1 | 朱元璋 |

① 《明英宗实录》卷274，"天顺元年正月丙戌"条，第5795—5796页。

续表

| 情状 | 人/次 | 人物 |
|---|---|---|
| 皇太孙继位 | 1 | 朱允炆 |
| 起兵夺位 | 1 | 朱棣 |
| 失位 | 4 | 朱允炆、朱祁镇（正统）、朱祁钰、朱由检 |
| 意外被立 | 1 | 朱祁钰 |
| 复辟 | 1 | 朱祁镇 |
| 藩王入承大统 | 2 | 朱厚熜、朱由检 |
| 少年登极 | 4 | 朱祁镇（8岁）、朱厚照（14岁）、朱翊钧（9岁）、朱由校（15岁） |
| 即位1年内死去 | 2 | 朱高炽、朱常洛 |
| 非正常死亡 | 6 | 朱允炆、朱棣、朱祁钰、朱厚照、朱常洛、朱由检 |
| 争储倾轧 | 3 | 永乐太子、正统太子、成化太子、万历太子 |
| 两度为太子 | 1 | 朱见深 |
| 太皇太后主政 | 2 | 英宗初、神宗初 |

由表 1 可知，始建国的合法性以天下既乱而重归秩序为基础，虽需申明，要点在武力、政策，其他条件皆为从属。皇太孙继位有始建国皇帝预立为基础，名义上没有合法性问题，但另有无长立幼的选择，并非一定要立长子之子，这实际上留下朱元璋诸子中有野心者尾大不掉乃至终于起兵造反的因缘。起兵夺位不具备合法性，唯因朱棣为朱元璋之子，加以朱元璋“祖训”为之留下可借口实，以及朱允炆应对不当，最终得以篡位，镇压反对派后，余人无可奈何，唯有在历史书写中时时别做议论而已。帝制时代，皇位在皇室内部转移的合法性，主要是政治上层内部之事，民众对之基本漠然，这在朱棣篡位事件中可以看得很清楚。明朝失位之君4位，占16帝总数的1/4，显示明代皇权运行并非稳定。废黜、复辟，前代历史上屡见不鲜，但正统、景泰、天顺间的皇权转移，是北边游牧民族进逼造成中原皇权转移的重大事件，当时明朝政治上层应对方式折射出社稷重于君的考量，隐约含有以君为器的意味，在帝制时代中国历史上难得一见。藩王入继大统，也有多重含义。其一为宗室贵族为皇权连续性的一种人事保障；其二为士大夫在特殊情况下于皇权转移可获得较大发言权；其三为由藩王入主者，多经精心选择，不易孱弱庸碌而多雄才刚愎之君。幼年继位，主要依赖皇室伦序地位，

实际上会带来时间较长的皇权柔弱期，在后宫强势情况下可能出现后妃权势提升格局，但即使如此，明代后妃依照祖制不可临朝，这就需要外廷干练忠实的高级官僚群体为之支撑，士大夫往往借此机缘扩大话语权。此外，少年而居大位，必然伴随巨大心理压力，成年后多有异常行为。正统帝孟浪出征被俘，招致废黜；正德帝好武妄为，落水致病而死；万历帝在后张居正时代派出矿监税使，举朝诟病、撕裂社会；天启帝崇信乳母、宦官，朝政昏暗。朱高炽在位短促，但其死并无异常情况。朱厚照死时身在豹房，仅有两名太监在侧，肯定事出意料之外。朱常洛在位一月而死，与其储位长期不定，每在危险境地有直接关系。通明一代，朱允炆、朱棣、朱祁钰、朱厚照、朱常洛之死，有非常因素作用，此类情节，都意味皇权转移在非常情况下发生，随后会有一段政局不稳定期。

## （三）皇权转移之际政治博弈的后续格局

君权继替关涉天下，但承平时代，只在政治顶层发生，所以通常只有能够进入宫廷、庙堂的皇室显贵、官僚精英，以及皇帝的亲近密勿侍从者，才可能参与并产生作用。弥留之际的大行皇帝、阁臣、九卿、个别后妃、勋戚、宦官是在明代皇权更替之际曾经参与定策的主要人物。大行皇帝非正常死亡者，于身后安排或如朱允炆、朱祁钰、朱由检那样丧失发言权，或如朱棣那样其真实意愿难以考索①，其余皆用遗诏或遗言指定皇位继承人及主要辅政官员，以此方式参与皇权转移，这一般可以降低皇权转移之际发生政局震荡的程度，但并不一定足以彻底消除随后的权势之争。

永乐时期，内阁地位提升，且其中多有储君师保，故阁臣在皇权转移之际会于具体政略有较大发言权，九卿而无内阁地位者，参与权和影响力逊之。明代历次皇权转移，大行皇帝遗诏及新君即位诏皆由文臣起草，内阁形成后皆由内阁主要成员起草，故除牵涉武力夺权情况外，在新君初立时期都

① 关于朱棣“驾崩”前后疑点，参看赵轶峰：《明代的遗诏》，《西南大学学报（社会科学版）》2010年第1期。

有一段阁臣主政局面，内阁地位也相应提升。因为士大夫官僚在新君甫立之际有较大话语权，就有可能借此机会，革除前朝一些弊政，推行一些改革。明代士大夫官僚在皇权和平转移之际有较高地位，是因为士大夫政治相对发达。这种发达的士大夫政治背后，是儒家圣君贤臣的文化理念。士大夫既以得君行道为人生价值目标，一切理想，必须在皇帝信托前提下才能实现，传统积淀，有明一代，竟无一个士大夫中人觊觎皇权，即使所谓权臣，也仅限于在皇权信托下凌驾其他臣僚之上而已。反之，士大夫在主幼国疑情况下，受皇室信托而成为皇权保障的情况则屡次出现。

在皇权转移之际出现的士大夫话语权提升，因为根本上缺乏对皇权限制的体制依据，大多难以持久，其后皇权必定有所提升，因而在较长时段视野下，士大夫权力地位显示出时沉时浮的曲线，具体格局，取决于人事和形势，从君臣关系角度大致分类，可以看到如下几类情况。

（1）君臣雍洽，如洪熙、宣德、弘治时期，杨士奇、杨荣、杨溥、夏原吉等与朱高炽、朱瞻基先后父子皇帝君臣默契，有上古“都俞吁咈”意味，史称“仁宣致治”，诸位阁臣也因之被后世视为明代得“相体”雍和气象者。这种君臣相得，与诸臣在两次皇权转移之际都是新君合法性鼓吹、支持者都有关系。弘治帝朱佑樘继位后，仰赖士大夫，清除成化时期近幸盈朝、权贵邀宠弊端，得“保泰持盈”之道，史称“明有天下，传世十六，太祖、成祖而外，可称者仁宗、宣宗、孝宗而已”。[①]

（2）幼主长成后逆反，与士大夫主流出现矛盾，正统、正德、万历皆是如此。正统帝朱祁镇幼年继位，内有太皇太后主持，对之管教甚严，外有“三杨”主政，承熙、宣余绪，国泰民安。朱祁镇长成之后，信用宦官王振，贸然兴兵，在与蒙古瓦剌部遭遇中被俘，招致废黜。正德帝朱厚照少年继位，国事由文臣主导，长成后一反昔日端凝常态，混迹近幸，游戏豹房，喜好微服出游，多次与士大夫群体发生冲突，最终落水致病，壮年身死。万历帝朱翊钧幼年继位，内有皇太后严管，外有张居正主政，并且以圣王行

① （清）张廷玉等撰：《明史》卷15《孝宗本纪十五》，第196页。

止，要求皇帝。朱翊钧长成后，张居正已死，仍遭打击。其后一度尝试亲理政务，不久后“九重渊默”，罕理朝政，却又不顾举朝反对，派出矿监税使，“国本”不定，与士大夫矛盾冲突，持续至其死去。

（3）幼主在位，任用近幸，压制士大夫。天启帝朱由校幼年继位，宠信乳母客氏、宦官魏忠贤，强化东厂，对士大夫敢言者百般摧残，至死未改。

（4）主位稳定后猜忌大臣与士大夫官僚发生尖锐冲突，以嘉靖帝朱厚熜最为突出，崇祯帝朱由检略逊之，两位都是以藩王入主者。此两位因士大夫拥戴而得为君者，权力控制欲仿佛伯仲。嘉靖帝在“大礼议”中摧毁试图提升阁权的杨廷和一派士大夫官僚，彻底巩固皇权不可置疑的控制地位。崇祯帝在尝试重用士大夫并无满意结果后，再度倚重宦官，频繁更换阁臣。明代阁臣被杀者，都出此两人手笔。

士大夫是一个身份阶层，共同身份并不规定具体政治立场一致。在皇权转移之际，士大夫往往分化，在皇权合法性问题浓重时期尤其明显。朱棣篡位之际，方孝孺等不惜祸灭十族，抵死反抗。但支持朱棣的士大夫也大有人在，除了追随燕王的旧人以外，还有像杨士奇这样斟酌情势而与时俱进的人物。嘉靖帝入朝以后，与以杨廷和为首的士大夫就其生父名分问题发生争论，僵持之际，张璁等出而支持嘉靖帝，尊崇兴献王为皇考，杨廷和一派政治影响力终于被抵消。隆庆帝弥留之际，曾指定顾命大臣，而重臣各揣心术，倾轧构陷，不一而足。

储位之争背后如有后妃、贵族、宦官参与其中，可能带来更尖锐的政治冲突。明朝防止后妃干政，但如前所述，在皇权转移之际，尤其是在新君合法性有缺陷情况下，有威望的后妃可能扮演重要角色。但是，后妃既不能否定大行皇帝遗嘱，也必须与阁臣、九卿达成一致。例如，明武宗死后，有一段皇位空白期，杨廷和为首士大夫官僚利用大行皇帝诏书宣称，此间“凡国家重务，皆上白皇太后、皇后，然后施行”；“嗣君未到京之日，凡有重大紧急事情，该衙门具本，暂且奏知皇太后而行”。[①] 不过，此种角色限于太皇

① 《明武宗实录》卷197，“正德十六年三月戊辰”条，第3684页。

太后、皇太后、新君生母中人，其他后妃如果尝试有为于其间，如泰昌帝死后之李选侍，就会引发反制，从而引发政局震荡。[①] 勋戚在明朝位势，先高后低，在明代皇权转移中并未发生主导作用，但皇帝遗诏、继位诏都要提起得其拥戴，张辅、郭勋等勋贵、外戚在所遇皇权转移过程中，也颇受尊重。宦官虽在明代曾经数次控制朝政，但此类近幸全凭皇帝宠信，皇帝将死之际，位势或微弱或丧失，要仰赖他人自存，与后妃、阁臣、九卿结成合作关系者方能略有作为。张永、冯保是其中最为典型者。曾经开罪于士大夫者，往往伴随皇权转移而成为清算对象，如魏忠贤虽曾势焰熏天，但得罪于士大夫，遂在皇权更迭之际骤然失势，至于身死。

帝制时代以皇帝为国家权力轴心，权力的高度集中使得皇权转移必然构成关乎国运、政局、民生的重要事件，由此形成具有制度、文化、时局综合含义的更替规范和社会期待。这种机制，具有一定程度的降低皇权随意更迭的约束意义，也透露出，中国帝制时代已经达于高度集权的皇权之运行，仍需要面对合法性构建问题，并非全以势力能够达成。皇权转移虽然大多在政治顶层发生，其过程中却一定包含向社会精英乃至整个社会做出合法性解说的诸多举措，以便形成平稳过渡。明代皇权转移，主要因为士大夫阶层在政治体制中有较重要地位，除建文、永乐间外，大多过渡平稳。即便如此，有明 16 位皇帝中，在皇权转移之际遭遇尖锐政治冲突的情况仍然频繁。皇帝、士大夫、后妃、贵族、宦官等政治势力，都曾在明代皇权转移中扮演角色，演成一幕幕的政治悲喜剧。从皇权转移的制度要素、文化要素以及具体方式角度看，明代庙堂政治文化，略有一些新异情况，但总体而言，仍在传统范围之内，没有基本观念和体制发生“转型”的明确迹象。

---

① 参看（清）谷应泰撰：《明史纪事本末》卷68《三案》，第1095—1104页。

# 八

# 明代度牒制度的变迁

明朝沿袭前代，实行僧道度牒制度。此种制度，将正式的僧、道身份之认定权归于国家，从而实现国家对制度化宗教组织一定程度的掌控，而此种掌控，是世俗政治文化主导地位的实现途径之一。洪武时期所立度牒制度之要点，一是限制僧道人口；二是僧俗分离；三是考试授牒。此制度形成后，历建文、永乐、洪熙、宣德四朝，大致奉行。正统以后，度牒发放过多，额度失去效力，到成化时期成基本废弛局面；弘治度牒发放略有减少，到正德时期又恢复成化时期局面。嘉靖中叶以后，度牒基本出卖，成为朝廷财政收入常规项目，明初制度精神即完全改变。大致洪武、正统到天顺、成化、嘉靖，为明代度牒制度演变的四个关键时期。演变的趋势是从严格限制度牒发放，到扩大发放，再到大量出卖度牒，这种变化，对于明代国家统治方针及管理效能、国家与社会关系、社会经济和社会生活方式等方面的变化，都有重大影响。本部分以前述各个关键时期为主，对明代度牒制度演变的具体因果及其对明代国家政治及社会的影响做初步分析。

## （一）洪武时期度牒制度及其基本精神

明代人户主流分民、军、匠，此三类之外，“濒海有盐灶。寺有僧，观有道士。毕以其业著籍”[①]。僧人、道士，信仰虽有差别，对于政府来说却都是主流人户之外的一个由制度规定身份的边缘性人群。唐代以来，各朝政府为管理僧道人口、获取财政收入，相承实行度牒制度。明代正式开始度牒制度在洪武五年（1372年），是年“令给僧道度牒，罢免丁钱”。著为令。[②]这一年年底政府统计：“时天下僧尼道士女冠五万七千二百余人，皆给度牒，以防伪滥。”[③]彼时度牒发放完全出于对僧道人口进行管理、控制的意图，切断了度牒发放与财政收入的关系。

洪武六年十二月，明太祖下令：“府州县止存大寺观一所，并其徒而处之，择有戒行者领其事，若请给度牒，必考试精通经典者方许。又以民家多以女子为尼姑女冠，自今四十以上者听，未及者不许。著为令。”[④]简单看去，似乎这是对僧道人口加以限制的一个很严厉的措施，但是寺观裁并之后，并非所有的出家人都需要有度牒，上引诏令中有一“若”字。并非未经发给度牒者必须还俗，且40岁以上妇女要出家者听，无须经考试经典和领取度牒。故度牒只是“精通经典”的僧道人士由官方认可的身份证件，而非所有僧道人口必须拥有的合法身份证件。因而，当时度牒数量只反应部分僧道人口数量，而非全部。明太祖的这项措施，虽然构成了对僧道人口的一定控制，但实际上是对于控制寺院数量的作用比控制僧道人口的作用更大一些。故从一开始，明政府就没有完全掌握全部僧道人口数量，此后的僧道人口增长更非在政府掌控之中。

前文所示洪武五年、六年皆曾发放度牒事表明，明初度牒发放并无定期定额。但因请给度牒必须经考试证明精通经典，又因寺观数额受到限制，持有度牒的僧人自然很少。洪武十年三月，太祖令礼部：“一切南北僧道，不论头陀人等，有道善人，但有愿归三宝，或受五戒十戒，持斋戒酒，习学经典，明心见性，僧俗善人，许令斋持戒牒，随身执照。不论山林城郭乡落村

① （清）张廷玉等撰：《明史》卷77《食货一》，北京：中华书局，1974年，第1878页。

② （明）俞汝楫：《礼部志稿》卷34，《景印文渊阁四库全书》第597册，1962年，第637页；并见《明太祖实录》卷77，“洪武五年十二月己亥”条，台北：台湾“中研院”历史语言研究所校印，1962年（下引明代各朝实录版本皆同，第1415—1416页）。

③ （明）俞汝楫：《礼部志稿》卷89，第598册，第605页。

④ 《明太祖实录》卷86，“洪武六年十二月戊戌”条，第1537页。

中，恁他结坛上座，拘集僧俗人等，日则讲经说教，化度一方，夜则取静修心。”[①] 这段文字虽不长，却至少透出如下信息：①当时僧道而无度牒者不在少数；②度牒不仅为僧道身份证件，而且是讲经说法资格、权利的证件，此点与第一点结合来看，则可推论有度牒的僧道，方有充分的公开传播宗教的权利；③有度牒的僧人作为僧道的权利既然充分，其作为世俗人的权利则相应减少，明太祖要他们日夜专心于宗教而不从事其他活动。洪武十一年（1378 年）正月，因礼部郎中袁子文建言而度僧，其数不详。[②] 洪武十二年，因蒋山寺住持仲羲改迁原蒋山寺为灵谷寺，御赐“第一禅林”，“命度僧一千名，悉给与度牒”。[③] 洪武十五年，设僧录司、道录司，规定以后申请度牒要经过僧录司和道录司上报礼部办理，定“各寺观住持有缺，从僧道官举有戒行、通经典者，送僧录司、道录司考中，具申礼部奏闻方许。州县僧道未有度牒者，亦从本官申送，如前考试，礼部类奏出给”[④]。建立僧录司、道录司时，显然度牒还可以随时申办，不定期即随时发给，只是度牒之发放需要礼部奏闻皇帝本人才能生效。但设立僧录司、道录司后，它们既然专门管理僧道度牒等事，都要进行相关工作，故僧道度牒发放加速。到洪武十七年闰十月，礼部尚书赵瑁言：“自设置僧道二司，未及三年，天下僧道已二万九百五十四人。今来者益多，其实假此以避有司差役。请三年一次出给度牒，且严加考试，庶革其弊。”太祖从之。[⑤] 从此，度牒发放开始定为三年一期。

这时民间申请度牒的人肯定超过朝廷拟发放的数额，而且申请出家者日益增多。洪武二十年，明太祖下诏对出家年龄加以限制：“诏民年二十以上者，不许落发为僧。年二十以下来请度牒者，俱令于在京诸寺试事三年，考

---

① （明）大闻幻轮汇编，严尔圭校：《释鉴稽古略续集》卷 2，《续修四库全书》第 1288 册，上海：上海古籍出版社，2002 年，第 22 页。

② （明）大闻幻轮汇编，严尔圭校：《释鉴稽古略续集》卷 2，《续修四库全书》第 1288 册，第 22 页。

③ （明）大闻幻轮汇编，严尔圭校：《释鉴稽古略续集》卷 2，《续修四库全书》第 1288 册，第 24 页。

④ （明）俞汝楫：《礼部志稿》卷 89，第 598 册，第 605 页。

⑤ 《明太祖实录》卷 167，“洪武十七年闰十月癸亥”条，第 2563 页。按：此事《礼部志稿》卷 89 所记与实录相同。然申时行等修《明会典》卷 104《礼部六十二》，“僧道”条记载为：（洪武）“二十六年，令各司每三年考试能通经典者，申送到部，具奏出给度牒”（北京：中华书局，1989 年据万有文库本影印本，第 568 页）。《明会典》所说，当非三年一度开始之年，而是指当年具体情况。

其廉洁无过者，始度为僧。”[①] 这项限制，禁止成年丁口出家，显然出于对男丁出家会减少社会劳动人手的考虑。三年试事、廉洁无过，都为增加其难度，考量其是否认真。这个命令下达后，申请度牒的人一定还是过多，所以次年三月，明太祖对僧录司下旨：令行文各处僧司，“但有讨度牒的僧，二十已上的，发去乌蛮曲靖等处，每三十里造一座庵，自耕自食，就化他一境的人”[②]。这是透着草莽出身皇帝强横而机巧人格特征的一个命令：20岁以上而坚持申请度牒的人，度牒给你，足你向佛的心愿，但既然一心向佛，就到边疆修炼去吧，不要想借用度牒在花花世界里享福。这是给虚名而夺实利的做法，接近于将那些人流放。

洪武二十四年（1391年）六月，明太祖敕礼部：

> 今之学佛者，曰禅、曰讲、曰瑜珈，学道者曰正一、曰全真，皆不循本俗，污教败行，为害甚大。自今天下僧道，凡各府州县寺观虽多，但存其宽大可容众者一所并而居之，毋杂处于外，与民相混。违者治以重罪。亲故相隐者流，愿还俗者听。其佛经番译已定者，不许增减词语。道士设斋醮，亦不许奏青词。为孝子慈孙演诵经典，报祖父母者，各遵颁降科仪，毋妄立条章，多索民财。及民有效瑜珈教，称为善友，假张真人名私造符录者，皆治以重罪。[③]

这道敕书重申了洪武六年限制寺观数量的规定。这种重申，表明该政策没有得到很好落实，所以在重申之外，又增加了几项限制措施：①僧道人士与世俗人口分离；②不许改译佛经和撰作青词，保持二教原旨；③限制僧道诈取民财；④世俗人不准从事宗教服务。洪武二十五年，颁度僧之令，结果有3000人冒请。太祖一怒之下，要将这3000人全部处死，僧永隆自焚，始贷之。[④] 同年十二月，令僧录司编造《周知册》，将在京及在外府州县寺院僧名、为僧年月、所授度牒字号，颁示天下僧寺。“凡游方行脚至者，以册

---

① 《明太祖实录》卷184，“洪武二十年八月壬申”条，第2771页。

② （明）大闻幻轮汇编，严尔圭校：《释鉴稽古略续集》卷2，《续修四库全书》第1288册，第27页。

③ 《明太祖实录》卷209，“洪武二十四年六月丁巳”条，第3109—3110页。

④ （明）傅维鳞：《“异教”传》《“永隆”传》，《明书》卷160，上海：商务印书馆，民国二十六年本，第3154页。

验之。其不同者，许获送有司械至京，治重罪。容隐者罪如之。”[①]这个措施是洪武二十四年（1391年）敕书方针的继续，但更直接针对寺院容隐逃亡囚徒和军人问题与对没有度牒的游方僧人及私自剃度为僧者的限制。据此，则无度牒者不得游方。

洪武二十七年正月，明太祖又命天下凡“归并大寺，设砧基道人一人，以主差税。每大观道士编成班次，每班一年高者率之。余僧道俱不许奔走于外及交构有司，以书称为题疏，强求人财”[②]。次年，礼部又由于“天下僧道数多，皆不务本教”，建议召他们赴京考试，把不通经典的人黜革。明太祖批准，惟决定对年六十以上者免试。[③]当时“命僧录司设上中下三科，考试天下沙门”[④]。

经过反复修订而在洪武三十年正式颁行的《大明律》从刑法角度规定了对违反僧道管理制度行为的惩处办法，规定：无度牒而私自剃度为僧道者，杖八十，若由家长或寺观住持、受业师私度者同罪，并还俗。[⑤]

永乐元年（1403年），依照旧例，实行三年一次给发度牒之法。[⑥]永乐五年正月，直隶、浙江数州府有1800余人私自披剃为僧，赴京冒请度牒。成祖得知以后，命悉付兵部编入军籍，发戍辽东、甘肃。[⑦]同年九月，苏州嘉定县僧会司奏称，该县“旧有僧六百余人，今仅存其半，请以民之愿为僧者，令披剃给度牒”。成祖不听。[⑧]永乐六年六月，成祖又令“凡军民子弟僮奴，自削发冒为僧者，并其父兄送京师，发五台山输作。毕日，就北京为

---

① 《明太祖实录》卷223，“洪武二十五年闰十二月甲午”条，第3269页。申时行等修《明会典》卷104，“僧道”条将造《周知册》事系于洪武五年。当以“实录”为是。

② 《明太祖实录》卷231，“洪武二十七年春正月戊申”条，第3372页。

③ 《明太祖实录》卷242，“洪武二十八年冬十月己未”条，第3524页。

④ （明）大闻幻轮汇编，严尔圭校：《释鉴稽古略续集》卷2，《续修四库全书》第1288册，第30页。

⑤ 怀效锋点校：《中华传世法典：大明律》卷4《户律一·私创庵院及私度僧道》，北京：法律出版社，1999年，第46—47页。万历时期修订的《问刑条例》中涉及度牒的有：“僧道擅收徒弟，不给度牒；及民间子弟，户内不及三丁，或在十六以上而出家者，俱枷号一个月，并罪坐所由。僧道官及住持知而不举者，各罢职还俗。僧道犯罪虽未给度牒，悉照僧道科断”“凡汉人出家习学番教，不拘军民、曾否关给度牒，俱问发原籍各该军卫有司当差。”见（明）舒化等辑：《问刑条例·户律一》，载怀效锋点校：《中华传世法典：大明律》附录，第369页。

⑥ 《明太宗实录》卷16，“永乐元年春正月癸巳”条，第294页。

⑦ 《明太宗实录》卷63，“永乐五年春正月辛未”条，第904页。

⑧ 《明太宗实录》卷71，“永乐五年九月庚午”条，第996页。

民种田，及卢龙牧马。寺主僧擅容留者，亦发北京为民种田”[①]。永乐十五年（1417年），曾重申禁止僧尼私创庵院。[②]次年，永乐帝又因天下僧道多不通经典而私自剃度为僧，命令礼部制定统一规定：

> 今后，愿为僧道者，府不过四十人，州不过三十人，县不过二十人。限年十四以上，二十以下，父母皆允，方许陈告有司，邻里保勘无碍，然后得投寺观，从师受业。五年后，诸经习熟，然后赴僧录、道录司考试。果谙经典，始立法名，给与度牒。不通者，罢还为民。若童子与父母不愿，及有祖父母、父母无他子孙侍养者，皆不许出家。有年三十、四十以上，先曾出家而还俗及亡命黥刺者，亦不许出家。若寺观住持不检察而容留者，罪之。[③]

这里增加了对出家年龄范围更严格的限制，以及出家须得邻里担保、父母允许和对长辈的赡养做出安顿等规定。关于年龄在14—20岁的人才可以出家的规定应该单指男子而不包括女子。因为洪武六年（1408 年）十一月下达的诏令曾规定40岁以上的女子出家不加限制。这种年龄限制的目的主要是使壮年男女在俗，以提供社会劳动力和人口生育。不过，《大明律》已经规定16岁的男子不许出家，这里放宽到了20岁。对14岁以下儿童出家的限制主要应该是针对拐带或者强迫儿童出家现象的。根据这项规定，愿出家者并不能自行割断对家庭的赡养责任，体现以世俗伦理驾驭僧道的倾向。由上可知，永乐时期基本遵循洪武时期所制定的度牒制度。

宣宗务行宽和之政，但因坚持儒家学说为治国之本，故虽施行洪武、永乐时期基本政策时倾向于宽松，但度牒制度无大更张。宣德元年（1426年）三月，正一嗣教真人张宇清“欲求龙虎山道士八十一人度牒”，托行在礼部侍郎胡濙说情。宣宗不给。[④]七月，宣宗令胡濙查勘僧道行童请给度牒者中间是否有有罪之人潜隐其中，无罪过者由礼科给事中及僧道官共同考试，按

---

① 《明太宗实录》卷80，“永乐六年六月辛巳”条，第1066页。
② （明）申时行等修：《明会典》卷104，“僧道”条，第569页。
③ 《明太宗实录》卷205，“永乐十六年冬十月癸卯”条，第2109—2110页。
④ 《明宣宗实录》卷15，“宣德元年三月丁酉”条，第394页。

期考试能通大经者给与度牒。[①] 宣德二年（1427年）七月，僧童陈达高等451人请度牒，考试皆不通梵典。行在礼部请依法惩治，宣宗令发归为民了事。[②]同年十二月，行在礼部奏，“今天下僧道行童赴京请给度牒者，多系额外滥收，且不通经典者多。请如例悉遣归，若系额内之数，亦待五年，考试给与。从之”[③]。宣德三年六月，行在礼部奏，近来天下僧道行童至京请给度牒，动以千计，而神乐观、太和山、五台山为多。宣宗令该三大名山查考其定额，如不违例则给之，其余不给。[④] 宣德四年六月，顺天府大兴县真元观女冠成志贤等诣行在礼部，请给度牒。宣宗命遵先朝令，“仍严女妇出家之禁”[⑤]。宣德五年，总兵官都督谭广于宣府建弥陀寺、朝玄观，请度官军之家幼童为僧道。宣宗不许。宣德八年三月，湖广荆州府荆门州判官陈襄报告说，各处惰民私自落发，贿求僧司文凭，以游方化缘为名，遍历市井乡村，诱惑愚夫愚妇，靡所不为，“乞敕天下有司关津，但遇削发之人，捕送原籍，治罪如律。果是僧，止居本处，不许出境，庶革奸弊”。从之。[⑥] 如此，大致宣德时期度牒制度无重要变化。

## （二）正统至天顺时期度牒制度之趋于废弛

正统初，曾整理重申《周知册》制度。正统元年（1436年）十月，礼部尚书胡濙等奏称，前朝颁给度牒及周知册，“迨今年久，前令寖废。有亡殁遗留度牒，未经销缴，为他人有者；有逃匿军民及囚犯伪造者；有盗卖影射及私自簪剃者。奸弊百端，真伪莫辨。乞自今以后给度牒者，仍造册颁行天下寺观，以防奸诈”。从之。[⑦] 然而通正统时期，皇室颇事寺院兴建，度牒

---

① 《明宣宗实录》卷19，“宣德元年七月辛酉”条，第516页。
② 《明宣宗实录》卷29，“宣德二年秋七月戊子”条，第757—758页。
③ 《明宣宗实录》卷34，“宣德二年十二月庚午”条，第866—867页。余继登《典故纪闻》卷9记述此事称：“若系额内之数，亦待三年，考试给与”，“三年”应系“五年”之误（北京：中华书局，1981年，第160页）。
④ 《明宣宗实录》卷44，“宣德三年六月丁酉”条，第1082—1083页。
⑤ 《明宣宗实录》卷55，“宣德四年六月丁亥”条，第1314页。
⑥ 《明宣宗实录》卷100，“宣德八年三月戊寅”条，第2252页。
⑦ 《明英宗实录》卷23，“正统元年十月甲戌”条，第462页。

制度开始受到严重挑战。至景泰初，后宫崇佛大为泛滥，度牒发放通过各种朦胧途径，迅速增加。这时士大夫为控制度牒发放，建议改三年一次度僧为十年一次。据《西园闻见录》，景泰初，李贤请曰："此辈有损无益，宜后十年一度。"遂著为令。[①]据"实录"记载，景泰元年（1450年）四月，因致仕左侍郎杨翥建议，停止僧道三年一给度牒。[②]无论最初建议者是李贤还是杨翥，景泰元年，度牒发放由三年一次，改为十年一次。不过，这种努力受到张太后崇佛之牵制。据《明实录》记载，景泰二年正月礼部上奏中称："比者奉皇后懿旨，度僧三万。"[③]4个月后，又"度天下道士二千人"；"度天下府州县僧一万八千九百二人"。[④]

同年七月，明朝开纳米授度牒之例，此为度牒制度一大变化。当时刑部左侍郎罗绮称奉命于四川督运粮储20万石往贵州饷军。见四川之民劳瘁已极，请变通运输之法，其中包括，"僧道赴彼纳米五石者，给与度牒"[⑤]。此类事情一旦施行，便成先例，而先前关于度牒发放及给度僧道资格要求皆被化解。后来类似事情果然屡屡发生。景泰四年六月，户部奏请剿捕播州"贼人"粮饷不足，四川人民穷困，乞移文四川，令能备粮米运送播州者给冠带、诰敕不等，"僧道欲给度牒者五石"[⑥]。景泰五年三月，兖州僧人觉兴奏请愿备米700石上纳官仓以补本府僧纲司都纲员缺，准之。[⑦]四月，"命礼部凡僧道请给度牒者，于通州运米二十石，赴口外万全等处官仓交收以备军用"[⑧]。景泰七年十月，"命给四川重庆等府僧胡德心等二百四十人度牒，以各僧遵例输米播州边仓，以足军饷也"[⑨]。这类政策无疑大大增加了度牒发放量，并且使明初通过度牒制度使僧道确实懂得本教经典的标准被破坏。此

① （明）张萱：《西园闻见录》卷10，"中国文献珍本丛书"，北京：全国图书馆文献缩微复制中心，1996年，第1948页。
② 《明英宗实录》卷191《景泰附录》卷9，"景泰元年夏四月庚寅"条，第3960—3961页。
③ 《明英宗实录》卷200《景泰附录》卷18，"景泰二年春正月甲子"条，第4264页。
④ 《明英宗实录》卷203《景泰附录》卷21，"景泰二年夏四月丙子"条，第4340页；"景泰二年夏四月乙未"条，第4353页。
⑤ 《明英宗实录》卷206《景泰附录》卷24，"景泰二年秋七月辛亥"条，第4422页。
⑥ 《明英宗实录》卷230《景泰附录》卷48，"景泰四年六月己丑"条，第5020页。
⑦ 《明英宗实录》卷239《景泰附录》卷57，"景泰五年三月辛未"条，第5219页。
⑧ 《明英宗实录》卷240《景泰附录》卷58，"景泰五年夏四月癸巳"条，第5230页。
⑨ 《明英宗实录》卷271《景泰附录》卷89，"景泰七年十月壬子"条，第5743页。

时纳贿度僧事情亦增多。景泰五年（1454年）七月，僧录司右善世南浦等纳贿度僧被治罪。当时天下僧童数万赴京请度，掌其事者令僧童拈阄定数，逼取白银万余两。南浦等分受其银，并为掩护朦胧，奏乞普度天下僧童以息争讼，被人弹劾。礼部尚书胡濙等也奏称各僧官“所收之人，但取银物，或假张作李，或称老为少，或容纵军囚灶站，或滥及游手白丁，或人不到而借债代替，或捏虚名而货卖与人。欺君玩法，律所难容”。景泰帝命法司擒治南浦等，但不久“悉宥南浦等，仍俾其收度”。① 此中关节，当在后宫作用之力。在这种情况下，度牒之限额，根本不可能得到控制。

景泰六年二月，巡按湖广监察御史叶峦言：

> 窃见天下僧徒冗滥，败俗伤化。其间有因户内丁多，求避差役者，有因为盗事发，更名换姓者，有系灶丁、灶户，负盐课而偷身苟免者，有系逃军逃匠，惧捕而私自削发者。乞敕该部议取各僧度牒审验，若年貌相同，名籍俱实者，仍与执照为僧。若买借他人度牒及无度牒者究问，递发前项卫分充军。如此则边卫得人，苗蛮不敢侵犯矣。

景泰皇帝答复非常明确：“彼僧道寺观，不必屑屑追究。如有犯者，依律治之。”② 同年六月，巡按河南监察御史程亨再次请求严管度牒发放，礼部移文天下，重申度牒制度并寺观额数等规定。③ 到景泰七年十二月，各处僧道聚集京师，请给度牒，而逢荒歉，户部恐怕这些僧道在京“未免耗蠹粮米”，请令他们各回原籍寺观，俟丰年来京请给。④ 可见其数之巨大。天顺元年（1457年）三月，留守左卫通济门千户所小旗陈福奏：

> 以在京观之，寺观动至千百，僧道不可数计。求财索食，沿街塞路，张挂天神佛像，擅言祸福，以盖造寺观为名，务图肥己，饮食酒肉，宿歇娼妓，无所不为。又有燃指焚香，刺肤割股，惊骇人目，扇惑

① 《明英宗实录》卷243《景泰附录》卷61，“景泰五年秋七月辛亥”条，第5281页；（明）俞汝楫：《礼部志稿》卷89，“罪纳贿度僧”条，第598册，第608页，系此事于景泰三年。

② 《明英宗实录》卷250《景泰附录》卷68，“景泰六年二月戊戌”条，第5419—5420页。

③ 《明英宗实录》卷254《景泰附录》卷72，“景泰六年六月乙未”条，第5488页；（明）俞汝楫：《礼部志稿》卷89，第598册，第609页。

④ 《明英宗实录》卷273《景泰附录》卷91，“景泰七年十二月戊午”条，第5773页。

人心，不惟饕餮于民，抑且有伤风化。[①]

由上可知，正统至天顺年间，主要由于皇室崇奉佛道、出卖度牒，以及度牒管理中的贿赂腐败、僧道人口增加，度牒制度已经严重破坏。

## （三）成化时期度牒制度的全面失效及弘治、正德间的反复调整

宪宗即位之初，顺从朝臣建议，将清理无度牒僧道作为新政之一诏告天下："各处僧人年二十以上无度牒者，诏书到日，即便还俗，若有隐瞒年岁，不肯还俗者，事发并其本师一体问罪不饶。"[②] 成化元年（1465年）二月，巡抚湖广左佥都御史王俭上言八事，一为"挨查僧道"："私自簪剃者，勒令还俗，解发原籍当差。仍严官民人等布施之禁，及云游行脚，亦必给所司批文。其寺观潜匿者，有司里老一体重罪。"[③] 虽有这些说法，但成化时期却是有明一代度牒发放最无规制的时期。导致这种情况的主要有三个因素：①正统以来僧道大增已经成为趋势，难以恢复洪武时期制度；②宪宗本人对皇亲国戚、僧道、亲信等祈请大量应允，度牒因祈请而大量发放；③当时自然灾害严重，流民大量充斥各地，度牒被看作救灾的一个可用之法。

成化二年二月，令"各处僧道例该成化二年关领度牒，前此亦有奏请，令其纳米者……查其见在曾经报勘起送者填写度牒，遣官赍赴巡视淮扬都御史林聪处，定与地方，每度一人，令其纳米十石，其未有勘结者，许赴都御史处告投，纳完俱与牒"[④]。这与景泰时期的纳米给牒比较，更具有经常化的色彩，度牒开始成为明朝政府获得财政收入的一个来源。但此时因有按期定额发给度牒制度，所以度牒出卖，也还不是随时发生。同年三月，宪宗"命礼部给度牒鬻僧，以赈济饥民。巡抚淮扬都御史林聪处一万，每名纳米

① 《明英宗实录》卷276，"天顺元年三月辛卯"条，第5895页。
② 《明宪宗实录》卷3，"天顺八年三月乙卯"条，第68页。
③ 《明宪宗实录》卷14，"成化元年二月己卯"条，第308页。
④ 《明宪宗实录》卷26，"成化二年二月辛丑"条，第524页。

一十石；南京礼部五千，每名纳米十五石，其各处僧见在京师者，每名纳银五两”[①]。闰三月，又“令额外给度，僧道十五岁以上者五万名”[②]。夏四月，六科给事中金绅等因运河道路阻塞，京师米价腾涌，请督捕贼盗，并“敕礼部速填度牒，命给事中御史各二员分给该度僧道，限以月日出城，不许延住”。从之。[③] 成化八年（1472年）五月，总督漕运兼巡抚淮扬左佥都御史张鹏奏请给僧道空名度牒一万道鬻米济荒。未许。[④] 成化九年当僧道十年一度之期，巡抚山东左佥都御史牟俸以山东灾害频仍奏请：“令礼部出给空名度牒数万，令赴山东告给，每牒纳米二十石或银二十五两。”得到批准。[⑤] 后来又因礼部抗议，取消。[⑥]

成化十三年四月，巡抚河南右副都御史张瑄以河南水灾，提出救荒十项建议，其中包括僧道免考试捐纳给度牒，从之。[⑦] 该年并非僧道十年一度年份。成化二十年十月，“给空名度牒一万纸，分送山西巡抚都御史叶淇、陕西巡抚都御史郑时，募愿为僧道者，令诣被灾处，输粟十石以助振济，给度之”[⑧]。同年十二月，预度天下僧道六万人。时山西、陕西饥，许浙江等处愿为僧道者，输粟赈济给以度牒，已万人矣。户部言陕西饥尤甚，乞再度六万人，各输银十二两。下礼部覆奏：“僧道十年一度，宜以前后所度七万，准后二十二年该度之数，仍令天下有司照数类送。”从之。[⑨]

成化二十一年正月，浙江代监察御史汪奎等上疏弹劾“妖僧继晓结太监梁方建寺，又给与度牒二百。江南富僧，一牒可售数十百两。当此凶荒之年，留赈饥民，不犹愈于继晓一人用乎？乞罢建寺而治梁方之罪，取回继晓，追夺度牒，斩首都市，以谢天下”[⑩]。成化二十二年二月，凤阳知府奏称，前因地方灾害，“先给本府僧道度牒五百名，转解陕西，今止得银三百

---

① 《明宪宗实录》卷27，“成化二年三月癸亥”条，第545页。
② 《明宪宗实录》卷28，“成化二年闰三月癸巳”条，第560页。
③ 《明宪宗实录》卷29，“成化二年夏四月壬寅”条，第565页。
④ 《明宪宗实录》卷104，“成化八年五月戊戌”条，第2031页。
⑤ 《明宪宗实录》卷119，“成化九年八月丁丑”条，第2301页。
⑥ 《明宪宗实录》卷120，“成化九年九月癸巳”条，第2310页。
⑦ 《明宪宗实录》卷165，“成化十三年夏四月乙丑”条，第2995页。
⑧ 《明宪宗实录》卷257，“成化二十年冬十月丙辰”条，第4337页。
⑨ 《明宪宗实录》卷259，“成化二十年十二月乙卯”条，第4367页。
⑩ 《明宪宗实录》卷260，“成化二十一年春正月己丑”条，第4406页。

四十余两，乞留赈济，仍给度牒三千，以资召募”[①]。事下该部详议。同年四月，“礼部奏给度天下僧道已至十一万人矣，乞停止”。从之。[②]但到十二月，又“给正一副教真人张玄庆度牒三百。从其请也”[③]。

总之，成化时期，度牒发放，无论其数额、发给方式、发给时间，都已经全面突破了明初制度。

弘治时期，朝臣着力争取恢复洪武时期制度，但无确切成果。弘治元年（1488年）闰正月，左都御史马文升上疏，请“通查天下并在京寺观共若干处，僧道共各若干名，除额度之数外多若干名。如果数多，既已关有度牒，难以追夺，明白具奏，不许额外再度僧道，直至额数不足之时，方许各该有司具结，照数起送，关给度牒。敢有故违再言度僧者，许科道官纠劾拿问。仍通行各该抚按等官，督责官司，严加查勘。但系新修私创寺观，即便拆毁，并于古刹大寺观其中，但有原无度牒行道童，即令还俗当差。敢有私创庵观及容隐未度行道童，收为徒弟者，各问发口外为民，寺观住持还俗为民，僧道官罢黜，不举者罪同，所司官员容隐者亦治以罪。仍通行天下抚按，出榜严加禁约。仍令各寺观按月开报，不致故违。重甘结状，付所在官司查考。如此则僧道无滥度之弊，而民食不致坐费矣”[④]。此疏上呈后，孝宗称是，故自景泰元年（1450年）开始的每十年度僧一次的制度当于此时被改为不缺不补。[⑤]弘治七年，礼部尚书倪岳等恐怕十年一次发放度牒的规定虽已取消而各地人众不知，僧道行童会预先来京活动打点，造成“蚕食京师”的局面，请出榜通行禁约各处寺观，令僧道行童不许来京搅扰。并令“各该关津把截，严加盘诘阻当。仍行锦衣卫、五城巡视监察御史，严督各兵马司、僧道录司，逐一挨查，各处寺观不许容留在外僧道行童在内潜住”。孝宗允准。[⑥]

① 《明宪宗实录》卷275，“成化二十二年二月庚子”条，第4636页。
② 《明宪宗实录》卷277，“成化二十二年四月辛巳”条，第4666页。
③ 《明宪宗实录》卷285，“成化二十二年十二月戊戌”条，第4826页。
④ （明）马文升：《端肃奏议》卷3《陈言振肃风纪裨益治道事》，《景印文渊阁四库全书》第427册，第734—735页。
⑤ 《明孝宗实录》卷10，“弘治元年闰正月丙戌”条，第232页。
⑥ （明）黄训编：《名臣经济录》卷30，《景印文渊阁四库全书》第443册，第669—671页。按：倪岳此疏上于弘治七年六月庚申，事见《明孝宗实录》卷89。

弘治九年值旧规十年一度之年。停止度僧道与要求度僧道两种意见都被提起。四月，南京礼科给事中彭诚等奏乞敕该部，“查照旧额，将十年一度事例特赐停止，通行各处巡按等官清查寺观见在僧道行童，除已度者不必追夺，未度者额外不许存留，悉令还俗，俟正额有缺，方许起送，赴部考选给度。违者仍照先年充军事例发遣”[①]。但至五月，“南京大龙兴寺左觉义发直等奏请起送行童给度。礼部弹劾其启衅开端，故违成命，请置之法”。孝宗有旨曰：“僧道虽额数过多，但自弘治年来未尝给度，尔等其议处停当以闻，不许仍前过滥。”礼科给事中屈伸、工科都给事中柴升上疏力争。[②]六月，孝宗令减数额给度僧道。当月，礼部议处给度僧道事宜，请“仍鉴累朝禁约敕旨，今次所度名数，特赐裁抑。或俯从臣等之请，定为经久之计。自后或二十年、二十五年一次开度。当度之年照例施行。庶僧道可渐复额内之制，而百姓不胥为缁黄之归矣”。孝宗准行，定“在京准度八千名，南京五千名，直隶及各布政司府州县原额有缺照数保送来京。仍令礼部会官审验考试，非赍有明文及实能皆诵本教经典，不准收度”。[③]如此，度牒十年一给制度虽然在弘治初年就已经被废除，但到十年给度之年，即弘治九年，还是略度13 000余名，并补各地方缺额。此后究竟多长时间给度一次，并未明确规定。

武宗即位，令“各处僧道有父母见存无人侍养者，不问有无度牒，俱令还俗养亲”[④]。此不过一时姿态，其后不久，重新开始度僧道，并恢复十年一次给度之制度。正德二年（1507年）五月，僧录司左善世定暟等奏“谓已及十年给度之期，宜如例举行”。礼部侍郎张瀿等覆议：“前此度僧道视额数已逾十倍，今止宜照缺度补，不可滥度以蠹耗民财，阴损户口。”不从。“准度在京在外僧三万名，道一万名。”[⑤]随后大批出卖度牒也恢复了。正德三年三月，户部左侍郎兼左副都御史韩福整理粮储于湖广，上奏“请度僧六万

① 《明孝宗实录》卷112，“弘治九年四月丙申”条，第2044页。
② 《明孝宗实录》卷113，“弘治九年五月己酉”条，第2049页；“弘治九年五月辛亥”条，第2051—2053页。
③ 《明孝宗实录》卷114，“弘治九年六月辛卯”条，第2065页。
④ 《明武宗实录》卷4，“弘治十八年八月丙辰”条，第121页。
⑤ 《明武宗实录》卷26，“正德二年五月戊午”条，第692页。

人，预给度牒，分派两广福建及江南北诸郡其银俱类解湖广及留湖广岁解”。最后决定“以正德二年已度三万人，令减其数之半”。[①] 正德五年（1510年）十月，“准给番僧度牒三万，汉僧道士各五千”。但当时管理机关消极抵制，并未如武宗要求发出度牒。[②] 正德八年十一月，“赐大庆法王领占班丹番行童度牒三千，听自收度。先是，有旨，度番汉僧行道士四万人，其番行童多中国人冒名者，为礼部所持，故领占班丹奏欲自便云”[③]。正德九年正月，“赐真人张彦頨度牒二百道。时度僧道，彦頨陈乞故也”[④]。如此，正德时期为度牒给发的重新活跃时期，十年一度基本恢复，出卖度牒数额巨大，而且对藏传佛教僧人度牒给发尤多。

## （四）嘉靖以后的全面出卖度牒

嘉靖初，士大夫再度借新君即位之机会要求拆毁寺院。大学士杨廷和奏云：“臣等看得近年以来，京城内外创建寺院，穷极土木，侈用金碧，委系侵盗国家财用，剥削小民脂膏，有伤治化，有失人心……仰惟皇上新政之初，铲弊除奸，辟邪扶正，此亦其一端也。”[⑤] 这类主张，在以前几代皇帝即位的时候，都只能促使皇帝做些姿态而已，没有实际的结果，但世宗崇信道教，厌恶佛教，结果形成明朝对佛、道二教实行差别对待的唯一时期。不过，嘉靖初年，世宗区分僧道的意图还不明显，其主要政策是令天下尼姑、道姑还俗，同时严申不再给度僧道，不许私自创建寺观。嘉靖六年（1527年）十二月，礼部尚书方献夫等上疏主张将天下尼姑、道姑见在者“发回改嫁，以广生聚，年老者量给養赡，依亲居住。其庵寺拆毁变卖。敕赐尊经护敕等项追夺。戒谕勋戚之家，不得私度”[⑥]。世宗令如其言而行。世宗并谕

---

① 《明武宗实录》卷36，“正德三年三月甲子”条，第871—872页。
② 《明武宗实录》卷68，“正德五年冬十月庚寅”条，第1503页。
③ 《明武宗实录》卷106，“正德八年十一月辛未”条，第2172页。
④ 《明武宗实录》卷108，“正德九年春正月庚寅”条，第2221页。
⑤ （明）杨廷和：《杨石斋集·请拆毁保安等寺疏》，载（明）陈子龙等编：《明经世文编》卷121，北京：中华书局，1962年影印本，第1162页。
⑥ 《明世宗实录》卷83，“嘉靖六年十二月壬子”条，第1866页。

礼部："今天下僧道无度牒者，其令有司尽为查革，自今永不许开度及私创寺观庵院。犯者罪无赦。"[①]嘉靖十年（1531年）闰六月，世宗命"申明僧道私度之禁，诸不在正额者皆汰之"[②]。嘉靖十四年，"大兴隆寺毁，令永不许复，并大慈恩寺一应修斋俱革，僧徒听告就各寺依住，有归化者量给原寺田亩，仍免差徭"[③]。嘉靖十五年五月，毁皇城内大善佛殿。[④]嘉靖六年、十六年两次题准，"各该有司钦遵圣谕，化正僧徒，愿自还俗者，听其自求安便。各处寺院年久宫殿，任其颓坏，不许修葺。民间幼童，不许舍入为僧、私自披剃"[⑤]。嘉靖二十五年七月，礼科右给事中李文进言："迩年宣武门外天宁寺中广聚僧徒，辄建坛场受戒说法，拥以盖舆，导以鼓吹。四方缁衣，集至万人，瞻拜伏听，昼聚夜散，男女混淆……诸郡邑名山古刹如有佛子法师假以讲经聚众，至百人者，一体禁止。如此则邪说不兴，异端自熄。"得旨："奏内通法师及寺主，俱令锦衣卫捕系鞫问，余下礼部禁治。"[⑥]这些措施，对佛教的发展趋势构成了阻碍。不过，虽然嘉靖皇帝本人不喜佛教使该时期寺院修建及佛道数量增长趋势收敛，但当时对佛教的限制，毕竟还以明初规定的政策为基础，甚至没有真正努力将寺院减少到明朝初年规定的额数，限制的重点主要还在于与宫廷直接相关的佛事。

自嘉靖十八年以后，出卖度牒开始成为连续性政策，此为一重要变局。是年奏准，"僧道照国初额设定数，每僧道一名，纳银十两，在内于两京工部，在外于各布政司，直隶于各府，上纳类解，免其赴京。其两京给度，在京准二千名，南京一千名"[⑦]。此前度牒出卖，多因灾伤等情，所纳亦基本为粮食类救灾物资，每次度牒出卖，都非全国普遍推开，而是针对性地个别进行。此时则全国推开，无论有无灾害，且纳银而非纳物资。不过其总数，似乎仍限制在国初定额之内。

① 《明世宗实录》卷83，"嘉靖六年十二月壬子"条，第1866—1867页。
② 《明世宗实录》卷127，"嘉靖十年闰六月戊子"条，第3021页。
③ （明）俞汝楫：《礼部志稿》卷34，《景印文渊阁四库全书》第597册，第639页。
④ 《明世宗实录》卷187，"嘉靖十五年五月乙丑"条，第3956—3957页。
⑤ （明）俞汝楫：《礼部志稿》卷34，《景印文渊阁四库全书》第597册，第639页。
⑥ 《明世宗实录》卷313，"嘉靖二十五年七月壬戌"条，第5859—5860页。
⑦ （明）申时行等修：《明会典》卷104，"僧道"条，第568页。

嘉靖三十三年题准，“各府州县纳解年终造册，连（运）库收缴，送户部，给与号纸一张，咨送礼部，填给度牒”[①]。嘉靖三十七年（1558年）三月，吏部尚书吴鹏等议准，僧道十六岁以上私自簪剃者，各追银六两。关给度牒者勒为民。[②]隆庆初，帑藏空虚，经费不足。户部多方筹措，其间曾奏准令地方有司将“僧道度牒、吏承班银”如期起运至京，交户部。[③]隆庆二年（1568年）六月，巡抚陕西都御史张祉奏，本省藩禄、边饷匮缺，请将事例、度牒、税契、路引、罚赎等银六万七千一百余两存用，再发帑银补之。户部覆，补给如议。[④]隆庆五年四月，“以广西古田用兵，诏留嘉靖四十五年以后布政司库贮钱粮并隆庆四年赃罚、事例、度牒等银万一千余两”[⑤]。隆庆六年题准，“礼部印发空头度牒，通行各处召纳。如有来京请给者，赴户部纳银五两，发号纸送礼部给牒”[⑥]。嘉靖末到隆庆时期的出卖度牒政策，从根本上改变了嘉靖中期以前遑遑于度牒出给与控制争论的局面。从此以后，度牒成为朝廷财政的一个稳定来源，僧道人口从政策面失去控制，嘉靖以前累朝纷纷扬扬，争论不休的度牒发放问题，也就不再成为争论问题。此后穆宗朝、神宗朝、泰昌朝、天启朝仍有呼吁限制僧道人口的声音，但关于度牒发放本身，却无集中讨论了。据零星记载，可知万历前期度牒捐纳依旧发生。[⑦]万历十二年（1584年）十二月，户部尚书王遴曾请“今后凡披剃，年四十以下并无度牒者，放归农，流寓递还本籍土著，收入里户”。准行。[⑧]礼部尚书沈鲤随后上《题禁白莲教拆毁私创庵观疏》，内云：“僧道曾经给有度牒年四十以上者，照旧存留。其年四十以下未经给度牒者，查果戒行无碍，姑准查照见行事例，申送纳给度牒。如未给度牒削剃，不守清规与流寓遊食之徒，一并驱逐原籍务农当差。”神宗依拟。[⑨]至泰昌元年（1620

① （明）俞汝楫：《礼部志稿》卷34，《景印文渊阁四库全书》第597册，第637页。
② 《明世宗实录》卷457，“嘉靖三十七年三月癸酉”条，第7735页。
③ 《明穆宗实录》卷9，“隆庆元年六月庚子”条，第255页。
④ 《明穆宗实录》卷21，“隆庆二年六月乙未”条，第577页。
⑤ 《明穆宗实录》卷56，“隆庆五年四月壬子”条，第1390页。
⑥ （明）俞汝楫：《礼部志稿》卷34，《景印文渊阁四库全书》第597册，第637页；（明）申时行等修：《明会典》卷104，“僧道”条，第569页。
⑦ 《明神宗实录》卷36，“万历三年三月己未”条，第848页。
⑧ 《明神宗实录》卷156，“万历十二年十二月辛酉”条，第2887页。
⑨ （明）俞汝楫：《礼部志稿》卷50，《景印文渊阁四库全书》第597册，第937页。

年）八月光宗即位诏书中还有："僧道无度牒者，悉发原籍还俗"之说，但揆诸时局，此说不过官样文章而已。[1]

## （五）度牒制度变化与明代僧道人口增长情况之推测

如前所论，度牒数量只反映部分僧道人口数量。即使如此，度牒发放数量毕竟是政府控制僧道人口数量的一个晴雨表，其数字也当与僧道人口数字成正比。故在根本无法准确统计明代僧道人口总数的情况下，通过度牒发放情况来推测僧道人口增长的趋势，仍胜于无。

洪武五年（1372 年）底，政府统计天下僧尼、道士女冠，共为 57 200 余人，"皆给度牒，以防伪滥"[2]。此记载行文含义十分清楚，虽然仍不精确，但大致可以作为分析明初男女僧道的基数。

洪武六年八月，礼部奏度天下僧尼、道士凡 96 328 人。[3] 这个数字如果是截至当时的僧尼、道士总数，则在洪武五年十二月的 57 200 余人基础上，增加了约 39 128 人，即增加 68.41%。如果这个数字是洪武六年新度人数，则至此时僧道男女总数达到了 153 528 人以上。如此则 8 个月间增加了 168.41%。前者情况可能性大于后者。

洪武十五年设立僧录司、道录司以后，僧道度牒发放经常化，所以到洪武十七年闰十月有礼部尚书赵瑁建议三年一次发给度牒的事情。赵瑁当时称："自设置僧道二司，未及三年，天下僧道已二万九百五十四人。"[4] 因为洪武六年八月一次就度过天下僧道 96 328 人，此间并无大规模裁抑僧道的举动，故此 20 954 人当是指洪武十五年到十七年之间所度僧道数，非天下僧道总数。以上数字合计，洪武十五年时，天下僧道总数为 117 282 人。以后因有天下寺观、僧道额数限制，所以不会发生一次大量给度的事情，增加不至过快。弘治元年（1448 年）闰正月左都御史马文升上疏中说道："我朝定

① 《明光宗实录》卷 3，"泰昌元年八月丙午"条，第 67 页。
② （明）俞汝楫：《礼部志稿》卷 89，《景印文渊阁四库全书》第 598 册，第 605 页。
③ 《明太祖实录》卷 84，"洪武六年八月戊子"条，第 1501—1502 页。
④ 《明太祖实录》卷 167，"洪武十七年闰十月癸亥"条，第 2563 页。

制，每府僧道各不过四十名，每州各不过三十名，每县各不过二十名。今天下一百四十七府、二百七十七州、一千一百四十五县，共额设僧三万七千九十余名。”① 其额数尚少于洪武十五年（1382年）的117 282人。故至洪武末年，有度牒僧道人口当不超过洪武中期的12万人。不过因实际僧道人口中包含无度牒者，故僧道总数当超过此数。实录记载永乐时期出给度牒的事情不多，每次数量也不大。如永乐元年（1403年）二月、六月，永乐十三年十二月，永乐十六年三月，永乐十九年七月，皆曾给度，但其数多不过几百人。② 宣德时期给度略为放宽，但据实录，亦无一次大量给度之事，约与永乐时期类似。

英宗即位以后，僧道给度开始大规模增加。其间宣德十年（1435年）、正统元年（1436年）、正统二年、正统五年、正统六年、正统七年、正统八年、正统十一年，皆曾给度，如表1所示。

**表1　英宗时期僧道给度统计表**　　单位：人

| 时间 | 给度人数 | 记载 | 出处 |
| --- | --- | --- | --- |
| 宣德十年九月 | 89 | 茅山华阳洞灵官汤希文奏乞如龙虎山太岳太和山例，给道童八十九人度牒，以备焚修。从之 | 《英宗正统实录》卷9，“宣德十年九月甲午”条 |
| 宣德十年十二月 | 115 | 给僧道童倪、华观等一百一十五人度牒 | 《英宗正统实录》卷12，“宣德十年十二月庚申”条 |
| 正统元年七月 | 174 | 度僧道一百七十四人 | 《英宗正统实录》卷20，“正统元年秋七月壬戌”条 |
| 正统元年九月 | 24 | 都知监太监洪保请度家人为僧，许之。凡度僧二十四人 | 《英宗正统实录》卷22，“正统元年九月己未”条 |
| 正统二年春正月 | 195 | 行在礼部尚书胡濙等奏请给僧道度牒凡一百九十五人 | 《英宗正统实录》，卷26，“正统二年春正月己酉”条 |
| 正统二年三月 | 4 366 | 行在僧录司奏两京敕建寺多僧少……试中僧童丁源等四千三百六十六人……俱准给之 | 《英宗正统实录》卷28，“正统二年三月丁未”条 |
| 正统二年五月 | 653 | 度僧道六百五十三人 | 《英宗正统实录》卷30，“正统二年五月庚戌”条 |

① （明）马文升：《端肃奏议》卷3《陈言振肃风纪裨益治道事》，《景印文渊阁四库全书》第427册，第734页。

② 参看《明太宗实录》卷17，“永乐元年二月丁丑”条；卷21，“永乐元年六月乙巳”条；卷171，“永乐十三年十二月甲申”条；卷198，“永乐十六年三月丙辰”条；卷239，“永乐十九年秋七月戊子”条。

续表

| 时间 | 给度人数 | 记载 | 出处 |
|---|---|---|---|
| 正统二年十月 | 5 666 | 给僧道五千六百六十六人度牒 | 《英宗正统实录》卷35，“正统二年冬十月甲申”条 |
| 正统五年正月 | 10 000 | 给僧童一万人度牒 | 《英宗正统实录》卷63，“正统五年春正月辛未”条 |
| 正统五年六月 | 12 300 | 行在礼部言：“今岁例剃度僧道，天下僧童至者三万七千有奇，有旨止度一万，余令俟后再度。道童先至者二千三百，俱度矣，今至者又二千五百，宜令俟后再度。”上曰：“僧道旧有定额，今所度已滥甚，未度者姑已之。” | 《英宗正统实录》卷68，“正统五年六月乙酉”条 |
| 正统五年七月 | 10 122 | 给乐舞生一百四十八人并僧童九千九百七十四人度牒 | 《英宗正统实录》卷69，“正统五年秋七月壬寅”条 |
| 正统六年闰十一月 | 1 000 | 命礼部遵太皇太后懿旨，度僧一千名 | 《英宗正统实录》卷86，“正统六年闰十一月丙寅”条 |
| 正统七年九月 | ? | 宁王权奏于遐龄山陵所创屋五间，祀南极真人，蒙赐名曰南极长生宫，乞于附近宫观内择道童克修戒行者，给度牒住持。上命从之，后不为例 | 《英宗正统实录》卷96，正统七年九月壬午”条 |
| 正统八年三月 | 174 | 给道童刘圭安等一百七十四人度牒 | 《英宗正统实录》卷102，“正统八年三月辛酉”条 |
| 正统十一年二月 | 1 500+? | 礼部尚书胡濙等奏请出给僧道度牒，上命在外府州县悉遵永乐间定额，惟南京度僧五百人，北京度僧一千人 | 《英宗正统实录》卷138，“正统十一年二月辛酉”条 |
| 正统十一年五月 | 610 | 给行童九十一人，道童二百六十人度牒；<br>给龙虎山上清紫微宫院道童徐孟卿等二百五十九人度牒 | 《英宗正统实录》卷141，“正统十一年五月丁丑”条；<br>《英宗正统实录》卷141，“正统十一年五月庚寅”条 |
| 正统十一年六月 | 49 | 给赐贵州会诵《心经》并《法华经》及能作瑜伽法事者土僧童四十九名度牒 | 《英宗正统实录》卷142，“正统十一年六月丁酉”条 |
| 正统十一年七月 | 326 | 给道童刘盛阖等三百二十六名度牒 | 《英宗正统实录》卷143，“正统十一年秋七月戊寅”条 |
| 合计 | 47 363+? | | |

以上总数约47 363人，但表1中正统十一年（1446年）二月数字，仅计算两京明确数字，“在外府州县悉遵永乐间定额”一语，表示在外州县也有给度，但究竟如何把握“永乐间旧额”，无法确知。正统七年所缺则是个很小数字，无关宏旨。无论如何，正统间所给出的度牒，要超过50 000这样一个总数，也肯定超过了自然减员所要求的定额内补充数，故当时明初定额已经显然被冲决。景泰时期度牒给放与正统时期类似，并未拘于给度

年份，其中以景泰二年（1451年）最多，不少于32 800人。[①] 其余景泰四年、五年、七年皆曾给度，其准确数字不详。[②] 以洪武时期的约120 000人，加正统时期的超过50 000人，加景泰年间的约50 000人，已经达到220 000人，永乐、洪熙、宣德、天顺之数及表1缺项数不在其内。这基本符合弘治元年（1488年）马文升所说的成化以前各年所度僧道不下20余万人的说法。

成化年间给度数字巨大，然其记载参差，列表以见一斑（表2）。

**表2 宪宗时期僧道给度统计表** 单位：人

| 时间 | 给度人数 | 记载 | 出处 |
|---|---|---|---|
| 成化二年闰三月 | *50 000* | 令额外给度僧道十五岁以上者五万名。以僧录司右阐教道监等奏请也 | 《宪宗成化实录》卷28，“成化二年闰三月癸巳”条 |
| 成化二年五月 | *3 000* | 复度道童三千有奇，从左玄义许祖铭请也 | 《宪宗成化实录》卷30，“成化二年五月丙子”条 |
| 成化二年 | *130 000* | 成化二年已度僧道一十三万有奇 | 《宪宗成化实录》卷104，“成化八年五月戊戌”条 |
| 成化九年五月 | *140* | 给太岳太和山各宫观道童一百四十名度牒 | 《宪宗成化实录》卷116，“成化九年五月戊申”条 |
| 成化十二年十月 | *13 340* | 礼部奏：“是岁度僧道一万三千三百四十名。” | 《宪宗成化实录》卷158，“成化十二年十月庚寅”条 |
| 成化十五年冬十月 | 145 000 | 陈鼎奏：“自成化二年起至十二年，共度僧道一十四万五千余人，而私造度牒者尚未知其数。” | 《宪宗成化实录》卷195，“成化十五年冬十月庚子”条 |

① 《明英宗实录》卷200《景泰附录》卷18，“景泰二年春正月甲子”条（第4264页）载，礼部奏：“比者奉皇后懿旨，度僧三万”；《明英宗实录》卷203《景泰附录》卷21，“景泰二年夏四月丙子”条（第4340页）载：“度天下道士二千人……度天下府州县僧一万八千九百二人。”《明通鉴》卷25，景帝景泰二年，载：“太监兴安，以皇后旨度僧道五万余人”，当据《明实录》景泰二年正月、四月记载，见（清）夏燮著，沈仲九标点：《明通鉴》，北京：中华书局，1959年排印本，第1028页。又，《明英宗实录》卷210《景泰附录》卷28，“景泰二年十一月壬子”条（4522页）载：“先是，有旨不度僧道，既而以中旨度三万二千八百余人。外间竞传明年仍度。于是，僧道集京师者数万人。”《明实录》此处所说“度三万二千八百余人”与“二月所度”是何关系，待考。

② 见《明英宗实录》卷201《景泰附录》卷19，“景泰二年二月戊寅”条；《明英宗实录》卷203《景泰附录》卷21，“景泰二年夏四月丙子”条；《明英宗实录》卷206《景泰附录》卷24，“景泰二年秋七月辛亥”条；《明英宗实录》卷228《景泰附录》卷46，“景泰四年夏四月庚子”条；《明英宗实录》卷240《景泰附录》卷58，“景泰五年夏四月癸巳”条；《明英宗实录》卷243《景泰附录》卷61，“景泰五年秋七月辛亥”条；《明英宗实录》卷247《景泰附录》卷65，“景泰五年十一月戊申”条；《明英宗实录》卷271《景泰附录》卷89，“景泰七年冬十月己亥”条；《明英宗实录》卷271《景泰附录》卷89，“景泰七年冬十月壬子”条。

续表

| 时间 | 给度人数 | 记载 | 出处 |
| --- | --- | --- | --- |
| 成化二十年十月 | *10 000* | 给空名度牒一万纸，分送山西巡抚都御史叶淇、陕西巡抚都御史郑时，募愿为僧道者，令诣被灾处输粟十石，以助赈济，给度之 | 《宪宗成化实录》卷257，“成化二十年冬十月丙辰”条 |
| 成化二十年十一月 | 500 | 通玄翊教广善国师继晓……又乞空名度牒五百道，亦许之 | 《宪宗成化实录》卷258，“成化二十年十一月庚寅”条 |
| 成化二十年十二月 | 70 000 | 预度天下僧道六万人。时山西、陕西饥，许浙江等处愿为僧道者输粟赈济，给以度牒，已万人矣。户部言陕西饥尤甚，乞再度六万人，各输银十二两。下礼部，覆奏：僧道十年一度，宜以前后所度七万准后二十二年该度之数。仍令天下有司照数类送。从之 | 《宪宗成化实录》卷259，“成化二十年十二月乙卯”条 |
| 成化二十一年八月 | 70 000 | 礼部请行给度僧道七万定数于天下。大率僧不过五万人，道二万人。如道数不足，即补以僧。僧道录官无得纷扰。两京神乐观并僧道录司及天下名山共七千八百人。十三布政司共五万二千人……诏可 | 《宪宗成化实录》卷269，“成化二十一年八月戊戌”条 |
| 成化二十一年十二月 | 29 960 | 礼部请度僧道行童二万九千九百六十名。上命以十二月初十日为始，有所在官司文凭者度之，余毋滥给 | 《宪宗成化实录》卷273，“成化二十一年十二月乙酉”条 |
| 成化二十一年十二月 | 3 400 | 喇嘛国师剳思巴宗柰奏乞度番僧，礼部欲遵成化二年例，以三千四百名数度之。上命礼部遣官督僧录司验其果系番人者给度，毋容冒滥 | 《宪宗成化实录》卷273，“成化二十一年十二月癸卯”条 |
| 成化二十二年十二月 | 300 | 给正一嗣教真人张玄庆度牒三百，从其请也 | 《宪宗成化实录》卷285，“成化二十二年十二月戊戌”条 |
| 合计 | 319 160 | | |

表2数字栏中为斜体数字者，当已经包含在其前后数字中，故成化年间给度30余万人。弘治元年（1488年），停止十年给度之例。[①]后在弘治九年六月曾令“在京准度八千名，南京五千名，直隶及各布政司府州县原额有缺照数保送来京”[②]。此外只有少量零星给度。故弘治年间给度数为明中叶各朝最少者。

前引弘治元年闰正月左都御史马文升上疏，称按国初定制，共该额设僧道37 090余名，而“成化十二年度僧一十万，成化二十二年度僧二十万，以

① 《明孝宗实录》卷10，“弘治元年闰正月丙戌”条，第231页。
② 《明孝宗实录》卷114，“弘治九年六月辛卯”条，第2065页。

前各年所度僧道不下二十余万，共该五十余万”[①]。此处言成化间两次大规模度僧，不言度道，并非未计度道士数，而是行文脱一“道”字。据此，成化以前度僧道20余万人，成化间度僧道30万人，截至成化末，天下有度牒僧道总数约50万人。马文升因此建议“将十年一度之例停止，待额数不足之日，所在官司照额起送给度”[②]。僧道十年一度的惯例从此取消。弘治七年（1494年）六月，礼部尚书倪岳等所上题本说到成化年间度牒给放数字：

> 又查得成化二年给度过僧道一十三万二千二百余名，成化十二年一万三千三百余名，成化二十二年二十二万四千五百余名。为因十年一度，兼且各处纳银赈济等项，多有不查额数，不由有司保送，一概请给，以此额外增添，数将十倍……况天下僧道额数不过三万有余，而成化年间所度已该三十五万有余。[③]

合计倪岳“查得”数字，成化二年（1466年）、十二年、二十二年度僧道约37万人，比马文升所说多7万，此外仍有大量纳银给度者。若按同本稍后所说成化年间度僧道35万有余数字，则比马文升所说多5万。根据马文升、倪岳两人说法，到弘治七年，给出度牒总数远超过55万。即使计入死亡、还俗之量，当时有度牒人数当也还接近55万之数。另外，除有度牒僧道外，无牒为僧道的男女数量当为极大，这在马文升疏和前引周忱书中皆可见一斑。因大臣屡屡主张清理度牒与僧道人口，通弘治时期，无大规模给度僧道，如前所述，最多一次是在弘治九年度僧道13 000人。

正德年间度僧道数当不少于15万人。见表3。

**表3 武宗时期僧道给度统计表** 单位：人

| 时间 | 给度人数 | 记载 | 出处 |
| --- | --- | --- | --- |
| 正德二年五月 | 40 000 | 准度在京在外僧三万名，道一万名。僧录司左善世定暟等奏谓已及十年给度之期，宜如例举行。事下礼部，侍郎张瀿等覆议：前此度僧道视额数已逾十倍，今止宜照缺度补，不可滥度，以蠹民财，阴损户口。不从 | 《武宗正德实录》卷26，“正德二年五月戊午”条 |

① （明）马文升：《端肃奏议》卷3《陈言振肃风纪裨益治道事》，《景印文渊阁四库全书》第427册，第734页。

② 《明孝宗实录》卷10，“弘治元年闰正月丙戌”条，第231页。

③ （明）黄训编：《名臣经济录》卷30，《景印文渊阁四库全书》第443册，第669—671页。

续表

| 时间 | 给度人数 | 记载 | 出处 |
|---|---|---|---|
| 正德三年春正月 | 100 | 诏度神乐观道士一百名，以诏度天下僧道而本观独不与，且乐舞生缺人充役故也 | 《武宗正德实录卷》34，“正德三年春正月庚申”条 |
| 正德三年三月 | 30 000 | 户部左侍郎兼左副都御史韩福奏请度僧六万人，预给度牒，分派两广、福建及江北诸郡，其银俱类解湖广及留湖广岁解。下所司议，以正德二年已度三万人，令减其数之半 | 《武宗正德实录》卷36，“正德三年三月甲子”条 |
| 正德三年四月 | 22 000 | 发僧牒二万、道牒二千于在京及直隶、山东、山西、河南、陕西、辽东、宣府、大同地方，每名纳银十两或八两，无力者勒令还俗。僧道官缺，其徒纳银五十两送部，准其承袭。俱从之 | 《武宗正德实录》卷37，“正德三年夏四月乙亥”条 |
| 正德三年七月 | 15 000 | 礼部以光禄寺牲口缺乏，先是借用太仓银十三万两，无可补还，乞再鬻僧行度牒一万五千张，酌量南北地方，多者价十三两，少者八两，取补负欠户部之数。从之 | 《武宗正德实录》卷40，“正德三年秋七月庚子”条 |
| 正德五年十月 | 40 000 | 准给番僧度牒三万，汉僧道士各五千。时上习番教，欲广度习其教者。命印度牒若干，所司度不可诤，因如数摹印，然竟贮于文华殿而实未尝用也[1] | 《武宗正德实录》卷68，“正德五年冬十月庚寅”条 |
| 正德八年十一月 | 3 000 | 赐大庆法王领占班丹番行童度牒三千，听自收度。先是，有旨度番汉僧行道四万人，其番行童多中国人冒名者，为礼部所持，故领占班丹奏欲自便云 | 《武宗正德实录》卷106，“正德八年十一月辛未”条 |
| 正德九年正月 | 200 | 赐真人张彦頨度牒二百道。时度僧道，彦頨陈乞故也 | 《武宗正德实录》卷108，“正德九年春正月庚寅”条 |
| 正德十二年十二月 | ? | 复开军职生员吏典义民僧道纳银例……义民授冠带者二十两……阴阳官七十，僧道官减二十，未给度牒者度之。报可 | 《武宗正德实录》卷156，“正德十二年十二月壬寅”条 |
| 合计 | 150 300 | | |

［1］据“然竟贮于文华殿而实未尝用也”句，似乎该40 000度牒皆未发放。但观表3下栏所录，“先是，有旨度番汉僧行道四万人，其番行童多中国人冒名者，为礼部所持，故领占班丹奏欲自便云”。则当时确曾给度僧道。然其数额，可能不及40 000之多

嘉靖以后，官方有关度牒发放的记载忽然减少，接近于不做记载。其原因当在于自从度牒主要用出卖方式给发之后，既然成为财政收入手段，则朝臣中间不再作为敏感信仰问题来争论。隆庆六年（1572年），政府已经在主动征求纳银换取度牒者，其价格为银五两，比嘉靖十八年（1539年）时降低50%，比正德十二年（1517年）时降低了75%。① 在这种情况下，反对出

① （明）俞汝楫：《礼部志稿》卷34，《景印文渊阁四库全书》第597册，第637页。

卖度牒也就没有什么意义了。

但观万历时期涉及出卖度牒收入的记载，其数额不大。如万历三年（1575年）三月，神宗依部臣之请，催解各省直银两济边。贵州抚臣罗瑶、按臣杨允中上言：贵州财赋有限，本省岁支尚需协济，乞免解部。神宗"许留事例税契余税等银七千九百余，其正税及度牒银共九百余仍旧解部"。[①]此时按期考试免费发给度牒的制度早已不行，僧道必须纳银而后能获得度牒，而度牒收入又如此之不足道。其中原因，应该在于无度牒僧道已经非常普遍化。后来朝臣中仍旧屡有上疏请限制僧道、寺观者，如万历十二年十二月，户部尚书王遴奏理财事，内有"议异端"一款：

> 乃今邪教盛行，琳宫梵宇，日恢月盛，宁负公家之赋而私会香钱则不敢少，宁爽官府之比而私约会期必不敢违。借贷以偿，典卖以应。民俗若此，奈何不穷且盗也？今后凡披剃，年四十以下，并无度牒者，放归农，流寓递还本籍土著，收入里户。私会者悉坐以左道惑众之律。[②]

其中虽提及度牒，但既未提及当时给放制度，也未提及度牒带来财政收入。随后礼部尚书沈鲤上疏建议：

> 移咨两京都察院转行五城内外及天下司府州县地方，大小寺观庵院，除系古刹及奉有钦依建置照旧存留听其更修外，若系近日私创庵院，招集僧尼，渎祀不经者，悉行拆毁入官，以后再不许新立增置，违者依律问遣。僧道曾经给有度牒年四十以上者照旧存留。其年四十以下未经给度牒者，查果戒行无碍，姑准查照见行事例，申送纳给度牒。如未给度牒削剃，不守清规与流寓游食之徒，一并驱逐原籍务农当差。[③]

泰昌元年（1620年）八月，光宗即位诏书内有："迩来淫祠日盛，细衣黄冠，所在如蚁。今后敢有私创禅林道院，即行折（拆）毁，仍惩首事之人。僧道无度牒者，悉发原籍还俗。"[④]天启五年（1625年）三月，户科给

---

① 《明神宗实录》卷36，"万历三年三月己未"条，第848页。
② 《明神宗实录》卷156，"万历十二年十二月辛酉"条，第2887页。
③ （明）俞汝楫：《礼部志稿》卷50，《景印文渊阁四库全书》第597册，第937页。
④ 《明光宗实录》卷3，"泰昌元年八月丙午"条，第67页。

事中周汝谟疏请出卖度牒："今宜颁行郡县，凡富民输粟若干，给以官号，量免差徭。计州县之大者，可得数十人，小亦可得数人外。如儒士之衣巾，武弁之加衔，僧道之授秩，推而行之，各有所入，此不亦予以虚名而收其实利乎？"① 崇祯间，有名沈迅者请"以天下僧人配尼姑，编入里甲，三丁抽一，可得兵数十万"。兵部尚书杨嗣昌称其言可用，命为兵科给事中。② 如此来看，万历到天启间的度牒发放究竟如何，颇难具体说明。但彼时明初严格考试限额给度之法肯定没有恢复，明中叶定期给放加皇帝、后宫特殊颁给结合的办法也没有实行。纳银买牒之事有，但根据偶然记载下来的数字及户部的说法，又不像已经成为财政收入中值得注重的成分。故最大的可能，是度牒之有无，已经基本无妨于僧道的生存和活动了。

王士性就曾说道："中州僧从来不纳度牒，今日削发则为僧，明日长发则为民，任自为之。故白莲教一兴，往往千百为群随入其中，官府无所查核，为盗者亦每削发变形入比丘中，事息则回。无论僧行，即不饮酒食肉者百无一人。"③ 袁宏道也说：

> 古之为僧者，试经乃得度，如今之科目然，故其徒不繁而业精。迨于宋季，始有纳资求度者。当时士大夫相与咨嗟，以为开游惰之端。国初私度之禁尤严，至于今漫无稽考，非穷巷比舍资生不给者之子若弟，则疥癞脓血之老不能力者也。朝而佣奴，暮而髡发，朝而市侩，暮而三衣，精蓝之中，遂为游食之薮，于是托钵擎锡，号衢呼舍者，几遍天下。有王者起，将尽驱而农之乎？驱之不胜驱也，必有变。然则每郡邑限以额，禁之使无他往，可乎？曰："比丘行脚，谓之参询。行则僧，不行则非僧，固其师之遗教也。恶乎禁？"曰："凡游者必给牒，至他邑则验之，若何？"曰："使其人贤，仆仆衙署，彼将不屑。不贤则诈伪百出，郡邑安能尽案，其势必假于胥隶，而相缘为奸。昔之人盖行之

① 《明熹宗实录》卷57，"天启五年三月壬申"条，第2647—2648页。
② （清）张廷玉等撰：《明史》卷267《列传第一五五·宋玫传》，第6881页。
③ （明）王士性撰，吕景琳点校：《广志绎》卷3《江北四省》，北京：中华书局，1981年，第44页。

矣，行也而不能竟行，故其法遂废。”①

如此，则明末人为僧为俗，实在已经由不得朝廷，度牒制度已经化解，故其给发之法及其数额，既无详细记载，也无人认真去争论了。

度牒制度变迁是明代历史中的一条重要线索。明初度牒制度体现出容许佛教、道教存在，但尽量将之控制为纯粹信仰宗教的方针。其表现为实行比较严厉的数额控制、资格限制，并尽量防止僧俗混杂。这种方针的目的，是在容许佛道存在的同时，避免僧道之增加会削弱政府对社会的控制力和对社会劳动人手的掌握。度牒制度的明显变化从正统时期开始，此与经济史上有重大转折意义的金花银之征开始及太仓之设立的时间大致同步，与政治史上内阁票拟制度之形成、宦官政治开始显示出重大弊端也大致同时。发生在正统末的土木之变，恰好是一个象征性的事件，突出反映出明朝的政府控制已经走向衰落。度牒制度之变迁与皇帝本人和皇室家族的信仰倾向及利益地位关系密切。明中叶围绕度牒制度的争论，基本是在官僚士大夫为一方，以皇帝、后妃、僧道势力为另一方的抗争中展开的。而且，此后明朝皇帝中，除了孝宗、穆宗之外，不是玩嬉之徒，如宪宗、武宗、熹宗，就是有怪癖者，如世宗、神宗、光宗、思宗。明朝的皇帝政治，在正统以后，每况愈下。官僚士大夫与皇族、僧道势力之间围绕度牒制度的长期争执，反映出明代政治上层存在儒家治国理念与佛道信仰之间的严重冲突。这种冲突是明代士大夫政治与皇帝政治矛盾的一种表现。如将此冲突与明中叶以后士大夫与皇帝及其家族几乎不断的摩擦、斗争以及晚明党争参照考虑，可见明代国家政治以及政治思想演变的一条浓重线索。士大夫强烈主张控制度牒发放的理由，一为压制“异端”，二为维护风气，三为保持社会生产者数量。此在正统初年士大夫言论中已经完全表达出来。自景泰二年（1451年）七月明朝开纳米授度牒之例，到嘉靖、隆庆之际度牒开放招纳，此间为明朝度牒制度由社会控制手段蜕变为财政手段的时期。这种蜕变，反映出到嘉靖后期，明朝上下皆已实际放弃保持严格社会控制的努力，同时，包括社会救助需求在内的财

① （明）袁宏道著，钱伯城笺校：《袁宏道集笺校·新建众香林碑记》，上海：上海古籍出版社，1981年排印本，第1556—1557页。

政压力也成为度牒制度根本转变的原因。嘉靖、隆庆之际出卖度牒之法并没有成为制度被严格实行。明朝既然已经失去对社会人口的控制力，则度牒的必要性其实也就削弱。到万历中期以后，出卖度牒也已经没有什么吸引力了。晚明僧道，无度牒者多而有度牒者少。明代民间希求获得僧道度牒者甚多，其原因当有三点：第一，明初过度限制僧道度牒，造成僧道相对于社会对僧道服务需求的不足；第二，明朝信仰佛教、道教人口逐渐增多；第三，明初劳役偏重，而僧道免本人劳役，且可依赖布施、寺观田产为生，故为僧道成为一个生存渠道，某些僧道可以致富。明中叶以后，僧道中有度牒者，不会低于70万人。其无度牒者，又当远多于有度牒者。这个可能的数字，在经济史和社会史上的含义，还当在详细考证该数字本身使之进一步贴近以后，详细讨论。

# 九

# 度牒制度与清前期社会制度变迁

唐、宋、元、明各代，政府通过给发度牒掌握僧、道正式身份之认定，实现对僧道人口一定程度的控制，其间亦常出卖度牒，以为财政收入渠道或救荒安民手段。清朝建立后，是否仍旧由政府给发度牒，采用试经给度还是捐纳给度，度牒之数量是否控制、如何控制等，反复变动。至清乾隆三十九年（1774年），政府给发度牒制度完全废止，终帝制时代结束，并未再度恢复。度牒制度关系国家宗教政策、经济政策、人口与户籍政策、民族关系、社会关系，国家与社会的关系，反映统治者信仰倾向及政治文化思想、谋略方针等，故可成为解剖国家制度文化的重要视角。该制度历千余年而结束于乾隆中叶，此于理解中国帝制时代社会政治文化之大走向关系不小。宗教界、史学界虽于清代度牒制度已有许多研究，但仍有诸多问题未经详明解说。[①] 本部分在前贤研究基础上，将清代度牒制度之演变做通贯梳理，间与明代度牒制度参照比较，以查见更长时段视野下该制度与社会演变互动纠缠之轨迹，并对清前期社会制度演变之相关情节及思想动向做出分析。

---

① 常建华教授《清代的国家与社会研究》（北京：人民出版社，2006年）一书中专设“乾隆前期治理僧道问题初探”一节，以丰富文献，澄清了该时期度牒制度施行与变化的基本情况，为迄今关于清前期度牒制度与国家政治关系最翔实的研究。

## （一）天聪至雍正末年度牒制度演变之梗概

清入关前即已实行度牒制度。天聪六年（1632年）规定："各庙僧道设僧录司、道录司总之。凡通晓经义、恪守清规者，给予度牒。"又定："僧道不许买人为徒，违者治罪。"① 此时度牒给发之条件，主要在于僧道的学问与品行。崇德五年（1640年）题准："新收僧人纳银，送户部核收，随给用印度牒，令僧纲司分发。"② 此规定则已如明朝末年，将度牒作为财政收入手段，僧道学问、品行并不重要。

定都北京不久，清廷重新讨论度牒给发之法。顺治二年（1645年）三月，礼部奏："故明时给僧道度牒，俱纳银三两二钱，今应否纳银给牒，请旨定夺。"③ 结果决定：

> 内外僧道，均给度牒，以防奸伪。其纳银之例停止。凡寺庙庵观若干处，僧道若干名，各令住持详询籍贯，具结投僧道官。僧道官加具总结，在京城内外者，均令呈部。在直省者，赴所在地方官呈送，汇申抚按解部，颁给度牒，不许冒充混领。④

此时度牒发放与寺庙庵院、僧道统计一样，目的在于将佛道组织、人群纳入国家管理体系，财政收入非为目标。但至顺治六年五月，因"边疆未靖，师旅频兴"，户部等衙门要求推行援纳，"以裕国家经费之用"。⑤ 遂定："该部刊刻度牒，印发各布政使司及顺天府，察境内僧道素无过犯者，每名纳银四两，给予度牒一纸。各州县于岁底申解该司，汇解户部。仍报部考核。从前给过度牒。一并追缴。"⑥ 纳银给牒之法施行不到两年，顺治八

---

① （乾隆）《钦定大清会典则例》卷92《礼部》，《景印文渊阁四库全书》第622册，台北：台湾商务印书馆，1986年，第883页。

② （乾隆）《钦定大清会典则例》卷92《礼部》，《景印文渊阁四库全书》第622册，第883页。

③ 《清世祖实录》卷15，"顺治二年三月丁巳"条，北京：中华书局，1986年影印本（注：下引清代各朝实录版本同），第134页。

④ （乾隆）《钦定大清会典则例》卷92《礼部》，《景印文渊阁四库全书》第622册，第883页。

⑤ 《清世祖实录》卷44，"顺治六年五月癸未"条，第354页。

⑥ （乾隆）《钦定大清会典则例》卷92《礼部》，《景印文渊阁四库全书》第622册，第884页。

年（1651年）闰二月，顺治帝谕礼部："国家生财自有大道，僧道纳银给牒琐屑非体，且多有输纳无措，逃徙流离，殊为可悯。以后僧道永免纳银，有请给度牒者，该州县确查，呈报司府，申呈礼部，照例给发。"[①] 由是恢复了免费给牒之法，且其他如通晓经义、品行如何等条件亦不论。次年，申明僧尼、道士已领度牒者，务恪守清规，用本等衣帽，住居本寺庙。未领度牒，私自为僧尼、道士及用番僧衣服往来者治罪。[②] 顺治十五年，经礼部条奏并九卿詹事科道会议，令申领僧道度牒者"照旧纳银，以杜奸宄"[③]。并令先前所领汉字度牒，一律缴出送部，换给清、汉字度牒，"并确核先年已纳银者，换给新牒。未纳银者，纳银给牒"[④]。两年后又议准："僧道度牒，免其纳银。令各该抚详开年貌籍贯及焚修寺庙，备造清册并送纸张投部，印给度牒。"[⑤] 由此，顺治18年统治期间，度牒制度凡5变：由免费给发，到交费给牒，再到免费给发，再至纳银给牒，复至免费给发。此间并无类似明初试经授牒法之考虑，即无关于僧道宗教素养，度牒给发，为自由纳取制，其变化枢机，只在是否将之作为财政收入手段。

康熙初年，采取积极干预及限制僧道政策，其大致做法同明朝初年类似。康熙元年（1662年）即规定僧道做道场者，只许在本家院内，禁止当街建设席棚、扬幡悬榜、持香游行等，违者治罪。[⑥] 康熙四年，户部议覆广东总督卢崇峻上疏，以异端、财政、风化为理由，令无度牒僧道还俗，已经给与度牒者姑且存留，"此后应照前额定之数，府四十人，州三十人，县二十人。其无度牒僧道，令各该府州县官严查，照前定例治罪。至男女聚会，应通行严禁"。得上谕："无度牒为僧道及男女聚会者，著该地方官严行察拏。若仍前怠玩不拏，或科道纠参，或旁人出首，将该地方官一并从重治罪。"[⑦] 同年七月，"令直隶各省清查僧道尼姑有无度牒及寺庙住持人数"[⑧]。此年

① 《清世祖实录》卷54，"顺治八年闰二月丁丑"条，第433页。
② （乾隆）《钦定大清会典则例》卷92《礼部》，《景印文渊阁四库全书》第622册，第884页。
③ 《清世祖实录》卷117，"顺治十五年五月戊午"条，第914页。
④ （乾隆）《钦定大清会典则例》卷92《礼部》，《景印文渊阁四库全书》第622册，第884页。
⑤ （乾隆）《钦定大清会典则例》卷92《礼部》，《景印文渊阁四库全书》第622册，第884页。
⑥ （乾隆）《钦定大清会典则例》卷92《礼部》，《景印文渊阁四库全书》第622册，第884页。
⑦ 《清圣祖实录》卷15，"康熙四年六月丁丑"条，第232—233页。
⑧ 《清圣祖实录》卷16，"康熙四年八月甲戌"条，第240页。

确定寺庙并僧道数额：

> 兴京、盛京及京城寺庙僧道均遵旨建设外，其前代敕建寺庙应各设僧道十名，私建大寺庙各设八名，次等寺庙各设六名，小寺庙各设四名，最小寺庙各设二名。又题准，本户不及三丁及十六岁以上，不许出家。违例者治罪。僧道官及住持知而不举者，一并治罪，罢职还俗。[①]

康熙六年（1667年）统计天下寺庙及僧道人数：

> 通计直省敕建大寺庙共六千七十有三，小寺庙共六千四百有九，私建大寺庙共八千四百五十有八，小寺庙共五万八千六百八十有二。僧十有一万二百九十二名，道二万一千二百八十六名，尼八千六百十有五名。共计寺庙七万九千六百二十有二，僧尼道士十有四万一百九十三名。[②]

此数字切不可看作当时寺院僧道总数，乃为在康熙四年所定规制基础上经过修改形成的定额统计数。此后数年间，仿明制建立从中央到地方的政府僧道管理机构，使之“专管天下僧道，恪守戒律清规，违者听其究治”[③]。在京僧录、道录司官，须经礼部出题考试，取经典谙熟并为人端洁者咨送吏部存案，按名递补，皆不支俸。在外府僧纲司、道纪司，州僧正司、道正司，县僧会司、道会司，均由各地督抚将应补之人咨部详察，转咨吏部补授。又定：“京城内外寺院庵庙宫观祠宇，不许容留无度牒僧道及闲杂人等居住歇宿。”[④]康熙十五年题准：“凡僧尼道士不领度牒，私自出家者，杖八十为民。有将逃亡事故度牒顶名冒替者，笞四十，度牒入官。该管僧道官皆革职还俗。”[⑤]但同一年，令“直省僧道，停止给予度牒”；康熙二十二年议准：“盛京僧道仍给予度牒”；康熙二十三年议准：“福建台湾僧道旧牒追缴送部，换给新度牒。”[⑥]此时直省停止给发度牒而盛京、台湾仍旧给发度牒，其原因及相关考虑，尚待考证。查乾隆帝即位后命恢复度牒给发时谕中

① （乾隆）《钦定大清会典则例》卷92《礼部》，《景印文渊阁四库全书》第622册，第885页。
② （乾隆）《钦定大清会典则例》卷92《礼部》，《景印文渊阁四库全书》第622册，第885页。
③ （乾隆）《钦定大清会典则例》卷92《礼部》，《景印文渊阁四库全书》第622册，第886页。
④ （乾隆）《钦定大清会典则例》卷92《礼部》，《景印文渊阁四库全书》第622册，第886页。
⑤ （乾隆）《钦定大清会典则例》卷92《礼部》，《景印文渊阁四库全书》第622册，第886页。
⑥ （乾隆）《钦定大清会典则例》卷92《礼部》，《景印文渊阁四库全书》第622册，第886页。

有："迨圣祖仁皇帝康熙初年，并给发度牒亦经停止。"[①] 据前引文献，康熙十五年（1676年）以前，一直推行较为严厉的度牒制度，故乾隆帝上谕中之"康熙"初年，当即指康熙十五年。然而，该年度牒停给只在"直省"，盛京、台湾未停。据《皇朝续文献通考》，"康熙十八年题准：札萨克大喇嘛给予印信，其余格隆、班第等给予禁条度牒，不给印信"[②]。康熙五十年，因直省各地创建寺庙，多占民田，游民充为僧道，寺庙藏匿逃犯，行事不法，扰乱地方，令"直隶各省严饬地方官，概不许创造寺庙。该僧道官不时稽察，取具甘结呈报，并不得容留外来可疑之人。如有故违，致生事端，依律治罪"[③]。

雍正时期，对佛道施行宽松放任政策，度牒制度失去效力。其间有江南江常镇道臣王玑上疏，请清查僧寺，推行度牒。但遭雍正帝斥责。王疏称：

> 窃臣伏查《会典》，僧尼必以度牒为照。今无艺游食之徒，每借出家为名，擅自投师披剃，其师又罔究来历，不查素行，一入庵寺，坐食逍遥。其中戒律精严勤心经典者不过十中一二，至如无藉匪类借此潜踪，或因犯事惧法，逃身托迹，藏垢纳污，莫可考诘者，所在皆有……近阅邸抄抚远大将军所题天威远振西海荡平善后十三条，口外喇嘛，尚请给以度牒，以查奸宄，则内地僧人，岂容私自披剃？似应敕礼部颁发度牒，于直省藩司通行府州县，查明各寺庵观僧尼，概令输请度牒。如无度牒者，即令还俗。嗣后凡情愿出家之人，查明合例，许其披剃，即令赴司请领度牒，填明年貌籍贯，并取识认保结。每给度牒一张，有力者输银十两，无力者输银五两，总归藩库，年底汇解充饷。其尼僧年过三十者，方许照僧人一例查明请给度牒，准予削发焚修。其府州县乡镇一切寺庙庵观，但准修理，不许盖造，恐劳民力，复损民财也。如有违犯，照律治罪。倘蒙俞允，敕部通行直省，实力遵行，一年之内，上可为国家增数百万之饷，下可清厘奸盗之源矣。

---

① 《清高宗实录》卷3，"雍正十三年九月己未"条，第188页。
② （清）刘锦藻撰：《皇朝续文献通考》卷89《选举考六》，上海：商务印书馆，1935年，《万有文库》本，第8490页。
③ （乾隆）《钦定大清会典则例》卷92《礼部》，《景印文渊阁四库全书》第622册，第887页。

雍正帝批曰：

所奏断不可行。殊属书生习气。释教相沿已久，止可将其中犯法为非者随事处分而已，若竟欲排斥无遗，以沽道学之名，则祸不旋踵矣。此等分外多事之想，皆可不必，反误尔本任内之责。况从古乱臣贼子中，未尝无读书人，岂可因此而遂憾及孔孟乎？尔谬矣。[①]

但雍正时期政府对僧道行为，仍加管理。雍正七年（1729年）申令："游方僧道等，责令僧道官管辖，地方官遴选恪守清规者，咨部照例给札。"[②]

## （二）乾隆帝整顿度牒制度的努力及度牒制度的废止

乾隆帝即位，不待改元，即令全面恢复度牒制度，其时上距康熙十五年（1676年）停止直省度牒给发已近60年了。其最初名义，冠冕堂皇，是为整顿佛道仪轨，护持正教。其谕云：

历代僧人披剃，有给与度牒之制，所以稽梵行，重律仪也……近日缁流太众，品类混淆，各省僧众真心出家修道者，百无一二，而愚下无赖之人，游手聚食，且有获罪逃匿者窜迹其中。是以佛门之人日众而佛法日衰……特以护持正教之殷怀，不得不辨其薰莸，加之甄别。著该部仍行颁发度牒，给在京及各省僧纲司等，嗣后情愿出家之人，必须给度牒，方准披剃。仍饬府州县等衙门，严查僧官胥吏，毋许借端需索，扰累僧徒。[③]

其令既行之后，有关的解释中却又表露出加强抑制寄食者流的社会治理意图，其谕曰：

四民之中，惟农夫作苦，自食其力，最为无愧……今僧之中，有号为应付者，各分房头，世守田宅，饮酒食肉，并无顾忌，甚者且畜妻

① 《世宗宪皇帝朱批谕旨》卷18，《景印文渊阁四库全书》第417册，第175—176页。
② （乾隆）《钦定大清会典则例》卷92《礼部》，《景印文渊阁四库全书》第622册，第887页。
③ 《清高宗实录》卷3，"雍正十三年九月己未"条，第188—189页。

子。道士之火居者亦然。夫一夫不耕，或受之饥，一女不织，或受之寒。多一僧道，即少一农民。乃若辈不惟不耕而食，且食必精良，不惟不织而衣，且衣必细美，室庐器用，玩好百物，争取华靡。计上农夫三人，肉袒深耕，尚不足以给僧道一人。不亦悖乎？……是不独在国家为游民，即绳以佛老之教，亦为败类，而可听其耗民财，溷民俗乎？[①]

其整顿之法：令直省各州县，按籍稽查。名山古刹及虽在城市而愿受度牒，遵守戒律，闭户清修者不问，其余应付僧、火居道士皆必须在还俗与身领度牒，守住寺院两者中间选择其一，且即使受度，仍不得招徒，其所有资产，量给还俗及守寺院者为衣食计，“其余归公，留为地方养济穷民之用”。[②]此法并未伤及真正僧道权益，但对应付僧、火居道士却极严厉，其没收财产一项，有社会救助含义。后礼部拟议具体方案时，拟借此机会普遍裁抑僧道，且拟度牒一张，收银三钱。乾隆帝又再申说：度牒制度之恢复，目的并非“沙汰僧道”，不可经由僧道录司收费给牒，以免滋生苛索之弊。转令总理事务王大臣会同九卿重新定议具奏。[③]随后得知各地僧道惶惑，唯恐资产归公，忙于诡寄、出卖田产。令礼部晓谕本意，并将应付僧、火居道士资产归公供养济穷民之说，亦著另议。当时上谕，并及禁止年少妇女为尼及不削发而自称比丘尼者，是以“风化”问题，也纳入此次度牒制度重建考虑中。[④]

随后发生的度牒给发之法，首先涉及普查天下僧道，在此基础上由所在地方官给与度牒，禁止私自出家，不受度牒者还俗，火居道士一律还俗，妇女不及四十，不许出家等。[⑤]其事载于清会典事例：

其现在受戒僧人、全真道士，素守清规，具有保结者，均应颁给度牒。若经僧道等官之手，易滋需索扰累，应行令顺天府、奉天府、直省督抚、转饬该地方官，将各僧道年貌籍贯并焚修所在缮造清册，取具互结，加具印结，申送该督抚汇齐报部，照册给发度牒。仍饬各地方官当

---

① 《清高宗实录》卷6，“雍正十三年十一月辛丑”条，第262—263页。
② 《清高宗实录》卷6，“雍正十三年十一月辛丑”条，第263页。
③ 《清高宗实录》卷8，“雍正十三年十二月庚辰”条，第314—315页。
④ 《清高宗实录》卷13，“乾隆元年二月己丑”条，第384—385页。
⑤ 《清高宗实录》卷16，“乾隆元年夏四月庚午”条，第433—434页。

堂给各僧道收执。遇有事故，将原领度牒追缴。如有改名更替，或藉名影射及私行出家者，皆照违制律治罪。至于应付僧人，令该地方官传集面询。果系实心出家，情愿受戒者，给予度牒。不愿受戒者，即令还俗，编入里甲为民。若老迈残疾，既难受戒，又难还俗者，查实亦给予度牒，许其看守寺庙，以终天年。又如深山僻壤寺庙，僧人不能远出受戒及俗家并无所归者，亦姑给予度牒，仍别注册，永不许招受生徒。至在京各省道士，果无家室，实心住庙焚修者，给予部照，毋庸给牒。火居道士，则勒令还俗。如有年老别无营运者，亦暂给予部照，永不许招受生徒。其尼僧一项，亦照僧道之例，愿还俗者听其还俗，无归者亦暂给予度牒，不得招受少年女徒。嗣后妇女有年未四十出家者，该地方官严行禁止。至各寺庙所有资产，免其稽查，以省纷扰。颁发牒照所需纸板工价等项，均于户工二部支取，岁终奏销。①

按此政策，现有受戒僧道皆给度牒，无须考试，亦无须交纳银物，故并未构成对僧道的明确限制。依托寺院宫观为生之人，也给与度牒，唯不许招收生徒，是从社会救济、民生角度出发，避免因整顿僧道管理政策而人口流离，同时防止僧道流品过于泛滥。应付僧人需在受戒与还俗之间做出选择，不可亦僧亦俗；火居道士则全部勒令还俗。两者差异，当在于火居道士与世俗角色更为接近。现有尼僧，皆不许招收年少生徒，嗣后妇女出家必须在40岁以后方可，这种两性差异，当出于从“风化”角度出发的考虑。与明代度牒制度相比，此时度牒由地方官发给，无须经僧道录司及礼部，对于僧道人等，方便得多。总体来看，此次重建度牒给发制度之要点，在于建立政府对于僧道身份的掌握，但并未推行强硬的僧道控制政策。

然而乾隆元年（1736年）七月的一道上谕中又说：

从前部议给发僧道度牒一事，每岁给发数目作何题奏，未经议及。恐有司视为具文，无从稽考。著各省将给过实数及事故开除者，每年详晰造册报部，该部于岁底汇题。今年初次奉行，其题奏之处，著于乾隆

---

① （乾隆）《钦定大清会典则例》卷92《礼部》，《景印文渊阁四库全书》第622册，第889—890页。

二年为始。至喇嘛给发度牒，亦照此例行。[①]

此道上谕含两点值得特别注意，其一是，统计给发度牒数目之真实目的毕竟还是在于裁抑僧道人口，乾隆帝此前一直尽量回避此说，此后则表露得日益清楚；其二是由此可知喇嘛给发度牒与内地佛道制度相同。乾隆三年（1738年）五月，庄亲王允禄等遵旨议覆礼部条奏给发度牒疏，其精神即为使各地僧道总数有减无增，其法一为立“传牒”法，二为限制招徒年龄，三为限制招徒数量。乾隆帝从之。[②]此事亦列入会典事例：

> 三年议准，直省僧尼道士颁发牒照，宜豫筹清厘之法，俾有成数可稽。见在应付火居人等，止给本身牒照，不准招受生徒，庶牒照止有缴销而无续增。其合例应招生徒之僧道，亦必年逾四十，始许招徒一人。所招之人，即于其师原领牒照，由地方官注明所招者之年貌、籍贯、簪剃年月，用印钤盖，取具五人互结存案。师故，即为本人之牒照。次第相传，不必别给。该州县岁终汇报该抚，该抚随五年审丁之期，别具清册报部。如所招之人身有过犯应还俗问罪者，即于其师牒照内除名，亦不准其师续招。若招徒无过病故者，准其报明地方官再行招受，即于牒照内注明，以防影射。因水火盗贼而遗失牒照，亦许呈明，咨部再给。若其师受徒之后犯罪应追缴牒照者，应将牒照即行缴销，所招生徒愿还俗者听，愿出家者，别听投师注名牒照。至已故之牒照，不得暗行隐匿。现在之牒照，不得私相授受。均责成僧道官实力稽查，地方官不时察核。[③]

地方督抚有领悟乾隆帝裁抑僧道人数之本意而实施得法者，颇得乾隆帝夸奖。乾隆四年九月，江苏巡抚张渠奏：“遵旨办理僧道，使之日渐减少。现在将事件词涉僧道而又犯清规者，追其度牒，勒令还俗。总期寓沙汰于无形之中。”乾隆帝夸奖：“如此办理甚是。若办得妥，数年后即有光景矣。”[④]云南巡抚张允随亦提出更为苛细的限制之法，经礼部议复，高宗亦批准

① 《清高宗实录》卷23，“乾隆元年七月己酉”条，第533页。
② 《清高宗实录》卷69，“乾隆三年五月壬申”条，第109—110页。
③ （乾隆）《钦定大清会典则例》卷92《礼部》，《景印文渊阁四库全书》第622册，第890页。
④ 《清高宗实录》卷101，“乾隆四年九月癸酉”条，第531页。

执行。[①]

自乾隆元年（1736年）起至四年止，统计“共颁发过顺天、奉天、直隶、各省度牒部照三十四万一百十有二纸”[②]。此数量当中，应不包括边疆地区喇嘛所得度牒。此数比照康熙六年（1667年）计算之天下僧道额数，二倍有余，且每张度牒意味有师徒两名合法僧道，故合法僧道已经达到68万人有余。于是重申：“遵照原议，令其师徒次第相传，不必再行给发。各督抚仍于五年审丁之期，别具清册报部。”[③]此额遂成为度牒总数，然而并非僧道总数。因其数量巨大，又制定进一步限制出家细则，包括应付僧、火居道士老迈残疾及处于深山僻壤无法还俗者所给印照之上，书明“不得招受生徒”字样；年终汇缴之牒照，注销、截角，缴送督抚，报部核销；嗣后民间独生子概不许为僧道。[④]乾隆五年，乾隆帝表示对清理僧道进展情况不满意：“今礼部发牒照已三十余万张，而各省缴到者尚少。是或仍事因循，仅奉行故事，则甚非朕所以禁游惰、劝力作之本意矣。著各该督抚留意，善为经理，并著于岁终将所减实数具折奏闻。”[⑤]

乾隆八年，谕军机大臣等：

> 两年以来，据奏僧道数目，皆有核减矣，而缁黄之流，并未见其减少。此何以故？究之各省督抚曾将此事办理耶？抑名办而实则否耶？如但虚应故事，则因循一二年与因循至数十百年何以异？甚非朕禁止游惰，劝民自食其力之本意。可传谕各省督抚，务必实心经画，善为奉行。固不可强迫以滋扰，亦不得掩饰以务名。当使渐自裁减，数与册符，毋循故辙，以致毫无成效。若办理有费周章，或致游手游食者反不得藉以养赡，毋宁仍旧，不必亟亟以减册上之虚名为奉职也。[⑥]

此谕中，乾隆帝虽仍在敦促地方大员尽力推行其所定度牒之法，但此前

① 《清高宗实录》卷106，“乾隆四年十二月乙酉”条，第595—596页。
② （乾隆）《钦定大清会典则例》卷92《礼部》，《景印文渊阁四库全书》第622册，第891页。
③ （乾隆）《钦定大清会典则例》卷92《礼部》，《景印文渊阁四库全书》第622册，第891页。
④ （乾隆）《钦定大清会典则例》卷92《礼部》，《景印文渊阁四库全书》第622册，第888—889页。
⑤ 《清高宗实录》卷130，“乾隆五年十一月戊辰朔”条，第893页。
⑥ 《清高宗实录》卷186，“乾隆八年三月辛酉”条，第399—400页。

设计目标，并未实现，其无可奈何之心境，已显露出来。至乾隆十年（1745年）六月，乾隆帝将此前严厉推行度牒制度以清理控制僧道的方针，明确改为“从宽办理”方针：

乃数年以来，各省所报册籍，多寡不同。自因本地僧道多寡不同之故，但止有沙汰之数，而未有续收之数，是有裁而无收也。亦非朕当日办理此事之意。古圣人之严辟异端者，因其有害于政教，今之僧道，不过乡里无依之贫民，窜入空门，以为糊口计，岂古昔异端之可比，而能为正教之害耶？若果去一僧道即多一力田之农民，则善政也。但朕复思之，彼游手坐食之人，既为僧道，习于安闲，若迫令改业，受手胼足胝之劳苦，其势有所不能。不过市井中添无数游惰生事之辈耳。转不若收之寺观中，尚有羁縻也。是以朕前原有渐次裁减之旨，不可听其引而日盛。若缁黄之属，必应尽汰无遗，则朕从前又何难降旨全行禁革，不事姑容乎？尔等可将朕意寄信与督抚，令其善于体会，转饬所属，从宽办理。若伊等错会朕意，以为崇高佛老，则又非矣。①

此后数年，度牒制度实施情况，颇少记载，当已名存实止。乾隆十九年，谕令停止各地督抚年终奏报度牒减少情况之事：

前经降旨礼部颁发僧道牒照，复令各督抚岁终将所减实数具奏。此原欲驱游手为良农，略示沙汰之意耳。乃十余年来，各省奏报不过具文从事，且若辈即尽令归农，安得余田而与之？转不免无藉为匪耳。据实严查或滋扰，有名无实，甚无谓。此综理日久所悉，正不必袭复古辟异之迹也。②

观其行文，不仅奏报减少情况不必再行，以度牒制度限制僧道之意图也已经放弃了。

至乾隆三十九年，礼部奏请将乾隆四年以后僧道未给度牒者，交地方官通查补给，其目的是从有度牒僧道中选拔僧纲、道纪等官。山西道御史戈源

① 《清高宗实录》卷242，“乾隆十年六月己酉”条，第123页。
② （乾隆）《钦定大清会典则例》卷92《礼部》，《景印文渊阁四库全书》第622册，第892页。

随即奏称："查乾隆元年至四年僧道之无度牒者，已有三十四万余人。自四年迄今，其私自簪剃者，恐不下数百万众。若纷纷查补，必多滋扰。请嗣后永停通颁。如遇选充僧道等官，著地方官查其实在戒行严明者，具给咨部，给照充补。"得旨："所奏是。僧道度牒，本属无关紧要，而查办适以滋扰。所有礼部奏请给发度牒之处，著永远停止。其选僧道官，令地方官查明，具给办理，亦如该御史所请行。该部知道。"[①] 次日，乾隆帝重申前日决定，并令僧道官补选亦无需有度牒：

> 昨据御史戈源奏请停查给僧道度牒一折，所奏是，已降旨允行矣。礼部前请将乾隆四年以后未给度牒僧道交地方官通查补给一事，只以备僧纲道纪等官之选，第度牒不过相沿旧例，散给仍属具文，而稽查实虞烦扰。自以不办为妥。若防僧道滋事而设，未必有牒照者悉能恪守清规，而犯法者皆系私自簪剃。方今法纪森严，有犯必惩，更无庸为此鳃鳃过虑。至遇僧纲道纪需人，所在地方官，原可查明僧道中之实在焚修，戒法严明者，具结呈报上司，咨部给照充补。何必因此一二人之补缺，而令各省寺观通查滋扰耶？所有礼部奏充补僧道官必须给有牒照之例，亦著停止。[②]

此时所停度牒制度，当指直省各地范围，喇嘛度牒并未停止，该问题当另研究。

综上所述，乾隆时期着力推行度牒制度仅在乾隆元年（1736年）至十年之间。乾隆十年之后，已少推行之努力。乾隆十九年停止度牒实额统计奏报制度，至乾隆三十九年正式废止度牒制度之时，度牒已早为具文，其间私自出家者数量巨大，有"不下数百万"之说。乾隆帝推行度牒制度，主要为了限制僧道人口，以免闲惰之民过多，妨碍民生，从来没有考虑僧道是否精通经典，亦不曾从财政收入角度考虑。又因为回避摧折佛道二教之名，尽量舒缓推进。然而由于僧道人数过于巨大，无法通过度牒制度尽行掌握，终于

---

① 《清高宗实录》卷960，"乾隆三十九年六月癸巳"条，第1017—1018页。
② 《清高宗实录》卷960，"乾隆三十九年六月甲午"条，第1018页。

放弃。从此，僧道身份为本人及僧团之事与政府干预脱节。

## （三）度牒制度与清前期社会制度变迁

秦朝建立统一帝制国家体系之际，佛教尚未传入，道教亦未形成，当时国家制度中并无关于制度化宗教的统一安排。东汉以后，二教逐渐发展，而中央集权之国家体系经历长期分合变动，乃至隋唐统一帝制体系重新整合时，方形成全国统一的僧官、度牒制度。此种制度最重要的意义，是确定世俗国家权力制约宗教组织权力格局，使中古整合以后的国家-社会权力关系在容纳庞大宗教组织之后，仍旧继续秦汉时代形成的世俗政权主导轨迹。这种格局，自然体现国家以融合百家之后的儒家为指导思想的政治文化精神，亦体现容纳各个宗教及多样化民间信仰的控制与包容结合的政策。同时，因为佛道信仰日益流行，寺院宫观成为重要经济单位，度牒制度亦是政府掌握土地、人口、财政收入、民族关系、社会各类人群地位关系、社会救济等诸多问题的治理工具，其意义并非单纯宗教政策可以包容。清代度牒制度探索、推行乃至废止之过程中，有诸多问题值得讨论，兹分述如次。

其一，如将明清两代度牒制度连贯起来，清朝度牒制度之总特点立即可以显现。[①] 清朝度牒给发，不再考虑僧道对佛道经典掌握程度，等于不以宗教修为及信仰真诚与否为标准，只要本人申请，所需办理者只是程序类问题。明朝前期僧道给度，需要由礼部、僧道录司等组织考试，不通佛道经典者不许。明中叶以后给度日多，考试制度亦不能真切落实，嘉靖中叶以后方改为捐纳给牒，而终明之世，度牒不废。清代度牒给发不经考试，显然继续明末已经形成的局面。但明初确定试经给度政策之前，捐纳给度在宋代已经盛行，明朝统治者并未追随，清朝则沿袭捐纳给牒之法，故清初之免试给牒，表明尽量因势利导的政策方针。考试与否其实颇有意义。明初实行试经授牒，意图在于保持僧团之宗教纯粹性，即以僧道为职业宗教饯行者，同时

① 明代度牒制度情况可参见前文及何孝荣：《论明代的度僧》，《世界宗教研究》2004年第1期。

防止民人随意混迹僧团之中。免除考试，表示政府放弃干涉僧团信仰纯粹性的政策，从而将僧团看作一般社会群体来对待。至于寺院宫观自己所发戒牒，从来没有统一规制，也不考虑信仰及修为。故明初、清初度牒制度之大区别，首先就在于明初政府注重从宗教的角度看待僧道，清初政府则注重从社会的角度看僧道。清政府既然主要从社会的角度看僧道，其度牒制度实行、修正、废止中的政策思想，其实亦主要应做社会治理思想而非宗教思想看。

其二，清朝度牒之作为财政手段仅在崇德、顺治短暂时期间断实行，其绝大多数时间为免费给发。度牒缴费的含义是政府将宗教身份出卖以获取财政收入，其理由是政府已然握有宗教身份的专门合法认定权和对社会所有成员社会身份类别的基本控制或确认权。宋代，因度牒出卖经常化，度牒已经成为一种有价证券，可以单独划拨、转让。明代此类情形不多见，但以空名度牒拨给地方救济灾荒等时有发生。明中叶，因僧道限额，度牒价值不菲，愿出资购取者多而政府犹尽量少卖，晚明时方放开提供，而其时无度牒僧道反已多于有度牒者。是僧道限额一旦消失，则度牒价值亦随之削减，故清朝初年之出卖度牒，如顺治八年（1651 年）闰二月，上谕所说："僧道纳银给牒琐屑非体"，于财政补益其实不大。虽然后来又在顺治十五年一度"照旧纳银"，但其目的是"以杜奸宄"，即控制僧道中混入过多非类人等，不为其财。顺治十七年以后则再无出卖度牒政策，此亦中国度牒制度史上一个值得注意之变化。

其三，康熙、雍正、乾隆前期度牒制度大致断续实行，既不试经，又不收费，其意义主要在于政府掌握僧道人口数字情况。但其间康熙初年与乾隆初年，皆尽量在已经较为宽泛的度牒制度实施中，对寺观与僧道发展实现一定限制，顺治、雍正时期则此类意图不显。康熙时期做法与明太祖做法有较多类似之处，其最突出之处，在于限制寺院数额和僧道，且其规定的寺院数额，除敕建者外，基本与明初所定相同，其僧道数额且更为具体。乾隆时期做法之最突出之处，在于试图不露声色地削减寺院与僧道人口数量。其他如无度牒者不可收徒等，则在清前期大致一以贯之。康熙六年（1667 年）统计天下寺观并僧道人数，至康熙十五年即停止直省度牒给发，内中原因虽未见详细记载，但主要问题当在于大致比照明初所拟天下寺观僧道额数与现实中已经存在之寺观僧道数量，相差悬殊，并无压缩到定额数量之可能。洪武十五年（1382年）时，国家统计天下僧道总数就已经达到117 282人，而晚明僧道已经绝不低于70万人。康熙初定额全国寺庙79 622座，僧道140 193名，其间僧团并未经过大规模冲击，僧道男女如何可能限于该数？乾隆初拟借助度牒制度，徐徐压缩僧道数量，但僧道既然无限额，度牒颁发只可供僧道统计之用。自乾隆元年（1736年）起至乾隆四年，共颁发过顺天、奉天、直隶、各省度牒部照340 112张，如有度牒者各可招收生徒一名，即达68万余僧道数量。此后尽量使度牒减而不增，而实际上政府能控制度牒却不能因而控制僧道增加，终于放弃度牒制度。此种由限制到放弃限制的过程，其实与康熙初期所遭遇者如出一辙。康熙、乾隆两朝初年之经历表明，寺观及僧道人口数量并不能通过度牒制度而实现控制，至少不能通过清初那种免试免费认领的方式实现控制。如前所述，清代度牒制度中宗教控制的寓意已经淡化，其人口控制的意义既然也已丧失，则留之无益，不如废止。

其四，度牒制度之于清代，最引人注目处不在其实施，而在于其废止。此废止是乾隆三十九年废止令下达前反复尝试之自然结果。康熙十五年（1676年）至乾隆元年之60年间，度牒发放在内地已经基本停止。清朝截至乾隆三十九年以前之度牒制度行、废时间基本各占一半。即使其推行时期，度牒制度如前所说，已经非常宽松。故度牒制度在清代之废止，当看作中国社会历史长期演变的结果，并非清朝乃至乾隆时期一朝政令所致。此长期演变固然涉及许多因素，但其主线索，是帝制框架下民间社会自由生活秩序之逐步发展。僧团制度并非中国本土所生成，其借助佛教进入中国社会体系后，必然发生与既有社会组织结构磨合适应过程。唐宋至明朝初年比较强硬之度牒制度，即为国家体系收纳控制僧团之安排。明中叶以后，与民间社会多方面之繁荣相伴随，僧道群体深度融合于民间社会生活，僧团之信仰独特性即逐渐淡化，其与国家组织体系关系中之抗衡性也削弱甚至消失，所余仅为僧团成员作为社会群体在国家制度框架中的经济角色、社会角色问题。故明朝前期讨论度牒制度时，士大夫群体反复提出抑制“异端”说，而清朝前期考虑度牒制度时，士大夫并未显示出明确群体性意见，连几代帝王，主要也未从信仰角度看问题。换言之，明中叶以后的佛道教与其他民间信仰乃至普遍日常生活习俗已经十分融合，其作为信仰之特异性及作为组织之独立性都弱化到与国家制度无严重冲突。僧道已成为大量普通人生存而非修道的出路。此时虽有战乱、灾荒年代，但经济繁荣时期长，人口迅速膨胀，社会等级关系削弱，政府对个人的控制普遍放松，此时严密控制僧道，既不可能，也失去了实际意义。在此背景下，清前期赋税制度中人头税成分削弱，而人口与土地比例关系中人口偏于过剩，从经济角度出发控制僧道的理由便也削弱了。这种变化，是明清时代帝制框架下农商社会发展的表现。

其五，度牒制度既然在乾隆时期恢复而后宣布废止，乾隆帝本人经历了对于度牒制度的较他人更彻底的考量。其前后主张中，最意味深长处，在于此人之社会治理观以及其中蕴含的政治现实主义。如上文所述，乾隆帝恢复度牒制度之主要目的，是控制僧道人口与整顿僧道风气，所以如此，又是因为要防止僧道过度泛滥及大量僧道脱离劳动寄食于社会其他阶层。这种考虑，与朱元璋在明初制定度牒制度意图非常接近。但乾隆帝关于度牒制度有大量言论，其见识还在朱元璋之上。如乾隆二年（1737年），曾于一份上谕中说道：释道之教本不应禁绝，但僧道徒众太繁，贤愚混杂，其中有童稚孤贫非自愿出家者，有托迹缁黄而谋利荡检者，有匪类逃罪者，“是以发给度牒，令有所稽考，亦如民间之有保甲，不致藏奸，贡监之有执照，不容假冒。果能奉行尽善，则教律整饬，而闾阎亦觉肃清”[①]。这表达了一种从社会治理角度出发的僧道政策论。又云：

> 夫释道原为异端，然诵读经书而罔顾行检者，其得罪圣贤，视异端尤甚焉。且如星相杂流及回回、天主等教，国家功令，原未尝概行禁绝。彼为僧为道，亦不过营生之一术耳。穷老孤独，多赖以存活。其劝善戒恶，化导愚顽，亦不无小补。帝王法天立道，博爱无私，将使天下含生之类，无一不得其所。僧道果能闭户焚修，亦如隐逸之士遁迹山

① 《清高宗实录》卷38，“乾隆二年三月己亥”条，第694页。

林，于世教非有大害。[①]

此说看去平常，却涉及解读中国帝制时代“王者”之心的一个要点：此即“法天立道，博爱无私”，天道既生林林总总，人王当令各得其所。即使“异端”，亦不禁绝。这种说法，自然有标榜之味道，但“法天立道，博爱无私”能够成为帝王阐释政策之依据，当然有政治价值观方面的影响力。中国帝制时代绵绵两千余年，在人类历史上为一奇观，如思考其中道理，法天博爱之为政价值取向，当是一要素。乾隆帝恢复到放弃度牒制度之过程，包含思想转变，其枢机不在改动初衷，而在逐步了解现实并适应于现实。此种现实，即天下僧道已然过多，如要尽统于度牒制度之内，则必天下骚然，与其强天下之所难，或者刻意保留名存实亡之政令，不如明白取缔。以此与明朝中叶以后统治者政令与政策实践往往两不相干相比，可见乾隆帝之方略，更为现实。

① 《清高宗实录》卷38，“乾隆二年三月己亥”条，第694页。

# 第三篇

# 思想与学术

# 十

# 明代的“四民”说

中国先秦时期就有士农工商“四民”之说，将此“四民”视为社会基本人群。这“四民”在社会体系中的地位，包括他们掌握财富与权力的状况、法权地位，以及他们在社会心理中的位置，一直有所变化，尤其是在明朝中叶以后，变化更为明显。本部分梳理明代人关于“四民”的言说，争取深化对时人“四民”关系观念的认识，以利于深入透视明清社会结构。

## （一）明太祖的“四民”等差说

明初国家政令，以恢复“四民”各安其业的社会状态为目标，“四民”之中，首崇士人，其次为农。明太祖讲道：

> 四民之中，士最为贵，农最为劳。士之最贵者何？读圣贤之书，明圣贤之道，出为君用，坐享天禄。农之最劳者何？当春之时，鸡鸣而起，驱牛秉耒而耕，及苗既种，又须耘耨，炎天赤日，形体憔悴，及至秋成，输官之外，所余能几？一或水旱虫蝗，则举家皇皇无所望矣。今居官者不念吾民之艰，至有剥刻而虐害之，无仁心甚矣。[①]

① （明）余继登撰，顾思点校：《典故纪闻》卷5，北京：中华书局，1981年，第87页。

这段言论，明确提出士在“四民”中最为尊贵，农为最劳，故极应体恤。至于工、商，虽未提及，但显然其值得关注程度对于朱元璋来说逊于士、农。朱元璋的这种说法，在明代后来的士大夫言论中，仍有回响。湛若水就曾说：

> 先王制四民之序，农次于士而先于商贾，所以重农也。夫国之贫富兴衰，视其本末分数而已。务本者多，虽欲无富，不可得也；逐末者多，虽欲无贫，不可得也。民富而知礼义，虽欲无治，不可得也；民贫而丧廉耻，虽欲无乱，不可得也。是以先王之世，必重农事。①

朱元璋的前述言论，也非首创，基本是前人说法与社会各阶层实际关系在明朝初年的投影。如宋代审理诉讼时，就对“四民”身份加以区别：

> 国家四民，士农工商，应有词诉，今分四项。先点唤士人听状。吏人不得单呼士人姓名，须称某人省元，其为士而已贵与荫及子孙有官用干仆听状者，随附士人之后。干仆却呼姓名，然须有本宅保明方受。士人状了，方点唤农人。须是村乡种田务本百姓方是农人。农者国家之本，居士人之次者也，余人不许冒此吉善之称。农人状了，方点唤工匠。应干手作匠人能为器具有资民生日用者皆是。工匠状了，方点唤商贾。行者为商，坐者为贾。凡开店铺及贩卖者皆是。四民听状之后，除军人日夕在州，有事随说不须听状外，次第方及杂人，如伎术、师巫、游手、末作（末作谓非造有用之器者）、牙侩、舡稍、妓乐、岐路、干人、僮仆等，皆是杂人。此外又僧道，亦吾民为之，然据称超出世俗，不拜君王，恐于官司无关，官司不欲预设此门。②

如此看来，“四民”在宋代是渗透到官府司法行为中去的一种颇为凝重的概念，前引文所指诉讼过程中的点唤次序，带有社会地位等级的意味。同

---

① （明）湛若水撰：《格物通》卷86，《景印文渊阁四库全书》第716册，台北：台湾商务印书馆，1986年，第773页。按：朱元璋称士、农重于工、商，只从士人读书明道参政，农人辛苦角度立言。湛若水则更认定重农方能国富民安，工、商为末，逐之必至丧乱。其论说此等严重话题，竟然不觉得需要提供任何证据或者论证过程，可见当时所谓鸿儒言说，以今日学术尺度衡量，并不严谨。

② （宋）黄震：《黄氏日抄》卷78，《景印文渊阁四库全书》第708册，第802页。

时，“四民”在宋代已是社会上受到特别重视的基本人群，并非所有人群都可以被涵盖于其中。

从明太祖“四民”有等的主张中可以明显看出其“四民”观是倾向于保持先前传统的。相关的是他关于“四民”各安本业的政策。明代很多史籍中提到朱元璋在建国后不久对户部讲到的话：

> 古先哲王之时，其民有四，曰士农工商，皆专其业，所以国无游民，人安物阜，而致治雍雍也。朕有天下，务俾农尽力畎亩，士笃于仁义，商贾以通有无，工技专于艺业。所以然者，盖欲各安其生也。然农或怠于耕作，士或隳于修行，工贾或流于游惰，岂朕不能申明旧章而致然欤？抑污染胡俗，尚未革欤？然则民食何由而足，教化何由而兴也？尔户部即榜谕天下，其令四民，务在各守本业。医卜者土著，不得远游，凡出入作息，乡邻必互知之。其有不事生业而游惰者及舍匿他境游民者，皆迁之远方。①

努力使“四民”稳定于特定职业的思想，其实也是由来已久。《管子》甚至曾主张“四民”分隔居住。然而抵至宋代，“四民”分隔已经不再是强制的规定，更非社会实际。从朱元璋上述话中也可看到，即使“四民”各安本业，在明初也并未实现，因此他才去追问这是否为“胡俗”。到了洪武十八年（1385年），朱元璋再次下达谕旨：

> 人皆言农桑衣食之本，然弃本逐末，鲜有救其弊者。先王之世，野无不耕之民，室无不蚕之女，水旱无虞，饥寒不至。自什一之涂开，奇巧之技作，而后农桑之业废。一农执耒而百家待食，一女事织而百夫待衣，欲人无贫得乎？朕思足食在于禁末作，足衣在于禁华靡，尔宜申明天下，四民各守其业，不许游食。庶民之家，不许衣锦绣。庶几可以绝其弊也。②

① 《明太祖实录》卷177，“洪武十九年春正月壬寅”条，台北：台湾“中研院”历史语言研究所校印，1962年，第2687—2688页。

② 《明太祖实录》卷175，“洪武十八年九月戊子”条，第2663页。

重农桑而禁末作，“四民”各守本业，庶民不事奢华，从朱元璋的这些政策中，大致可以看出，他是主张“四民”有等差的，但他并没有强调这种等差是社会身份地位的差别，主要还是从社会分工的意义上来强调其区分的必要性。以这种观念为基础而推行的社会政策，自然是农本主义的、自然经济的、以社会安定富庶为目标的，而不是追求发展变化的。

## （二）何良俊等的“四民”定业说

朱元璋的“四民”说在他本人在位的时候，虽没有能够完全实现，但还是指导着朝廷的政令，影响着官僚士大夫的言论。到了明中叶，社会流动性大为增强，不仅商人游走四方牟利，手工业者在以银代役政策下增强了流动性，以往最为稳定的农民因赋税及土地兼并等压力而发生大规模流徙，就连读书的士人中也流行起离开学校而游学讲学的风尚了。在这种情况下，士大夫中担忧社会流动性增强会瓦解社会稳定，呼吁“四民”定业的言论增多。何良俊就指出：

> 余谓正德以前，百姓十一在官，十九在田。盖因四民各有定业，百姓安于农亩，无有他志。官府亦驱之就农，不加烦扰，故家家丰足，人乐于为农。自四五十年来，赋税日增，徭役日重，民命不堪，遂皆迁业。昔日乡官家人亦不甚多，今去农而为乡官家人者，已十倍于前矣。昔日官府之人有限，今去农而蚕食于官府者，五倍于前矣。昔日逐末之人尚少，今去农而改业为工商者，三倍于前矣。昔日原无游手之人，今去农而游手趁食者，又十之二三矣。大抵以十分百姓言之，已六七分去农。至若太祖所编户口之数，每里有排年十人分作十甲，每甲十户，则是一里总一百户，今积渐损耗，所存无几……吾恐田卒污莱，民不土著，而地方将有土崩瓦解之势矣！可不为之寒心哉？[①]

在这种描述中，朱元璋梦想的社会稳定结构已经瓦解，而实际上有力地

① （明）何良俊撰：《四友斋丛说》卷13《史九》，北京：中华书局，1959年，第111—112页。

推动了其瓦解的正是朝廷自己的“赋税日增，徭役日重”。就明朝前期的经济结构而言，赋税徭役的主要标的是农业和农民，所以赋税徭役造成的社会压力，首先冲击农民，因而推动农民弃农，其上者改事工商，下者为乡官家人、蚕食官府、游手趁食。后者诸种，已经游离于“四民”之外了。何良俊主要是文人而不是政治家、思想家，他的忧虑反映社会变化，他的化解方案却只是简单的复古：

> 管子以为士农工商四民者，国之石民也，不可使杂处。杂处则其言哤其事乱。是故圣王之处士必于闲燕，处农必于田野，处工必于官府，处商必就市井。使旦暮从事于此以教其子弟，少而习焉，其心安焉，不见异物而迁焉。是故其父兄之教，不肃而成。其子弟之学，不劳而能。呜呼！由今之世，苟四民皆有定业，则民志定矣。民志定，而天下有不治者乎？①

明中叶主张回复“四民”定业的人中还包括前面提到的湛若水。他曾上疏主张“定四民”，其说云：

> 夫先王之处民也，士农工商各有其地，所以专其业也。地壹则事专，事专则业专，业专则志定矣。民志定，则天下治矣。齐桓师管子之言，犹足以成霸图，况明君圣主，本之以诚而化之以道者乎？②

湛氏的“定四民”，不仅要定其职业，而且要仿照管子说法，定“四民”所在之地，即将之分区定位，以空间定位来确保社会角色固定。《管子》的说法，本有战国人因时托古之色彩，汉晋时代已面目全非，至于宋元，更已支离破碎。时至明朝中叶，如何能够将“四民”再度固着在特定空间？此类主张，从实践角度看，食古不化，近于梦呓。明末顾炎武就曾经批评管子的“四民”定位说并非先王之法：“士农工商谓之四民，其说始于管子。三代之时，民之秀者乃收之乡序，升之司徒而谓之士，固千百之中不得一焉……则谓之士者，大抵皆有职之人矣，恶有所谓群萃而州处，四民各自

① （明）何良俊撰：《四友斋丛说》卷20《子二》，第179—180页。
② （明）湛若水撰：《格物通》卷55《正万民上》，《景印文渊阁四库全书》第716册，第487页。

为乡之法哉？”[①]

## （三）王阳明的“四民”异业同道说

观照社会风尚的变化背景来看王阳明的相关言论，就会看到从明初到明中叶思想领域的变化。王阳明在《节庵方公墓表》中讲述昆山方麟行实云：方麟最初为士，习举子业，后来依居其妻家朱氏，而朱氏经商。友人问：“子乃去士而从商乎？”方麟曰：“子乌知士之不为商，而商之不为士乎？”后来方麟又曾为州府吏目，复退而归农。逢岁歉，尽出所有以赈饥乏，得到朝廷赏赐冠服，遥授建宁州吏目。后来，他与妻子朱氏竭力农耕植家，并教授二子皆中进士。王阳明就此评论曰：

> 古者四民异业而同道，其尽心焉一也。士以修治，农以具养，工以利器，商以通货，各就其资之所近、力之所及者而业焉，以求尽其心。其归要在于有益于生人之道，则一而已。士农以其尽心于修治具养者，而利器通货，犹之士与农也；工商以其尽心于利器通货者，而修治具养，犹之工与商也。故曰：四民异业而同道。盖昔舜叙九官，首稷而次契。垂工益、虞，先于夔、龙。商、周之代，伊尹耕于莘野，傅说板筑于岩，胶鬲举于鱼盐，吕望钓于磻渭，百里奚处于市，孔子为乘田委吏，其诸仪封晨门荷蒉斫轮之徒，皆古之仁圣英贤、高洁不群之士。书传所称，可考而信也。自王道熄而学术乖，人失其心，交骛于利以相驱轶，于是始有歆士而卑农，荣宦游而耻工贾。夷考其实，射时罔利有甚焉，特异其名耳。极其所趋，驾浮辞诡辩以诬世惑众，比之具养器货之益，罪浮而实反不逮。[②]

如几乎所有儒家思想者一样，王阳明托言于上古圣王来阐释自己的主

---

① （清）顾炎武著，（清）黄汝成集释：《日知录集释》卷7《士何事》，上海：上海古籍出版社，1985年，第578—579页。

② （明）王守仁撰，（清）张问达辑：《王阳明先生文钞》卷15《节庵方公墓表》，《四库全书存目丛书》集部，第50册，济南：齐鲁书社，1997年，第139页。

张，核心是“四民”事业固然有别，但只要存“有益于生人”之心，就同在道中，并无等差。歆士而卑农，荣仕宦而耻工贾，是王道不兴而学术乖离所致。按照这种言论，“四民”无论所业为何，只要存有益生人的道心，本质就绝无等差，“四民”之间的相互转化，即朱元璋刻意防止的“四民”迁业、迁徙，也全属自然，无须防范。从前引朱元璋的“四民”等差说到王阳明的“四民”同道说，悄然之间，已然大异其趣。

王阳明的“四民”同道说并非故作高古之论，其同时代人中大有知音。如林俊就有相似说法。林俊作《明赠文林郎监察御史昆山周公明轩墓表》，其中讲述了明赠监察御史周熭的故事。周熭也是弃士子业而经商致富，既富之后，令其子周震修士子之业，取进士，为名御史。林俊的评论是：

> 呜呼！四民之业，士先焉，商致抑末之微。然三事八政，正德厚生平等。太公立国，张安世立家，用此也。子贡学夫子之道而好废。然则士与商通欤？曰：士以明道，禄殆非所求。食货交相为用，末业，贫者资也。商之利厚于农工，而居中应会，估不二价，非士莫之能举也。公积能散，业能谢，士未尽然者，抑计然、陶朱之术非欤？[①]

无论故事还是见解，林俊与王阳明所说都甚相似。因而当时，士商异业而同道的思想，应是一个思潮。不过林俊的说法，止于因事点评，不及王阳明的说法，已经进入社会根本观念的反思层面。

有了前人的诸多言说，到了明后期，汪道昆在《虞部陈使君榷政碑》中发表为人熟知的商农并重主张，就不足为奇了。汪道昆称：“窃闻先王重本抑末，故薄农税而重征商。余则以为不然，直壹视而平施之耳。日中为市，肇自神农，盖与耒耜并兴，交相重矣……商何负于农？”[②]

---

① （明）林俊：《见素集》（续集）卷10《明赠文林郎监察御史昆山周公明轩墓表》，《景印文渊阁四库全书》第1257册，第546页。

② （明）汪道昆：《太函集》卷65《虞部陈使君榷政碑》，《四库全书存目丛书》集部，第118册，第68页。

## （四）张瀚的“四民纪”

张瀚，字子文，号元洲，浙江仁和人，嘉靖十四年（1535年）进士，官至吏部尚书，后因得罪张居正致仕，万历二十一年（1593年）卒，时年八十三岁。《松窗梦语》是他致仕后所作笔记，内容以关涉本朝史事者为多，且每有亲身见闻为据。该书卷四由《士人纪》《三农纪》《百工纪》《商贾纪》四篇记述“四民”的文章构成，张瀚之子为该书所作跋语中将之径称为“四民纪”。

《士人纪》，由士人出处以三不朽为高尚境界之说切入，称明朝达此境界者以刘基、宋濂、方孝孺、于谦、胡世宁、孙燧、王守仁为最。其主旨，在于申明士君子之人生，当以三不朽为志，勿为富贵虚名所累，并无从社会结构角度出发的思考，无须多议。《三农纪》所论问题，并非伦理或人生观，而是农民生计，主张安置农民生计之根本，在于开垦荒田，均平田赋。此类问题的一般论说，原为老生常谈，然而张瀚的可贵处在于能区分各地差异，并未一概混同。不过，此篇文字，毕竟也不是从社会结构角度出发的议论。其《百工纪》要旨在于主张去侈靡。大意为百工之事，固然不可废弃，然而治世之道，在俭不在奢。如今因为元勋、国戚、世胄、貂珰穷奢极欲，故有百工奔走京师等地，追逐末利，非主持世道者申明规矩，不足以引导更正。“古之为工也，因其所能，不示以奢，男效其耕，女效其织而已……是以善为国者，令有无相济，农末适均，则百工之事，皆足为农资，而不为农病。”[①]“今之世风，上下俱损矣。安得躬行节俭，严禁淫巧，祛侈靡之习，还朴茂之风，以抚循振肃于吴、越间，挽回叔季末业之趋，奚仅释余桑榆之忧也。”[②]如此言论，承认百工为社会之必需，然而判定奢靡风气，必得百工之业而成，故百工不可以过多，其事当被节制。至于百工作为人民，其生计如何，张瀚并未讨论。百工在社会中的地位，也未特别论及。

---

① （明）张瀚撰，盛冬铃点校：《松窗梦语》卷4，北京：中华书局，1985年，第78页。
② （明）张瀚撰，盛冬铃点校：《松窗梦语》卷4，第80页。

“四民纪”中有独到之处者是《商贾纪》。张瀚虽在《百工纪》中一味地以禁奢从俭为言，但言及商贾，却力为弛商裕国说张目。其文之初，言商贾逐利，虽出人情，然而为智之小者，大致故为高深姿态，并无独到见解。进而回顾各代商贾政策，仿佛欲就本末关系有所分析，但也只朦胧言说。及至说到明代，笔意陡然振奋，将全国各地商贾盈缩关节，一一述说，大致展现了明代全国市场的概况，而其间对于商贾，并无刻意鄙薄之语。进而，论西北互市与开放东南海禁利弊之较，主张开放海上贸易，称：“海市所易，皆民间财货，无妨国计。互市有损而无得，海市有利而无害，主计者何不思也？”[①] 最后又力陈减轻商税之必要：“至于中国商贾之税课，虽国用所资，而多方并取，亦所当禁。”“古者关市讥而不征，征商非圣朝所宜急。”[②]

通观“四民纪”，其论士、农、工，皆缺乏新意，但在讨论商贾时，的确表达了明确的主张，承认商贾对于社会繁荣的作用，主张商税不应繁重，东南海外贸易应当开放。于中可以看出，在张瀚看来，商人社会地位即使尚不能与士人比肩，至少亦不逊于农、工。

对待商人的这种比先前更多肯定性的看法，在张瀚时代，也已经流行。如万历初内阁首辅张居正亦云：

> 古之为国者，使商通有无，农力本穑。商不得通有无以利农则农病；农不得力本穑以资商则商病。故商农之势，常若权衡。然至于病，乃无以济也……故余以为欲物力不屈，则莫若省征发，以厚农而资商；欲民用不困，则莫若轻关市，以厚商而利农。[③]

同是万历时人的王士性观察到，除了京城人好侈夸奢靡，因而骤富者亦易于荡尽财富外，外省各地“四民”中，皆有经营致富者。他说：“都城众庶家，易兴易败。外省富室，多起于四民自食其力。”可见当时的“四民”，如就财富状态而言，社会处境在发生变动。[④] 抵至明末，黄宗羲称“世儒不

---

① （明）张瀚撰，盛冬铃点校：《松窗梦语》卷4，第86页。

② （明）张瀚撰，盛冬铃点校：《松窗梦语》卷4，第86—87页。

③ （明）张居正撰：《张太岳先生文集》卷8《赠水部周汉浦榷竣还朝序》，《续修四库全书》第1345册，上海：上海古籍出版社，2002年，第663页。

④ （明）王士性撰，吕景琳点校：《广志绎》卷2《两都》，北京：中华书局，1981年，第18页。

察，以工商为末，妄议抑之。夫工固圣王之所欲来，商又使其愿出于徒者，盖皆本也”[①]。这显然已经是在普遍观念基础上所发的议论了。

## （五）“四民”之外

士、农、工、商历来被看作社会中最主要的人群。荀悦就说过：“国有四民，各修其业。不由四民之业者，谓之奸民。奸民不生，王道乃成。”[②]然而“四民”从来不能囊括所有社会成员，游侠之类就不在“四民”之内。即使就社会基本人群而言，到了宋代，已经有很多人明显难以纳入“四民”之中，时有“六民”之说。宋真宗初即位时，王禹偁上疏称：“古者井田之法，农即兵也。今执戈之士，不复事农，是四民之外又一民也。自佛教入中国，度人修寺，不耕不蚕，而具衣食，是五民之外又一民也。”[③]由此，则历史上凡兵农合一之法不行时代，都有兵为“四民”之外一大人群，自佛教传入中国，即有佛教僧尼为另一大人群。此外三教九流，还有许多人群，只是并不被看作社会根基而已。

“四民”虽为中国历史文献中常用语词，但在明代，却不是制度语汇。《明史》记载明朝户籍制度：

> 凡户三等：曰民，曰军，曰匠。民有儒，有医，有阴阳。军有校尉，有力士，弓、铺兵。匠有厨役、裁缝、马船之类。濒海有盐灶。寺有僧，观有道士。毕以其业著籍。人户以籍为断，禁数姓合户附籍。漏口、脱户，许自实。[④]

如此，则军、民、匠为三大人群。此外，还有社会地位更为低贱的人户，如乐户、亭户之类。各人群区分职业，但又不仅为职业类别，其社会自由度也不相同。民户中，应包括“四民”中的农、商。“儒”与“医”、“阴

---

① （明）黄宗羲：《明夷待访录·财计三》，北京：古籍出版社，1955年，第41页。

② （汉）荀悦：《前汉纪》卷10《孝武一》，《景印文渊阁四库全书》第303册，第291页。

③ （宋）袁褧：《枫窗小牍》卷上，载王云五主编：《丛书集成初编》，上海：商务印书馆，1939年，第3页。

④ （清）张廷玉等撰：《明史》卷77《志第五十三·食货一》，北京：中华书局，1974年，第1878页。

阳”并列，应是继承了元代的说法，而元代官、吏皆不在儒户之内。故此处之“儒”，并不等同于“四民”中的士。如此，则明初所定户等，主要是关于下层庶民的分类，“士”作为一个有特权的人群已经放在各户等之外。匠户恐亦不能囊括“四民”概念中所说的“工”，这在前引张瀚“四民纪”中可以看到消息。“军”也在“四民”之外，但却是明代社会结构中一个巨大人群。至于僧道，在明中叶以后，应接近百万之数。其中多有依托梵门而养家室者。谢肇淛说：

> 天下僧惟凤阳一郡饮酒、食肉、娶妻，无别于凡民而无差役之累。相传太祖汤沐地，以此优恤之也。至吾闽之邵武、汀州，僧道则皆公然蓄发，长育妻子矣。寺僧数百，惟当户者一人削发，以便于入公门，其它杂处四民之中，莫能辨也（按：陶穀《清异录》谓僧妻曰“梵嫂”，《番禺杂记》载广中僧有室家者谓之“火宅僧”，则它处亦有之矣，此真所谓幸民也）。①

“四民”之外，还有一些地方有被社会特别歧视的人群。如绍兴惰民：

> 谓是胜国勋戚，国初降下之，使不与齐民列。其人止为乐工、为舆夫，给事民间婚丧。妇女卖私窝，侍席行酒与官妓等。其旁业止捕鳝、钓水鸡，不敢干他商贩。其人非不有身手长大、眉目姣好与产业殷富者，然家虽千金，闾里亦不与之缔婚，此种自相为嫁娶，将及万人，即乞人亦凌虐之，谓我贫民非似尔惰民也。余天台官堂亦有此种，四民诸生皆得役而詈之，挞之不敢较，较则为良贱相殴。愚尝为叹息之，谓人生不幸为惰民子孙，真使英雄无用武之地。②

这类人群被整个社会歧视，表示明代中国社会结构中，仍存类似种姓制度下的世代低贱者阶层。绍兴这种因特殊原因而落于低贱地位的人群，到了清雍正年间方因政府政令而获平等地位。当时巡视两浙盐课的噶尔泰比照削除山西、陕西乐籍之例，于雍正元年（1723年）七月十一日上奏折，称在

---

①（明）谢肇淛撰：《五杂组》卷8《人部四》，上海：上海书店出版社，2009年，第162—163页。
②（明）王士性撰，吕景琳点校：《广志绎》卷4《江南诸省》，第72页。

绍兴府属八邑查得所谓惰民，相传为宋罪俘之遗，摈之而名以“惰民”。率习污贱，“四民中居业不得占，四民中所籍不得籍，即四民中所常服，彼亦不得服，特别以辱之者也”。其中“丐户”，自称为宋叛将焦光瓒部落，被斥为惰民，男子只许捕蛙、卖饧、逐鬼，妇女则为媒婆、伴嫁、梳髮，或群走市巷谋生，与乐籍无二。请一体开除其贱籍。[①] 此类贱籍人群，不仅存在于绍兴，其他地方也有存在，如在广东东部，有疍民。雍正帝曾说道：

> 闻粤东地方，四民之外，另有一种，名为蜑户，即猺蛮之类，以船为家，以捕鱼为业。通省河路，俱有蜑船，生齿繁多，不可数计。粤民视蜑户为卑贱之流，不容登岸居住。蜑户亦不敢与平民抗衡，畏威隐忍，局蹐舟中，终身不获安居之乐。深可悯恻。蜑户本属良民，无可轻贱摈弃之处，且彼输纳鱼课，与齐民一体，安得因地方积习，强为区别，而使之飘荡靡宁乎？[②]

此类疍民在地方社会的低贱地位，并非政府政令造成，而是“地方积习”所致。可知，除由于政府政令之外，社会习俗本身也会衍生出社会等级来。

“四民”之外的人群并非皆为低贱者，明代宗室，名义上至为尊贵，但不准从事“四民”之业，其人群数量增至一定规模后，也构成一个值得注意的社会结构现象，“本朝宗室厉禁，不知起自何时，既绝其仕宦，并不习四民业，锢之一城。至于皇亲，亦不许作京官，尤属无谓”[③]。至万历后期确立皇太子之时，方才弛禁。

以上梳理，可以使我们更为明确地看到如下问题：①明代君臣对于“四民”的观念，有所变化。明初盛行的是传统的“四民”有等观，抵至明朝中期，“四民”异业而同道的观念逐渐流行，到了明朝末年，工、商亦为本业的言论已经普遍为思想者接受了。②自从明朝建立，“四民”就已经不是社会结构体系的真实概念，而是带有传统色彩的大致分类概念。明代社会人群

① （清）雍正帝：《世宗宪皇帝朱批谕旨》卷170《朱批噶尔泰奏折》，《景印文渊阁四库全书》第422册，第832页。

② （清）雍正帝：《世宗宪皇帝圣训》卷7（五月）《壬申》，《景印文渊阁四库全书》第412册，第102页。

③ （明）沈德符撰：《万历野获编》卷4《宗室通四民业》，北京：中华书局，1959年，第128页。

分类构成，远非“四民”可以囊括。③明人“四民”观的变化中，对于士、农、工的言说其实都很少，变化主要在于对商业与商人的观念。由此可见商人地位之上升。这与笔者提出的帝制农商社会中，绅商为社会主导人群的判断一致。[①] ④这种观念背后的社会结构，既包含等级的区分，又并非依赖等级区分来建构社会主要人群的关系，其演变的趋势，主要是朝向等级的消解。这是帝制农商社会的特色，而不是封建社会的特色。总体看来，明中叶以后，中国社会各阶层的社会地位不断发生变化。缙绅依然处于较高位势，同时因商人地位上升，逐渐向“绅商支配”结构演变。其间，占人口绝大多数的农民，在国家对社会的控制有效的情况下，作为分散的生产劳动人群处于整体弱势地位。独立的手工业者社会自由度增加，但被商业资本支配，分散而不构成集中的产业人群，构成手工业产品来源的农村副业劳动者本质上还是农民，故手工业生产虽然有日益增加的经济重要性，手工业者的社会权力却甚微茫。

① 请参看赵轶峰：《明清帝制农商社会论纲》，《古代文明》2011年第3期。

# 十一

# 论海瑞的浩然之气

海瑞，字汝贤，号刚峰，海南琼山人，先世曾居番禺，中举后出任福建南平教谕，官至南京右都御史，卒后谥忠介。他在世的时候，就因清廉、爱民、遏制豪强、刚直敢言，以及推行一条鞭法改革和疏通东南水利的功绩，名动朝野。《明史》记载，当其卒时，居所“葛帏敝籝，有寒士所不堪者”，赖同官为之“醵金为敛”，人民为之罢市。“丧出江上，白衣冠送者夹岸，酹而哭者，百里不绝。”[①] 同时代的人，已有多人为之作传。后世史籍，更是书之不绝，以至于今。帝制时代的一位官僚，出生当时的偏远地区，无显赫家世，于科场中仅取举人名目，为官亦非出将入相、玉堂金马，著作也不称宏富，何以能够在500多年世事推移中，巍然不朽？回顾他的作为、缅怀他的业绩、梳理他的思想、体察他的精神，对于深化明代历史人物研究，汲取海瑞身上具有积极意义的文化遗产，都有重要的意义。不过，迄今研究海瑞的著述，多关注他为官清廉刚正的作为，少关注他的心胸思想。循吏、清官、建德立功者，代而不绝，能如海瑞那样声名震古烁今者，凤毛麟角，故其精神，必然别有境界。研究可见，海瑞胸臆之间鼓荡不息的浩然之气，既是其立身行事的基础，也是其超拔于一般循良功业之吏之要紧所在。此种浩然之气，与天赋秉性可能有关，但要在学而抵成，其渊源本于孟子，涵泳得之陆

---

① （清）张廷玉等撰：《明史》卷226《海瑞传》，北京：中华书局，1974年，第5932页。注：本文引出晚近标点本文献时有对标点方式做改动处，不一一注明。

九渊、王阳明。海瑞精神，清廉刚正仅其表用，尊德性而道问学，是其旨归。

## （一）海瑞训谕士子说中的浩然之气

海瑞出仕之前著有《训诸子说》。从文意看，该篇取教导从学弟子口气，提示他年轻时曾有为师经历。从内容看，这篇文字不仅表达了海瑞对学生施教的方法，尤其表达了青年海瑞心胸中的浩然之气。其说云：

> 二三子之从游于吾者，何为哉？天之生此人也而百责萃焉。古之人所谓通天地人曰儒。《大学》之八条目，知所先后其事也。人非生而知之者，孰能了此无惑，故从其先得者而问焉。其不免日程课于文艺者，盖有司须此以贡士，发挥而涵泳之，于此与有力也。其售不售不与焉。①

其大意为，天生人而使之负有各种责任，能通晓天、地、人故能承担此种责任者，即是古来所谓的儒者。《大学》就是引导人学为儒者的次第的。人非生而知之，故学习需要追随先有得于斯道者。所以诸子要做每日的课程，官府需要凭此以推选、养育人才。至于是否能凭借其所做功课至于显达，却本不相干。这就表达了对于士子求学之本义的一种超乎功名利禄的理解。在海瑞心中，为人求学之本义，是为通达天地人，成为能够承担天赋责任的儒者。在他看来，当时的许多人已经失离了这样的正道："今之从事于学，有以圣贤自许者乎？而决状元进士于科第者，人恒壮之。此学奚自而来哉？"②海瑞立心有以正之。他自认教授经典未必尽达善美，"而饬躬励行，人之模范，敢侈然自谓足以当之而无歉者"。这是身体力行，引导学生将"尊德性"作为"道问学"的基础，进而"以识真诲人"，使学生良知发现，日新日进。他接下来告诉学生，修身问学，不可为流俗左右而生畏怯之心。能够躬行圣贤之道而无愧于心，志气充盈，然后可以如"仲由不耻缊袍之立，孟轲藐大人，伯夷之敢于非圣人。""不然，徒缀酸文、识陈语，为后日富贵故

① （明）海瑞：《训诸子说》，载陈义钟编校：《海瑞集》上编，北京：中华书局，1962年，第3页。
② （明）海瑞：《训诸子说》，载陈义钟编校：《海瑞集》上编，第3页。

乡之计，视百责于我何如！纵其一举而进立于卿相之列，吾为二三子丑之矣”。[①] 以僻远之地教授二三童蒙子弟的一介塾师，竟然以学通三才、担当天萃“百责”为心，取法子路、孟子、伯夷之流，视科场功名微不足道。青年海瑞，已有卓然不群的气象了。

海瑞中举后得委任为福建延平府南平县儒学教谕。他并不以此职为卑微，就任后兢兢业业，以为践行其浩然志气的机缘。上任后，他发布了一份对本县生员的《教约》，凡十六款，申明自己担任此官的理念和对生员的要求，在表达其士子教谕思想间，以更具有实践指向的方式申说了他培养士子浩然之气的追求。

《教约》首款即指出，求学问需先明立身行事的基本道理，然后学问自有进境，“勿以恶小而为之”，行事无所愧于心，就能“集义以生浩然之气，为贤为圣，异日为国家建伟业无难矣”。[②] 这表明，海瑞追求的浩然之气，基于立身以义，为善无恶，自然理直气壮，上与圣贤心志相同，出而为仕，自然有所作为。其下款强调知行合一，真读书人必不可“弃身于小人之归”。所谓小人，一为“乡愿”——“居之似忠信，行之似廉洁”之谓；一为“义气人”——傲慢、猛悍、不逊、不悌之谓。乡愿的含义，要在前文中的“似”字，含糊虚伪，真正的忠信廉洁反而为之混淆泯灭。海瑞一生批评乡愿，不曾稍懈。义气人是刁悍之人，气息根于情欲，而孟子所云养浩然之气，气息端正刚毅，二者不可同日而语。继而要求学子做文章，须得以平日“体认道理明白，立心行己，正大光明”为神，涵养所至，文章“流之胸中”，自然着实，日后方可“为天下用”。[③] 在进而申明以朱子教人六法——居敬持志、循序渐进、熟读精思、虚心涵泳、切己体察、著紧用力——为学子读书致知之进径之后，海瑞要求士子留心经术致用，不可徒以帖括章句为事。说云：

> 体用原无二道。明经体也，以之商榷世务，必有道矣。第经术概言其理，世务非一一自其事而讲求之，有不能中肯綮而尽事情者……诸生

---

① （明）海瑞：《训诸子说》，载陈义钟编校：《海瑞集》上编，第3页。
② （明）海瑞：《教约》，载陈义钟编校：《海瑞集》上编，第14页。
③ （明）海瑞：《教约》，载陈义钟编校：《海瑞集》上编，第14—15页。

如经史稍通，堪居仕列者，量将边防水利等事，每月约讨论一二。本职就中命策考试。否，亦于背复时诘其所以然。[①]

这段话表明，海瑞严格督责士子修身立德、读书致知的目的在于用世，他完全能够体察读圣贤书与经邦济世之间的关系，绝非困守故纸旧说不通世变的迂腐者，也非失离根基、自用聪明的狂妄者。学界对明代经世致用之学或称“实学”研究颇多，大多认为是更晚时期针对王学“空谈心性”“束书不读”流弊而起的学术倾向，甚至是有启蒙色彩的学术倾向。海瑞推崇王阳明心学，他的此处说法表明，王学本亦有讲求经世致用的思路，且其追随者在嘉靖中期，已有经世致用的身体力行。经世致用，本就是海瑞浩然之气的践履路径。

接下来连续四款，皆关乎生员礼仪行为和仪态修养，其目的则在于士子自尊自重的养成。其说先引据孔子所说“君子不重则不威，学则不固”语，然后规定“今后诸生凡遇一应圣寿正旦等事，并在学家居见官闲处，拱揖拜立皆必如礼”，不可放纵不检。今后生员之家冠婚等事，须行禀依礼而行，以为世俗表率，为“异日将为朝廷治平天下”预留地步。进而，学校教官依“朝廷为诸弟子求师”之义，与诸弟子不求而不教之私塾教师不同，故诸生参见教官，于拜揖之外，“不许更执货物以进”。“诸生欲以道义自处，请先以道义处人。”[②] 依照同理，原来实行的学校从生员中敛取的公堂银两及为接待上司而由生员分摊彩帐之费的做法，俱加废除。

诸生接见上人，《会典》诸书明有礼节。今后于明伦堂见官，不许行跪，学前迎接亦然。本学在郭外接官，不许离关门出郊野。宪司官至本县，一见后不许再同有司行三日揖。有犯于各衙门罪人也，亦勿得免冠叩头，奴颜哀免，自贬士气。[③]

这些规矩，意义远非仅仅使生员懂得及实践礼仪规范，其深意在于养育

---

① （明）海瑞：《教约》，载陈义钟编校：《海瑞集》上编，第16页。
② （明）海瑞：《教约》，载陈义钟编校：《海瑞集》上编，第16—17页。
③ （明）海瑞：《教约》，载陈义钟编校：《海瑞集》上编，第17—18页。

士人内心的威重，对于士类尊严的荣誉感，从而使得道德自律成为这一可能担当天下事的人群内在的诉求。海瑞寄望于生员，其实不仅在于其入仕后的将来，亦在当下。他说：

> 乡贤、名宦、孝子、节妇，朝廷旌之礼之，所以彰先德、励后人也。有未举者，诸生商榷举之；举之未正者，商榷请废之。知而不言，异日将何以直言天下事耶！学校公论所自出，诸弟子行之。①

这是要在学生员直接担当起天下公议的职责。研究者曾非常关注明末清初黄宗羲《明夷待访录》中“学校”一节中以学校为天下公议之所的思想，多认为具有新的时代启蒙意义。读海瑞此番言语，当知黄宗羲的思想其实仍在儒家传统之内，且就明代而言，早经海瑞加以一定程度的实践。

因为将士子视作未来平治天下的人才，海瑞自处严师以教导之，也因为士子身上寄托了海瑞自己平治天下的理想，他直言，“第本职养诸生如父母深闺养处子”，容不得学校的任何吏员对之进行索取，“学校地光明洁净，容尔一贱吏私为污秽，理必不然也”。② 海瑞寄托在士子身上的，是平治天下的追求，这种追求与当时社会实际已经流行的为身家计而读书科举的风气，并不相侔。故海瑞在任淳安县令时，对教官一职又做评说云：

> 教官掌一邑之教，一邑之臃肿薄质，俱赖其陶成。况门下皆俊杰之秀乎？所事事比俗吏簿书词讼不同，虽不能如尼父设教洙泗人三千；王通演教河汾士八百，即淳邑簪缨济济，不为少矣。掌学教者谓可安闲以自旷乎？应将经书、性鉴、子、史、诸集，与群弟子朝夕讲习，月日会课，切磋琢磨，使之义理明而心性醇。异日登之仕路，文章由道德发出，事功从学问做来，有裨于国家，有济于生民，亦以见学优则仕之明验也。③

这里，在海瑞对任下教官的要求中，可以看到海瑞精心培育士子的拳拳之心，并且可以领会今人往往轻描淡写地提到的科举时代“学而优则仕”一

① （明）海瑞：《教约》，载陈义钟编校：《海瑞集》上编，第18页。
② （明）海瑞：《教约》，载陈义钟编校：《海瑞集》上编，第19页。
③ （明）海瑞：《教官参评》，载陈义钟编校：《海瑞集》上编，第148页。

语在海瑞心中的高尚含义。在海瑞看来，须得在精研经史诸书，达到义理分明而心性淳良地步之后，登于仕途，“文章由道德发出，事功从学问做来，有裨于国家，有济于生民”，方才体现了学优则仕的真谛。不是科举高第便证明了学优，唯学优而后出仕，方能有裨于国家生民。如此，学而优则仕，是一个崇高的事业，今人每每将之做苦读谋官解，是将古人心胸看得卑污了。

## （二）海瑞论学中的浩然之气

海瑞念之在兹的浩然之气源出《孟子》。孟子的学生公孙丑问孟子之所长，孟子答曰：“我善养吾浩然之气。”公孙丑追问其详。孟子答曰：“难言也。其为气也，至大至刚，以直养而无害，则塞于天地之间。其为气也，配义与道；无是，馁也。是集义所生者，非义袭而取之也。行有不慊于心，则馁矣。”[①] 大意说，人在长期正当行为中，修养蕴集起一种道德自信气象，天地人一体同理，故此气象与天地之道应和，充沛盈满，凛然而不可犯。如若有愧于心，则此气萎靡。孟子此说，赋予战国以降的士人一种在超越世俗利害甚至生死层面的崇高、自信、尊严感，也赋予他们一种可以实现高度自律的概念、话语和自我培育的途径。这其实是儒学得以长久承托中华文化内里之道德节律的关键。而海瑞，正是从服膺孟子，到由宋明心学一脉的论说语境中真切体悟了那种浩然之气境界的一个人。

海瑞论学，对朱熹多有批评，对陆九渊、王阳明则大为推崇。相关论著主要是他的《朱陆》一文和少数几篇讲解四书的短文。在这些为数不多的文章中，海瑞非常清楚地表述了他对于儒学，尤其是宋代以降的儒家诸学派之思想学术的见解。他认为，朱熹与陆九渊二人学说，即宋代以后儒学中狭义理学与心学两种学说，以心学为高明、正大。因为“维天之命，其在人则为性而具于心，古今共之，圣愚同之”[②]。尧、舜、禹先得此道，因有“危微

① 焦循：《孟子正义》卷3《公孙丑章句上》，北京：中华书局，1954年，《诸子集成》本，第117—119页。

② （明）海瑞：《朱陆》，载陈义钟编校：《海瑞集》下编，第322—323页。

精一，允执厥中”之传。其后有孟子得其道，因有学问之道唯“求放心”之说，有“大人者，不失其赤子之心者也”之说。故问学修身，需从本心出发。若“舍去本心，别求之外”，则失离圣人之道。陆九渊之学得之孟子，故能为正。朱熹则不同。他笃信《大学》，然而未能明了《大学》中的致知在格物，是为了实现诚意、正心的道理，“平生误在认格物为入门，而不知《大学》之道，诚正乃其实地。以故一意解书”。[①] 他“平生欲读尽天下之书，议尽天下之事，‘引而伸之，触类而长之，天下之事毕矣’。天下之书可得而尽读之乎？事可得而尽议之乎？……入门一差，是以终身只做得《大学》先之之功，不尽得《大学》后之之益，无得于心，所知反限”[②]。

他举出颜回为例说明著书并非一定证道。颜回并不著书，但能躬行心得，言动之间，文辞之外，不迁不贰，不违如愚，连孔子也以道统寄望于他。朱熹“舍去本心，日从事于古本册子，章章句句之。”“《楚辞》、《阴符》、《参同契》、韩文，皆其年年月月训诂之册。”直到病危，犹在注解章册，“溺于诵说，没身不复”。[③] 对于圣人的著述，需能躬行其精神，有所心得，以此之余研读文句之间，可以充实养盛，更得其用。朱熹以“读书为先，求心反为后”，是颠倒了次第。所以，朱熹一生致力于经书子史之间，固然功不可没，但是，“圣真以此破碎，道一由此支离，又不能不为后人之误。功过并之，而使人繁于枝叶，昧厥本原，其过为大。三代而后，学之陷溺如朱者，比比然也。朱子欲以其学为天下宗，天下亦以此信宗于朱子。故予不及其他，独指朱子为过”[④]。

海瑞认为，王阳明之学，以“致良知”为要，其解说经典时弃朱熹已有之说者，多是关于心性问题的，虽然也有朦胧未明处，“犹不失为本原之养”，故阳明高于朱子。

海瑞对朱子的批评以及他对陆九渊、王阳明的认同，还可以用他的另一

---

① （明）海瑞：《朱陆》，载陈义钟编校：《海瑞集》下编，第325页。
② （明）海瑞：《朱陆》，载陈义钟编校：《海瑞集》下编，第323页。
③ （明）海瑞：《朱陆》，载陈义钟编校：《海瑞集》下编，第323—324页。
④ （明）海瑞：《朱陆》，载陈义钟编校：《海瑞集》下编，第324—325页。

句话来表述："道问学之功，为其尊德性而设。"[①] 在他看来，朱子的失当，要在将道问学之功当作了目的，忽略了问学致知是以尊德性为旨归的。[②] 海瑞在解释《孟子》中的"学问之道无他，求其放心而已矣"时指出，人们钻研学问，就是为了将其迷失的本心寻找回来。这是《孟子》与陆九渊、王阳明一脉相承的一个关键线索。海瑞于此深有心得，认为"盖天之生此人也，赋之仁德具于心，既生之后蔽于物欲，形而后有，抑或拘于气禀，心放而仁非已有矣"。所以，"学也者，学吾之心也。先圣人得心所同然于古，是以有古之学，学非外也；问也者，问吾之心也。贤人君子得心所同然于今，是以有今之问，问非外也。学问之功，为求放心而设"。[③]

海瑞的尊德性、求放心，概念源自孟子思想，领会启发于陆九渊、王阳明，这是在前引文句中可以直接看到的。除此之外，还需注意，海瑞这样主张的逻辑原点，都在天命具于人心——"维天之命，其在人则为性而具于心"。这在他年轻时讲到的"天之生此人也而百责萃焉"中，已经可以看到。沿着这样的逻辑来求学、治学，一旦有得，自然就有一种本我与天地共鸣回荡的浩然之气，自然有一种至刚的气韵。故海瑞重视读书问学，但却鄙薄"视学问为辞章，视为爵禄阶级，甚至假之以快其遂私纵欲之心，扇之以炽其伤善败类之焰，失圣人问学之意"的流俗。[④] 由此看来，海瑞的浩然之气，也非简单附庸《孟子》，朦胧追随名人语词，而是精研经典，权衡朱、陆、王各家学问思想而成。

朱、陆学术之高低，牵涉甚多，原不能以海瑞一家说为定论。此中的要点，不在宋明理学内部学术异同之辨析，而在明了海瑞本人学术思想之根基，是上承孟子而启迪涵泳于陆九渊、王阳明之心学的，从而海瑞的浩然之气，乃得根源了然。与此同时，陆王之学可能造就何等心胸的士大夫，也可在海瑞身上看到大意。

---

① （明）海瑞：《朱陆》，载陈义钟编校：《海瑞集》下编，第325页。

② 海瑞在他四书讲章中，也曾提到"道问学之功为尊德性而设"一语，见（明）海瑞：《学问之道无他求其放心而已矣》，载陈义钟编校：《海瑞集》下编，第503页。

③ （明）海瑞：《学问之道无他求其放心而已矣》，载陈义钟编校：《海瑞集》下编，第502页。

④ （明）海瑞：《学问之道无他求其放心而已矣》，载陈义钟编校：《海瑞集》下编，第503页。

## （三）海瑞疏谏世宗说中的浩然之气

嘉靖四十五年（1566年）二月一日，时任户部云南司主事海瑞因上疏劝谏嘉靖皇帝放弃道教玄修而触犯“龙颜”。该疏要求皇帝“正君道，明臣职，求万世治安”，言辞激烈，嘉靖帝本人以之拟比干之责纣王，传本不绝，多题为《治安疏》。疏颇长，取大意论之。

首先是责备嘉靖帝不君。因为君主身上担负天下万物之责任，凡与民生利弊有关者皆应知晓，一有不知，即不称职；君欲洞悉民隐，需使臣工坦诚尽言，而今皇上喜谀恶直，不称君道。语云：

> 君者，天下臣民万物之主也。惟其为天下臣民万物之主，责任至重，凡民生利瘼一有所不闻，将一有所不得知而行，其任为不称。是故养君之道，宜无不备，而以其责寄臣工，使尽言焉。臣工尽言而君道斯称矣。昔之务为容悦，谀顺曲从，致使实祸蔽塞，主不上闻焉，无足言矣。[①]

进而以汉文帝为言，称其人有近民之美，尚有怠废之政，不能达于天下治安，颂之者为阿谀。嘉靖帝即位之初，“铲除积弊，焕然与天下更始”，天下仰望其作为。然而其即位之后，“锐情（精）未久，妄念牵之而去矣，反刚明而错用之，谓遥兴可得而一意玄修。富有四海，不曰民之脂膏在是也，而侈兴土木。二十余年不视朝，纲纪弛矣。数行推广事例，名爵滥矣。二王不相见，人以为薄于父子；以猜疑诽谤戮辱臣下，人以为薄于君臣；乐西苑而不返宫，人以为薄于夫妇。天下吏贪将弱，民不聊生，水旱靡时，盗贼滋炽，自陛下登极初年亦有之而未甚也。今赋役增常，万方则效，陛下破产礼佛日甚，室如悬磬，十余年来极矣。天下因即陛下改元之号，而亿（臆）之曰：‘嘉靖者，言家家皆净而无财用也。’”[②]

---

① （明）海瑞：《治安疏》，载陈义钟编校：《海瑞集》上编，第217页。

② （明）海瑞：《治安疏》，载陈义钟编校：《海瑞集》上编，第218页。按：文中“情”字当为“精”字之误；“破产礼佛”一语，疑为后人润色阑入。盖世宗修道家长生之术，且厌恶佛教，云其破产礼佛，甚不协于事实。

如此则不仅未称君德，父子、夫妇之伦也未能无亏，且致天下穷困怨望。即使后来罢黜严嵩父子，仍然“非大清明世界也，不及汉文帝远甚”[①]。

一意玄修，不仅失离人君、父子、夫妇之德，靡费天下资财，民穷人乱，而且造成庙堂之上，阿谀成风，吏治腐败，成诸臣之罪：

乃醮修相率进香，天桃天药，相率表贺。兴宫室，工部极力经营；取香觅宝，户部差求四出。陛下误举，诸臣误顺，无一人为陛下一正言焉。都俞吁咈之风，陈善闭邪之义，邈无闻矣，谀之甚也。然愧心馁气，退有后言，以从陛下；昧没本心，以歌颂陛下。欺君之罪何如！……一意玄修，是陛下心之惑也；过于苛断，是陛下情之偏也。而谓陛下不顾其家，人情乎？诸臣顾身念重，得一官多以欺败、赃败、不事事败，有不足以……陷陛下误终不复，诸臣欺君之罪大矣。[②]

“陛下之误多矣，大端在修醮。”修醮为求长生，然而自古即使尧、舜、禹、汤、文、武圣明之君，尚且不能长生，汉、唐、宋方士修玄为事，并无一人存活至于今日。指导陛下修玄的陶仲文自己也不能无死，则仙药不能使人长生显然，何以听信左右奸人，以启妄念，肆其侮弄，以致良莠不分，“洁己格物，任天下重，使社稷灵长终必赖之者，未见其人焉”。[③]海瑞批鳞强谏，意在使嘉靖帝改弦更张：

陛下诚知玄修无益，臣之改行，民之效尤，天下之不安不治由之，翻（幡）然悔悟，日视正朝，与宰辅、九卿、侍从、言官讲求天下利害，洗数十年君道之误，置其身于尧、舜、禹、汤、文、武之上；使其臣亦得洗数十年阿君之耻，置身与皋、夔、伊、傅相后先，明良喜起，都俞吁咈……在陛下一振作间而已。[④]

结末，海瑞重申了他的天人观：

---

① （明）海瑞：《治安疏》，载陈义钟编校：《海瑞集》上编，第218页。
② （明）海瑞：《治安疏》，载陈义钟编校：《海瑞集》上编，第218—219页。
③ （明）海瑞：《治安疏》，载陈义钟编校：《海瑞集》上编，第220页。
④ （明）海瑞：《治安疏》，载陈义钟编校：《海瑞集》上编，第220—221页。

天地万物为一体，固有之性也。民物熙洽，薰为太和，而陛下性分中有真乐矣。可以赞天地之化育，则可以与天地参。道与天通，命由我立，而陛下性分中有真寿矣。此理之所有，可旋至而立有效者也。若夫服食不终之药，遥兴轻举，理之所无者也。[①]

此语固为劝谏嘉靖帝而发，其间却也投射出海瑞入世参政的世界观和人生观。在他看来，天地万物，包括人间事务，内中理路相通。为政者能使人民康乐，则上通天和，为政者自可得其所乐，此为人之真寿考，何可于丹药之中寻不朽？“道与天通，命由我立”，践履着淑世为民的理想，因而在天人之际体验着一种崇高和道义永恒感的海瑞，在一个迷途的世间君主面前，自然无从自作卑微而是无所畏惧。

史载嘉靖帝见疏之初，“怒甚，抵其章于地。已，复取置御案，日再三读之，为感动太息”[②]。如此一个喜谀恶直自必的君主，没有如其平时会做的那样重处海瑞，而是将奏疏留中，数月有余而未决定如何处置。后来因病烦懑，才将海瑞下锦衣卫追究主使者。在法司拟将海瑞大辟时，嘉靖帝还是将之按下。此时有户部司务名何以尚者，揣测嘉靖帝无杀海瑞之意，遂上疏请将其释放。“帝怒，命锦衣卫杖之百，锢诏狱，昼夜搒讯。越二月，帝崩，穆宗立，两人并获释。”[③]嘉靖帝心知海瑞所行所言正大光明，不能以势屈，不能以死挟，其心已经叹服，而自己牵于积习和身体状况，又不拟真正改弦更张，甚是尴尬。这时有窥测迎合者插嘴，恰好成为他发泄愤懑的对象。宵小无识，祸由自取。

由此我们可以知道，海瑞上疏批鳞，并非一时意气，不是怙忠卖直，也非仅为修补君德，是出于他的世界观，出于他的社会理念，出于他凛然难犯的浩然之气。

---

① （明）海瑞：《治安疏》，载陈义钟编校：《海瑞集》上编，第221页。

② 《明世宗实录》卷555，“嘉靖四十五年二月癸亥”条，台北：台湾“中研院”历史语言研究所校印，1962年，第8925页（下文所引明各朝实录者皆出此本）。

③ （清）张廷玉等撰：《明史》卷226《海瑞传》，第5931页。

## （四）海瑞为官之道中的浩然之气

海瑞任官数十年，声名远播，其道以清廉、刚正、锐意兴革为要。

在南平教谕之后，海瑞升任淳安知县。《明史》说他当时“布袍脱粟，令老仆艺蔬自给”①。其母做寿，亦只由市上购肉二斤而已。及其身殁，家无长物，赖同官为之敛（殓）葬。②这样的风格，颇如颜渊，居陋室而不改其乐，不是被规定而成，是修养而成，是其心志所求的。海瑞的清廉，为其同时代人叹服。史载张居正当国，忌惮海瑞峭直，曾令巡按御史察其起居之状。“御史至山中视，瑞设鸡黍相对食，居舍萧然。”御史叹息而去。③

海瑞的刚直，在其《治安疏》中已见大端，在其三十余年官宦生涯中，也能一以贯之。在他的淳安知县任上，都御史鄢懋卿出理盐政，“所过郡邑供办张甚，瑞为书于鄢，力言不可，鄢取他道往”④。总督胡宗宪之子路过淳安，因事发怒，惩罚驿吏，将之“倒悬”。海瑞收缴他携带的数千两银子，然后报告胡宗宪有人冒充他的公子。在他出任佥都御史巡抚应天的时候，因其“威名藉甚，墨吏望风解印绶”⑤。“有势家朱丹其门，闻瑞至，黝之。中人监织造者为减舆从。”⑥海瑞的刚正风骨与其爱民情怀相互辅成。他一向痛恨大户兼并，在应天地区“力摧豪强，抚穷弱。贫民田入于富室者，率夺还之。徐阶罢相里居，按问其家无少贷。下令飙发凌厉，所司惴惴奉行，豪有力者至窜他郡以避，而奸民多乘机告讦”⑦。海瑞的刚直，每令当之者不堪，其中包括胡宗宪、徐阶、张居正，乃至嘉靖皇帝。以致他去世之后，官修史书在记载他的功绩风采之后，还不忘提到他“过刚不能容人，人有言其迂者”⑧。清代人所编的《明史》也说他“意主于利民，而行事不

① （清）张廷玉等撰：《明史》卷226《海瑞传》，第5927页。
② （清）张廷玉等撰：《明史》卷226《海瑞传》，第5927、5932页。
③ （清）张廷玉等撰：《明史》卷226《海瑞传》，第5932页。
④ 《明神宗实录》卷191，“万历十五年十月辛未”条，第3590页。
⑤ 《明神宗实录》卷191，“万历十五年十月辛未”条，第3590页。
⑥ （清）张廷玉等撰：《明史》卷226《海瑞传》，第5931页。
⑦ （清）张廷玉等撰：《明史》卷226《海瑞传》，第5931页。
⑧ 《明神宗实录》卷191，“万历十五年十月辛未”条，第3590页。

能无偏”[①]。他的某些主张，也的确过于严苛。比如他曾上疏给万历皇帝，主张为惩治官吏贪腐，恢复明太祖“剥皮囊草”及“枉法八十贯论绞”之法，皆失于过当，无可为其辩者。即使如此，我们应当注意海瑞的刚正峭直，是他立意而为。他有《乡愿乱德》一篇短论，录出如下：

> 从古未有言及养气者，而孟子言之。古有诡随上容之说，即乡愿意也。亦无有若孟子之论剀切痛快者。盖乡愿馁其浩然之气以从俗。浩然之气孟子身有之，见乡愿若为身害。故言之详、恶之痛。今天下惟乡愿之教入人最深，凡处己待人，事上治下，一以乡愿道行之。世俗群然称僻性、称所行大过者，多是中行之士。谓如此然后得中道、善处世，则必乡愿之为而已。所称贤士大夫，不免正（取）道乡愿调停行之，乡愿去大奸恶不甚远。今人不为大恶，必为乡愿。事在一时，毒流后世。乡愿之害如此！说者谓孟子扩前圣所未发，指养气言也。孟子之功不在禹下，当以恶乡愿为第一。[②]

可见海瑞的刚正峭直，本是针对孟子曾激烈批评的乡愿，也即他所处时代流行的以调停弥缝为大高明手段的风气所展现的基本立场。乡愿的最大问题，是泯灭是非原则，当其充沛流行之时，所有学说、事理，都成表面作业，都做浮云，真意乃在功利。倘若不能自别于乡愿，海瑞立身的精神——他的生命的意义感和他的浩然自我，也就会被混沌到贪腐害民中行庸碌者流一处去。海瑞不放弃他的生命意义感，就不能不是刚正峭直的。

海瑞的“锐意兴革”，包括水利公益设施方面的兴革，学政、行政管理方面的兴革，以及土地赋税制度方面的兴革。中举前后，他就曾上《治黎策》《平黎疏》，主张改变海南地区管理体制，以达长久安治。在南平教谕任上，他制定《教约》，将自己对士子教育的理念融入生员管理制度中，已见前文。到任淳安知县不久，他制定了一部《兴革条例》，分吏、户、礼、兵、刑、工六属，详细开列该县衙门管理事务全部规则，其间有例行事务责

---

① （清）张廷玉等撰：《明史》卷226《海瑞传》，第5933页。

② （明）海瑞：《乡愿乱德》，载陈义钟编校：《海瑞集》下编，第317—318页。按：“正”字在文渊阁四库全书所收海瑞《备忘集》中做“取”，似当。

任规范，更有诸多除旧布新的规定。该条例自成体系，颇有规模，展现出勇毅担当精神和精明手段，非有治平天下胸襟者不能办，应当单独考察，此处不加详论。[①] 在兴国知县任内，海瑞颁布了《兴国八议》，开列“所见所闻事体有当兴当革者”共八项，其实相当于他在兴国的又一部兴革条例。这些条款为屯田、地利、隘所、均赋役、红站马船、招抚逃民、哨官、革冗员，都在切实层面，并非空言。其后他入京为官，遂有《治安策》之上呈。由此可知，海瑞任官，每到一处，兴革一处，如今到了京城，便在庙堂之上发出兴利除弊的呼声。只是此番他不是首长，其呼吁也就不能如在地方一样落实为政策实践。其间海瑞的心志，却又是一以贯之，不曾消磨的。后来他出任应天巡抚，如先前在两任知县任上，立即颁布《督抚条约》，计三十六款，随后又颁布《续行条约册式》九条，一体实行。其内对于地方现状，也是多有兴革。[②] 除此之外，他在应天巡抚任上还疏浚了吴淞江、白茆河，一度废除了募兵制度。

虽然有所偏激，但是纵观海瑞的为官，其清廉、刚正、锐意兴革、利民无私，是数十年如一日，至死未渝的。古来不乏造作清高者，然而到海瑞盖棺之日，其光风霁月，已然无可置辩。古来不乏清华崇高的事例，然而能够一生清高如海瑞者，无论古今，都是凤毛麟角。如此，海瑞入世为官的初衷，就更加耐人寻味了。对此，海瑞是透过孟子的思想来体悟的，其核心是君子为行义而仕，非为禄养而仕。他说：

> 人生天地间，曰士、曰农、曰工、曰商，皆男子事也。其事虽一，然士在行道，天地间惟道最大，故士居四民首。士当斯世，既贫而无养矣。曰农、曰工、曰商，无非资身策也。此其事之在我者。一仕于人，则制于人。制于人则不得以自由。制于人而望于人者，惟禄焉。且云非出处之正。吁！非其正者而可以谓之出乎？以不正之出，悬望禄之思，

---

① （明）海瑞：《兴革条例》，载陈义钟编校：《海瑞集》上编，第38—145页。按：明刊本海瑞集于该条例之后，附《量田则例》，可知海瑞在淳安令时期就已经在尝试推行土地丈量和赋役改革。其后刊本将该则例另列，见陈义钟编校：《海瑞集》上编，第190—201页。

② 见陈义钟编校：《海瑞集》，第242—258页。

> 此其心何如也？君子之仕，所以行其义。臣子之义，分无彼此，而以言高行道自诿，失君子出仕义矣……“事君敬其事而后其食”，为贫以进，宁复能后其食耶？孟子平日执不见诸侯之义，公（分）庭抗礼，直若壁立万仞之不可即者，莫非刚且大者为之。①

因为为义而仕，君子有壁立万仞之威严，不为五斗米折腰，也不为高官厚禄而流于卑污。他还专门讨论过君子出仕与处野两途间的抉择，表达积极入仕以明道的人生观。他认为，以往人们常说君子处世共有二道，不仕则隐，其实道只一道，出仕为正，归隐只在不得已时为之。原因是人与天地通性，不可不体会天地生物之心而入世为事。

> 夫人生天地，有是耳目口鼻之形，付之以天地万物之性。天地以生物为心，生人之理尽生意也。天地间尽此生意，是故君子出而仕人，不负天与。性在是，道在是，人皆可为尧舜亦在于是。②

至于荷蓧丈人之类隐士，并非高明得道之人，只是具“耳目口鼻之形而不知万物一体之义”者而已。至于孔子所说“邦有道则仕，邦无道则隐”，当知有道出仕有定仕，无道之隐无定隐。“出处二字，不可并论。去就二字，亦不可并论。就者君子仕人之正，去不得已为之。出者君子立身之正，处不得已为之。天下只是一道，舍此则失道。失道，失性矣。”③ 从中可见，海瑞之出仕，原是怀着应天地之性而行天下唯一之道的大感悟、大志气，不是为了个人的功名，也不是为了去伺候皇帝的。他的不肯追随贪腐阿谀尸位的流俗，真的是大有来由。

如此再来看海瑞的为官之道，可以畅达其解。他有《政序三篇》，其一讲清廉爱民。认为，“凡为吏至于黩货者，必左右有小人导之”。故为官者“交际不可不慎”。④ 清廉并非仅为个人自好的事情，而是关乎天地之德：

---

① （明）海瑞：《孟子为贫而仕议》，载陈义钟编校：《海瑞集》下编，第310页。

② （明）海瑞：《出处》，载陈义钟编校：《海瑞集》下编，第318页。

③ （明）海瑞：《出处》，载陈义钟编校：《海瑞集》下编，第319页。

④ （明）海瑞：《政序三篇》，载（明）贺复征编：《文章辨体汇选》卷312，《景印文渊阁四库全书》第1405册，第735页。

"素廉之吏然后能直人之冤抑。夫直冤抑可以动天地之德也，不可不勉也。廉不素立，虽明知人之冤抑而不敢直。夫不知犹可也，知而不敢直，此终身之憾也。"[①] 循良的官员视民如子，为民可以与上司争是非。

> 监司不严于君，不尊于天。吾百里之民，吾有所受之也。受之君，吾畏君；受之天，吾畏天。彼且与吾同畏者也。彼不畏君与天，然后与吾左，吾又安能屈事夫不畏君与天之人哉？……大抵君子之爱民也，犹父母之爱子也。吾所称者，率吾所虑思也。今父母之为其子，多有出于常情所虑思之外者矣。能出于常情所虑思之外以爱者，乃民之父母也。[②]

其二辩为民与禄位的关系。认为，禄位是为民做事的条件，为民是目的，爵位是达到目的所凭借的工具。他说：

> 学者内以修身，外以为民。爵位者，所托以为民之器也。故服所以温体也，而以体温服则愚；爵位所以庇民也，而以民庇爵位则悖。古之人盖有遗其身、忘其家以急民者矣，况所重不若身与家者乎？……夫爵位者，亦君子所藉以养人者也。而持一身之爵位以比于天下，若毫末之著马体也。今以爵位之故，坐视吾民之困苦饿冻冤抑而不为之所，是以所以养人者害人，杀无辜以争马体之一毫也。岂不左计矣哉？[③]

其三论"君子忧道不忧贫"。认为一旦存了忧贫之心，就入了谋食的窠臼，做官就会以民为自己增益爵禄的工具，就会失去重轻之节，就会委蛇俯仰。"吾为天下为民牧者，必视民为己子而私之，然后天下之生可遂也。"[④]

于是我们知道，海瑞做官的风格，不是怀了钱财爵禄的念头，不是为了博取封妻荫子，不是迫于朝廷的规章，不是为了沽名钓誉，也不是为了迎合时潮，而是为了他的学识和理想。因为是一个有学识有理想的人，所以清苦、艰辛、风险，对他而言，都是理所当然、无可追悔、安之若素的。用他

---

① （明）海瑞：《政序三篇》，载（明）贺复征编：《文章辨体汇选》卷312，第735页。

② （明）海瑞：《政序三篇》，载（明）贺复征编：《文章辨体汇选》卷312，第735页。

③ （明）海瑞：《政序三篇》，载（明）贺复征编：《文章辨体汇选》卷312，第735—736页。按：此篇收于今人重编之《海瑞集》，所用为《江南通志·艺文志》本，见该集第328—329页。其余两篇则今集未收。

④ （明）海瑞：《政序三篇》，载（明）贺复征编：《文章辨体汇选》卷312，第737页。

自己解释四书中“乐天者保天下”一语的话说：“乐天，言仁者之心也；保天下，言仁者心之量也。”[1] 海瑞是一个通天地之性而得浩然之气的仁者，是他那个时代一个以最崇高的方式达成的觉悟者。

## （五）结论

海瑞不仅是一个廉洁刚正的官僚，也是一个儒家理想的思考者和践履者。他沿着孟子、陆九渊、王阳明的思想路线，找到了自我与天地宇宙同体的终极含义，从而找到了自我永恒的可能。他身体力行，积极入仕，一生不渝，把他所体验的天地生民之心，落实为自己救时淑世的苦心积虑和雷厉风行。他不是一个强自忍耐的苦行者，而是一个感受着天地集萃于其身的责任与使命的乐天的仁者。他也的确，在中国文化精神历史上，永恒了。

海瑞的浩然之气，或与天赋秉性有关，但更本质的，不是性情，而是学识和理想，是一种生命的自觉性和意义感。海瑞的学识源本孟子，得陆九渊、王阳明心学的滋养启迪，达于融会贯通。如果我们能在海瑞一生足迹中看到他为民务实的拳拳之心和业绩，就应该知道宋明时代的心学，并非本质上空疏玄虚，若能入其堂奥，就会成为具有高度实践指导性的，并且包含无畏和进取精神的，浸透悲天悯人情怀的理想和方法。当然，海瑞所不喜的朱熹学说，未必就没有同样的功用，海瑞分辨朱、陆，要在休养的路径，其儒者的心底目标，又是共同的。所以，即使晚近高明的学说，如仅得皮毛装饰身体，实践中只能增人之狡狯；即使古老朴素的学说，如能得其神髓，实践中也可使人气象升华。

海瑞为官的清廉、刚正、为民、兴革，是以其学识、修养为根基的，因而他能够一生不懈。今人如欲提倡海瑞为官的品质风格以收一时之效，可以把他做官的履历拿来做个榜样；今人如欲将海瑞为官的品质风格作为吏治精神的一个长久源泉，则须能尊德性而道问学。海瑞是自觉的，自觉是一种精

---

① （明）海瑞：《乐天者保天下》，载陈义钟编校：《海瑞集》下编，第500页。

神境界，境界不是被规定的。海瑞有学识，有对生命意义的体悟，因而崇高。崇高的人难为卑污之事，是自然而然的。

海瑞生活在500多年前。他所了解的学术、理论、思想、价值观、行为方法，未必较今日我们所了解的先进或高明。因而今人可以有许多轻松俏皮的话语用来谈论他，类似美国著名历史学家黄仁宇那样，把他看作“古怪的模范官僚”[①]。然而海瑞固然是特立独行的人，在他活着的时候就令许多人侧目而视，但他委实没有那么古怪，没有古怪到不可理解或者只能用调侃的方式来谈起。今人觉得他古怪，是因为未能参透这500多年间有贯通的事理。古今有相通之理，因为天地宇宙在这500多年间本质很少变化，人生的意义虽有时代各自的色彩，其本质也未必变化，人获取生命意义感的途径，仍然相通连。所以，海瑞是不朽的。

① （美）黄仁宇：《万历十五年》（增订纪念本），北京：中华书局，2006年，第115页。

# 十二

# 论清代汉学不是“文艺复兴”

文艺复兴是中外学术界长盛不衰的研究课题，关于其起源、范围、特质，以及对于人类历史的影响，乃至欧洲以外区域是否发生过类似的现象或过程，不断有新的说法推出。中国现代早期学者就非常关注文艺复兴的历史，其中梁启超、胡适、傅斯年等，都曾表示中国亦曾发生文艺复兴，其高潮就是清代考据学。从胡适开始，还有一些研究者将民国初年的新文化运动视为中国的文艺复兴，附翼此说的研究，至今仍有继续。民国初年新文化运动发生的时代，距离欧洲早期文艺复兴已经大约500年之久，而且是欧洲思想、科技传入中国之后所发生的事情，所以将新文化运动比作文艺复兴，只表示认为其情态有与欧洲文艺复兴类似处，近似一种宽泛比喻，不构成关于中欧历史比较的严肃论说，这里不做详细讨论。将明末以后的考据学比作文艺复兴，或者将宋代以降思想学术文化归纳成为一个文艺复兴的“趋势”，则涉及对中国学术思想史的基本理解和关涉中欧文明比较的一种看法。本部分讨论的要点即在于指出，梁启超、胡适、傅斯年在关于中国文艺复兴的言说中表达的涉及宋、明、清学术思想推演线索的看法，体现出欧洲文艺复兴对中国现代思想学术界产生的巨大魅力，折射出民国思想界一些学者借助文艺复兴来推动中国现代文化兴起的积极意图，但从纯粹学术层面审视，却远非严谨，包含诸多曲解，可能造成对明清社会历史状态与趋势的误解，有必要重新梳理分析。[①]

## （一）欧洲文艺复兴与欧洲文明的嬗变

一般而言，文艺复兴（Renaissance）指14—17世纪从意大利首先兴起，逐渐波及整个欧洲的一场以古典艺术文化复兴、人文主义觉醒为突出特征的演变，这场演变逐渐扩展、深入的影响，推进了欧洲科学、宗教、政治、法律等各个领域的巨大变化，促成了欧洲宗教改革和启蒙运动。Renaissance这个词，字面含义是Re-birth——重生，并没有突出“文艺”含义。后来的中文译法，显然不是直译，而是将其所指现象中的文艺表现特别地突出出来。[②]如果将其所指的其他同样重要的表现也考虑进来，则这场变化被称为古典文化复兴更为合适。然而即使如此，也还是要注意到，这场思想文化变革从一开始就不仅仅是古典文化的复兴，而是现实的中世纪文化在与被重新体认的古典文化激荡融合之后发生的一场宏阔深刻的文明嬗变——文艺复兴带来的不是古典文化压倒了中世纪文化，而是复兴的古典文化与现实的中世纪文化经历一系列冲突与融合从而使欧洲文明得以重塑。

这是一个史无前例的时代——Middle Ages这个词就是在文艺复兴中出现的，标志着该时代的一些人就已经意识到自己处于一场划时代的转变之中。不过，将这场复杂而宏阔的变动称为文艺复兴，是文艺复兴结束后的19世纪才发生的事情。一般认为，法国历史学家米什莱（Jules Michelet）的《法国史》（*Histoire de France*）于1855年出版后，“文艺复兴”才成为指称

---

① 关于梁启超、胡适、傅斯年关于“中国文艺复兴”言说的研究，晚近较为细致呈现其说内容的文章主要包括董德福：《“中国文艺复兴”的历史考辨》，《江苏大学学报（社会科学版）》2002年第1期；欧阳哲生：《中国的文艺复兴——胡适以中国文化为题材的英文作品解析》，《近代史研究》2009年第4期；朱德发：《梁启超的“中国文艺复兴”观——解读〈清代学术概论〉》，《东方论坛》2012年第5期；席云舒：《胡适“中国的文艺复兴”思想初探》，《文艺研究》2014年第11期；席云舒：《胡适“中国的文艺复兴”论著考（上篇）》，《社会科学论坛》2015年第7期；席云舒：《胡适“中国的文艺复兴”论著考（中篇）》，《社会科学论坛》2015年第8期。

② 根据章可的研究，最早将Renaissance用中文表达为“文艺复兴”的是普鲁士传教士郭实腊（Karl GÜtzlaff）主编的《东西洋考每月统记传》1837年二月期中的《经书》一文。参看章可：《汉语史学概念如何形成：以“文艺复兴”在近代中国为例》，载王育济主编：《中国历史评论》第9辑，上海：上海文化出版社，2015年，第110页。

那场变动的流行语。瑞士历史学家布克哈特（Jacob Burckhardt）在其《意大利文艺复兴时期的文化》（*The Civilization of the Renaissance in Italy*）中，把文艺复兴视为被中世纪扼杀的个人主义现代精神兴起的过程，视为中世纪与现代之间的桥梁。这种解释方式曾经被一些人批评为线性的、辉格式的历史观，但是如果我们想要追溯欧洲现代性发生的历程轨迹，就无法不承认文艺复兴在欧洲现代化发生与发展历程中是一个突出的节点。文艺复兴未必从其发生的最初时刻就注定为欧洲带来现代化的宿命，但是文艺复兴注定了欧洲文化要发生巨大的变化，其中最突出的在于以下四个方面。

首先是人文主义兴起。早期文艺复兴就已经在绘画、文学中表达出对于人性、人的情感和尊严超出中世纪时代的注重——伴随着的并不是对于宗教的全面反抗，而是从人性立场对宗教的重新诠释。皮科·德拉·米兰多拉（Pico della Mirartdola）撰写了《论人的尊严》（*Oration on the Dignity of Man*）。[①] 对古典文献，包括对古典时代末期基督教的研究奠定了后来宗教改革的知识和心理基础。绘画中的线性透视（linear perspective）与自然现实主义的绘画风格为这种艺术表现的实现提供了新的概念和技术手段。彼得拉克（Francesco Petrarca）等现实、清新的文学创作，表现出这场变革与大众世俗生活的紧密关联。印刷书籍的技术，推动了这种关联。这种人文精神，相对于中世纪艺术、知识从宗教的天穹俯视人间的格局来说，开启了无限的可能性。

其次是科学的进步。文艺复兴时代艺术领域生动活泼的人文取向与科学的飞跃式进步并行。这个时代的艺术大师与科学巨匠可以合于一身，达·芬奇（Leonardo Da Vinci）就是这样的巨人。倚重直接观察来获得感知与知识，是这个时代绘画艺术与科学共有的特征。基于中世纪时期科学知识、技术手段的积累和文艺复兴学者对希腊、阿拉伯自然科学、哲学、数学等知识的强烈关注，这个时代的科学经历了范式革命。哥白尼（Nicolaus Copernicus）的日心说，颠覆了以地球为宇宙中心的误解。开普勒（Johannes Kepler）对行星运转的规律进行了比此前更为精细的解释。在望远镜得到改进的基础上，

① 该书英文版由 A. Robert Gaponigri 翻译，书名为 *Oration on the Dignity of Man*，由 Gateway Editions 于1996年出版，中文版由顾超一、樊虹谷翻译，书名为《论人的尊严》，北京大学出版社2010年出版。

伽利略（Galileo Galilei）验证了新的引力说并对行星运动法则做出新的探索，指出了传统宇宙观的谬误。威廉·哈维（William Harvey）解释了动物躯体以心脏为中心的血液循环。弗朗西斯·培根（Francis Bacon）发表了《新工具》，阐释实验研究和科学主义的方法论。勒内·笛卡儿（René Descartes）提出普遍怀疑而以人类理性重新审视一切的思想原则。到17世纪末伊萨克·牛顿（Isaac Newton）提出万有引力定律和牛顿运动定律，将天文学、物理学众多理论置于一个统一的自然规律框架中，奠定了经典物理学的基石。这又是欧洲后来工业革命的必要基础。把这一系列革命性的进展排比起来，的确可以看到早期文艺复兴是一个科技进步加速的节点。而且，文艺复兴时代探索新知的普遍文化精神促成了科学研究的社会保障体系。各国政府常为科学研究提供资助，科研机构得以发展，各种实验、演讲活动得以进行和推广，对人类自身认识自然的信心以及对于人类理性的信念，逐渐成为欧洲普遍的文化氛围。

再次是宗教与社会关系的重塑。文艺复兴从一开始就触及宗教、教皇、教会的绝对性。到16世纪初，德国马丁·路德（Martin Luther）呼吁宗教改革，主张通过信仰而不是参加教会礼仪而获得拯救，教士可以结婚。[①] 各国要求国家教会摆脱罗马教廷控制的诉求伴随着各种新教派的兴起而流行起来，波及瑞士、法国、尼德兰、匈牙利、英格兰、苏格兰，甚至北美。[②] 经历宗教改革，天主教独尊的局面被打破，宗教多元的理念流行，宗教不再构成凌驾在世俗生活之上的统治力量，而成为欧洲社会生活的一个精神选择。

最后是政治现实主义。人文主义与政治发生关联的时候，凸显的一定是现实的诉求。早期文艺复兴中，米兰多拉的《论人的尊严》和马泰奥·帕尔米耶里（Matteo Palmieri）的《论公民生活》（*On Civic Life*），就已经将人文主义与公民现实生活联系到一起，呈现为一种公民人文主义，也就是一种政治领域的人文主义。马基雅维利（Niccolò Machiavelli）以现实功用为尺度解

---

① 参看〔美〕威尔杜兰原著，幼狮翻译中心编译：《世界文明史之十九·宗教改革》，台北：幼狮文化事业公司，1977年，第1—31页。

② 参看〔美〕威尔杜兰原著，幼狮翻译中心编译：《世界文明史之十九·宗教改革》，第190—197页。

释国家政治生活，表达一种实用理性政治观。与理性相关的政治现实主义对后来欧洲的政治文化产生了重要影响。

文艺复兴不是突如其来的。晚近一些学者，如美国宗教社会学家罗德尼·斯塔克（Rodney Stark）强调中世纪繁荣期意大利独立城市国家具有创新性，将责任政府、基督教与资本主义结合到一起，国家掌握基于货币财富的资本主义原则，发动商业革命并资助了文艺复兴。还有人主张文艺复兴在14世纪之前的中世纪已经发端。意大利的城市国家状态，包括其共和制政治结构和社会氛围，虽然与现代民主制有很大差别，但确有民主和责任国家色彩，体现在公民的治理参与和对自由的信仰中。相对自由的政治环境有利于学术和艺术进步。意大利城市作为贸易中心也是知识的交汇点。商人从世界各地带来思想和艺术信息，财富带来研究的闲暇。还有人认为，意大利文艺复兴与黑死病蔓延造成的冲击有关。这类研究提供关于早期文艺复兴渊源的一些具有启发性的解释，但并不能令人信服地把文艺复兴的发生归于偶然，也不能推翻14世纪意大利所发生的文化变动是人类历史的重要节点的认识。从14世纪以后的欧洲历史总体看，文艺复兴是一场宏大文明嬗变的早期运动。而这场文明嬗变，是与欧洲同一地区曾有高度发达的具有人文主义和艺术情怀的古典文明且发生过一场深刻断裂密切相关的。没有古典文明，很难想象一场以复古为最初形式的文化创新运动能够如此这般地展开；没有中世纪的断裂，复兴或再生，也就无从谈起。

### （二）中国文艺复兴说

近代中国的一些重要学者，认为中国也有文艺复兴，其中郑重的说法，出自梁启超、胡适、傅斯年。

1904年，梁启超在《论中国学术思想变迁之大势》中，把清代二百年称为中国的“古学复兴时代”：“要而论之，此二百余年间，总可命为‘古学复兴时代’。特其兴也，渐而非顿耳。然固俨然若一有机体之发达，至今日而葱葱郁郁，有方春之气焉。”[①] 稍后，梁启超为蒋百里（名方震）所著《欧洲文艺复兴史》作序言篇幅过长，遂作为《清代学术概论》单独出版，在该书自序中特意重提前引之语，但将之修改为“余于十八年前，尝著《中国学术思想变迁之大势》，刊于《新民丛报》，其第八章论清代学术，章末结论云：“此二百余年间总可命为中国之‘文艺复兴时代’。”[②] 如果不是为手民所误，则前述修改表示梁启超后来强化了将清代学术比为文艺复兴的主张。

梁启超将清代学术视为中国文艺复兴的理由之一是清代学术的旨归为“以复古为解放”。《清代学术概论》提出：

> “清代思潮”果何物耶？简单言之：则对于宋明理学之一大反动，而以“复古”为其职志者也；其动机及其内容，皆与欧洲之“文艺复兴”绝相类。而欧洲当“文艺复兴期”经过以后所发生之新影响，则我国今日正见端焉。[③]
>
> 综观二百余年之学史，其影响及于全思想界者；一言蔽之，曰：“以复古为解放”。第一步：复宋之古，对于王学而得解放；第二步：复汉唐之古，对于程朱而得解放；第三步：复西汉之古，对于许郑而得解放；第四步：复先秦之古，对于一切传注而得解放……然其所以能著著奏解放之效者，则科学的研究精神实启之。[④]

推动这种“以复古为解放”风气的早期人物为顾炎武、胡渭、阎若璩。他们处于“晚明王学极盛而敝之后，学者习于‘束书不观游谈无根’，理学家不复能系社会之信仰。炎武等乃起而矫之，大倡‘舍经学无理学’之说，教学者脱宋明儒羁勒，直接反求之于古经”[⑤]。其后，阎若璩“辨伪经，唤起‘求真’观念，渭攻‘河洛’，扫架空说之根据，于是清学之规模立焉”[⑥]。其后至清代学术的全盛期，代表者有惠栋、戴震、段玉裁、王念孙、王引之。

---

① 梁启超：《论中国学术思想变迁之大势》，上海：上海古籍出版社，2006年，第109页。
② 梁启超：《清代学术概论·自序》，上海：上海古籍出版社，1998年，第1页。
③ 梁启超：《清代学术概论》，第3页。
④ 梁启超：《清代学术概论》，第7页。
⑤ 梁启超：《清代学术概论》，第4页。
⑥ 梁启超：《清代学术概论》，第4页。

全盛期之后的“蜕分期”代表人物，即康有为和梁启超本人。康有为继承阎若璩、刘逢禄、魏源疑经之精神，综合诸家说，严格区划今古文分野，古文经皆刘歆伪造，又依托《公羊传》立“孔子改制”说，“谓六经皆孔子所作，尧舜皆孔子依托，而先秦诸子，亦罔不‘托古改制’。实极大胆之论，对于数千年经籍谋一突飞的大解放，以开自由研究之门”[①]。梁启超又指出：“有为、启超皆抱启蒙期‘致用’的观念，借经术以文饰其政论，颇失‘为经学而治经学’之本意，故其业不昌，而转成为欧西思想输入之导引。”“清学之蜕分期，同时即其衰落期也。”[②]

除了以复古为解放，梁启超将清代经学比附为文艺复兴的另外理由是清代汉学的实证精神。他认为戴震学术之出发点暨清学派时代精神之全部就在于，“无论何人之言，决不肯漫然置信，必求其所以然之故，常从众人所不注意处觅得间隙，既得间，则层层逼拶直到尽头处；苟终无足以起其信者，虽圣哲父师之言不信也。此种研究精神，实近世科学所赖以成立”[③]。

这种方法的根本精神，“在‘实事求是’‘无征不信’”[④]。具体而言，一、凡立一义，必凭证据；二、选择证据，以古为尚；三、孤证不为定说；四、以隐匿证据或曲解证据为不德；五、喜罗列事项之同类者为比较研究；六、采用旧说必明引之，以剿说为不德；七、所见不合则相辩诘，虽弟子驳难本师不以为忤；八、辩诘以本问题为范围，词旨务求笃实温厚；九、喜专注一业，为“窄而深”的研究；十、文体贵朴实简洁，忌“言有枝叶”。[⑤]

肯定人欲是梁启超将清代汉学视为中国文艺复兴的另一个理由，但其例证很少，主要取于戴震。戴震曾在与人书信中写道：

> 圣人之道，使天下无不达之情，求遂其欲而天下治。后儒不知情之至于纤微无憾，是谓理。而其所谓理者，同于酷吏之所谓法。酷吏以法杀人，后儒以理杀人，浸浸乎舍法而论理。死矣！更无可救矣！……古

① 梁启超：《清代学术概论》，第6页。
② 梁启超：《清代学术概论》，第6页。
③ 梁启超：《清代学术概论》，第34页。
④ 梁启超：《清代学术概论》，第5页。
⑤ 梁启超：《清代学术概论》，第47页。

> 人之学在行事，在通民之欲，体民之情，故学成而民赖以生。后儒冥心求理，其绳以理严于商、韩之法，故学成而民情不知，天下自此多迂儒，及其责民也，民莫能辩。彼方自以为理得，而天下受其害者众也！[①]

这种说法，其实与《礼记》里所讲“饮食男女，人之大欲存焉”并无特别的不同，是基于《礼记》的思想而指出宋明理学“存天理，去人欲”之类主张的蔽障。梁启超认为戴震此说震古烁今，戴震的《孟子字义疏证》“欲以‘情感哲学’代‘理性哲学’，就此点论之，乃与欧洲文艺复兴时代之思潮之本质绝相类。盖当时人心，为基督教绝对禁欲主义所束缚，痛苦无艺，既反乎人理而又不敢违，乃相与作伪，而道德反扫地以尽。文艺复兴之运动，乃采久阏窒之‘希腊的情感主义’以药之。一旦解放，文化转一新方向以进行，则蓬勃而莫能御。戴震盖确有见于此，其志愿确欲为中国文化转一新方向。其哲学之立脚点，真可称二千年一大翻案。其论尊卑顺逆一段，实以平等精神，作伦理学上一大革命。其斥宋儒之糅合儒佛，虽辞带含蓄，而意极严正，随处发挥科学家求真求是之精神；实三百年间最有价值之奇书也”[②]。

与梁启超相比，胡适著述、言论中表述的中国文艺复兴含义包含更多的变化，如欧阳哲生指出的，“胡适使用该词时，或特指新文化运动，或指近代以来中国的现代化运动，或指明末清初以来中国包括考证学在内的‘文艺复兴’，或泛指宋代以降包括宋明理学、清代考证学、近代新文化运动在内的‘文艺复兴’趋势”[③]。相关说法，散见于胡适在美国、英国等地所做多次学术讲演及后来整理而成的著作中。[④]

胡适在《中国哲学史大纲》中说道：

> 自从有了那些汉学家考据、校勘、训诂的工夫，那些经书子书，方才勉强可以读得。这个时代，有点像欧洲的“再生时代”（再生时代，

---

① （清）戴震：《与某书》，载（清）戴震撰，张岱年主编：《戴震全书》（六），合肥：黄山书社，1995年，第496页。

② 梁启超：《清代学术概论》，第41—42页。

③ 欧阳哲生：《中国的文艺复兴——胡适以中国文化为题材的英文作品解析》，《近代史研究》2009年第4期，第26—27页。

④ 参看欧阳哲生：《中国的文艺复兴——胡适以中国文化为题材的英文作品解析》，《近代史研究》2009年第4期。

西名 Renaissance，旧译文艺复兴时代）。欧洲到了“再生时代”昌明古希腊的文学哲学，故能推翻中古“经院哲学”（旧译烦琐哲学，极不通。原文为 scholasticism，今译原义）的势力，产出近世的欧洲文化。我们中国到了这个古学昌明的时代，不但有古书可读，又恰当西洋学术思想输入的时代，有西洋的新旧学说可供我们的参考研究。我们今日的学术思想，有这两个大源头：一方面是汉学家传给我们的古书；一方面是西洋的新旧学说。这两大潮流汇合以后，中国若不能产生一种中国的新哲学，那就真是辜负了这个好机会了。[①]

胡适认为这个时代不是突兀而来的：

我以为中国“文艺复兴时期”当自宋起。宋人大胆的疑古，小心的考证，实在是一种新的精神。印书术之发达，学校之广设，皆前此所无有……

王学之兴，是第二期。那时的戏曲小说，“山人”“才子”，皆可代表一种新精神与新趋势。肉体的生活之尊严，是这个时期的一点特别色彩。在哲学方面，泰州一派提倡保身，也正是绝好代表。

清学之兴，是第三期。此不消详说了。中间太平天国之乱，几乎又把这条线完全割断。黑暗之气，至清末而极盛，竟至弥漫全国。

近几年之新运动，才是第四期。[②]

胡适另有一篇原文为英文的短文，题目是《现代的中国文艺复兴》。其中所说的现代，是指宋代以后的时代，并说：“我叫这个现代阶段为‘中国文艺复兴阶段’。大体说来这一阶段从公元一千年（北宋初期）开始，一直到现在。”[③] 胡适在这篇短文中所指的从北宋初年开始的中国文艺复兴，包括宋代儒学的各种探索和改革，其中最主要的是，却正是程朱理学。[④]

---

① 胡适：《中国哲学史大纲》，长沙：岳麓书社，2010年，第6—7页。

② 胡适：《胡适全集·日记（1923—1927）》第30卷，合肥：安徽教育出版社，2003年，第5—6页。

③ 胡适：《现代的中国文艺复兴》，载唐德刚译注：《胡适口述自传》，台北：传记文学出版社，1981年，第269页。

④ 胡适：《现代的中国文艺复兴》，载唐德刚译注：《胡适口述自传》，第269—273页。

1919年11月，胡适发表《清代汉学家的科学方法》，认为清代汉学标志着中国学术史的一大转机，具有真正的科学精神。该文后来收入《胡适文存》时，有所修改补充，题目也改为《清代学者的治学方法》。此文指出：宋儒的格物致知，“究竟可算得是含有一点归纳的精神”；陆九渊、王阳明的心学表现出了“独立的思想精神”；到清代的汉学才“确有‘科学’的精神”。[①] 他所说的清代汉学的科学精神，主要是体现在以音韵学、训诂学、校勘学考订古代经典时所运用的归纳法和演绎法。而这两种方法的运用，“总括起来，只是两点。（1）大胆的假设，（2）小心的求证。假设不大胆，不能有新发明。证据不充足，不能使人信仰”[②]。胡适1935年1月4日在香港大学讲演，题目就是《中国文艺复兴》，但其内容，是关于白话运动的，并未涉及清代学术。[③]

受梁启超、胡适影响，傅斯年也说：

> 我以为清朝一代的学问，只是宋明学问的反动，很像西洋Renaissance时代的学问，正对着中世的学问而发。虽说是个新生命，其实复古的精神很大。所以我平日称它做“中国的文艺复兴时代”。但是这个名词不能通行，我现在只好仍用“清代学问”四字了。[④]

他接下来说：

> 宋明的学问是主观的，清代的学问是客观的；宋明的学问是演绎的，清代的学问是归纳的；宋明的学问是悟的，清代的学问是证的；宋明的学问是理想的，清代的学问是经验的；宋明的学问是独断的，清代的学问是怀疑的。就这方法上而论，彼此竟是截然不同，所以彼此的主义，竟是完全的相左。[⑤]

不过，尽管傅斯年认为清代的学问有些科学的意味，但是他没有忘记指

---

① 胡适：《胡适全集·清代学者的治学方法》第1卷，第367、370—371页。
② 胡适：《胡适全集·清代学者的治学方法》第1卷，第388页。
③ 胡适：《中国文艺复兴：胡适演讲集（一）》，北京：北京大学出版社，2013年，第116—120页。
④ 傅斯年：《清代学问的门径书几种》，载《傅斯年全集》第1卷，长沙：湖南教育出版社，2003年，第227页。
⑤ 傅斯年：《清代学问的门径书几种》，载《傅斯年全集》第1卷，第228页。

出，清人具有科学意味的方法，并没有用在“窥探自然界上”，而是用在“整理古事物上”：

> 但是有一件可惜的事，就是西洋Renaissance时代的学者，求的是真理；中国的“文艺复兴”时代的学者，求的是孔二先生、孟老爹爹的真话。他未尝不是要求真理，只是他误以孔二先生、孟老爹爹当做真理了，所以他要求诸六经，而不要求诸万事万物。宋儒明明白白是做自己的学问，偏说直接孔孟的心传；清儒明明白白是做自己的学问，偏说独合六经之正义。若是把这偶像打破，彼此明目张胆的争真是真非，可以省去许多无谓的辩论，而且争论的结果总要有益的多。然而竟自不能，真可惜了！①

傅斯年在北京大学读书期间主持的刊物《新潮》的英文刊名就是*Renaissance*。胡适晚年在口述自传中提示：“他们请我做新潮社的指导员。他们把这整个的运动叫做‘文艺复兴’可能也是受我的影响。”②

如此看来，将清代学术视为中国的文艺复兴，或者将之上溯到宋代学术，竟是现代中国学术思想界若干最重要学者共同的看法。

### （三）对梁、胡、傅中国文艺复兴说的疑问

学术界关于欧洲文艺复兴起因、表现、后果各个方面的阐释都包含一些分歧，这是欧洲文艺复兴作为一场文明嬗变本身复杂性在现代学术研究中的反映。只要看到这种复杂性的一般情状，逻辑上说，就不会认为同样的事情会发生两次。然而梁启超、胡适、傅斯年这些大学问家都一再用类比的方式提出中国的文艺复兴，何以如此？被他们作为中国文艺复兴表现指出的那些历史现象又应做何解释呢？

---

① 傅斯年：《清代学问的门径书几种》，载《傅斯年全集》第1卷，第228—229页。

② 胡适：《中国文艺复兴的四重意义》，载唐德刚译注：《胡适口述自传》，第174页。按：胡适该文所说中国文艺复兴的四重意义是批判的态度；输入学理；整理国故；再造文明。因这些意义都是针对民国初年的新文化运动而言的，所以本文不加讨论。

我们应该首先看一看与他们同时代人的一些不同意见。梁启超将清代学术比作文艺复兴的论述是在原为蒋百里《欧洲文艺复兴史》所作的序言中表述的，后来虽然因篇幅过长而单独发表，发表的时候，请蒋百里也为之作序。当时中国学术界对欧洲文艺复兴研究最深的蒋百里显然并未信服梁启超的中国文艺复兴说。他为梁启超该书所作的篇幅不长的序言，并没有推崇梁启超的此一说法，而是先表达了委婉的质疑，接下来又提出了几个尖锐的问题。

蒋序首先表示赞同清代学术有“由复古而得解放，由主观之演绎进而为客观之归纳”的精神，这与欧洲文艺复兴“实有同调者”，但随即提出，即使有此“同调”，但中国在清学之后，物质、科学方面的进步却迟迟没有成就，不知如何解释。接下来，蒋百里就清学发达本身之后果与欧洲文艺复兴的差异提出四点疑问。第一，明清之际欧洲耶稣会士将欧洲科学传入中国，中国君主及上流社会人士多有了解，康熙帝尤喜钻研科学，如果持续研究，“则欧学自能逐渐输入，顾何以康熙以后，截然中辍，仅余天算，以维残垒？”第二，自顾亭林以至颜元、李塨，明清之际中国学者颇重经世致用、民生利用之学，循是以往，物质可以渐趋发达，“顾何以方向转入于经典考据者，则大盛，而其余独不发达，至高者，勉为附庸而已？”第三，戴震的理欲之说，的确具有“文艺复兴时代个人享乐之精神”，但此说在当时中国不仅“无赞成者，且并反对之声而不扬，又何故？”第四，晚近中国震于欧洲人的船坚炮利而研究西方学术、技术，然而科技、政治学说天下“翕然从之，夺格致化学之席；而纯正科学，卒不扬？”[①] 提出这四点疑问之后，蒋百里自己从政治趋势、社会风尚两个角度对其原因做出解释。政治趋势方面原因有二：

> 清以异族，入主中夏，致用之学，必遭时忌，故藉朴学以自保，此其一也。康熙末年，诸王相竞，耶稣会党太子，喇吗党雍正（此言夏穗卿先生为我言之），既失败于外，又遭谗于罗马，而传教一事乃竟为西学输入之一障害。此其二也。[②]

---

① 蒋方震：《清代学术概论序》，载梁启超：《清代学术概论》，第109—110页。
② 蒋方震：《清代学术概论序》，载梁启超：《清代学术概论》，第110页。

社会风尚方面原因也有两点：

> 民族富于调和性，故欧洲之复古为冲突的，而清代之复古，虽抨击宋学，而凭圣经以自保，则一变为继承的，而转入于调和，轮廓不明瞭，此科学之大障也。此其三。民族尚谈玄。艺术一途，社会上等诸匠人，而谈空说有者，转足以自尊。此其四。[①]

蒋百里显然看到了欧洲文艺复兴之后所发生的社会转变与清代学术鼎盛之后中国的社会情状有巨大差别，对于单纯从清代学术风格与欧洲文艺复兴的类似来谈论中国文艺复兴不以为然，并且认为清学兴盛之后中国的历史演变，受政治趋势与社会风尚特质的影响不可忽视。

蒋百里既然不愿附庸梁启超、胡适分享的那种抽出学术风格一点来将清代学术与欧洲文艺复兴加以比附的主张，他自己又如何看待欧洲文艺复兴呢？蒋百里认为，欧洲文艺复兴最重要的结果，第一在于“人之发见”，第二在于“世界之发见”。所谓人之发见，“即人类自觉”；所谓世界之发见，一在“自然之享乐，动诸情者也”，一在“自然之研究，则动诸知者也”。[②]也就是说，他把文艺复兴的精神，着落于人文主义世界观与科学的兴起，这与梁启超、胡适所见的以复古求解放或者实证方法虽具相通之处，方向、范围、深广程度却扩展了许多。

梁漱溟也反对将清学及民初的新文化运动比作文艺复兴，他指出：

> 有人以清代学术比作中国的文艺复兴，其实文艺复兴的真意义在其人生态度的复兴，清学有什么中国人生态度复兴的可说？ 有人以五四而来的新文化运动为中国的文艺复兴，其实这新运动只是西洋化在中国的兴起，怎能算得中国的文艺复兴？ 若真中国的文艺复兴，应当是中国自己人生态度的复兴，那只有如我现在所说可以当得起。[③]

在梁漱溟看来，中国如有文艺复兴，只有复兴孔子阳刚乾动的人生态

---

① 蒋方震：《清代学术概论序》，载梁启超：《清代学术概论》，第110页。

② 蒋方震：《欧洲文艺复兴史·导言》，上海：商务印书馆，1921年，第6—7页。

③ 梁漱溟：《东西文化及其哲学》，载中国文化书院学术委员会编：《梁漱溟全集》第1卷，济南：山东人民出版社，1989年，第539页。

度，而清代的考据学，并没有带来这种古典人生态度的复兴，连五四新文化运动也主要是受西方文化影响而起，也不能算作是本土古典人生态度的复兴。

蒋百里、梁漱溟将欧洲文艺复兴的核心内涵归结为人生态度的复兴的认识，要比梁启超、胡适的中国文艺复兴说更贴近于欧洲文艺复兴的本质。欧洲文艺复兴在文学、绘画、建筑、科学、宗教、哲学、伦理、政治、社会生活各个领域展开，在其发展中深刻地改变了欧洲的文化精神和生活方式。只要将之视为一个具有内在关联的文化运动或具有时代性的演变趋势，就不能像梁启超、胡适那样将之过分地截取为个别领域的某一特征，而需要从总体上看到其最为深远的文化含义。文艺复兴在各个领域的表现，都投射到欧洲人对于人生的理解和把握，从而重新定位了欧洲文化的方向。清代考据学始终是书斋里的学问，一定意义上是学者避世的一个选择，其学艰深，对同时代中国人的人生态度影响微茫。所以考据学在纯粹学术的意义上成就斐然，却依然是基本脱离当下社会文化的学问。

所谓“以复古为解放”，其实也是大大夸张的说法。考据学固然质疑汉代以降的一些伪书，固然表达对宋明理学一些说法的质疑，但是他们的疑经，是疑古文献的真伪或后人解释的当否，而不是疑古代“圣人”的主义，因而获得的思想解放十分有限；他们所复的古，主要是经典研究中的汉学风格，而不是春秋战国时代的人文主义精神，因而孤高冷傲地悬挂在庶民文化之上，气息难通。其实，梁启超自己也曾指出，清学正统派重证据的研究方法虽然类同于欧洲文艺复兴时代的科学实证主义，但就其总体来看，“清代学派之运动，乃‘研究法的运动’，非‘主义的运动’也。此其收获所以不逮‘欧洲文艺复兴运动’之丰大也欤？”[①] 中国古典人文主义在清学最盛之际，极为黯淡。清代颇具声色的白话小说，也与考据学无关。因而，晚清依然能够感受到考据学气息的龚自珍会发出“万马齐喑究可哀”的慨叹。清代的文化，可以许多方式来概括，唯独说不得因复古而获得了什么“解放”，尤其是正当清代汉学最发达之际，皇权专制也达到了中国历史上的顶峰。以

① 梁启超：《清代学术概论》，第43页。

梁启超、胡适之才学见识，这种差异肯定不能不见，轻轻略过，是二公为了推进民初的新文化而有意前溯其渊源而致。其现实的用意虽然可以肯定，但是对于中国思想学术的曲解却也贻害不轻。

从中国学术推演的角度看，将清代学术视为“以复古求解放”曲解了中国儒学演变的基本线索。梁启超曾多次指出“清代思潮”是对宋明理学之一大反动，而以“复古”为其职志者。并称其所复之古，先是复宋学之古，从而获得对王学的解放，再复汉、唐之古，获得对程、朱之学的解放，再复西汉之古，获得对许、郑之学的解放，再复先秦之古，对一切传注而得解放。这样的论说，读起来通贯千古，铿锵有力，但稍一揣摩，就处处滞碍。照此说法，中国学术的历程是一次次的“反动”，如此则儒学的继承性全部在叙述中消失。然而中国先秦学术经秦火一番摧残之后，不是被汉学“反动”，而是在汉代得到恢复整理，儒学得到尊崇，成为经学。魏晋六朝时期儒学不彰，但亦未断。唐代整理五经，又是一番恢复。宋代儒学偏重义理，对儒学做了新的诠释，其诠释在汉儒整理儒家经典的基础上进行，而且宋儒并不以批判汉学为职事，而以阐明儒家经典义理为旨归。宋代以降，程、朱、陆、王各领风骚，又相互呼应，儒学以多元化、争鸣的方式延续。至于清初儒学，继承晚明已经开始的对王学的批评，较为推崇程朱之学，然而此一学术风气，却又并不是汉学兴起的基础。

梁启超说清学复宋学而从王学获得解放，这也是一种牵强的说法。王阳明之学固然包含对朱熹学术的一些质疑，但是却并没有全盘端翻朱熹学术，更没有全盘颠覆宋学——所以才有以“宋明理学”统称宋明两代儒学的说法。王阳明是在宋明理学的大框架之内，偏重陆九渊在宋代已经提出的心学，以“良知”之说为中心提出对朱熹认知路线的一些不同看法，在对儒学经典的其他方面一致处颇多。宋学本来多派纷呈，程、朱之外，陆九渊心学是另一脉，此外还有周敦颐濂学、邵雍象数学、张载关学、司马光朔学，王安石新学等。明代儒学对于宋代儒学，承袭延展之处，多于辩驳之处，且辩驳之处也不构成“反动”的关系。正因为如此，黄宗羲在入清之后所作《明儒学案》，将宗程朱者、尊陆王者，或是调和各家别有发明者，通做17个学案，并不以明代学术归为王学，也不将宋明学术做对立观。梁启超对《明儒学案》甚为推崇[①]，对此不可能不知，所以他的明学为宋学之“反动”的说法，其实连他自己也未必确信。而且，王学虽然在正德、嘉靖间颇为流行，但万历时期最主要的东林学派对王学就已经多有批评，且其理据多来自程朱之学。对于此点，钱穆在《中国近三百年学术史》中早就引据东林学派中坚高攀龙等的言论做过说明，甚至认为“即谓清初学风尽出东林，亦无不可”[②]。王学代表不了明代儒学，心学不曾全盘颠覆宋学，对王学的批评也不是到清代才开始。所以，说清学是王学的“反动”，因而恢复了宋学，是一句囫囵吞枣的话。

梁启超在将清学比作中国文艺复兴的论说中，对明代学术做了过分黯淡的描述：“故晚明理学之弊，恰如欧洲中世黑暗时代之景教。其极也，能使人之心思耳目皆闭塞不用，独立创造之精神，消蚀达于零度。夫人类之有‘学问欲’，其天性也。‘学问饥饿’至于此极，则反动其安得不起？”[③]首先，“晚明理学”究竟如何黑暗到使人独立创造之精神完全消失，这就是个需要证据支持才能做出的判断，梁启超却只是一句狠话横扫过去，使人无法核实。“晚明理学”如做特指，一般指秉承程朱的学术，诸如东林学派的顾宪成等，是其中坚，还可以指刘宗周、黄道周等；如果泛指，则可以包含王阳明学派的后学，如王畿、王艮等。但是这些人都颇有独特的思想建树，或有特立独行的人格。晚明是一个思想颇为活跃的时代，晚明社会处于文化颇为活跃的状态，如果当时居于主流地位的儒学黑暗到使人心思耳目皆闭塞不用的程度，当时社会文化的成就也就无法解释。而且，梁启超等极度推崇的清学，是从顾炎武、黄宗羲、王夫之这一班人开始的。这些学者虽然主要学术著作完成于清代，其思想学术的养成，却正在晚明。揣摩前引梁启超的行

① 参看梁启超：《中国近三百年学术史》，北京：北京市中国书店，1985年，第48—49页。

② 参看钱穆：《中国近三百年学术史》，北京：商务印书馆，1997年，第22页。按：虽有梁启超《中国近三百年学术史》问世在先，钱穆仍在约十年后再著同名之书，自然有不以梁启超所论为尽是之意。就本文所涉清代学术与宋明学术关系而言，钱氏力言其“承前启后，如绳秩然，自有条贯”的继承与推演，与梁氏强调清学对宋明学术的“反动”成一对比。钱氏推崇治学“善与人同”，雅不愿做针锋相对的论辩，然而仍然在梁启超之后重做清代学术史，可知实有不得不言者。

③ 梁启超：《清代学术概论》，第8—9页。

文，他其实是把明代儒学做了欧洲中世纪基督教的对等物，把指称欧洲中世纪基督教的那些话，覆盖到晚明理学上面，这是很粗糙的说法。何况，晚近关于欧洲中世纪史与欧洲文艺复兴史的研究，已经揭示出许多文艺复兴与中世纪文化积淀之间关系的材料，关于欧洲中世纪绝对黑暗的看法，本也有夸大的成分。

梁启超在做清代学术体现中国文艺复兴说的时候，所指清代学术都是汉学，仿佛清代学术就是汉学，把清代理学轻轻略过。清代汉学盛在乾嘉，而理学从晚明延伸入清，先已流行，绵延未绝。清代理学虽无绝世的发明，但与汉学每每争论，有所谓“汉宋之争”。其争针锋相对处，从姚鼐下述说法可见一斑：

> 儒者生程朱之后，得程朱而明孔孟之旨。程朱犹吾父师也。然程朱言或有失，吾岂必曲从之哉？程朱亦岂不欲后人为论而正之哉？正之可也，正之而诋毁之、讪笑之，是诋讪父师也。且其人生平不能为程、朱之行，而其意乃欲与程、朱争名，安得不为天之所恶。故毛大可、李刚主、程绵庄、戴东原，率皆身灭嗣绝。[①]

另一位学者方东树专门撰有《汉学商兑》，批评汉学。梁启超亦认为方东树此书是“极有价值之书”，“其书为宋学辩护处，故多迂旧，其针砭汉学家处，却多切中其病……后此治汉学者颇欲调和汉宋”。[②]《四库全书总目·经部总叙》中也提到，自汉至清：

> 要其归宿，则不过汉学、宋学两家，互为胜负。夫汉学具有根柢，讲学者以浅陋轻之，不足服汉儒也。宋学具有精微，读书者以空疏薄之，亦不足服宋儒也。消融门户之见，而各取所长，则私心祛而公理出，公理出而经义明矣。[③]

---

① （清）姚鼐撰：《惜抱轩文集》卷6《再复简斋书》，《续修四库全书》第1453册，上海：上海古籍出版社，2002年，第52页。按：姚鼐还称：“天下学问之事，有义理、文章、考证，三者之分异趋，而同为不可废。”，见姚鼐：《惜抱轩文集》卷6《复秦小岘书》，《续修四库全书》第1453册，第53页。

② 梁启超：《清代学术概论》，第69页。

③ 《四库全书总目》卷1《经部总叙》，《景印文渊阁四库全书》第1册，台北：台湾商务印书馆，1986年，第54页。

可见清代儒学，原有汉学、宋学两途，不在一个轨道上，而是并行的。所以，说清学经过复宋学之古而终于回归汉学，逻辑和依据都不明确。梁启超在这里过分割裂了儒学的延续性，对明代学术，未能周至揣摩，怀有偏见，对清代学术，也单取了汉学一脉而忽略其余。汉、宋、明、清儒学，都在儒学范围之内，虽有参差、争论，都在依托同一个学术大传统。儒学之内即使有“反动”现象，也没有反到儒学之外去。这与欧洲文艺复兴的差别，甚为明显。

胡适的中国文艺复兴说比梁启超的中国文艺复兴说要温和些，他毕竟没有勾勒出一个层层“反动”的历程来。他把中国文艺复兴的开始放在宋代，而王学之兴是第二期，清学之兴是第三期，民初新文化运动是第四期。这就提供了一个顺向推演、因应的，而不是不断否定的逻辑。这种说法的第一个问题是，将个别因素的相似夸大为趋势的相似。胡适所说从宋到民国初年的文艺复兴四时期，尺度只是一个研究方法中的求证精神。清代考据学的确有质疑的精神，有小心求证的方法，而且这种思维，也与现代科学精神有些相通。如果这种方法被普及到一个时代的文化精神中，广泛地影响各种学术领域和人民生活，那么与欧洲文艺复兴的相似是值得认真研究的。但清代考据学的这种方法，局限在极少数学问家的书斋里，并没有溥被于社会文化，更没有对当时的社会文化风气产生重大的影响。而且，从顾炎武到戴震，考据学的实证精神与清代的自然科学基本绝缘，清代考据学的“科学”方法并不是一种社会思潮，而只是一种经学思潮。胡适中国文艺复兴说的第二个问题是，夸大了清代考据学在中国学术史乃至中国文化史中的意义。他说自从有了汉学家考据、校勘、训诂的功夫，那些经书、子书方才勉强可以读得；“我们今日的学术思想，有这两个大源头：一方面是汉学家传给我们的古书；一方面是西洋的新旧学说。这两大潮流汇合以后，中国若不能产生一种中国的新哲学，那就真是辜负了这个好机会了。”[①] 文中渗透的推动中国新哲学、新文化的拳拳之心足以令人动容，但是相关的史事却被曲解得太多。

---

① 胡适:《中国哲学史大纲》，第6—7页。

在汉学家做了他们那些考据、校勘、训诂的功夫之前，经书和子书竟然都是读不得的吗？那么宋明时代的张载、二程、朱熹、宋濂、王阳明、罗汝芳、李贽，乃至清代汉学发达之前的顾炎武、黄宗羲、吕留良都怎么读书，读什么书呢？当时的科举考的儒家经典都是读不得的吗？他们所写的那许多著作都是胡说不成？如今研究宋明学术与历史的人，未必先读清代汉学家的著作，却也能够读懂清以前的大多数典籍。清代考据学家澄清了许多儒家典籍中前人未提出或未解决的问题，但所涉典籍数量在当时社会所存典籍总量中非常有限，远远不能覆盖当时存世的文献，不涉及对古典解读的全部问题，也没有颠覆前人对上古典籍的基本理解。胡适的前述说法，为了说出清代汉学与欧洲文艺复兴的相似性而夸大了清代汉学的成绩。

梁启超、胡适的中国文艺复兴说的还有另一个问题，即夸大了民国初年新文化运动与清代考据学之间的关联。新文化运动兴起的中坚学者，原本都有清代学术的根基，他们在清代学术中看到与新文化之间存在一种关联或者相似的成分，这是很自然的事情。如果没有这种关联，他们自己也就成不了新文化运动的中坚。但是，乾嘉学派在乾隆、嘉庆时期达到顶峰之后，在没有引发社会文化变革的情况下，已然自行趋于消沉。道光以后，不是考据学，而是偏重义理的今文经学凸显为与社会实践息息相关的学术思潮，康有为就是其中的一个，梁启超的学术取向与风格，也不在考据，而是更接近义理之学。所以，考据学没有推出新文化，是在新文化运动兴起中，被新文化的一些旗手拉进了新文化中。在这样做的时候，他们又建构出了前面所说的若干新文化在儒学旧传统中早就在酝酿的故事。没有考据学，仍有民国初年的新文化运动；没有西学之风的鼓荡，则不会有民国初年的新文化运动。即使考据学具有科学的精神，那种精神也没有发生文化革新的作用。

前列傅斯年关于宋明学问多种对立的说法，也经不起实证的追问。如前所说，宋代的学问论题、风格都是多样的，不尽为主观，而清代的学问也是多样的，不尽为客观；宋明的学问不尽是用演绎逻辑，清代的学问也不尽体现归纳逻辑；宋明的学问不尽是悟的，清代学问不尽是证的；宋明的学问不尽是理想的，清代的学问不尽是经验的；宋明的学问不尽是独断的，清代的学问也不尽是质疑的。这要举出具体的例证，就会太多，只能暂且省略，设若有人反诘，再加详说。宋明学问与清代学问之间有诸多差异，但将之归结为处处反悖的关系，就过度简单化了。

还应注意到，傅斯年的说法与梁启超的说法之间，粗看相近，其实已然有了很大的差异。梁启超把宋明的学问也说成是个反悖，傅斯年却把宋明的学问视为一个整体。傅斯年的说法与胡适的说法，也有很大的差异。胡适是在宋明学问中看到归纳也看到演绎，看到疑古，看到科学色彩的。三位大学问家关于中国文艺复兴的说法表面近似，推究起来，逻辑和演变的线索都有很大差别。我们如果全都接受，就会陷入自相矛盾，愧对了三位大学问家推崇的疑古精神，所以就只好斗胆对他们也做点“疑古”的事情了。

## （四）中国历史上有文艺复兴吗?

如果承认文艺复兴是欧洲一系列历史变迁的重要节点，承认被称为文艺复兴的那些重要事件并不是一个个孤立事件偶然在那个时代簇拥着发生，而的确是一场具有社会文化变迁含义的系统性变化，就只能承认，同一时期的中国，实在没有发生同样的运动，其他时期也只有部分相似的现象，却没有整体相似的运动，民国初年的新文化运动是中国历史上与欧洲文艺复兴相似最大的一场变迁，但那已是“西风吹来”时的事情。

中国历史上没有充分意义上的文艺复兴，可以用中华文明的延续性征来解释。复兴的核心含义是曾经兴盛的事物经历了衰退甚至中断后再度兴起。欧洲地中海古典文明的人文主义文化精神曾经极度昌盛，故后来的欧洲，有可复兴之文明。罗马帝国衰亡时，古典文明被北方“蛮族”远为粗陋的文化风气和基督教会势力膨胀吞没。虽然中世纪前期也能看到古典文化的丝絮，欧洲东南部的拜占庭帝国还保存了对古典文化的研究和知识，但个别地方残存的古典文化与主导地位的古典文化根本不是同一个事情。而且，中世纪欧洲的主导人群与古典欧洲的主导人群也发生了变化。中世纪欧洲的主流文化精神与古典时代之间深深的断裂，与中华文明史的基本连续构成很鲜明的反差。古典文化的中绝，是欧洲古典复兴的前提。而且一旦古典文化复兴，中世纪文明与古典文明就会发生对接，使欧洲文明得以从两个源泉获取智慧，生发出单一文明延续性推演难以促生的文化多样性和可能性。中华古典时代终结的时候，并没有发生被其他文明吞没的事情，而是衍生出了一种新的政治大一统的体制，然后在这种体制框架下重塑了文化的重心。从战国到秦汉，古典文明虽然也经历了风雨，但没有被摧毁，没有发生文明承载主流人群的更换，没有宗教化，也没有“蛮族”化。所以，中国帝制时代的文化精英保持了相当完整的古典文化知识，不停地诠释着古典文献的意涵，从秦到清，发生过一些学术风气的变化，研究的成绩也是各代不同，但毕竟从未中绝。如果大致划分为几个阶段，可约略如下：第一，汉代从秦火余烬中整理恢复了先秦的典籍，把儒学尊崇为国家意识形态，开始了将儒学作为经学来研究的传统——后来所说的汉学也在其中。第二，东汉末到隋初，大一统政治弱化，周边民族频繁进入中原，佛教盛行，中华文明核心区文化与外缘区文化乃至外来文化的融合遮掩了儒学对文化精神与社会生活的影响力，但儒学不绝。第三，隋唐重新建构大一统社会体制后，国家权力推动儒家经典的重新整理，构成一次温和的儒学复兴。第四，宋明儒学家对儒家经典进行了系统化的新诠释，呈现出多种派别，推动了儒学向下层社会的渗透。第五，清代儒学分化为理学与汉学两个脉络，理学少义理的发明，汉学多文献考订的成绩。从基本的推演历程看，儒学最黯淡的时期就是魏晋南北朝时期，但也绝没有达到儒学被湮没、忘记，或者消失对现实文化与社会生活影响的程度。所以，单从儒学演变看，古典之学的几次兴盛都包含温和的“复兴”的意味，但都不是革命性的、颠覆性的。因为古典之学与古典精神的核心部分从来没有被忘记，所以也就无从被忆起。

欧洲文艺复兴不限于古典学术的复兴，所以在比较的时候，仅仅拿儒学的推演来与文艺复兴比较其实从一开始就把欧洲文艺复兴做狭隘观了。中国古典时代结束，直接进入帝制时代，直到清末。帝制时代的基本政治架构与文艺复兴时代欧洲基本政治架构的区别，可能也是理解中国没有发生真正意义上的文艺复兴的一个思路。文艺复兴时代的欧洲，政治是多元的，尤其是早期文艺复兴，发生在几个富有的城市共和国。这种情况，最少可以解释文艺复兴以文化的方式自然传播的外部政治条件。当时意大利的共和制度虽然与现代民主政治有很大区别，但毕竟是一种现实运行的共和制；其他国家无论君主制还是共和制，毕竟没有一个权力中心能够全面控制文化潮流。因而，文化潮流就会以自然的方式传播。中国的帝制国家权力，在一般生活层面对文化持放任自然的方针，但一旦国家感觉到需要对文化进行强力干预，尤其是对精英层面的思想倾向进行干预，就有手段能够运用。可能会发生“灭佛”“文字狱”这类暴力举措，也可能会发生用科举制度使“天下英雄尽入我彀中”、树立贞节牌坊之类温和的操纵。总之，中国帝制时代如果出现明显颠覆性的文化潮流，一定是要过帝制国家干预这一关的。这降低了中国发生类似文艺复兴这类文化运动的可能性。

中欧文明的另一个与文艺复兴有关的重大差异是，中国从来没有像欧洲那样经历一段神学主导学术与宗教全面浸透社会生活的时代。因为如此，中国帝制时代虽然有强力的政治专制，但没有宗教对世俗生活和文化心理的统治，古典时代发生的人文主义一直是文化与社会生活中一个重要的因素。在这样的传统中，以人文主义为基调的思潮，即使在某一情况下有突出的表现，也难以形成对既有文化的革命性冲击力。其实，宋明理学本身就具有浓厚的人文主义色调，就是人本的，而不是神本的。但是理学除了带来文化精英思想、学术倾向的一些变动之外，所引发的社会心理变化却是温和的和顺向调节性的，而不是转折性的。

与此相关的另一个情况似乎更为复杂而又重要。与宗教主导普遍精神生活的欧洲中世纪相比，中国帝制时代的精神生活有更大的差别性。精英阶层主要受儒学影响，佛教和道教思想略做调节补充；底层民众受儒释道及各种地方性的民间信仰的混合影响，儒家思想的地位并不一定占据绝对主导地位。①这样，当精英思想发生变化的时候，民众的思想可能感受不到，也可能要很

① 参看赵轶峰：《17世纪前后中国北方宗教多元现象初论》，《东北师大学报（哲学社会科学版）》2002年第1期。

久之后才能感知。基督教信仰是一种传播的、普世性的宗教，欧洲的精英与底层民众都要读《圣经》，当涉及宗教的思想在上层发生的时候，很快就通过宗教生活传导到底层。文艺复兴时代的人文主义是与对宗教的重新阐释关联表述的，其对于民众生活的影响相对迅速。这可以米兰多拉那篇被称为欧洲文艺复兴宣言的《论人的尊严》为例。这是一篇通过对神意的理解来表达的论说，其中说到，上帝按照他那神秘智慧的法则建造宇宙之后创造了人，最后决定让人拥有万物的特性，把人置于世界的中间，并对人指示如下：

> 亚当，我们没有给你固定的位置或专属的形式，也没有给你独有的禀赋。这样，任何你选择的位子、形式、禀赋，你都是照你自己的欲求和判断拥有和掌握的。其他造物的自然一旦被规定，就都为我们定的法则所约束。但你不受任何限制的约束，可以按照你的自由抉择决定你的自然，我们已把你交给你的自由抉择。我们已将你置于世界的中心，在那里你更容易凝视世间万物。我们使你既不属天也不属地，既非可朽亦非不朽；这样一来，你就是自己尊贵而自由的形塑者，可以把自己塑造成任何你偏爱的形式。你能堕落为更低等的野兽，也能照你灵魂的决断，在神圣的更高等级中重生。①

在这种表述中，神将无比崇高而又神奇的幸福归于人，使人可以得到其选择的，成为其所愿意的。上帝在创造人的时候就把各类种子以及各种生命的根苗注入到人身上，使人具有各种可能性。“培育其植物性的种子，他就变成植物；培育其感觉的种子，他就变成野兽；培育其理性的种子，他就变成天上的生灵；培育其智性的种子，他就成为天使和神子。并且，如果他对任何其他造物的命运都不满意，他会将自己收拢到自身统一体的中心，变成唯一与上帝同在的灵。在父独有的幽暗中，曾被置于万物之上的他将超越万物。”② 这里的“人”是不区分阶层的，在无上万能的神面前，所有人都成了“人”，其差别变得毋庸提及，所有的人都有同样的来自神的天赋、潜

① 〔意〕皮科·米兰多拉：《论人的尊严》，顾超一、樊虹谷译，北京：北京大学出版社，2010年，第25页。

② 〔意〕皮科·米兰多拉：《论人的尊严》，顾超一、樊虹谷译，第29页。

能、权利和尊严。读到这里的时候，我们不能不对基督教与人文主义之间的关系刮目相看。虽然基督教在中世纪体现的神性统治严重地束缚了人的自我意识和世俗生活自由，但是基督教义中却又包含一种通向人的尊严自觉的通路。而且，一旦这一通路被打开，人的自觉就会随着宗教精神弥漫的网络，沐浴全社会的人们。在这里，那个万能的神，成了人的解放的理由。于是，我们需要考虑，普遍的基督教精神是不是早就在培育着一种人的尊严，培育着人本主义。倘若如此，那么欧洲文艺复兴能够形成一场伟大的社会文化变革，就有更深厚的文化渊源，是欧洲文明长久推演孕育的结果。而中国没有文艺复兴，也是其来有自的。

中国帝制后期的思想文化继续着秦汉以后未曾中断的对古典文化的研究，不断有所阐发，但直到19世纪，并没有提出足以造成中华文明的基本文化精神发生转变的论题，而是与既有的帝制体制在总体契合的轨道上缓慢地推演。欧洲文艺复兴所具有的“文化革命”的意蕴没有也不能展现在同一时期的中国。中国文化的深刻变革是在晚清民国时期发生的，其动因，大半来自西方，包括西方的思想、科技，也包括西方侵略造成的危机压力。梁启超、胡适等在推动新文化运动的过程中，多次表达的中国文艺复兴说，主要表达出他们在文化大变革时代力图较大限度地护持中国传统文化自我的愿望，在实证的意义上，则基本不能成立。他们在相关论说中表述的一些说法，曲解宋、明、清时代中国思想学术之处很多，现代研究者不能不加厘清。中国屡有古典文化温和再兴的现象，但迄于晚清之前，并没有与欧洲文艺复兴总体类似的文化运动。这主要是中欧两大文明各自精神、理路不同所致，丝毫不值得遗憾，也无须夸大中国历史文化中某些表现与欧洲文艺复兴的共性，只是提示今人对中国文化、社会演进历程的研究，需要做更为细致的研究，实事求是的历史认识，更有助于中欧文明相互了解、学习、交往的实践。[①]

---

① 本文初刊于《南国学术》2016年第1期，标题为《中国历史上有过“文艺复兴”吗？——中国与欧洲两大文明比较视野下的讨论》。

# 十三

# 李约瑟难题与明清社会——读《文明的滴定：东西方的科学与社会》

李约瑟（Joseph Needham）1938年开始酝酿写作其篇幅宏大的7卷本《中国科学技术史》时，思考的核心问题是，“为什么现代科学没有在中国（或印度）文明中发展，而只在欧洲发展出来？”[①] 这是人所共知的“李约瑟难题”的核心。在稍后的研究中，李约瑟进一步认识到另一个问题具有同样的重要性，即“为什么从公元前1世纪到公元15世纪，在把人类的自然知识应用于人的实际需要方面，中国文明要比西方文明有效得多？”[②] 这两个问题密切关联，在后来半个多世纪的岁月里，无数学者尝试做出回答，但迄于今日，思考最为深入的毕竟还是李约瑟本人所做的汇聚在《文明的滴定：东西方的科学与社会》中的一系列阐释。[③] 这些阐释对于明清史研究的特殊重要性在于，李约瑟所说的中国科技开始落后于欧洲的时间正是中国的明清时代，而学界关于明清中国社会历史趋势的考察其实都难以回避其与现代性之间的关系，以及明清中国与同时期欧洲发展趋向的关联与比照问题。尽管

---

① 〔英〕李约瑟：《文明的滴定：东西方的科学与社会》，张卜天译，北京：商务印书馆，2016年，第176页。

② 〔英〕李约瑟：《文明的滴定：东西方的科学与社会》，张卜天译，第176页。

③ 该书最初由George Allen & Unwin Ltd. 于1969年出版，英文书名为*The Grand Titration: Science and Society in East and West*，直译当为《大滴定——东方与西方的科学与社会》。该书的商务印书馆中译本是根据 Routledge 2005年重印本翻译的。其前曾有台湾帕米尔书店1984年出版的范庭育中译本，中文书名为《大滴定》，该译本有李约瑟本人所写的中译本绪言，被商务印书馆译本作为附录收入书后。

人们可以对现代化、现代社会、现代性不断做出各种各样的定义，但无论从现代社会的经验历程还是从其内涵来审视，科学技术增速发展都是现代社会形成的基本要件。[①]这意味着，在对明清时代科技的特质做出中欧比较视野下的阐释之前，我们对明清中国社会历史前景的分析总是留有一个重要的模糊地带。由于科技知识方面的欠缺，大多数明清史研究者实际上无法直接、具体地讨论当时中欧科技的特质，我们必须借鉴李约瑟这样精通科技历史并了解中国历史的学者的研究。此类研究，迄今尚未得见。本部分梳理和评析李约瑟本人对李约瑟难题的解答，将之与我们所了解的明清以及作为背景的明清以前时代的社会历史文化传统结合起来，尝试做出一种侧重于科技与历史、社会关联的关于中国帝制时代后期社会结构与历史趋势的透视。[②]

## （一）概念与方法

在展开具体分析之前，我们首先需要对李约瑟该书中的核心概念即滴定（titration）做出简单说明。滴定原是基础化学分析的一种常见方法，一般称为“容量分析”或者“滴定分析”，其操作方式是使用滴定管，“用已知强度的化合物溶液来测定某溶液中化合物的量，前者将后者完全转变为第三种化合物，转变的终点由颜色变化等方式来确定”[③]。李约瑟在说明滴定在该书中的含义的时候解释，他和他的合作者在研究中国及其他文化的发现和发明史时，总是试图确定具体科技发现、发明发生的年代，以此来判定各个文化对于人类发现、发明的贡献及其相互影响的源流。从中可以看出，李约瑟“滴定”的主要任务，其实是厘清各文化的科技贡献在世界科技史和人类文明史视野下的相互关系。这项工作，本是《中国科学技术史》所完成的。而这部多卷本巨著多处涉及但分散而有待于综合与深化的，则是进而“对各大

① 在笔者看来，现代科学技术、发达的市场经济、民主化的公共社会管理，以及相应的思想与价值观念是现代社会的必备要素。

② 因为《文明的滴定：东西方的科学与社会》包括李约瑟在漫长岁月里逐渐发表的8篇论文，一些问题在这些论文中被多次论及，交叉颇多，为免繁复，这里抛开原书编排次序，从各篇文章中梳理、组合出若干专门问题加以讨论。复因主旨在于理解李约瑟的思想，引文较多，非如此难以清楚理析论题，请读者体谅。

③ 〔英〕李约瑟：《文明的滴定：东西方的科学与社会》，张卜天译，第2页。

文明在社会或思想上的种种成分加以分析，以了解为什么一种组合在中世纪遥遥领先，另一种组合却后来居上并产生了现代科学”[①]。也就是说，需要对滴定所获得的事实性判定进行深层的解释。为此，李约瑟“把在各种场合写的一些论文、演讲和随笔合在一起，冠名为‘文明的滴定’”[②]。李约瑟特别指出，该书与其《中国的科学与文明》，即中译本以《中国科学技术史》为题的巨著，主旨一致，但内容并不重复。《文明的滴定：东西方的科学与社会》的核心，其实是在《中国科学技术史》基础上，对以中国和欧洲两大文明科技发展历程或模式差异，在知识社会学意义上提出解释。这也就是李约瑟本人对李约瑟难题的回答。

其次，我们还需要说明对李约瑟的方法论特点或倾向的基本看法。自然科学方法论有普遍的尺度，而历史与社会研究的方法论永远有很大程度的主体选择性或差异性。《文明的滴定：东西方的科学与社会》研究的是历史与社会问题，所以如果我们不对李约瑟贯彻于该书中的方法论倾向做出评估，就无法充分理解他的论证逻辑，更无法在他的论述基础上做出自己的判断。经过梳理，我们可以看到李约瑟有以下方法论倾向。

第一，谨慎的历史进步论。李约瑟虽然从魏特夫（Wittfogel）关于古代东方的研究中汲取了诸多观点，但是他并不赞同中国历史停滞论，他明确指出：

> 事实上，“停滞”一词根本不适用于中国，那纯粹是西方的误解。传统中国社会显现出一种持续的总体进步和科学进步，只是在欧洲文艺复兴之后才被指数式发展的现代科学迅速超越。用控制论的术语来说，中国社会是自动平衡的，但绝非停滞不前。[③]

他认为，“说中国文化是‘趋于稳定的’或‘自动控制的’才算公平，因为中国社会有某种东西一直倾向于使之在经历各种干扰之后恢复其原有特性（这是一种官僚封建主义的特性），无论这些干扰是由内战或外敌入侵所

---

① 〔英〕李约瑟：《文明的滴定：东西方的科学与社会》，张卜天译，第2页。
② 〔英〕李约瑟：《文明的滴定：东西方的科学与社会》，张卜天译，第2页。
③ 〔英〕李约瑟：《文明的滴定：东西方的科学与社会》，张卜天译，第198页。

致，还是由发明和发现造成的”[①]。而且，因为李约瑟总是把科技发展置于社会总体环境与结构中来思考，逻辑上说，科技如果不是停滞的，那么社会也不是停滞的。总之，李约瑟不是中国历史停滞论者，他对后现代主义解构历史进步性的主张也谨慎地保持着距离。

第二，反对欧洲中心主义。李约瑟以大量例证和巨大的篇幅阐释世界上各个文明，尤其是中华文明对于人类科技进步的贡献。他认为，冯友兰的论文《为什么中国没有科学》标题就是不正确的。[②]在《中国科学传统的不足与成就》一文中，李约瑟专设“新科学在旧世界的起源”一节，具体反驳了认为科学本身就是欧洲的特色、非欧洲文明只有技术而没有科学等言论。在该文的结论部分，他说：“我们最好承认亚洲人也曾帮助奠定了中世纪数学和所有科学的基础，从而为西方人在文艺复兴时期有利的社会经济环境下实现决定性的突破做好准备。”[③]《文明的滴定：东西方的科学与社会》所收入的《科学和中国对世界的影响》一文，详细梳理了中国传统科学的成就及其与现代科学可能的关联，其中包括中国首次发现了免疫技术等。他甚至明确指出：“欧洲优越论乃是政治意义上的种族主义。”[④]

第三，不承认社会形态依次递进论。李约瑟从马克思的亚细亚生产方式说中汲取了思考中国社会历史的一些基本看法，但他拒绝将中国历史纳入任何不可避免的标准化轨道的论说。他指出：

> 为了实现科学史家的目标，我们必须注意到孕育出商业及工业资本主义制度、文艺复兴、宗教改革的欧洲贵族军事封建制度，与中世纪亚洲所特有的其他形式的封建制度（如果那确实是封建制度的话）之间的一些本质差异。从科学史的角度来看，我们必须找到某种与欧洲确实不同的东西，才能有助于解决我们的问题。我一直不同意马克思主义那种想要寻找一切文明“都必须经历”的社会发展阶段的一成不变的单一公

---

① 〔英〕李约瑟：《文明的滴定：东西方的科学与社会》，张卜天译，第265页。

② 〔英〕李约瑟：《文明的滴定：东西方的科学与社会》，张卜天译，第136页。按：冯友兰该文英文标题为 *Why China Has No Science: An Interpretation of the History and Consequences of Chinese Philosophy*，见 *International Journal of Ethics*, Vol.32, No.3 (Apr., 1922)。

③ 〔英〕李约瑟：《文明的滴定：东西方的科学与社会》，张卜天译，第43页。

④ 〔英〕李约瑟：《文明的滴定：东西方的科学与社会》，张卜天译，第201—202页。

式的思想倾向，原因就在于此。①

他讲到，1920—1934年苏联关于亚细亚生产方式的大讨论之结果，是“那些坚持‘原始共产主义—奴隶社会—封建主义—资本主义—社会主义’发展顺序的人最终占了上风。个人崇拜时期社会科学中流行的教条主义风气对这种局面无疑起了一定作用”②。在他看来，马克思的亚细亚形态说包含一些合理要素，而五种社会形态依次递进说则是苏联教条主义者的阐释，五种社会形态发展顺序说中的“封建制度”在被视为一个涵盖诸多社会的术语时，就失去了具体的意义。③李约瑟有时出于因应约定俗成用语的原因，也使用“封建社会”这个词汇，但大多数情况下附加保留性的说明。他使用更多的是“封建官僚社会”和“亚细亚官僚社会”，其内涵指向包容在亚细亚生产方式之内的特殊社会体制，用来专门指称秦到清末的中国社会。

第四，结构论与文明史观。无论是在考察15世纪以前中华文明何以能够在科技领域领先于欧洲，还是15世纪以后的中华文明何以落后于欧洲的问题时，李约瑟都拒绝单一因素的解释，采取的是从社会文化的总体结构与传统中诸多要素相互影响、作用方式来进行分析的方法。这种方法的重要表现是，在社会、经济、制度、文化的结构性运行视角下来看问题，并比较强调社会经济结构的基础性作用。他说：“若想解释中国社会为何没能发展出现代科学，最好先解释中国社会为何没能发展出商业的和工业的资本主义。”④但他并不把经济作为解答问题的唯一因素，而是主张，“只有对东西方文化的社会经济结构进行分析，同时不忘观念系统所起的重要作用，我们才能最终说明这两件事情”⑤。他认为在分析这类问题的时候，“我们似乎面对着一种有机的整体，一种连锁的变化”⑥。宗教改革、文艺复兴、现代科学、资

---

① 〔英〕李约瑟：《文明的滴定：东西方的科学与社会》，张卜天译，第177页。
② 〔英〕李约瑟：《文明的滴定：东西方的科学与社会》，张卜天译，第188页。
③ 〔英〕李约瑟：《文明的滴定：东西方的科学与社会》，张卜天译，第188页。
④ 〔英〕李约瑟：《文明的滴定：东西方的科学与社会》，张卜天译，第27页。
⑤ “这两件事情”，一指“为什么带有高技术含义的现代科学，自然假说的数学化，只是在伽利略时代才迅速兴起”，二指“为什么从公元前2世纪到公元16世纪，在把人类的自然知识应用于实用目的方面，东亚文化要比西欧有成效得多”，见〔英〕李约瑟：《文明的滴定：东西方的科学与社会》，张卜天译，第6页。
⑥ 〔英〕李约瑟：《文明的滴定：东西方的科学与社会》，张卜天译，第28页。

本主义、封建制度的没落，这些一起构成了复杂的整体和连锁的结构性关系。事实上，李约瑟辨识出了四种主要因素（地理因素、水文因素、社会因素、经济因素）的相互作用关系作为剖析中国15世纪以后科技演进的主线索。与这种结构论的方法倾向相应，他反对科技发展的内生论，即不认为科技进步纯然由于科学研究本身的逻辑所推动。他将具有内生论倾向的科学史家称为“内史学派”，认为他们把科学家从社会生活中隔离出来。他指出：

> 大多数历史学家都愿意承认科学影响社会，但却不愿意承认社会影响科学。他们喜欢只通过观念、理论、思维技巧或数学技巧以及实际发现的内在联系或自动演变来思考科学的进步，就像火炬在伟人之间传来传去一样。他们本质上都是“内在论者”或“自动论者”。换句话说，“上帝派来一个人，名叫……”开普勒。①

也就是说，他认为科学的发展要与社会各领域的状况一起来理解才能够说明。他也明确反对“偶然论”，即科技发展是由于某些天才的偶然发现所推动的观点。他说：“如果把现代科学的起源完全归于偶然，那么就宣告了历史学作为一种启迪心智的学问的破产。”②不过我们应当注意，李约瑟的这种被我们概括为“结构论”的方法是一种把科技置于有系统结构性的文明之中来考察问题的一般倾向，它与任何哲学“结构主义”都没有直接关系。此外，无论在其7卷本的洋洋巨著中，还是在集中回答李约瑟难题的《文明的滴定：东西方的科学与社会》中，李约瑟都展现了将不同社会共同体视为整体加以透视和比较的研究方式。他在较多情况下用“文化”来指称这些社会共同体，有时使用“文明”，我们大致可以将这种方式称为文明史观。

最后，李约瑟在讨论流行的关于中华文明15世纪以后科技落后原因时，排除了几个因素，其中包括语言、劳动力充足、没有实验科学传统，以及中国人缺乏时间观念等。关于语言，他指出，通常认为的中国式表意语言是其发展现代科学的强大阻碍因素的看法并不成立。他举出宋代苏颂《新仪

① 〔英〕李约瑟：《文明的滴定：东西方的科学与社会》，张卜天译，第200页。
② 〔英〕李约瑟：《文明的滴定：东西方的科学与社会》，张卜天译，第201页。

象法要》为例，判定中国古文其实是适合科学表达的。关于劳动力充足，他认为，“事实证明古代和中世纪的中国劳动条件并不妨碍中国人做出一系列‘省力’发明”[1]。“我们从未发现中国社会有因为惧怕技术导致失业而拒绝发明的重要案例。”[2] 关于实验，他列举了中医药学通过实验来判断药理作用的诸多事例，表明中国人是从事实验的。关于时间观念的讨论比较复杂。他认为，现代科学与线性时间观带来的变革和进步意识密切相关。中国文化的时间观中包含二者，突出表现是中国人强烈关注人间事务，有漫长无间断的历史文献积累。因此，中国未曾像西欧那样自发地发展出现代自然科学“与中国文明对待时间的态度毫无关系”[3]。最后一个问题比较复杂，后文还将涉及。

李约瑟的前述方法论倾向，在中外学术界并非皆为共识，然而笔者对之基本赞同。他排除的几种关于中国在15世纪以后未能发展起现代科学的解释性因素，还可进一步推敲，但无不有据而发，引人深思。重要的是，那些被李约瑟拒绝的阐释方式，其实都倾向于以单一要素解释漫长历史时期的复杂演变，远不及前述从结构和文明角度分析问题更为周至。这些问题，除了线性时间意识之外，后文将不再讨论，以便将重点放到理解李约瑟关于李约瑟难题的正面解答方面。

## （二）“亚细亚官僚封建制”与明清帝制农商社会

李约瑟根据对马克思的亚细亚形态说，以及吴大琨、冀朝鼎、魏特夫等研究的考察，认为中国没有发展起现代科学的社会结构性根源在于中国的“亚细亚官僚制度”，或称“官僚封建制度”。这种制度存在的时间段，从秦到清，恰好是我们所说的“帝制时代”。他认为，中国封建制度大致存在于公元前1500年到公元前220年前后。秦统一之后，使用“封建制度”来称呼

① 〔英〕李约瑟：《文明的滴定：东西方的科学与社会》，张卜天译，第15页。同一观点，亦见该书第22页。
② 〔英〕李约瑟：《文明的滴定：东西方的科学与社会》，张卜天译，第193页。
③ 〔英〕李约瑟：《文明的滴定：东西方的科学与社会》，张卜天译，第279页。

中国社会体制就“越来越不确切”了。[①]中国秦以前的封建制度与欧洲中世纪封建制度类似，但是在其衰落之后，代之而起的既不是商业资本主义制度，也不是工业资本主义制度，“而是一种特殊形式，或可称为‘亚细亚官僚制度’或‘官僚封建制度’”[②]。之所以在指出秦以后制度已经不适宜用“封建社会”来指称之后，依然将之称为“官僚封建制度”，部分上是由于缺乏更合适的概念，部分上是从“大多数财富都基于农业剥削的有限意义而言”。[③]在李约瑟看来，这种有限意义上的封建制度依然包括在“亚细亚生产方式”之内。中国从上古到整个帝制时代，都带有“亚细亚生产方式”的特征。[④]

李约瑟熟悉从马克思到魏特夫关于亚细亚生产方式的论述，并且从中采纳了一些重要的主张。其中非常重要的一点，就是把地理、水文条件视为中国经济、社会、政治制度的先定基础。[⑤]他强调，中国是一个以农业为主的大陆国家，降雨受季节影响较大，因此需要比西方远为庞大的灌溉工程、蓄水工程、江河排水和航行工程，“水利社会总是倾向于中央集权”[⑥]。基于展开这类工程的需要，“封建诸侯的权力不可避免会被皇权并吞，公元前3世纪末秦始皇统一全国之后，封建诸侯不断衰落，直到重要性不复存在。而帝国官僚制度则变得重要起来，不仅阻止了封建制度复生，而且也绝对阻止了商人的崛起和资本主义的产生”[⑦]。这种论述，已经呈现出一个从水利社会到中央集权，进而形成帝制官僚制度，后者阻止商人崛起和资本主义产生的因果框架。这里需要注意，李约瑟认为魏特夫早年关于“水利社会”的理论本质上没有错误，但其后来出版的《东方专制主义》则有冷战宣传的含义，而且“该书一直在歪曲事实”，“全世界的汉学家都无法忍受他后来那本著作”。他申明自己从来不用“东方专制主义”理论。[⑧]这提示我们不能因为李约瑟接受亚细亚形态论从地理、水文条件解释中国传统社会结构的视角，

---

① 〔英〕李约瑟：《文明的滴定：东西方的科学与社会》，张卜天译，第165页。
② 〔英〕李约瑟：《文明的滴定：东西方的科学与社会》，张卜天译，第138页。
③ 〔英〕李约瑟：《文明的滴定：东西方的科学与社会》，张卜天译，第182页。
④ 〔英〕李约瑟：《文明的滴定：东西方的科学与社会》，张卜天译，第182页。
⑤ 参看〔英〕李约瑟：《文明的滴定：东西方的科学与社会》，张卜天译，第167页。
⑥ 〔英〕李约瑟：《文明的滴定：东西方的科学与社会》，张卜天译，第189页。
⑦ 〔英〕李约瑟：《文明的滴定：东西方的科学与社会》，张卜天译，第138页。
⑧ 参看〔英〕李约瑟：《文明的滴定：东西方的科学与社会》，张卜天译，第189—191页。

就忽略了他与魏特夫东方专制主义论之间的差别。不过，亚细亚形态论与东方专制主义说有共享要素，两者彻底切割并非易事，李约瑟本人在这一点上阐释得也不够清楚。

主要由于强调在环境基点上来理解中国古代社会体制，李约瑟虽然重视秦统一构成社会制度转变的一个节点，但并不认为中国社会在这个节点从“亚细亚形态”转变为其他形态。他认为，中国无论在上古封建社会还是在秦统一之后的“亚细亚官僚社会”，都没有大规模奴隶制度。“中国社会的基础从来都不是奴隶，而是自由农，这对所有中国哲学（无论是儒家还是道家）的人道主义特征都有很重要的影响。”[①]“中国社会并没有在地中海上航行的那种满载奴隶的大帆船，也没有遍布意大利的那种大庄园。”[②]李约瑟把这种情况视为中国早期科技发展的重要原因：“正如官僚制度可以解释现代科学为什么没有在中国文化中自发产生，缺少大规模的奴隶制度也许是早期中国文化在促进纯粹和应用科学方面取得较大成功的一个重要因素。”[③]秦以后的中国体制，是一种由非世袭精英操作并以大量相对自治的农民群体为基础的“具有官僚性质的国家机器的产物”。在这种体制框架中，农业与工业之间没有或者几乎没有劳动分工，剥削的形式本质上是给中央集权的国家纳税和提供劳动，国家统治的正当性以负责其统治区域的防御和公共工程建造与维护为基础，同时也要指导广泛的农业政策，此外还有一些部门如盐铁的国有化管理。[④]这种体制在许多方面比中世纪欧洲的更合理，主要体现在科举制度和古老的荐举贤明的制度一起把全国的精英招募到官吏体系中，社会基本上以“学问”的方式运作，中央政权在很大程度上依赖于乡村社群

① 〔英〕李约瑟：《文明的滴定：东西方的科学与社会》，张卜天译，第155页。

② 〔英〕李约瑟：《文明的滴定：东西方的科学与社会》，张卜天译，第192页。关于中国没有出现奴隶制的原因，李约瑟的解释是技术性的。他认为，罗马军团配备有相当精良的铜制和铁制保护甲，而奴隶没有同样精良的武器，难以实现反抗；而中国老百姓早就有弩，足以穿透封建诸侯的防护甲胄。所以中国的老百姓只能被劝服，而不能用武力去胁迫，所以儒家对中国很重要，参看〔英〕李约瑟：《文明的滴定：东西方的科学与社会》，张卜天译，第156页。这种解释虽然具有启发性，但是过于技术化，中国历史上的统治者对人民的武力胁迫并不少见，古罗马也曾发生规模宏大的奴隶反抗。对相对区隔而非交融的部族、国家进行战争从而直接掠取人口可能是古代奴隶制更重要的渠道。不过，李约瑟关于中国古代存在奴隶占有关系而不存在完整意义上的奴隶社会的基本看法，应是符合中国历史实际情况的。

③ 〔英〕李约瑟：《文明的滴定：东西方的科学与社会》，张卜天译，第193页。

④ 〔英〕李约瑟：《文明的滴定：东西方的科学与社会》，张卜天译，第179—180页。

的“自动”运作，倾向于“把对社群生活的干预减少到最低”。[①]“这样一种社会也许有利于对自然界进行反思。”而且，中国的“亚细亚官僚制度”具有强大的组织力，“比任何其他中世纪社会更能发起伟大的探险和有组织的科学田野工作”。[②]因此，中国很早就在地震仪、铸铁、水力研究中取得成就，科学技术曾经实现高水平发展。但是，这种体制“不能允许商业心理在文明中占主导地位，不能把高级工匠的技术与学者们提出的数学逻辑推理方法融合起来，因此中国没有、或许也不可能使现代自然科学从达·芬奇阶段过渡到伽利略阶段。中世纪的中国人尝试做过一些比古希腊人或中世纪欧洲人更系统的实验，但只要‘官僚封建制度’没有改变，数学就不可能与经验性的自然观察和实验相结合，从而无法产生某种全新的东西。原因在于，实验需要做出许多主动干预。虽然中国人在技艺和手艺上一直接受这一点，甚至超过欧洲人，但要使之在哲学上变得可敬也许更为困难”[③]。

在理解李约瑟关于同一社会体制能够推动早期科技发展而在后来又构成科技发展阻碍的论说时，我们必须注意李约瑟关于前现代科学与现代科学之间存在根本区别的看法——这一点要在下文详细讨论。他其实在说，古代、中世纪那种科学在中国“亚细亚官僚社会”中足可成长，甚至可以优先发展，但同一社会体制却不能培育，甚至足以妨碍现代科学的成长。

“亚细亚官僚制度”倾向于国家垄断，这限制科技发展的社会自由，使之在达到较高水平之后难以再产生飞跃。

> 中国科学，无论是纯粹的还是应用的，都是较为“官方”的……在较低的思想层面上，工匠们也具有这种官僚特征，这部分是因为几乎每一个朝代都有皇家的工场和兵工厂，部分是因为在某些时期，至少那些拥有最先进技术的行业被“国有化”了，比如西汉时期盐和铁的专卖……在建造巨大的、新的或极为复杂的机械（比如早期的水磨和机械钟），或者实施宏大的土木工程计划时，所有这些工作要么是在皇家工

① 〔英〕李约瑟：《文明的滴定：东西方的科学与社会》，张卜天译，第195页。
② 〔英〕李约瑟：《文明的滴定：东西方的科学与社会》，张卜天译，第21页。
③ 〔英〕李约瑟：《文明的滴定：东西方的科学与社会》，张卜天译，第197页。

场里完成的，要么是在重要官员的密切监督之下完成的。[①]

与这种垄断性相应，中国有将某些科学视为正统而将其他科学视为非正统的倾向，这也产生了类似的后果。

> 在传统中国社会，有些科学是正统的，其他则是非正统的。历法的建立及其对农业社会的重要性，以及大家多少相信占星可以预卜国事，使天文学永远是一门正统科学。数学被认为适合有教养的学者去研究，在一定程度上物理学也是如此，特别是因为这两门科学有助于带有中央集权色彩的官僚机构的工程建设。中国官僚社会需要建设大规模的灌溉蓄水工程（防洪和运输谷税），这就意味着传统学者特别注重水利工程，而水利工程又有助于稳定和支持以之为关键部分的社会形式……炼丹术显然是非正统的，通常出世的道士和隐者才会追求它。在这方面，医学是相当中立的。[②]

"亚细亚官僚制度"妨碍现代科技发展的另一作用关系在于其压制商人。他认为，儒家强大的精神气质和理想——包括只有道德的武力才能长存的信念，以及财富并不具有精神力量的观念，使得非士大夫阶层中人接受他们在社会体系中比较次要的地位。[③]"现代科学之所以没有在中国社会兴起，很可能是因为中国商人阶层未能形成气候。"[④]中国制度中的士大夫"始终有效地阻止了商人阶层掌权或执政"[⑤]。在李约瑟的论述中，商人是现代自然科学发展的重要社会基础，中国"亚细亚官僚制度"压制商人也就抑制了现代科学发展的机缘。

> 在西方，商人似乎与物理学联系特别紧密。这也许是因为商人需要精确度量，否则就很难做生意。他必须关心他经手货物的实际性质，必须知道商品的重量、用途、长度、大小以及需要何种容器来装，等等。

---

① 〔英〕李约瑟：《文明的滴定：东西方的科学与社会》，张卜天译，第13页。
② 〔英〕李约瑟：《文明的滴定：东西方的科学与社会》，张卜天译，第20页。
③ 〔英〕李约瑟：《文明的滴定：东西方的科学与社会》，张卜天译，第182页。
④ 〔英〕李约瑟：《文明的滴定：东西方的科学与社会》，张卜天译，第173页。
⑤ 〔英〕李约瑟：《文明的滴定：东西方的科学与社会》，张卜天译，第138页。

> 循着这样的线索，我们可以探究商业文明与精密科学的关系。不过，除商品以外还有运输。凡是与航海工程和航海效率有关的东西，欧洲城邦的商人向来都有兴趣。[①]

中国却不是这样。秦统一的时候，“商人群体正在成长壮大……他们的势力很快就遭到早期官僚的打击，从此一蹶不振。政府对其颁布禁奢令，并课以重税”[②]。中国人有强烈的入仕观念，精英大多被吸引到文职部门，商人处于传统的“士农工商”四等中社会地位最低的人群，虽然可能拥有巨大财富，但缺乏安全保障，需要服从禁奢令，过度课税和各种政府干预可能剥夺其财富，而且他们没有自己的精神目标，富商家的子弟也以做官为志向。因此，“中国文化的商人阶层显然不可能获得像欧洲文艺复兴时期的商人在国家中的那种权势和影响力”[③]。

李约瑟还比较了中西方的行会和城市。他认为，中西方的商业行会和城市皆有本质差异。中国没有城邦的概念。

> 与欧洲的城邦不同，中国城市有高耸的城墙，周围环绕着许多村庄，村民们来城里购物、做生意。城里有由朝廷任命的府官或州官的衙门，他们只对官僚等级制度中的上级部门负责。此外还有军政官员，民政与军政官员的办公室都设在城内。在某种意义上，中国城市是地方官“为皇上守卫”的一座筑有围墙的城市。[④]

其中没有任何类似于西方的市长、市参议员、议员、行会师傅和学徒期满的熟练工人，以及市民之类的人群。西方的城市让人想起自由，他们在城市中联合起来，从周围的封建社会取得各种许可和好处，然而这与中国文化和思想的本性相异。[⑤]

李约瑟关于中国历史阶段性和形态特征的理解与笔者主张的帝制农商社

---

① 〔英〕李约瑟：《文明的滴定：东西方的科学与社会》，张卜天译，第173页。
② 〔英〕李约瑟：《文明的滴定：东西方的科学与社会》，张卜天译，第170页。
③ 〔英〕李约瑟：《文明的滴定：东西方的科学与社会》，张卜天译，第27页。
④ 〔英〕李约瑟：《文明的滴定：东西方的科学与社会》，张卜天译，第172页。
⑤ 参看〔英〕李约瑟：《文明的滴定：东西方的科学与社会》，张卜天译，第172页。

会说有很多共同之处，也有一些重要的不同。初步梳理、比较之后，笔者还是坚持帝制农商社会的基本看法。

第一，关于先秦社会体制及秦统一作为历史节点的意义，两种论说都将从秦到清时代的中国社会体制视为一个具有共性的基本社会形态，并且皆强调中央集权政治体制在社会运行中的根本性作用。在李约瑟的论述中，“亚细亚官僚社会”很大程度上是从先秦的亚细亚封建社会延伸过来的，其间最大的变化是从地方分权到中央集权，而导致这种变化的根本原因，其实还是整个社会对于治水的需要。这显然是直接借鉴了马克思的“亚细亚生产方式”说和魏特夫等的治水社会说，从中国的水文、地理条件内在地要求强大国家权力这一判断着眼。问题是，关于治水需要导致强大国家权力的说法，无论在魏特夫那里还是在李约瑟那里，都停留在推断的水平，并没有达到历史学所要求的实证水平。而且，同样具有对治水的需求，为什么秦以前的社会体制是封建的即地方分权的，而秦以后又变成“官僚”的即中央集权的？这在李约瑟论述中没有给出详尽的解答。很可能正是由于过多地从水文、地理条件角度看问题，所以李约瑟论说所涉及的中国历史情况，以帝制前期较多，对帝制后期的关注非常笼统。这就基本上忽视了对从秦到清社会体制中是否发生重要变化的追问。帝制农商社会说关注对象的核心时段在帝制后期，先秦时代和帝制前期基本只作为背景加以追溯梳理，考察并不具体。但是，该说毕竟对先秦和帝制前期社会形态演进的机制做出了假说性的解释。其考察问题的重要方法是从中华文明核心区与周边区域差异——依存关系导致中华文明围绕核心区形成长时段视野下的文明内聚运动来解释社会共同体基本组织方式的演进。这种方式，比以治水需要为基点的解释，更大程度上将历史演进着落于社会本身的推演，而自然环境只是这种推演的一个背景条件，而不是恒定的决定因素。进而，帝制农商社会说也没有主张商代为封建社会——原因是历史资料证据还不足以肯定地支撑这样的判断，需要等待考古和该断代历史研究者提供更多的依据——只认为西周建立的是中国历史上最典型的封建体制，而春秋战国时代则是从封建制主导到集权帝制的转变过程。李约瑟的论述则因为强调不变的治水需要之决定意义，而将商、周社会直接视为同质的，而这毕竟还缺少足够的制度史证据来落实。

第二，李约瑟以“官僚制”作为秦至清中国社会体制的核心概念，帝制农商社会说则将官僚制视为“帝制”体制中皇权、郡县、官僚三元支撑结构中的一个内在组成部分，认为三者共同支撑帝制体系。官僚制之所以不应被视为概括社会基本体制的概念，是因为其并不体现社会权力架构中的决定性权力所在。秦以后的权力架构中，皇帝是金字塔式体系的最高点，皇权制约官僚权的程度要比官僚权制约皇权的程度强烈得多。李约瑟实际上是将皇权融合到“中央集权”概念之内而未对皇权做具体讨论，因而也就不能触及帝制体系之内皇权与官僚权力之间关系的复杂性和演变，对“中央集权”主要不是集权于官僚而是集权于皇帝这一点也难以察觉。

第三，由于非常强调治水社会的特质，而对治水的需求又是很少变化的，所以，李约瑟基本不讨论从秦到清漫长历史时期的社会体制变化，也没有将15世纪以后中国与西方世界的关联互动纳入考察范围。这使得他的论说，虽然明确肯定了中国科技的发展进步而非停滞的一般性质，但科技发展的社会背景却被理解为静止的。帝制农商社会说则主张，中国从秦到清经历了从帝制农业社会到帝制农商社会的演变，帝制后期的重大变化主要体现在经济领域，同时波及社会关系和思想文化，而且这些变化与15世纪以后西方主动的全球性大变迁密切相关。概言之，帝制农商社会说更多地关注了社会形态的演进性。

第四，李约瑟强调“亚细亚官僚社会”始终压制商人，因而也压制了科学的创新力——这是他对15世纪之后中国没有发展起现代科学所做解答的一个重要侧面。帝制农商社会说则认为，明清时代的商人逐渐获得了较大的社会活动空间和自由权利，虽然整体上依然处于帝制体系的管控之下，但与其他社会人群相比，并非受到特别歧视的人群，且在追求财富同时，追求官场身份，其上层有与缙绅融合的趋势。此一人群的确没有突出的科学探索方面的表现，但所以如此，未必由于其受到官僚体制的压制。此外，李约瑟关于欧洲商人阶层与现代科技发展关系的论说，并没有具体展开，其间的逻辑关系与历史事实都不充分。

《文明的滴定：东西方的科学与社会》英文版于1969年问世，笔者在提出明清帝制农商社会说时并未参酌该书，构成一个重大疏漏。亡羊补牢，现在将二者加以比较，可见在关于先秦封建制、秦至清为一个基本形态单元、中央集权为秦至清社会体制突出特征这些基本判断一致的问题上，李约瑟早已参酌更早学术成果做出了比较明确的表述，而帝制农商社会说与之基本相符。但在另外一些重大问题上二者呈现的差异也值得深思。这包括关于先秦封建制向秦以降中央集权体制演变究竟是治水社会恒定本质驱动，还是中华文明核心区与周边区依存——互动关系导致的内聚运动所致，抑或其他原因所致；秦至清这一漫长历史时期是否曾发生社会形态层面的重要变化；秦至清这一漫长历史时期中皇权与官僚体制之间的关系究竟如何；秦至清国家体系与商业和商人之间关系的格局是否应该在变化的视角下加以分析等问题。

## （三）现代科学的特质与明清科学的前现代性质

李约瑟通过规模宏大的研究表明中国15世纪以前科技领先于欧洲，同时认定15世纪之后中国科技落后于欧洲。在做这种判定的时候，李约瑟严格区分了古代、中世纪科学与现代科学的区别。这种区别的关键在于，“现代科学把理性与经验结合起来，把经受住受控实验检验的关于外在世界的假说系统化”[①]；“把数学假说应用于自然，充分认识和运用实验方法，区分第一性质和第二性质，空间的几何化，接受实在的机械论模型”。而“原始的或中世纪的假说与现代假说显然大不相同，它们因其内在的本质模糊性总是无法得到证明或否证，而且容易在空想的认知关联系统中结合在一起”[②]；“在中国的环境里，天文学和化学都没能进入现代科学阶段”；“除了在实际运用磁罗盘方面有过出色的发展以外，中国的物理学特别落后”。[③]“中国的科学技术直到很晚仍然是达·芬奇式的，伽利略式的突破只发生在西方。”[④]

① 〔英〕李约瑟：《文明的滴定：东西方的科学与社会》，张卜天译，第124页。
② 〔英〕李约瑟：《文明的滴定：东西方的科学与社会》，张卜天译，第5页。
③ 〔英〕李约瑟：《文明的滴定：东西方的科学与社会》，张卜天译，第173页。
④ 〔英〕李约瑟：《文明的滴定：东西方的科学与社会》，张卜天译，第5页。

这种区分非常重要，他界定了李约瑟难题的问题指向：我们要考察的并不是一种完全同质的科技何以在两种文明体系的不同阶段发生水平地位颠倒问题，而是那种与数学假说在自然探索领域的严谨应用相对应的“现代科学”为什么没有在中国发生的问题。这种区分还大体包含了一个同样重要的判定：现代科学不是古代、中世纪科学自然累积延伸的结果，而是在中西方皆有的古代、中世纪科学基础上，经由一系列复杂演变推动而发生飞跃的结果。从而，李约瑟难题的答案，就必须在中欧文明的差异中去寻找，而只要承认现代科学的兴起不能单纯地从科学内部来解释，就要看到，欧洲文明在文艺复兴之后若干世纪中的复杂变迁都与这个答案有关。

除了在科学本身内在驱动方向方面的差异以外，在李约瑟看来，古代、中世纪科学与现代科学对于人类文明总体发展的意义也有不同。因为，“直到因为与数学结合而被普遍化，自然科学才成为全人类的共同财富”[①]，即古代科学具有更明显的文化印记，而现代科学是普世的。中世纪的科学分别植根于不同的种族环境，而“与种族相关的概念体系相互之间无法理解”，“技术要素可以在古代世界广泛传播，而科学要素通常却未能如此”。[②]在这种意义上，古代、中世纪的科学与现代科学之间的巨大鸿沟，也需要一种革命性的飞跃才能跨越。自然生长的过渡虽然逻辑上说并非全然不可能，但概率既低，且必然需要漫长的时间。而且，只有现代科学才能推动整个人类文明进入快速发展的轨道。

李约瑟在讨论中国的时间意识时表达出他对现代自然科学时间意识基础的看法，也有助于我们理解现代科学的性质。他认为时间是一切科学思维的基本参数。

> 任何非难时间的习惯必然不利于自然科学。既不能把时间斥之为虚幻，也不得联系超越的永恒之物来贬低时间。时间处于一切自然知识的根基处，无论这种自然知识是基于在不同时间所做的观察（因为观察涉及自然的均一性），还是基于实验（因为实验必然涉及一段尽可能量得

① 〔英〕李约瑟：《文明的滴定：东西方的科学与社会》，张卜天译，第5页。
② 〔英〕李约瑟：《文明的滴定：东西方的科学与社会》，张卜天译，第6页。

> 准确的时间）。相信时间的实在性，必定有利于重视对科学如此基本的因果性。[①]

他所说的将时间斥之为虚幻，应是指各种关于虚无的观念，其中包括佛教中的空、无概念；他所说的被人用来贬低时间的“永恒之物”，应是指所有被视为至高无上的、超时间的存在，包括神祇和自然本身。体现现代科学基本精神的观察和实验，都立足于体现自然均一性、可量度性的时间意识，因而自然科学所探讨的各种因果关系，都需要以对时间实在性的体认为基础。而“轮回理论实际削弱的可能正是我们那种追求持续累积的、永无完成的自然知识的心理……因为如果人类的一切科学努力都注定要泡汤，并且需要千辛万苦地不断加以革新，那么我们最好还是在宗教沉思或斯多亚派的超然态度中寻求彻底逃避，而不要像水螅那样与其同类在活火山边缘盲目地建造珊瑚礁”[②]。

所以，如果不是整个印度文化，最少是那种类似“劫”的循环的时间观念本身，是不利于自然科学成长的，而在具有融合性的中国文化中，其实也包含此种成分。

李约瑟所说的对于自然科学如此重要的时间，是线性时间，即一维不可逆时间。他认为，“线性时间显然是科学革命的基础”[③]。前述那种有利于观察和实验研究持续不懈发展的科学探索意识，现代科学对于生物进化和宇宙演化的论证，都基于线性时间概念，而不是循环的时间概念，也不是弥散的、多元的、取决于感知个体的相对主义时间概念。在李约瑟看来，线性时间观可能是增强有志于改革者决心的心理因素，他们相信完美不是专属于过去，由此在历史上带来现代科学和资本主义的新秩序，同时促使人们“用数学化假说的新技巧去研究自然”[④]。在历史上，印度——希腊式的时间观是循环式的，波斯——犹太-基督教的时间观是线性的，中国文化的时间观中

---

① 〔英〕李约瑟：《文明的滴定：东西方的科学与社会》，张卜天译，第273页。

② 〔英〕李约瑟：《文明的滴定：东西方的科学与社会》，张卜天译，第273页。

③ 〔英〕李约瑟：《文明的滴定：东西方的科学与社会》，张卜天译，第274页。

④ 〔英〕李约瑟：《文明的滴定：东西方的科学与社会》，张卜天译，第275页。至于从犹太-基督教的有神论线性时间观到无神论线性时间观之转变，李约瑟归因于启蒙主义，见〔英〕李约瑟：《文明的滴定：东西方的科学与社会》，张卜天译，第275页。

包含二者，其中的线性时间观表现在中国人强烈关注人间事务，“感觉到人间事务应被纳入一个时间框架。结果便是三千多年庞大而无间断的历史文献积累”[①]。中国史书虽因“褒贬”和“资治”的局限而容易成为僵化的惯例，但是与佛教徒相信的“业”毫无关系。“倘若他们的时间不是线性的，就难以想象他们何以能带着这样的历史意识如此辛勤地工作。”[②]因此，中国文明未曾像西欧那样自发地发展出现代自然科学与中国人对待时间的态度毫无关系。不过，李约瑟虽然看到中国文化中的时间观与佛教时间观的差别，但是他似乎没有注意，佛教的时间观在中国文化中其实颇有流传，而且，中国本土的循环时间观念也根深蒂固。中国史书中的纪年方式，不是线性的，而是不规则循环的；中国的阴阳、五行、甲子纪年、易经卦象，以及治乱兴衰信念等，都直接或间接表示循环的时间观。线性时间观虽然如李约瑟所说的确存在于中国文化中，但被循环时间观念对冲。因而，被李约瑟排除在外的这个时间概念因素，其实应该拾取回来重加考虑。

在一般思考中，科学与民主分别属于两个不同领域的话题。但在李约瑟看来，现代科学与民主之间存在一种隐秘的基本关联：“资本主义、民主和现代科学无疑是一起成长的”[③]；“现代科学和民主共同兴起于诞生了现代社会的激进岁月，这绝非巧合”[④]。他并没有认为民主是现代科学发展的原始条件，而是认为二者兴起于同一个历史过程，并且共享一些心理特征、思维倾向和价值观。其中最重要的，是理性、客观、平等的精神。他认为，“现代科学把理性与经验结合起来，把经受住受控实验检验的关于外在世界的假说系统化”[⑤]。“在科学和学问方面，门第或出身是无关紧要的。事实上，倘若正在兴起的商人阶级想要鼓励科学的发展，则他们的政治口号必定是各种形式的民主。”[⑥]从哲学层面而非历史层面看，“自然并不考虑人……科学基于观察者和实验者所组成的合作共同体的活动，该共同体从根本上说是民主

① 〔英〕李约瑟：《文明的滴定：东西方的科学与社会》，张卜天译，第277页。
② 〔英〕李约瑟：《文明的滴定：东西方的科学与社会》，张卜天译，第278页。
③ 〔英〕李约瑟：《文明的滴定：东西方的科学与社会》，张卜天译，第127页。
④ 〔英〕李约瑟：《文明的滴定：东西方的科学与社会》，张卜天译，第133页。
⑤ 〔英〕李约瑟：《文明的滴定：东西方的科学与社会》，张卜天译，第124页。
⑥ 〔英〕李约瑟：《文明的滴定：东西方的科学与社会》，张卜天译，第125页。

的”[①]。科学与民主之间的这种隐秘的关联，弥合了学者与工匠之间的鸿沟。[②]科学与民主都基于一种基本的怀疑态度，都需要把判断诉诸自己的理性而不是既有的权威。

> 科学家研究自然，民主制度的公民参与管理国家，都要确定可用的证据，亲自决定目标，从各种角度来衡量事实。他们不让别人为自己决定目标，不靠别人评价证据，不盲目相信特殊人物的上级领导。科学工作者和民主制度下的公民要心胸宽广，平等交换意见，待人宽容。旁人不在时也要遵守规则，这不也把科学工作者与公民统一起来了吗？[③]

科学最终解决了权威与自由关系这个老问题。在科学世界，“自然并不服从权威。客观事实就是客观事实，与领袖的意志没有关系”[④]。科学不似独裁专制思想那样倾向于分割和分离，而是以“形成一幅统一的宇宙图像”为基本动力。[⑤]“因此，在某种意义上几乎可以说，科学是理论，民主是实践。”[⑥]“科学与一切专横的非理性专制、独裁主义和极权主义之间一定是对立的。”[⑦]我们可以这样来理解，现代科学与民主二者之间虽然没有原始因果关系，但是在其共同兴起的历程中却一定构成了相互哺育的关系。其实，中国民主思潮与制度的兴起也是与现代科学的兴起并同发生的。当然，引进的民主、科学与原发的民主、科学所需的背景条件乃至前景，又有不同。

在这样的阐释中，李约瑟走到了一个节点，“倘若科学与民主真有如此密切的关联，我们就无须进一步考察科学为什么没有在中国产生了”[⑧]。因为这临近了与东方专制主义说类似的一个判断——传统中国的专制主义既然窒息了民主，同时也就窒息了现代科学的发生。但是李约瑟并没有得出这样

---

① 〔英〕李约瑟：《文明的滴定：东西方的科学与社会》，张卜天译，第127页。
② 〔英〕李约瑟：《文明的滴定：东西方的科学与社会》，张卜天译，第129页。
③ 〔英〕李约瑟：《文明的滴定：东西方的科学与社会》，张卜天译，第131页。
④ 〔英〕李约瑟：《文明的滴定：东西方的科学与社会》，张卜天译，第132页。
⑤ 〔英〕李约瑟：《文明的滴定：东西方的科学与社会》，张卜天译，第132页。
⑥ 〔英〕李约瑟：《文明的滴定：东西方的科学与社会》，张卜天译，第133页。
⑦ 〔英〕李约瑟：《文明的滴定：东西方的科学与社会》，张卜天译，第133页。该文作于1944年，文中的独裁专制主要是针对法西斯德国。
⑧ 〔英〕李约瑟：《文明的滴定：东西方的科学与社会》，张卜天译，第135页。

的结论，因为他并不认同东方专制主义认为中国的民主皆被专制扼杀的主张。他认为，“中国文明同样包含有许多民主要素，尽管在形式上与西方有所不同”[①]。只有从“亚细亚官僚制度”的角度看，才可以说“中国没有现代科学是因为没有民主制度”[②]。从更宽泛的意义上看，中国历史上存在“某种形式的民主制度”。他举出的事例包括普遍参与的科举出仕制度、贵族地位世袭性的薄弱、普遍的平民心态等。但是他随即指出，中国传统中的这些民主制度与“那种与商人阶层掌权相联系的特殊民主制度，那种与技术变迁意识相联系的革命性民主制度，那种基督教的、个体主义的代议制民主制度”不同，中国人其实是到李约瑟自己生活的时代才知道后者的。[③]这里的逻辑似乎与李约瑟论述中国有发达的古代、中世纪科学但没有原发性现代科学是一样的——中国有民主的一些要素，甚至可以称之为制度，但此类要素或制度与伴生现代科学的那种民主有很大的不同。不过，他没有像在阐释两种科学差异那样阐释两种民主的差异究竟如何界定，他似乎在这个节点发觉了一些一时还难以彻底阐释的疑窦。

如果说，李约瑟关于“官僚封建社会”的讨论多少是在探析一个并非他自己专业核心的领域因而不得不在很大程度上借用他人的研究，那么在直接关于科技性质的考察中，李约瑟的论述就直接建立在他自己特有的非常坚实、具体的研究基础上了。因此，他在关于古代、中世纪科学与现代科学本质区别的看法虽然在我们读来依然有些笼统，但却可以领悟到，这种区分意义重大。这使关于中国传统科技由先进转为落后的分析获得了一个尺度概念，并使这种落差获得了一种从科学内部理解的途径。他在指出数学精确性对于科学性质的重要意义时，用的是“数学假说”，而不是“数学”，这应该被理解为理论数学被自觉地运用于对自然界的探索并与实验方法结合，而不是指一般的数字计算技能在日常生产与生活中的应用。“区分第一性质和第二性质”肯定是一种理论化的思维方式，而“空间的几何化”是深度理解物

① 〔英〕李约瑟：《文明的滴定：东西方的科学与社会》，张卜天译，第135页。

② 〔英〕李约瑟：《文明的滴定：东西方的科学与社会》，张卜天译，第138—139页。

③ 〔英〕李约瑟：《文明的滴定：东西方的科学与社会》，张卜天译，第139—140页。在该书第182页，李约瑟再次指出：“中国历史上平民气质的深度是怎样评价都不为过的。”

理世界的必要途径。这些皆指向现代科学基于数学的精密性、理论性和经验实证的品质。原始的和中世纪的科学虽然探索自然，但有模糊、局限于直接经验而缺乏严格实证精神和非理论性的特点，跨越两者之间的鸿沟，需要复杂的社会条件和文化精神的变革。李约瑟关于古代科学皆通过民族文化特殊方式展开，不同文化中人难以理解，而现代科学则因为与数学结合而普遍化，“成为全人类的共同财富”的论述，实际上提供了为什么只有现代科学才推动人类文明进入快速发展轨道的原因。此外，李约瑟关于时间概念处于一切自然知识的根基处，而“线性时间显然是科学革命的基础”的论述，也提示了思考中国没有产生现代科学之原因的思路。他低估了中国文化中循环时间观念的根深蒂固，不适当地认为中国人的时间观念与中国没有发生现代科学无关，而他对两种时间观念与现代科学不同关系的看法却启发我们看到，中国文化深层的循环时间观念是中国没有实现现代科技突破的另一原因。①

参照李约瑟的论述来看，明清时代的科学，尤其是在受到耶稣会士影响之前的科学，的确是“中世纪”式的而不是现代性质的。明代重要的科技著作，除去翻译的著作不计，最重要的是朱橚的《救荒本草》、李时珍的《本草纲目》、徐光启的《农政全书》、宋应星的《天工开物》和方以智的《物理小识》等。② 这些著作都以技术而不是科学为重心，都是农工生产和生活直接经验技术的总结。与此相应，这些书都多少具有某领域全面知识甚至百科知识的色彩，覆盖广泛而非在单一问题上追究到底。这些著作也都涉及数字和计算，但是都没有运用数学假说追问超越直接应用范围的自然界之深层本质的明确诉求。其中，徐光启、方以智的著作都已吸纳部分西方科学思想，但并没有进入当时西方科学已经投入的现代科学专深探索的总体意境。其实，李约瑟所说的现代科学需要有总体的文化精神作为依托，个别人的特殊努力难以超出社会总体文化精神太多。这一问题我们在下文还会涉及。

清代前期中国科技与欧洲科技已有诸多交融，科技著述也颇丰富，从朝

---

① 《易》的时间就不是线性的而是循环的。即使在中国人的历史意识中，虽然存续、借鉴的意识很强，但一旦进入长时段视野，诸如治乱兴衰之类的循环话语就成为基本概念了。

② 方以智的《物理小识》中的“物理”并不是现代科学中追求物质世界本质与规律的物理，而是“万物之理”，包括哲学和艺术。

廷到民间，都有科学研究活动和著作问世。除了继续前代注重农工生产经验的总结和传播、对传统数学等知识加以深化研究之外，天文学、地图绘制、火器制造、建筑、数学都借鉴了欧洲科学的一些成就，有明显的进步。其中，最近于现代科学旨趣的梅文鼎的数学、历学研究，兼采中西，为康熙末年编制《数理精蕴》提供了基础。清官修《数理精蕴》收集了明末清初传入中国的各种西算，与本土算学汇集，颁行全国。另一位数学家明安图撰写的《割圆密率捷法》，也展现了对三角函数和圆周率研究的较高水平。康熙帝本人对科技也有浓厚兴趣，他运用朝廷权力，推动了当时科技研究事业。但是，康熙帝在对中西历法钻研之后，得出了“西学中源”的结论，这虽不妨碍会通中西，但也遮蔽了中国科学家对西方科学正在发生飞跃性质变的体认。更重要的是，此一时期中国的科学研究凸显“御用”色彩，钦定权威结论、追求实用而非创新、成果多为朝廷垄断，就水平而言，也并不处于当时世界科学发展的前沿。[①]《四库全书》编纂者将当时对待西学的做法归结为“节取其技能而禁传其学术”[②]。雍正时期以后，中国与欧洲的直接交往降温，西学传入势头近于中断，科学研究又复归传统而以整理、注释为多。总之，清代科学一方面在延续“中世纪”科学方式继续发展，另一方面吸纳欧洲传入的处于从传统科学向现代科学转化阶段的部分科学知识融通进步。依照李约瑟的尺度，这还是“中世纪”科学居主导地位的局面，现代科学的总体社会氛围没有展开。

明清时代科学与同时期欧洲科学的性质意义上的差别要比水平意义上的差别重要得多。因为科学的性质决定其潜质和方向，明清科学还基本上没有跨入李约瑟所说现代科学的门槛，而这种局面又植根于一个深厚的社会制度和文化的土壤中。关于这种社会制度的基本特质，李约瑟做了很多分析，其中得失，前文已经略做评析。此处应该强调一点，即帝制体系将社会共同体的大部分权力垄断于政府，从而使得科学发展的契机也很大程度上取决于政

① 参看王扬宗：《康熙大帝与清代科学——历史的曲折和启示》，《光明日报》2014年8月14日，第16版。

② （清）永瑢等撰：《四库全书总目》卷125，子部三十五，杂家类存目二，北京：中华书局，1965年，第1081页。

府举措，而帝制体系的统治倾向足以使其鼓励甚至运行实用性的科学探索，但是却缺乏鼓励纯粹知识探索的兴致，这又使得科学发展所需要的社会保障体系和激励机制阙如。明清时代发生了诸多社会变动，但无论如何，当时的政府并没有建立新的科学研究机构，没有推行重大的鼓励科技研究的政策，教育和科举考试的基本内容没有改变。与此相应，当时中国的科技精英，如前文所提到的那些人，多是官僚和贵族，纯粹意义上的科学家极少。即使如李时珍这样的药学专家，研究的方向也很大程度上是通过经验方法来考察实用性问题。至于李约瑟视为推动现代科学发展主要推手的商人，在明清中国并没有做出可观的推动科技的努力。明清中国有无数技艺精湛的工匠，但他们很少钻研科学原理层面的问题，而是专注于实践层面的问题。

## （四）自然法、机械论vs.有机论世界观

李约瑟注重世界观和信仰因素对科学的影响，并对中国道家、墨家、名家、法家、儒家世界观与基督教和伊斯兰世界观对科技的影响进行了比较。他认为，中国和欧洲的世界观存在很大的差异，欧洲人有自然法（laws of nature）观念并形成机械论世界观，中国人没有清晰的自然法观念并形成有机论世界观。这构成欧洲与中国科学发展路径的重要差异。

李约瑟认为，西方文明最古老的观念之一是自然法观念，即相信如同尘世君主颁布了实在法（positive law）让人们遵守一样，天界至高无上且具有理性的造物主也颁布了一系列的法让矿物、晶体、动植物和星辰遵守。[①]“为了相信自然是理性可以理解的，西方人不得不假定（或者方便地预先假定）有一个本身是理性的至高存在安排了这种可理解性。”[②]这种观念启迪了人们关于自然界存在普遍法则以及这种法则可以被认识的信念，从而吸引了人们探索自然的兴趣和信心。这种有一位天界立法者为非人的自然现象立法的观念最初来自古巴比伦人，后来通过希腊斯多亚学派（The Stoics，亦

① 〔英〕李约瑟：《文明的滴定：东西方的科学与社会》，张卜天译，第280页。
② 〔英〕李约瑟：《文明的滴定：东西方的科学与社会》，张卜天译，第306页。

译为斯多葛学派）主张整个世界受法的支配思想的影响，在罗马社会形成突出的表现。[①] 希伯来人很可能也受巴比伦人的影响，形成了关于一个超越的神制定涵盖人和自然的整套法律的观念，从而使得“神圣立法者”成为犹太教“最核心的观念之一”。[②] 基督教神学家和哲学家继承了希伯来人的神圣立法者观念，于是“自然法不可避免地成了基督教的道德”[③]，并在文艺复兴时代开始成为推动对自然界探索的观念基础。文艺复兴开始之后，诸多科学家在其著述中提到自然法概念。到17世纪，自然法观念开始与神性剥离。西班牙神学家苏亚雷斯（Suarez）区分了道德世界和自然世界，提出“缺乏理性的事务既不能有法，也不能有服从”[④]。斯宾诺莎（Baruch de Spinoza）也区分了“依赖于自然必然性”的法和因人的命令而产生的法。[⑤] 稍后，“随着波义耳和牛顿的工作，自然法则的概念得到了充分发展，化学物质和行星等都‘服从’自然法则”[⑥]。此时，“一切人所共有的自然法观念与一切非人事务所共有的自然法则观念已经完全分开了”[⑦]。在现代科学发展过程中发生变化的自然法已经没有了命令与义务的观念残余，只在一定时间、地点、范围之内有效，仅仅被视为一种统计上的规律性，是描述的而不是规定的。[⑧] 通过这样的梳理，李约瑟表达了一个重要的看法，即依附神性的比较严格的自然法观念，其实是人类认识到统计规律性及其数学表达从而实现现代科学发展的必要途径，而这种自然法观念又必然地在现代科学的发展过程中褪去其神性。现代科学其实无法绕开这样的一条从具有神性的自然法则世界观到褪去神性的自然法则世界观的道路。

中国最初就缺乏自然法概念。“中国人不相信自然法则的法条可以被揭示和解读，因为他们不确定是否有一个比我们更加理性的神性存在曾经制定

① 参看〔英〕李约瑟：《文明的滴定：东西方的科学与社会》，张卜天译，第283—284页。
② 〔英〕李约瑟：《文明的滴定：东西方的科学与社会》，张卜天译，第285页。
③ 〔英〕李约瑟：《文明的滴定：东西方的科学与社会》，张卜天译，第287页。
④ 〔英〕李约瑟：《文明的滴定：东西方的科学与社会》，张卜天译，第291页。
⑤ 〔英〕李约瑟：《文明的滴定：东西方的科学与社会》，张卜天译，第291—292页。
⑥ 〔英〕李约瑟：《文明的滴定：东西方的科学与社会》，张卜天译，第288页。
⑦ 〔英〕李约瑟：《文明的滴定：东西方的科学与社会》，张卜天译，第294页。
⑧ 〔英〕李约瑟：《文明的滴定：东西方的科学与社会》，张卜天译，第25页。

过这样一套可读的法令。”[①] 具体些说，中国道家虽然对自然有强烈的兴趣，但这种兴趣“是神秘的、实验的，而不是理性的、系统的”[②]。道家深刻而富有灵感，但他们不信任理性和逻辑的力量，所以未能发展出任何类似自然法则的观念。

> 他们因为欣赏相对主义以及宇宙的博大精微，所以在未奠定牛顿式世界图景的基础之前就在摸索一种爱因斯坦式的世界图景。科学沿着这条道路是不可能发展的。这并不是说宇宙万物的秩序“道”不遵守尺度和规则，而是道家往往把道看成理智所无法理解的东西。也许可以说，由于数个世纪以来中国人一直把科学交给道家掌管，所以中国科学只能在一种大体上经验的层面上发展。此外，对于实在法来说，道家的社会理想比其他学派的理想更无用；他们试图回到原始部落的集体主义中去，那里一切都没有明文规定，一切事情都在社群合作中顺利进行，因此他们对任何立法者的抽象法都不会感兴趣。[③]

道家的无为观念虽然崇高，但也与天界立法者的观念极不相容。在道家那里，“天体的运行遵循的是不教之教、无言之诏，而开普勒、笛卡儿、波义耳和牛顿所相信的、启示（‘启示’一词显示了西方思想的自发背景）于人心的自然法则却是一个超人格、超理性的存在所颁布的法令”[④]。墨家和名家曾经努力研究逻辑程序，并且“率先将其用于动物学的分类以及力学和光学的基本原理”，但是这两个学派在秦统一之后就不复存在了。而且，名家和墨家也并不比道家更接近自然法则观念，墨家所说的法，含义非常类似于亚里士多德所说的“原因”。[⑤]

法家和儒家都只对纯社会问题感兴趣，对外在自然没有好奇心，这使得二者皆难以培育对自然进行精深探索的文化。大概是因为法家思想在“亚细亚官僚社会”后期已经模糊难寻，李约瑟并没有对之进行详细分析，只是对

① 〔英〕李约瑟：《文明的滴定：东西方的科学与社会》，张卜天译，第308页。
② 〔英〕李约瑟：《文明的滴定：东西方的科学与社会》，张卜天译，第23页。
③ 〔英〕李约瑟：《文明的滴定：东西方的科学与社会》，张卜天译，第294页。
④ 〔英〕李约瑟：《文明的滴定：东西方的科学与社会》，张卜天译，第305—306页。
⑤ 〔英〕李约瑟：《文明的滴定：东西方的科学与社会》，张卜天译，第294—295页。

儒家做了较多讨论。他认为，儒家思想中的确有一种类似自然法的观念，这就是礼。[①] 但是礼虽有与自然法共鸣的意味，却缺乏神性。

> 支配中国文人心灵两千多年的儒家从根本上是入世的。他们持有一种社会伦理学，旨在指出一条道路，使人能在社会中和谐共处，幸福生活。儒家关心人类社会，关心西方人所谓的自然法，即人应当追求的那种符合人的实际本性的行为方式。在儒家思想中，伦理行为带有圣洁性，但与神和神性并无关系，因为造物主的观念在儒家思想体系中是不必要的。[②]
>
> 中国人的世界观则依赖于一种完全不同的思路。他们认为，万物之所以能够和谐并作，并不是因为有一个外在于它们的最高权威在发布命令，而是因为它们都属于一个等级分明的整体，各个部分形成了一种有机的宇宙样式，他们服从的乃是自身本性的内在命令。[③]

与之相比，西方文明中，“法学意义上的自然法观念与自然科学意义上的自然法观念可以追溯到共同的起源”[④]。如此看来，中国儒家的自然法与西方文明中的自然法的主要差异在于，儒家自然法观念受一个融贯有机宇宙的统一内在本性支配，而西方自然法出自一个清晰神性的外在规定。神性与科学，在这里构成了一种必要的关联。因为李约瑟认为儒家的礼具有自然法属性，所以，当他追问“自然法的观念之所以没有从中国人一般法的观念发展出来”的原因的时候，他实际上追问的是那种与神性密切关联的自然法观念没有从中国人一般法观念基础上发展出来的原因。李约瑟就此归纳出三点。其一，“中国人很早就不喜欢精确表述的抽象成文法，那是从封建制度过渡到官僚制度过程中法家政客的失败暴政中制定出来的”[⑤]。这等于说中国的成文法本身就不是精确表述的，原因是秦以后中国人刻意规避带来秦朝暴政的法家思想。前半部分大致符合实际——至少与罗马法相比是如此，后半部分则只是一种简单的说法。其二，当“亚细亚官僚制度”建立起来的时

---

① 参看〔英〕李约瑟：《文明的滴定：东西方的科学与社会》，张卜天译，第283页。
② 〔英〕李约瑟：《文明的滴定：东西方的科学与社会》，张卜天译，第23页。
③ 〔英〕李约瑟：《文明的滴定：东西方的科学与社会》，张卜天译，第24页。
④ 〔英〕李约瑟：《文明的滴定：东西方的科学与社会》，张卜天译，第23页。
⑤ 〔英〕李约瑟：《文明的滴定：东西方的科学与社会》，张卜天译，第24—25页。

候，人们已经接受了体现旧自然法观念的习俗，其内容大多没有写成正式法律条文，且以人伦为主，因此无法影响到非人的自然领域。[①] 这大致是在说，在秦汉形成中国特有的由官僚体系支撑中央集权国家的时代，那种与神性无关的习俗与礼已经成为规范人们观念与行为的无形之法，这也大致符合当时中国社会的实际，但李约瑟从来没有关注过汉代律令的具体情况，因而他很可能弱化了当时成文法的规范力。其三，类似"一个至高存在"这样的观念很早就失去了人格性，"中国人不相信有一个天界立法者在创世之初给非人的自然颁布法律这样的观念。因此，中国人不认为可以通过观察、实验、假说和数学推理等方法来破解或重新表述一个理性的至高存在所制定的法"[②]。这一解释不涉及历史时间关系，是从泛化的文化倾向层面着眼的，因而实际上不构成对前述问题的正面回答。但这一解释却是前述三个原因中，把自然法观念与科学研究倾向之关系联系最紧密的一个。由此看来，李约瑟关于中国的自然法观念何以未能从其一般法基础上发展起来的认识，毕竟还是停留在总体文化体认层面居多，历史因果剖析还没有达到透彻的程度。不过，李约瑟对儒学发展到理学阶段时的自然法观念情况所做的分析要稍微细致一些。他认为，理学所探讨的理，"其实是自然的秩序和样式，而不是成文法……是体现在一切生命体、人类关系和最高人类价值中的动态样式。这种动态样式只能用'有机论'（organism）一词来表达，而理学其实是一种力图成为有机论哲学的思想体系"[③]。

"理学派是在一种怀特海式的有机论意义上来理解'法'的。我们不能说朱熹和理学家们在定义'理'时心中完全没有牛顿意义上的'法'的观念，但它起的作用很小，其主要成分是'样式'，是最活跃、最生动的样式，因此是'有机论'。这种有机论哲学包含了宇宙万物：天、地、人具有同一个理。"[④]

至此，李约瑟判定，"到目前为止，我们还没有在中国思想中找到任何

---

① 〔英〕李约瑟：《文明的滴定：东西方的科学与社会》，张卜天译，第25页。
② 〔英〕李约瑟：《文明的滴定：东西方的科学与社会》，张卜天译，第25页。
③ 〔英〕李约瑟：《文明的滴定：东西方的科学与社会》，张卜天译，第303页。
④ 〔英〕李约瑟：《文明的滴定：东西方的科学与社会》，张卜天译，第306页。

清晰的证据来表明中国人有自然科学意义上的法则观念”[①]。中国文化中只有儒家思想中包含自然法的一些性质，但那种自然法观念既没有与实在法形成直接契合，也因缺乏神性的最高立法性质而偏向于有机论宇宙观，难以推动对自然界的精细探究。

李约瑟认为现代科学是以机械论世界观为基础而不是以有机论世界观为基础的，而机械论世界观根本没有在中国思想中发展起来。“中国思想家普遍持一种有机论观点，认为现象与现象按照等级秩序彼此关联……中国人天生就倾向于场论。”[②] 设若中国社会经历过与西方类似的社会经济变化，从而有某种形式的现代科学在中国产生，那么，这种现代科学也“从一开始就会是有机论的而不是机械论的，而且发展很久才会受到希腊科学和数学知识的强烈刺激，变成与我们今天所谓的科学类似的东西”[③]。他这里当然不是在说中国也可能会兴起现代科学——因为那种复杂条件难以发生也并没有发生，而是在说中国人的有机论世界观不可能直接通向在人类历史上实际发生了的那种现代自然科学。有机论世界观包含智慧，“现代科学和有机论哲学及其整合层次已经回到了这种智慧，并且被我们对宇宙演化、生物演化和社会演化的新认识所加强”[④]。但是，在原始有机论世界观基点上却难以发生牛顿式的科学，后者只能在机械论世界观基础上发生，而基于牛顿式科学的基础再触及有机论世界观才能保持现代科学的特质。李约瑟关于有机论世界观问题的分析与其对自然法问题的分析指向一致：带有神性的自然法观念和机械论世界观是人类历史上实际发生的现代科学兴起历程中难以逾越的阶段，而中国模糊而又缺乏神性的自然法观念与有机论世界观将中国搁置在了这个难以逾越的阶段之前。

李约瑟在《文明的滴定：东西方的科学与社会》中表达了关于自然法与有机论世界观构成欧洲文明中形成现代科学的看法，但并没有详细论证这种看法的依据。其实，这种关于数千年演变中某种观念如何作用于社会行为的

① 〔英〕李约瑟：《文明的滴定：东西方的科学与社会》，张卜天译，第302页。
② 〔英〕李约瑟：《文明的滴定：东西方的科学与社会》，张卜天译，第10—11页。
③ 〔英〕李约瑟：《文明的滴定：东西方的科学与社会》，张卜天译，第28页。
④ 〔英〕李约瑟：《文明的滴定：东西方的科学与社会》，张卜天译，第309页。

问题，从根本上说是不能用具体证据严密证实的。同时，因为现代科学并没有在欧洲文明以外的地方原发性地出现过，也不存在否证。很可能与此有关，李约瑟在表达这种看法之后表达了谨慎的存疑姿态，他说："但从历史上看，自然科学不经过一个'神学'阶段能否达到它目前的状态，这仍然是个问题。"[①]"如果不走西方科学实际所走的道路，我们能否认识到统计规律性及其数学表达呢？假如某种文化想产生开普勒式的人物，是否一定要有那种将产卵的公鸡依法起诉的心态呢？"[②]这提示我们，关于有机论世界观妨碍了中国人走向牛顿式自然科学的思维道路的看法，只是一种透视，或者称为假说。然而无论如何，这种假说开启了思考明清时代的科学研究的确未能走向现代科学方向的一个视角。道家在明清时代已经边缘化，而明清时代的儒家学说，无论理学还是心学，无论汉学还是宋学，都的确没有超越对人事的终极关怀，也没有形成人事与自然并重的关怀指向。这可以构成关于明清时代中国知识精英虽有个别从事科学研究者但却不构成一个推动科学持续探索人群的解释。研究人事是这个社会高明普遍的学问，而研究自然则或者是研究人事者旁及的事情，或者只被视为奇特的技能。至于有机论世界观，在明清时代也的确是中国人理解宇宙的主导性思维框架。凡讲求《周易》、象数、太极，乃至理的学问家，都持有这种世界观，其中包括这个时代的那些被现代研究者视为思想先锋的人物。这种世界观启迪对于自然世界的敬畏和对自然与人事联通的体悟，但不启迪对自然界的解析。

## （五）余论

李约瑟对于"李约瑟难题"的解答是一个复杂的阐释体系。从社会体制角度而言，李约瑟认为"亚细亚官僚制度"是影响曾经领先的中国科技没有能够率先实现从古代、中世纪科技向现代科技飞跃的最渊深的基础。李约瑟在使用这一概念的时候，始终使用引号，有时还采用"封建官僚制度"，二

① 〔英〕李约瑟：《文明的滴定：东西方的科学与社会》，张卜天译，第310页。
② 〔英〕李约瑟：《文明的滴定：东西方的科学与社会》，张卜天译，第311页。

者内涵完全相同，这表明他注重的不是确立一个概念，而是使用一个概念来表达他在更深层面的思想。他认为这种制度的根源在中华文明萌发的地理环境之中。这种以地理、水文来解释制度的理论，容易让人想到地理决定论，并且其实早就受到诟病，只是相关的批评不是指向李约瑟，而是指向魏特夫等。不过，李约瑟在《文明的滴定：东西方的科学与社会》中，与魏特夫划清了界限，他拒绝魏特夫的中国历史停滞论，虽然将中国科技的早期发展与15世纪以后的没有向现代科学飞跃的原因追溯到中国文明早期的土壤和处境因素，却没有因此否定后来也存在历史演变。李约瑟研究的文明视角——这不仅直接体现在他的书名中，也贯彻他的研究之始终——其实注定是要比一般的历史研究更注重环境、资源、生态背景的。中国内陆农业文明及其对水利、水患治理的需要，肯定影响到中国政治与社会制度的演变，而且文明早期的制度倾向也无疑会产生思维和行为的惯性，问题只在于这种惯性究竟在后来的演变中是否被其他因素、力量引导而发生改变，以及改变到何等程度。在李约瑟的论述中，那种在秦统一时代占据了主导地位的“官僚制度”其实始终带着“水利社会”的“原罪”。他的这种解释既包含一般的合理性——因为秦以后的中华文明核心区依然长期属于一种内陆农业文明，直到15世纪也没有真正改变——同时也包含一定程度的夸张。因为，这种观点忽略了中华文明生长环境中的另一个侧面，这就是核心区的农业文明与其周边半农耕的和游牧文明之间的长期相互依存与互动。这种依存与互动至少与水利、水患的治理一样，也会形成对强有力的中央集权国家权威的要求。另外，帝制后期的民间社会，也会在水利工程及其他公共工程中扮演重要角色。而且，这种“原罪”也多少与李约瑟关于中国历史文化中也有一条民主诉求线索的分析有所扞格——李约瑟在讲到中国历史上存在民主的时候，终于没有能够阐释得足够明晰。即使如此，如果我们想要理解中国历史上长期的中央集权、强势国家、弱势社会格局之宏观渊源，不能不承认李约瑟的前述解释具有一定程度的合理性，只是还需要从其他侧面、层面加以充实。

“亚细亚官僚制度”是一种比中世纪欧洲的制度更“合理”的体制，足以包容甚至推动中世纪式科技的发展，但是却抑制了现代科学的兴起。这在体制层面主要体现在作为强势国家支撑的官僚体系垄断权力、资源和知识，压制商人。在李约瑟看来，商人是现代科学发展的必要社会基础，与商人社会角色相应的思维取向是推动科学实现从中世纪类型向现代类型飞跃的直接动力之一。从历史学角度看，李约瑟关于官僚体系究竟如何抑制现代科学萌生的论述虽然用墨颇多，但却显得有些模糊、零散，使得归纳者只能见其观点而不见充实的证据和严谨的逻辑。在这个问题上，我们似乎只能把李约瑟的看法视为一种有意义的洞察而不是实证意义上的证明。中华文明在制度层面贯穿着强势国家的线索，在帝制时代即李约瑟所说的“亚细亚官僚制度”时代，尤其如此。这种格局使得国家导向始终具有强大的社会塑造力。居于强势地位的帝制体系高度依赖职业化官僚阶层从事国家日常管理，从而把官僚和预备官僚推崇为无可置疑的社会精英，科学的命运也在很大程度上着落在此一阶层身上，而这一阶层的知识、角色、使命却皆不在于科学，虽有个别官僚对科学有兴趣乃至达到很高的研究水平，但从总体来看，这种格局对科学的顺畅发展肯定不是一种有利的条件。从这种意义上说，李约瑟的洞察是符合实际的。但同一洞察的另一侧面，即官僚压制商人从而压抑了科学，虽在李约瑟的论证中表达得更为肯定，但推究下来却会产生较多疑问。其一，帝制时代前期与后期的商人地位及其与官僚体制的关系是变化的，李约瑟完全没有看到这种变化；其二，与其说是官僚士大夫压制商人，不如说是帝制体系压制商人；其三，即使帝制体系本身与商业、商人的关系，也要比李约瑟所见复杂得多；其四，商人与科学是否真的存在李约瑟所描述的那样紧密的关系，还需要更具体的论证。其实，李约瑟难题针对的时代为中国明清时代，而他考察的历史、社会情况则大多在明清以前，对明清时代的具体历史情况着墨极少。这使得他的考察带有明显的文化主义的色彩，也留下了很大的历史印证方面的空间。

李约瑟关于现代科学特质的论述精当而富有启发性。逻辑上说，如果现代科学不具备与先前科学的一些本质上的差异，就无法解释为什么那么多文明中都有漫长的科学推演而唯有现代科学具有指数性增长的能力，也就无法解释现代社会与古代、中古社会在发展能力层面的差别。只有现代科学充分地把数学假说应用于自然，充分地展开了有控实验的方法，以足够清晰的概念大胆地把整个自然界作为探索的对象。相比之下，中国历史上的科学，具有内在的模糊性，难以证实或否证，并时时落入空想的认知系统之中。线性时间观念在中国，并不像李约瑟所说的那样明晰，这也应被视为中国科技缺乏内生飞跃动力的因素。现代科学既然不是全由国家推动，而是主要从社会层面兴起，民主的精神和观念就一定是现代科学兴起的相关项，但这种相关性之比较确定的方面，在于民主作为一种精神气质所造成的文化环境，比较不够确定的方面则是民主作为政治制度是否是现代科学兴起的必要条件。

李约瑟关于中西方自然法观念和有机论与机械论世界观差异的论述比较微妙，但却是李约瑟关于"李约瑟难题"的解答中内涵最丰富的一部分。科学研究的对象是作为客体的整个自然界，其中包括被理解为自然界一部分的社会。对于尚没有足够的知识判定自然界基本属性的人类，要相信自然界具有严格的法则并且是可以准确理解的对象，有两个难以跨越的节点：其一是足够权威化的神造有法即有规律世界的观念——而且这个神必须既创造了世界也创造了人，从而才使人能够理解自然成为一种信念；其二是机械论世界观——只有基于这样的观念，人才能逐步发展起具体的工具、技术并有足够的勇气去一步一步地累积对自然的认识。人类不能从原始有机论世界观直接发展起现代科学世界观。这种富有启发性的论述可能带来一个令人很不受用的判断：如此说来，基督教一神论世界观就成为现代科学兴起的必要条件，而欧洲文明也早就注定是现代科学的温床了。这也可能与李约瑟本人的基督教信仰有关。因为考虑到这一点，我们对李约瑟的这项解释，可能还是保留一些迟疑更为稳妥。

总之，李约瑟念兹在兹，倾一生之力就"李约瑟难题"所做的回答是一份宝贵的知识财富。虽然其中仍然包含一些推测、模糊，甚至可质疑的成分，但确乎提供了关于明清中国没有兴起现代科学的迄今为止最为全面、深入的参考答案。他在论证过程中呈现的诸多观点，也有益于我们更深理解中西文明的差异，乃至中西文明比较中的许多重大问题。

# 第四篇

# 中心与边缘

# 十四

# 奢香的遗产——明初政治文化外缘区域秩序建构的一个案例

奢香作为贵州土司之一，在14世纪后期明朝中央权力初建的时代，为处于当时中华文明圈西南边缘区域的彝族等少数民族社群与明朝国家管理体系构成差异共生的秩序状态做出了贡献，从而成为后世歌咏纪念的人物。[①]对于这样的一位历史人物，已经有许多学术研究和文艺性的描述，更有许多民间的口头传说。不过，梳理这些关于奢香的记忆和描述，还是可以看到有一些基本事实在众多形态的记述文本中线索未清，其中的一些重要历史文化含义也尚未得到讨论。本部分首先简要梳理奢香事迹的梗概，包括对一些记载差异的史实进行辨析，为稍后的讨论约定史实判定的基础。进而讨论明初中央政府对于贵州，尤其是奢香所在的水西地区的基本政策方针，指出朱元璋与马烨等封疆大吏对于建立西南地区社会秩序的思路有很大的差异，体现出两种处理文化社会边缘区域秩序建构问题的理念，朱元璋的方略具有更深远的借鉴意义，对流传最广的田汝成版奢香故事建构的主观因素，也做了一些补充考察。最后，讨论奢香作为一个彝族女性在贵州地方社会扮演的重要角色与内地女性常规角色形成的巨大反差以及这种反差的含义。

① 关于贵州土司制度及其演变情况，参看温春来、黄国信：《改土归流与地方社会权力结构的演变——以贵州西北部地区为例》，载《“中央研究院”历史语言研究所集刊》第76本第2分，2005年6月号。

## （一）奢香事迹之梗概

奢香故事，经600多年演绎流传，版本甚多，初欲理析，甚为困难。此种情况下，较为可靠的方式，还是依照文本出现距离奢香本事发生时间之远近加以排比，然后推究其实际情况。现存奢香史料分为三大系统，一是明清官方文献记载；二为明清以来私人撰述记载；三为地方遗迹与流传说法。官方文献记载时间定位较明确，相关事项也较清晰，然诸多细节不清。私人撰述多细节，然而主观意识渗透更为随意，情节渲染而难以确认。两者参酌互证，可以了解基本事实。至于地方遗迹，尚待实地考察判断，流传说法则在本文中择要涉及。

现存记载奢香故事的史料之时代最早者，仍为《明太祖实录》。现存《明太祖实录》是朱棣篡位后由姚广孝负责就建文时期已经编成的太祖实录修改而成，故定本于永乐时期。其中改纂部分，主要与朱棣出身及篡位事实相关，从逻辑上说，应与关于奢香的记载牵涉不大。《明太祖实录》直接记载的奢香故事片段如下：

洪武十七年（1384年）二月：

> 贵州宣慰使霭翠妻奢香率所属土酋来朝，贡方物，诏赐文锦、绵帛及珠翠如意、冠金镮、文绮袭衣。①

洪武二十年（1387年）冬十月：

> 贵州宣慰使霭翠妻奢香等进马二十三匹。②

洪武二十二年（1389年）春三月：

> 思州宣慰使田琛遣长官杨通显、王思聪，贵州宣慰使霭翠妻奢香遣

① 《明太祖实录》卷159，“洪武十七年二月乙亥”条，第2463页。按：本文所用《明实录》皆出自台湾“中研院”历史语言研究所校印，1962年。

② 《明太祖实录》卷186，“洪武二十年冬十月癸酉”条，第2795页。

把事阿白等进马，赐钞有差。[①]

洪武二十四年（1391年）六月：

贵州宣慰使安的以袭职遣把事阿孔等奉表贡马二十二匹谢恩。上曰：安的居水西，最为诚恪。命礼部厚赏其使及其从人钞有差。[②]

洪武二十四年（1391年）十二月：

思州土官黄福荣、建昌土官玉衍、贵州宣慰使安的、普定卫安顺等州长官来朝贡马。[③]

洪武二十五年（1392年）春正月：

前军都督佥事何福讨云南都匀所部九名九姓等处及毕节罗罗诸蛮……遂禽蛮酋，戮之。又分兵捕，诸蛮皆遁散。因筑堡其地，屯兵镇守，乃进兵征五开等处蛮洞。时福又遣人奏：故宣慰使霭翠妻奢香亦桀骜不服，请并讨之。上以其非稔恶，不许。[④]

洪武二十五年（1392年）冬十月：

水西宣慰使奢香遣其子妇奢助及其把事头目允则、陇住等来朝贡马、谢恩。诏赐奢香银四百两、锦绮各十匹、钞五十锭；奢助、允则、陇住等锦绮钞有差。[⑤]

洪武二十六年（1393年）春正月：

上御奉天殿受朝贺，大宴群臣。朝鲜国权知国事李成桂遣同知密直司事卢嵩，安南国遣大夫阮宗亮，广西思明府土官知府黄广平……水西女土官奢香……各遣使贡马及方物。[⑥]

---

① 《明太祖实录》卷195，“洪武二十二年春三月壬午”条，第2937页。
② 《明太祖实录》卷209，“洪武二十四年六月丁巳”条，第3110页。
③ 《明太祖实录》卷214，“洪武二十四年十二月乙丑”条，第3163页。
④ 《明太祖实录》卷215，“洪武二十五年春正月乙未”条，第3171页。
⑤ 《明太祖实录》卷222，“洪武二十五年冬十月庚申”条，第3241页。
⑥ 《明太祖实录》卷224，“洪武二十六年春正月丁未朔”条，第3273页。

洪武二十九年（1396年）八月：

贵州宣慰使安的贡马谢恩，以安的母死，朝廷遣使祭之故也。[①]

上述记载构成关于奢香的史事大要如下：奢香于洪武十七年二月首次以贵州宣慰使夫人身份入南京贡方物并受赏赐。后来分别在洪武二十年、洪武二十二年两次遣使者入京进贡马匹。洪武二十四年，奢香子安的袭职。洪武二十五年，时任前军都督佥事何福入奏奢香桀骜不服，请用兵征讨，朱元璋不许。同年冬季，奢香遣其子妇等入朝贡马并得赏赐，《明实录》称其为"水西宣慰使"，其后入贡不绝。洪武二十九年，奢香去世。

在这些记载中可见，奢香在洪武时期与明朝中央政府保持密切关系，奢香本人在明初中央与西南地区关系格局中具有重要地位，奢香与明朝在西南的军事首脑之间，也曾发生矛盾，幸而朱元璋并未信从西南军事首脑的建议，从而保持了明朝与奢香所在地区的良好关系。此中并未见马烨鞭笞奢香及奢香入京情节。查《明实录》，关于马烨有如下记载：

洪武十九年（1386年）十二月己亥：

番寇作耗，岷州军民指挥使司指挥佥事马烨遣千户张广率阶文等处官军击之，追至野麻峪针条岭，杀获三百七十人，余众溃散。[②]

洪武二十一年（1388年）二月癸丑：

长兴侯耿炳文承制遣陕西都指挥同知马烨率西安等卫兵三万三千屯戍云南。[③]

洪武二十一年（1388年）冬十月：

置泸州、赤水、层台三卫指挥使司。时陕西都指挥马烨征南还，言泸州与永宁接壤，乃诸蛮出入之地，宜置守兵。遂从其言，调长安等卫

① 《明太祖实录》卷246，"洪武二十九年八月辛丑"条，第3578页。按：《明史》卷316《贵州土司》中亦称："二十九年，香死，朝廷遣使祭之，的贡马谢恩。"
② 《明太祖实录》卷179，"洪武十九年十二月己亥"条，第2715—2716页。
③ 《明太祖实录》卷188，"洪武二十一年二月癸丑"条，第2819页。

官军一万五千二百二十人，分置各卫。[①]

洪武二十四年（1391年）八月：

置永宁至沾益州邮传四十八。贵州都指挥同知马烨巡示所置邮传未有邮卒，请以谪戍军士应役，每十铺置百户一人总之，就屯田自给。从之。[②]

正统四年（1439年）闰二月：

巡按御史时纪等劾奏（萧）授及都指挥马烨于班师之际不设方略、留兵备御，以致贼势复张，杀害官军，乃妄称（王）质杀退苗贼，掩饰己罪，皆当逮治。上曰：授罪诚如纪言，但先已有敕责其用心设法，相机抚捕，今姑识其罪，都察院其以朕命谕之。[③]

从这些记载中可知，马烨于洪武二十一年从陕西调往西南，洪武二十四年时为在任贵州都指挥同知。正统四年时，仍有名马烨者在军中，官都指挥。但该年距离洪武十九年马烨任岷州军民指挥使司指挥佥事时已经相距53年之久。假定马烨当年25岁任指挥佥事，到正统四年已经78岁。这虽然仍在人寿可能范围之内，但此马烨非彼马烨的可能性更大一些。而且，台湾历史语言研究所校勘本《明实录》校勘记中注明，《明英宗实录》正统四年内所记“马烨”在抱经楼本中写作“马烇”，故不能排除正统年间在西南军中的不是马烨而是马烇的可能。

稍后的相关记载出自明嘉靖三十四年（1555年）刊刻的《贵州通志》，内有：

1. 马烨，洪武初置贵州都指挥使司，以烨为都指挥使。时边方初附，烨政令明肃，时称马阎王。贵州诸卫城堡并驿传铺舍桥道皆烨创建，极其坚固雄伟。其他攻击、抚循之绩，尤为茂著。论者以为开创贵

① 《明太祖实录》卷194，“洪武二十一年冬十月庚午”条，第2914页。
② 《明太祖实录》卷211，“洪武二十四年八月甲戌”条，第3138页。
③ 《明英宗实录》卷52，“正统四年闰二月己丑”条，第997—998页。

阳功居第一。后坐事，南人至今惜之。[①]

2. 奢香，宣慰使霭翠妻也。洪武初，相其夫输忠率土归附，贡马万匹。未几，霭翠卒，其下有欲挟之作乱者，奢香不从。朝廷知之，谕使入见。奢香乃赴京。太祖高皇帝嘉其诚款，命中官引入内宫见太后与语。大悦，赐冠珠（钑）花金带并彩段筵宴，复颁诰封贤德夫人而归。[②]

3. 刘氏，宣慰使宋斌母也。洪武间……时水西土官妻奢香为师臣所挫，其下有欲挟之为乱者。上命刘氏召之。刘归，奉宣慰意。奢香即偕子妇奢助因刘之京纳款，地方以安。皆刘氏之功也。进封夫人，以寿卒。[③]

4. 两京国子祭酒周洪谟撰安氏家传序：

贵州宣慰使司……阿画……其从子霭翠袭，受中顺大夫、四川等处行中书省左丞兼顺元等处世袭土官宣慰使加镇国大将军三珠虎符。其妻奢香聪慧过人，辅助于内。其臣总管陇约小心谨慎，协赞于外……（洪武）十三年，大将征讨云南，师至沅州，霭翠命总管陇约迎至镇远通道，积粮以候。大军既至，百蛮破胆，靡不悦服。霭翠备马一万匹、米一万石、毡一万领、刀弩牛羊各一万以助军资。蓝、傅二总兵官甚喜。度本司地方道路，开设十一驿、四巡检司而去……十九年，霭翠殁……明年，弟安的袭职。二十二年，贵州都指挥同知马烨激变水西头目。奢香与安的阻止不听。时侍郎郑彦文在贵州公干。奢香窃路走告。侍郎即以其事闻。朝廷遣使取烨回，仍宣奢香赴京朝见。太祖高皇帝悦，命内臣引入内官见太后，蒙赐珠冠（钑）花金带及彩段筵宴，封贤德夫人以归。安的亦能承继祖业，抚理地方。其后子孙遂以安为姓……观卒，子贵荣好读书史，通大义，设庠序以明礼义，旧染陋俗，寖变华风。用夏变夷之功，日见其盛。兹遣把事阿佐以其父遗命谓谱系太简，恐有疏

① （嘉靖）《贵州府志》卷九，上海：上海书店，影印天一阁藏明代方志选刊续编本，1990年，第69册，第284页。

② （嘉靖）《贵州府志》卷九《贞节》，第69册，第351—352页。

③ （嘉靖）《贵州府志》卷九《贞节》，第69册，第352页。

虞，遂致湮没，求作家传，以遗后嗣。予故为次其梗概以为传云。[①]

以上《贵州通志》所记有关奢香史事可分三部分，一是关于马烨的记载，其中并未提及他与奢香冲突之事，但称其曾卷入麻烦，并受处罚。二是“贞节”人物传记中所记奢香及刘氏之事，内中可见奢香曾经因为部下欲反而入京，并得入内宫见“太后”，其事与“师臣”挫抑有关，但却未明言该师臣为马烨。三是“两京国子监祭酒”周洪谟在成化年间应奢香后人安贵荣要求而写的《安氏家传序》。其中称贵州都指挥同知马烨确曾激变水西头目，事在洪武二十二年（1389 年），不过并无马烨鞭笞奢香情节，却有奢香入京见“太后”情节。

周洪谟为正统十年（1445年）进士，成化初任南京国子监祭酒，后经母丧服阕，复出后改任北京国子监祭酒，至成化十一年（1475年）犹在任上，成化十三年迁礼部右侍郎。[②] 他如的确曾为安氏作家传序，当在出任北京国子监祭酒之后，成化十三年之前。然而现存周洪谟著作有《疑辩录》《箐斋读书录》《谏垣七疏》，内中并不见有其《安氏家传序》，前引出自嘉靖《贵州通志》者为该文献现可见唯一文本。在这种情况下，只能确认嘉靖三十四年（1555 年）已经出现该传序，不能确认该序的确为成化时期文本，也不能确认该文本为周洪谟所作。细究该文本内容，与《明太祖实录》所载并不吻合。《明太祖实录》记载洪武二十二年春奢香遣人入京进贡马匹，未记其后有奢香亲自入京之事。这或许可以解释为土司年初入贡为其宾服中央的重要礼仪，故作为国家大事载入《明实录》，奢香入京则为临时意外变故，故不载。另一问题即奢香面见“太后”之情节则甚难解释。明太祖父母在明朝建立之前已经去世，洪武皇后马氏死于洪武十五年，而该传序明言奢香入宫是在洪武二十二年，相差如此之大，不当是笔误，而是知识性错误。周洪谟官居祭酒，后来做到礼部尚书，如对本朝开国皇帝之后卒年知识错乱，必遭纠劾。如果强加解释，则一般为人写此类传序者多依据家属提供草稿，安氏后人提供的草稿中有误记，而周洪谟未能详查。安氏所以会误记，则又可能

① （嘉靖）《贵州府志》卷九《贞节》，第69册，第646—652页。
② 参看（清）张廷玉等撰：《明史》卷184《周洪谟传》，北京：中华书局，1974年标点本。

是半故意的：明太祖在马皇后死去后不再立皇后，洪武十七年（1384年），马皇后服除，以淑妃李氏“摄六宫事”，但李妃不久去世，由宁妃郭氏“摄六宫事”。① 奢香如确曾入宫，比照品官命妇之礼，当参见后宫之主，所见当是郭妃。安氏后人欲作家传时，去洪武时期已远，附会郭妃为“太后”，高自标榜，也是可能的。不过综合来看，此家传序很可能是他人托名周洪谟所作，或者虽为周洪谟所作但经他人点染文本，被《贵州通志》编者收入。

稍后，又有嘉靖三十九年（1560年）田汝成刊刻的《炎徼纪闻》。该书卷三有“奢香”一节，其中的奢香故事变得充满戏剧性。文称：

> 奢香者，贵州宣慰使霭翠之妻也……洪武四年与其同知宋钦归附，高皇帝嘉之，以霭翠为贵州宣慰使，钦为宣慰同知，得各统所部，而蔼翠兵独强盛，分四十八部，每部以大头目领之。时都督马煜镇守贵州，以杀戮慑罗夷，罗夷畏之，号马阎王。霭翠死，奢香代立。煜欲尽灭诸罗，郡县之，会奢香有小罪当勘，煜械致奢香裸挞之，欲以激怒诸罗为兵衅。诸罗果勃勃欲反。时宋钦亦死，其妻刘氏多智，谓奢香部罗曰：“无哗，吾为汝诉天子，天子不听，反未晚也。”诸罗乃已。刘氏遂飏驰见太祖白事。太祖召讯之，刘氏对曰：“罗夷服义，贡马七八年，非有罪，马都督无故骚屑，恐一旦糜沸，反谓妾等不戢，敢昧死以闻。”太祖然之。还宫以语高后，且曰：“朕固知马煜忠洁无他肠，第何惜借一人以安一隅也。”命高后召刘氏宫中讯之，曰：“汝能为我召奢香乎？”刘氏曰：“能。”即折简奢香，令速入见。奢香遂与其子妇奢助飏驰见太祖，自陈世家守土功及马煜罪状。太祖曰：“汝等诚苦马都督乎？吾将为汝除之。然汝何以报我？”奢香叩头曰：“若蒙圣恩，当令子孙世世戢罗夷不敢生事。”太祖曰：“此汝常职，何言报也？”奢香曰：“贵州东北间道可入蜀，梗塞久矣。愿为陛下刊山开驿传，以供往来。”太祖许之。乃召煜入朝议事。煜初不知所以，既出境，乃知之。大恨曰：“孰谓马阎王乃为二妮子坑耶？悔不根薙赭为血海也。”既入见，太祖数

① （清）张廷玉等撰：《明史》卷113《后妃一》，第3509页。

其罪状，煜一无所答，第曰："臣自分枭首久矣。"太祖怒，立斩之，以其头示奢香曰："吾为汝忍心除害矣。"奢香等叩头谢。乃封奢香"顺德夫人"，刘氏"明德夫人"。高后赐宴谨身殿。遣归，赏赉甚厚，命所过有司皆陈兵耀之。奢香既归，以威德宣谕罗夷，罗夷皆帖然慑服。奢香乃开赤水、乌撒道以通乌蒙，立龙场九驿，马匹廪饩世世办也。

论曰："马煜功勋史不概见，贵州人独能谈之。尝筑会城，砖厚五寸许，一不中程即杀作者，令堵夷自窑所达城所，骈立而接运，终日无敢跛倚，厅事以合抱木为之，至今无倾。永乐初，有顾晟者守贵州，修煜故事，诸罗畏之，号曰老虎。然晟以靖难功，眷任特厚，不疑所行。噫！煜殆数奇不幸矣。"[①]

上述引文中，马煜为马烨之误书，而其情节，则已经非常细致而富有戏剧性。后世官私史书及笔记、诗歌中的奢香故事，大多沿袭此说。其中，清初谷应泰《明史纪事本末》卷 19《开设贵州》和清官修《明史·贵州土司》所记与田汝成所述基本一致，遂衍为奢香故事的主流说法。不过，田汝成《炎徼纪闻》刊刻后不久，就有万历时期王世贞的质疑。王世贞《弇山堂别集》卷 21《史乘考误二》中专论田汝成所述奢香故事：

田汝成记霭翠、宋钦事，谓都督马烨镇贵州，以杀僇慑罗夷……田氏文可谓核，而事可谓奇矣。然考之史，有未合者……史于土夷殁袭，俱略不书，第于贡贺赏劳一端，尚可考见。然所谓马烨者，都指挥耳，非都督也。都督诛死，史必书之。今阙不载。而奢香之不服，在何福请讨之前，子妇奢助之入朝，在奉诏不许讨之后。若刘氏入朝，其时高后尚在，后宫之宴或有之。而奢香入朝，则高后已宾天二年矣，奢香之代任，与马烨之在镇，又五年矣，奢助之入朝又三年矣。后宫之见，与华盖殿之宴，何人也？马烨为都指挥，而顾成为普定卫指挥使，其时已著勋进都督佥事，镇贵州，至永乐初，复以镇远侯镇之，成之威名，

① （明）田汝成：《炎徼纪闻》卷 3，《景印文渊阁四库全书》第 352 册，台北：台湾商务印书馆，1986 年，第 632—633 页。

岂烨所可拟？且又非顾晟也。今贵州所隶驿分有之奢香者，疑即其所首建二十四年事耳。[①]

王世贞所疑于田汝成说法的，一是马烨身份是都指挥而不是都督；二是奢香入朝时间与《大明一统志》所载不合；三是所说奢香入宫见马皇后时，马皇后已经去世，故绝不可能。20世纪80年代，台湾学者黄彰健撰《明史贵州土司传记载霭翠奢香事失实辨》，参考王世贞对田汝成的质疑，对《炎徼纪闻》及其演绎本奢香故事再加质疑。近年又有温春来《明初贵州水西君长国与中央的关系——奢香故事之考证与解读》，在追溯黄彰健文章基础上进一步提到：清道光《大定府志》中将马烨之职由都督改为都指挥使，将高皇后改成淑妃，定故事发生的时间为洪武十六年（1383 年）、十七年，在时间上符合刘淑贞、奢香先后入朝的记载，并把霭翠死改为“霭翠已老”，以便与《明实录》相统一[②]，但仍有细节与《明实录》所载不合。

以上各种记载枝节分歧甚多，这其实是历史细节在长时期流传过程中几乎都会发生的经历，并非奢香故事所独有。综合以上情况，奢香故事之原貌仍然可以梳理出大致的梗概：

奢香生于元末明初，嫁与明初贵州宣慰使霭翠为妻。霭翠夫妇在洪武十三年明朝征讨云南时，曾对明朝大力提供物资等支持，甚得明太祖器重。洪武十七年曾经率所属入明朝首都南京进贡方物，得明太祖朱元璋赏赐。霭翠于洪武十九年去世后，奢香至少在洪武二十年冬十月和洪武二十二年春正月两次派人入南京进贡马匹等并得赏赐。洪武二十二年前后，奢香管辖区域下属有欲反叛明朝迹象，奢香与明朝合作将之抚平。其间奢香可能与贵州都指挥同知马烨发生冲突，至少明朝驻守贵州的军事长官曾向明太祖建议对奢香所在区域进行军事征讨，以便改土归流，然而明太祖朱元璋并未批准，并可能对其中激起地方骚乱倾向的官员进行惩处。洪武二十五年冬十月，时任水

---

① （明）王世贞撰，魏连科点校：《弇山堂别集》卷21《史乘考误二》，北京：中华书局，1985年，第385—387页。

② 温春来：《明初贵州水西君长国与中央的关系——奢香故事之考证与解读》，《中山大学学报（社会科学版）》2007年第6期。

西宣慰使奢香派遣其儿媳奢助及其属下允则、陇住等入朝，贡马谢恩，得朝廷赏赐。同年十一月，明朝于贵州宣慰司儒学设教授一员、训导四员。[①]洪武二十六年（1393年）初，明太祖庆贺元旦时，奢香遣使入朝贡马及方物。洪武二十九年奢香去世后，其后人承继祖业，抚理地方，开办学校，化导民俗，对西南边区社会稳定与发展做出积极贡献。奢香的故事在明朝中叶以后被士大夫演绎，增加了被马烨鞭笞，忍辱负重，赴京投诉，并得皇太后召见抚慰等戏剧性情节，其中关键性的文本是嘉靖三十九年（1560年）田汝成刊刻的《炎徼纪闻》，而嘉靖年间刊刻的《贵州通志》所记奢香故事，包括其中收录的称为周洪谟所撰的《安氏家传序》，也包含了一些渲染情节。虽然明万历时期的王世贞曾经对《炎徼纪闻》所述的经过渲染的奢香故事提出一些质疑，但明中叶以后的官私史书及笔记、诗歌中，奢香故事进一步被增润，包括谷应泰的《明史纪事本末》、王士性的《广志绎》、清朝官修的《明史》等通常比较可靠的文献，皆取信《炎徼纪闻》为底本的奢香故事。

## （二）明代贵州地区社会秩序建构思路的差异及奢香故事演变真相的再探讨

梳理后的奢香故事固然不及流行的奢香受辱赴京告状故事具有戏剧性，但仍然意味深长。这段史实生动地展现出明代建构边缘羁縻地区社会秩序中存在的思路差异。何福、马烨、顾晟的身份都是具有军事指挥权的封疆大吏，其基本倾向都是在其驻扎所在区域实施严厉统治政策，寻找机会改土归流，从而使得该边缘区域快速内地化。在明朝洪武时期，这种思路没有占据主导地位，遏止了这种倾向的是两种力量，一是主持朝廷的皇帝朱元璋，二是贵州地方的土司及其支持者。

朱元璋对于贵州等边缘区域的统治方略可以在《明史・贵州土司》中看得很清楚。该文献叙述，朱元璋势力击败陈友谅势力之后，西南地区原元朝

① 《明太祖实录》卷222，“洪武二十五年十一月癸卯”条，第3248页。

所置各军民宣慰使司纷纷归附。朱元璋“即令以故官世守之”，即在承认明朝中央政府一体权威前提下，保持其原有传统方式，由地方强势者领导自治。洪武五年（1372 年），“贵州宣慰霭翠与宋蒙古歹及普定府女总管適尔等先后来归，皆予以原官世袭。”“赋税听自输纳，未置郡县”。但同时，派遣军队“筑城以守”，保持军事控制，以备不虞。整个洪武时期，朱元璋都没有刻意在西南地区推行流官制度，直到永乐时期，方在贵州设置布政使司。对于朱元璋而言，贵州虽然仍是传统的羁縻之地，但因其地处云南以里，故已经并非边徼荒蛮之处，而是明朝版图之内与中心区域较为贴近的地区，用今天的话来说，是地理意义上的内地，文化与制度意义上的边缘，而且又是控驭云南的要路。故朱元璋在洪武十五年曾遣使晓谕征伐云南的傅友德曰：“前已置贵州都指挥使司，然霭翠辈不尽服，虽有云南不能守也。”[①]

朱元璋治理贵州的方略，是保持基本安定秩序，而不刻意干预具体事务，亦不以内地标准衡量贵州情况，同时期以逐渐融合接近。《明史·贵州土司》对此有很生动的记载：霭翠归附之初，请讨其陇居部落。帝曰：“中国之兵，岂外夷报怨之具？”及仁智入朝，帝谕之曰：“天下守土之臣，皆朝廷命吏，人民皆朝廷赤子。汝归善抚之，使各安其生，则汝可长享富贵。夫礼莫大于敬上，德莫盛于爱下，能敬能爱，人臣之道也。”洪武二十一年，部臣以贵州逋赋请，帝曰：“蛮方僻远，来纳租赋，是能遵声教矣。逋负之故，必由水旱之灾，宜行蠲免。自今定其数以为常，从宽减焉。”洪武二十九年，清水江之乱既平，守臣以贼首匿宣慰家，宜并罪。帝曰：“蛮人鸱张鼠伏，自其常态，勿复问。”明初御蛮之道，其后世之龟鉴也夫。[②]

这种方略，有时被看成是“保守”的。这种看法毕竟从明中央集权体系进取扩张的意义上言才能成立，从边缘区域地方社会生存发展的角度而言，则由于外力的快速社会改塑，必然造成巨大的社会冲突和人道主义灾难，并可能造成文化多元性的扼杀以及长久的历史积怨。朱元璋作为一个 14 世纪的君主，能够把握融合统一与文化差异性及生存方式自然演变的关系，是颇

---

① （清）谷应泰撰：《明史纪事本末》卷19《开设贵州》，北京：中华书局，1977 年，第 309 页。
② （清）张廷玉等撰：《明史》卷316《贵州土司》，第 8186 页。

为难得的。由此进一步说，许多历史家主要通过观察明朝国家体制内部，尤其是庙堂政治内部的史事而断言朱元璋高度专制集权，其实是有片面性的。朱元璋在对边缘地区的政略方面，有很高明的见识，并且能够落实于实践。在对外关系方面，朱元璋宣布不征之国，用朝贡体系为轴建立地位等差的国际秩序，这虽然与现代国家平等观念相比是古旧的，但是如果与其后即16—19世纪西方扩张时代的对外政策而言，则已经是很有远见和人文性的了。朱元璋的政略，在明朝后来的历史上基本沿袭下来，贵州虽然在永乐十一年（1413年）开设布政使司，但水西等地抚慰使辖区大体保持自治状态。直到嘉靖后期，奢香后人安贵荣去世之后，土司宋然激变地方，事平后，“都御史请以贵筑、平伐七长官司地设立府县，皆以流官抚理。巡抚覆奏以蛮民不愿，遂寝”[①]。可见对于该地方是实施土司治理还是实施流官治理，明朝仍会考虑当地人民的意愿。

与朱元璋相比，明初贵州地区的封疆大吏就短视得多。他们一般过度信任武力，追求事功，对当地少数民族怀有歧视心理，动辄采取武力镇压措施。即使是那位曾经写作了《炎徼纪闻》的田汝成，虽然表露出对奢香其人的钦佩，但是还是主张在贵州地区积极推行严厉统治和同化政策的。考田汝成，于嘉靖十四年（1535年）九月戊子由南直隶滁州知州升为贵州按察司佥事。[②]嘉靖十六年十二月调广西布政使司右参议。[③]嘉靖十八年闰七月因广西断藤峡弩滩诸巢反叛平息论功升一级。[④]《明史》本传文字简略：

> 田汝成，字叔禾，钱塘人。嘉靖五年进士。授南京刑部主事，寻召改礼部。十年十二月上言……忤旨，切责，停俸二月。屡迁祠祭郎中、广东佥事，谪知滁州。
>
> 复擢贵州佥事，改广西右参议，分守右江。龙州土酋赵楷、凭祥州土酋李寰皆弑主自立，与副使翁万达密讨诛之。怒滩贼侯公丁为乱，断藤峡群贼与相应。汝成复偕万达设策诱擒公丁，而进兵讨峡贼，大破

① （清）张廷玉等撰：《明史》卷316《贵州土司》，第8171页。
② 《明世宗实录》卷179，“嘉靖十四年九月戊子”条，第3847页。
③ 《明世宗实录》卷207，“嘉靖十六年十二月壬子”条，第4306页。
④ 《明世宗实录》卷227，“嘉靖十八年闰七月甲寅”条，第4717页。

之。又与万达建善后七事，一方遂靖，有银币之赐。迁福建提学副使。[①]

由此可见，田汝成曾在贵州任职，但无事功，后来调到广西，在那里以较强硬手段处理地方反叛，得功受赏。又查，此人曾有一篇呈送给西南封疆大吏的《上巡抚陈公书》，根据其内容，当是在贵州任内时即嘉靖十四年（1535年）到嘉靖十六年间所作，内称：

> 今之为贵州者，类曰羁縻而治，此非高明识治体长者言也，乃今所患，正坐此尔。夫羁縻之令，先王所以待夷狄也。贡赋不征其国，朝聘不列其君，是以来则修委积之饩，去则申疆圉之守，视若牛马，然令勿踶触而已。若夫要荒之服，时享而岁贡者，已有文告之辞、征伐之典，治之加夷狄一等矣，况不为要荒者乎？贵州虽绝远，给由入税，与内地亡异，青褐之使，交毂而驰，非要荒之服也。奈何欲以夷狄之法待之哉……近事若马晔（烨）、顾晟，亦以杀伐震慑八番。八番之民祠而颂，直今不废，未尝以严仇二公也。岂非真高明识治体长者哉……宣慰、安抚长官诸司，裂壤而守，各私其家，豪举鼎立，幽明之课，不登天府，故娄虢者无惩，非若中州之吏惮绳墨，兢业检束也。夫以孔棘之地，杂以易动之民，统以无严黜陟之官，而部刺长吏犹欲一切宽假，冀其苟安，胡可得也……夫贵州之患，最大而可忧者，莫如水西。顷有为水西之谣者曰：贵州区区，挥沫可濡。其悖谩不道，一至于此，尚可高拱而羁縻哉？若其比周之雄，声势相倚者，则西有芒部，南有播州，北有酉阳。此三四酋帅，虑无不欲屠剪颉颃，厚自封殖者。乃者安氏拥兵不调，播州不服节制，芒部乌蒙仇杀不可居解，酉阳侵乌罗、夺麻兔之地，幸而国家全盛，犹以文移服属。脱一方有锋镝之警，此辈尚肯帖然俯首而已哉？积弱如此，而议者犹欲以羁縻临之，此下官所以日夕疚心，强聒而不舍者也。[②]

此文明确提出“羁縻”之策不适合贵州地区，应该以与内地同样方式一

① （清）张廷玉等撰：《明史》卷287《田汝成传》，第7372页。
② （明）贺复征编：《文章辨体汇选》卷237，《景印文渊阁四库全书》第1405册，第52—54页。

体治理，其中对明朝未能对贵州采用强硬措施，耿耿之意，流于言表，且举出马烨、顾晟的“以杀伐震慑八番”为“真高明识治体长者”之榜样，并以水西土司为朝廷大患。在贵州不得志的田汝成到达广西以后如何？考《明史·广西土司》，竟然有令人震惊的发现。该文献记载，正德年间，王守仁平定田州、两江地方反叛，以土司岑猛之子岑邦佐为武靖知州，“使靖遗孽”。然而“邦佐不能辑众，且贪得贼贿，峡北贼复獗”。其中有名侯胜海者为首，被指挥潘翰臣诱杀，其田产房屋被助明剿击的其他土著首领获取。侯胜海之弟侯公丁，遂“啸聚二千余人，乘夜陷堡城，杀戍兵二百人……时出杀掠”。[①] 抵至嘉靖年间，明朝决定发兵剿灭侯公丁势力，其事交付副使翁万达。接下来发生的事情耐人寻味：

> 万达廉得百户许雄通贼状，诘之。雄惧，请自效。万达佯庇公丁，捕系讦讼公丁者数人。公丁果遣人自列，万达佯许之，又令雄假称贷为贿，公丁喜，益信雄。会万达巡他郡，以事属参议田汝成。汝成召雄申饬之，雄绐公丁诣汝成自列，言寇堡事由他猺，汝成亦慰遣之。乃密授意城中居民被贼害者家，出殴公丁，一市皆哗，游檄并逮公丁入系狱。遣雄谕其党曰：“寇堡事公丁委罪诸猺，果否？”诸猺遂言事自公丁，听论坐，不敢党。乃槛致公丁于军门，磔之。汝成因言于［张］经，谓首恶既诛，宜乘势进兵讨贼。乃以副总兵张经、都指挥高乾分将左右二军，万达及副使梁廷振监之，副使萧畹纪功，参政林士元及汝成督饷。[②]

随后，嘉靖十八年（1539 年）二月，明朝调动左军三万五千人，右军一万六千人，“诸军合击……藤峡复平”[③]。从这段记载中看，侯公丁或者曾经聚众攻掠，但未必已经公开反叛，所以才会在田汝成佯示归罪许雄的时候派人到翁万达衙署自陈清白，后来又被田汝成麻痹，在城中自由出入，终于被指证反叛，受磔。最引人注意的是，田汝成在广西的做法，与其描绘马烨在贵州鞭笞奢香的做法，都是运用欺诈手段制造口实，以图动用武力的。因

① （清）张廷玉等撰：《明史》卷317《广西土司一》，第8222—8223页。
② （清）张廷玉等撰：《明史》卷317《广西土司一》，第8223页。
③ （清）张廷玉等撰：《明史》卷317《广西土司一》，第8223页。

此，极有可能，田汝成在其奢香故事中对马烨的描绘，渗透了他本人在广西的经验色彩。田汝成在《上巡抚陈公书》中直接表示的对马烨、顾晟强硬做法的推崇，是他的自况之语。至此，奢香故事中马烨鞭笞奢香以便制造改土归流借口的戏剧性情节就有了叙述者主观方面的根据。奢香故事，因而也就成为明朝西南治理方略分歧的一个复杂而意味深长的案例。

西南土司制度，就其与中央政府关系而言，较多体现差异的区域诉求，是国家实施区域差异政略的现实基础。但是就其在地方社会而言，虽然基于长久的地方历史渊源，但毕竟还是一种少数人的统治制度，而且互不统属，常有仇杀之事，并非平等和谐的体制。如明中叶，奢香的后人安万钟应袭职，“骄纵不法。汉民张纯、土目乌挂等导之游猎，酒酣，辄射人为戏。又尝挞其左右，为所杀”[①]。但若想实施明朝内地那种郡县体制，要求通畅的交通条件，更为深入人心的文化认同，语言文字的普遍可沟通性，以及与生活方式结合的经常化的物流置换等。明前期的贵州，在这些方面与内地形成很大反差，明中央政府的统一政令很难直接贯彻到社会基层，因而并不适宜推行郡县制。因地制宜地采用土司制度，则至少可以通过控制、影响土司即地方社会现存的支配势力，实现对该地区的一般行政统属。这种体制，实际上强化了土司在区域社会中的权力合法性，使之不仅建立在传统和现状的基础上，而且建立在国家共同体授权的基础上。所以我们会看到，霭翠在受封宣慰使之后，会建议借助国家力量攻击其地方敌对势力。这种作用，很可能是促使边缘区域上层倾向于保持对中央政府的从属关系的一个很重要的因素。基于传统和现状，土司在地方民众中具有广泛支持者，对于当地民众而言，流官治理意味着地方社会外部力量的统治，在没有看到这种方式如何优于原有秩序体系的时候，保持支持土司制度是更现实的。奢香的故事表明，明初贵州地方社会的基本秩序是土司维系，并且得到地方民众普遍支持的。而当土司与地方守土、驻扎之官发生冲突的时候，唯一的仲裁者是中央政府。明初的土司已经将寻求这种仲裁置于直接与地方守土、驻扎之官解决问

---

① （清）张廷玉等撰：《明史》卷316《贵州土司》，第8171页。

题的选择之上。这种情况，无疑体现着明初土司阶层的向心力。然而这种向心力是脆弱的，边缘区域内部的矛盾可能激发中央政府的强制干预，并可能顺势将所涉区域纳入直接控制体系。明朝驻守边缘区域的首长的安边理念更为重要，他们可能长期致力于边缘区域安定平和的民生及其与中央政府的比内地行政区更松散的关系，也可能把较小的地方冲突推演成为更大的秩序危机，从而胁迫明朝中央政府采取大规模军事行动，从而将此类区域纳入流官管理体系。明朝上层的舆论倾向也是重要的相关因素，因而各类主张的士大夫、官僚都可能用各自的方式去引导朝廷舆论。直至明朝中后期，明朝在西南地方采取的大规模军事行动都伴随着较大的人文牺牲，表明地方反抗直接控制体制的倾向始终是强烈的。

贵州与更加边远地区的重大差异是，它在地理上是处于亚边缘地带的，其外缘的两广、云南地区与明中央体制的关系都在日益接近——无论实际通过怎样的途径。所以对于贵州地方社会的领袖而言，割据一方的选择并不存在，他们如果要保持自己的区域特权或者地方秩序环境，就必须维持与中央政府的良好关系。在这种大的行政格局和政治生态环境下，奢香就凸现为一个非常明智的政治领袖。她在后世文献中受到的注重，尤其是她受到的歌颂和纪念，本身就体现出明清贵州地方社会与明朝内地体制差异和谐共处的诉求。

## （三）奢香与贵州女性的社会角色

奢香故事自洪武时期以来600多年间流传不息，而且愈至晚近，愈为人增益细节，除了其政治、民族关系方面的意义之外，不可否认的是与她是一位女性有关。奢香的故事彰显出西南边缘区域女性社会角色与内地女性社会角色的鲜明对比，从而展现出别一种女性的风采和别一种社会可能性。

奢香是一位政治人物，并且在洪武时期西南区域乃至明朝与西南地区秩序建构的关键时期扮演了重要的角色。所以能够如此，自然基于奢香拥有区域社会主持者的位势，而这种位势又基于西南边缘区域长期的历史文化传统。因而，正是西南地区特有的历史文化传统提供了奢香历史作为的舞台。

在《明史·贵州土司》中，类似奢香这样的女性区域社会主持者不乏其人。有姓名的即有普定府女总管適尔、宣慰使宋钦（宋蒙古歹）妻刘淑贞、土司安万钟妻奢播、思南宣慰使妻杨氏、思州宣慰使田琛妻冉氏、普定府女总管适尔、普安州土判官隆畅妻米鲁、土判官适擦、平浪土官王应名妻吴氏。明万历间人沈德符甚至提到，有江南女优赵天锡者，“本江南女优，游粤西见嬖于土酋，因得袭职……赵善笔札，曾与旧知书，婉媚纤弱，全是黛奁本色。乃闻其得官之故，则酖所天及正室，而赵氏无他子，遂以夷法，妇袭夫官。其人至今在”[①]。明朝政府对于西南土司世袭权的规定中，也认可了女性配偶、后嗣可以继承父、夫职位的合法性。正统二年（1437年）二月，云南曲靖军民府知府晏毅上言四事，其中之一就是：“土官承袭，或以子孙，或以兄弟，或以妻继夫，或以妾绍嫡，皆无预定序次，多致临袭争夺，以故仇杀连年，边方弗宁。乞敕该部移文所司，预为定序造册。土官有故，如序袭职。”[②]所奏下该部议行。万历《明会典》内则有：“嘉靖九年题准，土官衙门造册，将见在子孙，尽数开报，某人年若干岁，系某氏生，应该承袭；某人年若干岁，某氏生，系以次土舍。未生子者，俟有子造报。愿报弟侄若女者，听。布政司依期缴送吏兵二部查照。”[③]可见边缘区地方社会的女性，拥有合法的高于内地女性的政治参与权和继承权。

明朝内地士大夫，虽然对于内地女子角色大多采取男权主义的态度，尤其对女性参与政治深恶痛绝，但是对边缘区域女子的政治作为，却赞美有加。如嘉靖时期的著名士大夫杨慎就有赞美奢香的诗句，题为《养龙坑飞越峰天马歌》，云：

高皇御天开大明，龙马出自养龙坑。房星夜下鹿卢寨，天驷晓来骠

① （明）沈德符撰：《万历野获编》卷30《土官之异》，北京：中华书局，1959年，第763页。
② 《明英宗实录》卷27，“正统二年二月丙戌”条，第548页。
③ （明）申时行等修：（万历）《明会典》卷6《吏部五·土官承袭》，北京：中华书局，1989年据1936年商务印书馆《万有文库》本影印，第31页。

骑营。殿前重瞳回顾盼，奚官仗外争相迎。鸡鸣牛首试控纵，凤师麟仪无逸惊。归风绝尘羡迅疾，逮日先影羞翾轻。四蹄翩然不蹑地，六飞如在空中行。是时雄酋有奢香，左骖牡骊右牝黄。贡上金陵一万匹，内厩惟称此马良。宸游清燕幸鸾坡，学士承旨赞且歌。饮以兰池之瑶水，秣以芝田之玉禾。①

明贵州提学副使吴国伦也有《次奢香驿因咏其事》：

我闻水西奢香氏，奉诏曾谒高皇宫。承恩一诺九驿通，凿山刊木穿蒙茸。至今承平二百载，牂牁僰道犹同风。西溪东流石齿齿，呜咽犹哀奢香死。中州男儿忍巾帼，何物老妪亦青史。君不见，蜀道之辟五丁神，犍为万卒迷无津。帐中坐叱山川走，谁道奢香一妇人。②

清初名士查慎行有《水西行》，内有："洪武初年祸乱平，远略伧荒来越嶲。是时奢香一巾帼，跃马金陵谒天子。承恩归去立奇功，一诺西南九驿通。"③道光贵州按察使承龄有《奢香墓》诗："间关密计达神京，九驿榛芜自此平。能为君王开道路，肯供边吏事功名。苍茫箐木余香冢，迢递山邮改故程。石砫英姿同飒爽，更从马上请长缨。"④这些诗歌作者，对于奢香故事本来面貌，都没有详查，却对奢香精神表示了高度的认可和钦佩。这表明从明朝中叶开始，尤其是到了清代，奢香已经成为一个符号，代表着西南地区女性的坚韧、勇武、智慧、家乡情怀和全局意识。明朝士大夫观念中的女性从属地位，主要关涉中原传统，他们对于边缘区域女性活跃于国家政治领域，并无特别顽固的成见。不过，前引嘉靖《贵州通志》所叙奢香事迹，列入"贞节"传，则还是流露出他们女性从夫的深层观念。边缘区域女性在社会权力结构中高于内地女性的地位，常被解读为边缘区域社会带有原始社会遗风的表现。这种解读不无道理，但也未必澄明透彻。如再追究，既然女性

① （明）杨慎：《升庵集》卷23，《景印文渊阁四库全书》第1270册，第179—180页。
② （乾隆）《贵州通志》卷44，《景印文渊阁四库全书》第572册，第512页。
③ （清）查慎行：《敬业堂诗集》卷3，《景印文渊阁四库全书》第1326册，第43—44页。
④ 徐世昌辑：《晚晴簃诗汇》卷139，《续修四库全书》第1632册，上海：上海古籍出版社，2002年，第246页。

在权力体系中扮演重要角色的方式在实践上也是可行的，那么内地的父权主义体制就不一定体现什么进步或者发达。父权主义的政治社会体制，虽然是带有很大普遍性的现象，但本质上还是一种社会关系的异化。因而讨论明清时代内地与边缘区域的“进步”程度时，也不当一律以内地标准为尺度。

综合以上考察，奢香本人留下的遗产是丰富且复杂的，其内在含义还将得到更多的注意和探讨。

# 十五

# 重谈洪武时期的倭患

倭患与明代中国历史相始终。自明初以降，相关记述与研究日积月累，已然数不胜数。此类话题，一般无论基本事实还是所涉认识，都会逐步进入共识状态，无须再议。然而今日学者，如欲通过借鉴已有研究形成关于明代倭患的明确认识，以之为基石，考察更大范围的问题，却会发现关于这个话题，并存太多相互并不一致甚至对立的说法，愈至晚近愈为明显，以至于想要“择善而从”，甚难抉择。此时可取的方法，是重新梳理文献，直接做出判断。因时间跨度长，进行这种梳理与判断，需要分开若干时期。洪武时期是明朝国家体制、政略、对外关系格局设定基盘的时期，对明清时代后来历史，影响深远，故拟重做爬梳。首先，梳理关于洪武时期倭患及明朝应对的较早记载，意在了解洪武时期倭患对于中国国家安全及民生造成威胁的程度。其次，整理洪武时期倭患背景下明朝对日外交基本史事，辨析明朝对日军事防御与外交斡旋之间的权衡情况。最后，考察洪武时期“海禁”的初衷，与倭寇关联到怎样程度，是否意在封闭国家或者禁绝对外贸易。结论在归纳前此考察基础上，再做一些延伸讨论。

## （一）洪武时期倭患态势及明政府的应对

关于明代的海禁，早有研究指出其与抵御倭寇侵扰的密切关系，并对倭乱是明朝海禁造成的之类说法进行批评。[1] 20 世纪后期，史学界对明清时代“海禁”批判的声音提高，“海禁”俨然被看作明初政府刻意造成的局面，倭寇侵扰近乎被看作中国海禁而造成的后果。至于明中叶的倭寇，一些研究者特别强调其主体是中国人，明中叶的中国沿海抗倭斗争之实质是中国商人反对海禁的斗争，一些海盗被描述成为体现人民意志和开放历史趋势的英雄。此类看法，不无启发意义，但倭寇问题迁延数百年，相关文献汗牛充栋，相关研究也十分丰厚，将以往基本看法颠倒过来，既涉及史实考辨、理论、价值观念，也关涉对倭寇、海禁以外的诸多历史问题的认识，不能不反复考量。经重新梳理洪武时期倭寇问题基本史事，此部分重申，洪武时期倭寇侵扰中国东部及东南沿海，是确切的事实，并非明朝海禁招引而致，构成对明朝国家安全和中国民生的严重威胁。

倭寇侵扰中国东部及东南沿海由来已久，在元朝就已经构成中国的一个大问题。洪武二年（1369 年）正月，“倭人入寇山东海滨郡县，掠民男女而去”[2]。二月，明太祖以明朝建立事正式告知当时他所知的“日本国主”，南朝掌握权柄者怀良亲王[3]，要求其“奉表来庭”或者“修兵自固，永安境土，以应天休”，不可“必为寇盗”。此书送达日本后，无积极反应，倭寇侵扰继续发生。该年四月，明朝升太仓卫指挥佥事翁德为指挥副使征剿。史载原委：

> 先是，倭寇出没海岛中，数侵掠苏州、崇明，杀伤居民，夺财货，沿海之地皆患之。德时守太仓，率官军出海捕之，遂败其众，获倭寇九十二人，得其兵器、海艘。奏至，诏以德有功，故升之……仍命德领兵往捕未尽倭寇，遣使祭东海神曰：“予受命上穹，为中国主，惟图乂民，罔敢怠逸。蠢彼倭夷，屡肆寇劫，滨海郡县，多被其殃。今命将统帅舟师，扬帆海岛，乘机征剿，以靖边氓。特备牲醴，用告神知。”[4]

① 参看陈鸣钟：《嘉靖时期东南沿海的倭寇》，《史学月刊》1955 年第 2 期；陈懋恒：《明代倭寇考略》，北京：人民出版社，1957 年。

② 《明太祖实录》卷 38，“洪武二年春正月是月”条，台北：台湾“中研院”历史语言研究所校印，1962 年，第 781 页。

③ 明朝文献多称此怀良亲王为“良怀”，一度以为是日本国王，本文中除引文依照原文外，皆书作“怀良”。

④ 《明太祖实录》卷 41，“洪武二年四月戊子”条，第 824—825 页。

洪武二年（1369年）八月，“倭人寇淮安。镇抚吴祐等击败其众于天麻山，擒五十七人。事闻，赐祐等绮帛有差”[①]。十月，高丽使者成惟得等将回国，明太祖问及其国内情形，说到高丽“去海滨五十里或三十里，民始有宁居者”，原因之一是“尝为倭奴所扰”。明太祖因而对高丽使者提供“持危保国之道”，建议其“设险以守其国”，并称：“倭人出入海岛，十有余年，必知王之虚实，此亦不可不虑也。王欲御之，非雄武之将，勇猛之兵，不可远战于封疆之外；王欲守之，非深沟高垒，内有储蓄，外有援兵，不能以挫锐而擒敌。”[②] 由此可知，倭寇对高丽的侵扰，也增加了明朝对倭寇的防范意识。

洪武三年三月，明朝遣莱州府同知赵秩持诏致怀良亲王，再次要求其约束倭寇。[③] 然而同年六月，“倭夷寇山东，转掠温、台、明州傍海之民，遂寇福建沿海郡县。福州卫出军捕之，获倭船一十三艘，擒三百余人”[④]。七月，明朝“置水军等二十四卫，每卫船五十艘，军士三百五十人缮理，遇征调则益兵操之”[⑤]。《明太祖实录》并未说明设置此水军的目的如何，但当时内地无大规模水战需求，如此庞大的、由1200艘船只组成且随时准备增兵的水军，肯定是在沿海布置，其目的也当是防备倭寇。洪武四年六月，“倭夷寇胶州，劫掠沿海人民”[⑥]。该年底，明朝发布了“海禁”之令，史载：“诏吴王左相靖海侯吴祯籍方国珍所部温、台、庆元三府军士及兰秀山无田粮之民尝充船户者，凡十一万一千七百三十人，隶各卫为军，仍禁濒海民不得私出海。”[⑦] 此后，终洪武之世，针对倭寇的防御、反击举措与海禁之重申交错发生。

洪武五年三月，“倭夷寇海盐之澉浦，杀掠人民”[⑧]。六月，“倭夷寇福

---

① 《明太祖实录》卷44，“洪武二年八月乙亥”条，第866页。

② 《明太祖实录》卷46，“洪武二年冬十月壬戌”条，第907—909页。

③ 《明太祖实录》卷50，“洪武三年三月是月”条，第987页。

④ 《明太祖实录》卷53，“洪武三年六月是月”条，第1056页。

⑤ 《明太祖实录》卷54，“洪武三年七月壬辰”条，第1061页。

⑥ 《明太祖实录》卷66，“洪武四年六月戊申”条，第1248页。

⑦ 《明太祖实录》卷70，“洪武四年十二月丙戌”条，第1300页。有学者依据前引“仍禁”二字判断此前就曾发布海禁政策，参看陈尚胜：《“怀夷”与“抑商”：明代海洋力量兴衰研究》，济南：山东人民出版社，1997年，第25页。这从语言意义上虽有可能，但明代文献中如前例行文方式使用的“仍”字，较多表示“也”“并”，故前引文表示洪武四年首次发布海禁之令可能性较大。即使“仍”表示“仍前”，明代海禁之政令，毕竟当在前述洪武二年致书日本国王谋求建立和平关系失败之后。

⑧ 《明太祖实录》卷73，“洪武五年四月丁卯”条，第1351页。

州之宁德县”[①]。同月，“命羽林卫指挥使毛骧、于显、指挥同知袁义等，领兵捕逐苏、松、温、台濒海诸郡倭寇”[②]。不久，毛骧于温州擒获“倭船十二艘，生擒一百三十余人及倭弓等器，送京师”[③]。八月，因为“濒海州县屡被倭害，官军逐捕，往往乏舟，不能追击”，诏浙江、福建濒海九卫，造海舟660艘以御倭寇。[④]同月，“倭夷寇福州之福宁县，前后杀掠居民三百五十余人，焚烧庐舍千余家，劫取官粮二百五十石”[⑤]。明州卫指挥佥事张亿率兵讨之，中流矢而卒。明太祖遣使致祭，诏恤其家。[⑥]史载，该年底礼部侍郎曾鲁去世，史载往事中涉及“倭夷入寇，戍将捕获之。诏命儒臣草诏，归其俘。鲁所撰有‘一视同仁’之语，上喜其言为得体”[⑦]。据此，当时明太祖对日本并无根本敌视之心，唯求其不加侵扰而不可得。

洪武六年（1373年）正月，德庆侯廖永忠上言抵御倭寇事：

> 臣窃观倭夷鼠伏海岛，因风之便，以肆侵掠。其来如奔狼，其去若惊鸟。来或莫知，去不易捕。臣请令广洋、江阴、横海水军四卫，添造多橹快舡，命将领之。无事则沿海巡徼，以备不虞。若倭夷之来，则大船薄之，快船逐之。彼欲战不能敌，欲退不可走。庶乎可以剿捕也。[⑧]

明太祖从之。可知当时倭寇侵扰频繁，明朝甚以为苦，而其对应主旨，要在防御。同年六月，“倭夷寇即墨诸城、莱阳等县。沿海居民多被杀掠。诏近海诸卫，分兵讨捕之”[⑨]。同月，“台州卫兵出海捕倭，获倭夷七十四人，船二艘，追还被掠男女四人”[⑩]。该年内，福建都司都指挥同知张赫“率舟师巡海上，遇倭寇，追及于琉球大洋中，杀戮甚众，获其弓刀以还”[⑪]。洪武六年三月，明太祖诏“以广洋卫指挥使于显为总兵官，横海卫指挥使朱

① 《明太祖实录》卷74，“洪武五年六月丙戌”条，第1359—1360页。
② 《明太祖实录》卷74，“洪武五年六月己丑”条，第1360页。
③ 《明太祖实录》卷74，“洪武五年六月癸卯”条，第1371页。
④ 《明太祖实录》卷75，“洪武五年八月甲申”条，第1390—1391页。
⑤ 《明太祖实录》卷75，“洪武五年八月丙申”条，第1393页。
⑥ 《明太祖实录》卷75，“洪武五年七月壬寅”条，第1393页。
⑦ 《明太祖实录》卷77，“洪武五年十二月壬辰”条，第1413页。
⑧ 《明太祖实录》卷78，“洪武六年正月庚戌”条，第1423—1424页。
⑨ 《明太祖实录》卷83，“洪武六年六月辛亥”条，第1487页。
⑩ 《明太祖实录》卷83，“洪武六年六月丙寅”条，第1490页。
⑪ 《明太祖实录》卷203，“洪武二十三年八月甲子”条，第3042—3043页。

寿为副总兵，出海巡倭”[①]。

洪武七年（1374年）六月，因有日本国僧人入明贡马及方物，明朝却之不受事，明太祖晓谕中书省，指出日本幼君在位，臣擅国权，傲慢无礼，骨肉并吞，内损良善，外掠无辜，逆天之道，难以久存，命中书省将此意传达给日本，使其改过自新，转祸为福。[②]就在该月，“倭寇滨海州县。靖海侯吴祯率沿海各卫兵捕获，俘送京师”[③]。次月，“倭夷寇胶州”，“倭夷寇海州”，“倭夷寇大任、海口”。[④]

洪武八年正月，日本与高丽、占城等国“皆遣使入贡”[⑤]。但这并无补于停止倭寇入扰。该年十二月，明朝处死了潮州卫指挥佥事李德等，原因是在此之前，“潮州濒海居民屡为倭夷劫掠，诏德等率舟师沿海捕之。德等逗留不出兵巡御，贼遂登岸，大肆劫掠”[⑥]。

洪武九年三月，日本怀良遣僧人奉表向明朝贡马及方物并谢罪。明朝还是赏赐使节使还，同时因所上表中“词语不诚”，回书劝其“务修仁政，以格天心，以免国中之内祸”。[⑦]五月，明太祖以山东登、莱二州濒临大海，是高丽、日本往来要道，非建府治、增兵卫不足以镇之，“割莱州府文登、招远、莱阳三县益登州为府，置所属蓬莱县，复以青州府之昌邑、即墨、高密三县补莱州府”[⑧]。

自洪武九年至十二年，明朝与日本多种势力有所往来，明朝史书并无此间倭寇对明朝大肆侵扰的记载，然而明朝沿海备倭，仍积极安排。4年间歇之后，洪武十三年，中日关系益发恶化。该年胡惟庸案发，明朝上层怀疑胡惟庸与倭寇有勾结，对日本更为疏远。该年五月，日本怀良遣人入贡，明太祖因无表文，却之不受。[⑨]七月，“倭夷寇劫广州府东莞

---

① 《明太祖实录》卷80，“洪武六年三月甲子”条，第1455页。

② 《明太祖实录》卷90，“洪武七年六月乙未”条，第1581—1583页。

③ （清）张同声修，（清）李图等纂：（道光）《胶州志》，台北：成文出版社，1976年影印本，第1351页。

④ 《明太祖实录》卷91，“洪武七年七月壬申”条；“洪武七年七月甲戌”条；“洪武七年七月壬午”条，第1594、1597页。

⑤ 《明太祖实录》卷96，“洪武八年春正月是月”条，第1656页。

⑥ 《明太祖实录》卷102，“洪武八年十二月癸巳”条，第1725页。

⑦ 《明太祖实录》卷105，“洪武九年四月甲申”条，第1755—1756页。

⑧ 《明太祖实录》卷106，“洪武九年五月壬午”条，第1768页。

⑨ 《明太祖实录》卷131，“洪武十三年五月是月”条，第2092页。

等县”[①]。八月，“倭夷寇广东海丰县，杀掠吏民”[②]。九月，日本北朝征夷将将军源义满（足利义满）遣僧人明悟、法助等入明，有呈明朝丞相书，明太祖命却其贡不受。[③]十一月，明太祖遣使诏谕足利义满，有“蠢尔东夷，君臣臣非道，四扰邻邦”语。[④]

洪武十四年（1381年）七月，日本怀良遣僧人入明贡方物。明太祖再次命却其贡，并命礼部修书劝其自守，不可与明朝构隙。[⑤]同月，明礼部移书责备日本征夷将军往来无礼，“自夸强盛，纵民为盗，贼害邻邦”[⑥]。此后，明朝与日本各势力的关系趋于紧张。明朝方面仅记载洪武十九年八月日本僧人上表贡方物一事。

洪武十四年，明朝重申“禁濒海民私通海外诸国”之令。[⑦]洪武十五年四月，浙江都指挥使司上疏建议御倭之事，显示出当时整个东南沿海备御倭寇的紧张情况：

> 杭州、绍兴等卫，每至春则发舟师出海，分行嘉兴、澉浦、松江、金山，防御倭夷，迨秋乃还。后以浙江之舟难于出闸，乃聚泊于绍兴钱清汇。然自钱清抵澉浦、金山，必由三江、海门，俟潮开洋，凡三潮而后至，或遇风涛，动踰旬日，卒然有急，何以应援？不若仍于澉浦、金山防御为便。其台州、宁波二卫舟师，则宜于海门宝陀巡御，或止于本卫江次备御，有警则易于追捕。若温州卫之舟，卒难出海，宜于蒲洲楚门海口备之。诏从其言。[⑧]

洪武十六年八月，“赏温州、台州二卫将士擒杀倭寇有功者凡一千九百六十四人文绮、钞布、衣物有差”[⑨]。洪武十七年春，命信国公汤和巡视浙

---

① 《明太祖实录》卷132，“洪武十三年七月壬寅”条，第2104页。
② 《明太祖实录》卷133，“洪武十三年八月丙戌”条，第2109页。
③ 《明太祖实录》卷133，“洪武十三年九月甲午”条，第2112页。
④ 《明太祖实录》卷134，“洪武十三年冬十一月”条，第2135页。
⑤ 《明太祖实录》卷138，“洪武十四年七月戊戌”条，第2174页。
⑥ 《明太祖实录》卷138，“洪武十四年七月戊戌”条，第2177页。
⑦ 《明太祖实录》卷139，“洪武十四年十月己巳”条，第2197页。
⑧ 《明太祖实录》卷144，“洪武十五年夏四月辛丑”条，第2268—2269页。
⑨ 《明太祖实录》卷156，“洪武十六年八月戊子”条，第2426页。

江、福建沿海城池，“禁民入海捕鱼，以防倭故也”[①]。同年十月，明太祖命运粮辽东将士到达后回驻登州，“就彼巡捕倭寇”[②]。同月，兵部上言：“镇海卫百户王庭出海运粮遇倭寇战殁，广洋卫百户周清出海捕倭溺死”[③]。闰十月，“浙江定海千户所总旗王信等九人擒杀倭贼，并获其器仗事闻”；“台州倭人登岸，杀其巡检守御”。[④]

洪武二十年（1387年），倭寇侵扰加剧，明朝也大举加强沿海防务。二月，“置定海、盘石、金乡、海门四卫指挥使司于浙江并海之地，以防倭寇”；“置金山卫于松江之小官场，筑青村及南汇嘴城千户所二，置临山卫于绍兴及三山、沥海、三江等千户所，皆以沿海防御倭寇”。[⑤]三月，“命江夏侯周德兴往福建，以福、兴、漳、泉四府民户，三丁取一，为缘海卫所戍兵，以防倭寇”[⑥]。六月，“废宁波府昌国县，徙其民为宁波卫卒，以昌国濒海民尝从倭为寇，故徙之”[⑦]。闰六月，“敕福建都指挥使司备海舟百艘，广东倍之，并具器械粮饷，以九月会浙江，候出占城，捕倭夷”。并“命凡指挥千百户镇抚谪戍昌国卫者，咸出海捕倭，以功赎罪”。[⑧]七月，“倭寇至台州境上，杀掠居民”[⑨]。抵于该年十一月，信国公汤和奏言：“宁海、临山诸卫滨海之地，见筑五十九城，籍绍兴等府民四丁以上者以一丁为戍兵，凡得兵五万八千七百五十余人。”[⑩]这应是洪武十七年汤和受命往浙西沿海防倭的结果。

洪武二十一年，又“置福建沿海五卫指挥使司，曰福宁、镇东、平海、永宁、镇海，所属千户所十二，曰大金、定海、梅花、万安、莆禧、崇武、福金、金门、高浦、六鳌、铜山、玄钟，以防倭寇”[⑪]。洪武二十二年十二月，“倭船十二艘由城山洋艾子口登岸劫掠”[⑫]。洪武二十三年正月，浙江都

---

① 《明太祖实录》卷159，“洪武十七年春正月壬戌”条，第2460页。
② 《明太祖实录》卷166，“洪武十七年冬十月丁卯”条，第2550页。
③ 《明太祖实录》卷166，“洪武十七年冬十月癸巳”条，第2555页。
④ 《明太祖实录》卷167，“洪武十七年闰十月乙巳”条；“洪武十七年闰十月丁未”条，第2558页。
⑤ 《明太祖实录》卷180，“洪武二十年二月甲辰”条；“洪武二十年二月丁未”条，第2728—2729页。
⑥ 《明太祖实录》卷181，“洪武二十年四月戊子”条，第2735页。
⑦ 《明太祖实录》卷182，“洪武二十年六月丁亥”条，第2745页。
⑧ 《明太祖实录》卷182，“洪武二十年闰六月庚申”条；“洪武二十年闰六月壬戌”条，第2752—2753页。
⑨ 《明太祖实录》卷183，“洪武二十年七月丙戌”条，第2756页。
⑩ 《明太祖实录》卷187，“洪武二十年十一月己丑”条，第2799页。
⑪ 《明太祖实录》卷188，“洪武二十一年二月己酉”条，第2818页。
⑫ 《明太祖实录》卷198，“洪武二十二年十二月甲寅”条，第2975页。

指挥使司上报：“倭夷由穿山浦登岸，杀虏军士男女七十余人，掠其财物，守御百户单政不即剿捕，致贼遁去。诏诛之。”[①]四月，明太祖下令：“滨海卫所每百户置船二艘，巡逻海上盗贼，巡检司亦如之。”[②]十月，明太祖再度申严交通外番之禁。“上以中国金银铜钱段匹兵器等物，自前代以来不许出番。今两广、浙江、福建愚民无知，往往交通外番，私易货物。故严禁之。沿海军民官司纵令私相交易者，悉治以罪。”[③]

洪武二十四年（1391年）八月，“海盗张阿马引倭夷入寇，官军击斩之”[④]。此张阿马原是台州黄岩县无赖，经常到日本，引导其党至海边剽掠为患。可知中国沿海原居住民中，早就有勾结倭寇入扰者。九月，“倭夷寇雷州遂溪县。雷州卫百户李玉、镇抚陶鼎等御之，贼势猖獗而官寡弱不敌，玉等皆战死”[⑤]。

洪武二十五年十一月，“山东都指挥使周房言，所属宁海、莱州二卫东濒巨海，途岸纡远，难于防御。近者雷择莱州要害之处，当置八总寨，以辖四十八小寨。其宁［海］卫亦宜置五总寨，以备倭夷。诏从之”[⑥]。洪武二十六年，有倭寇百余人“入金州新市屯劫掠”，内有一朝鲜人“诈为倭国人”，被辽东都司捕获，械至京师，明太祖命宥之还国。[⑦]

洪武二十七年正月，“禁民间用番香、番货”[⑧]。这与“禁濒海民私通海外诸国”初意是一致的。二月，明太祖“以倭夷屡为寇患”，命中军都督府都督佥事刘德、前军都督府都督佥事商暠巡视沿海州郡城隍，“度其高广丈尺，以及军士器械之数，仍督各卫严为备御，遇有调发，则一百户所全军同出，庶几兵将相知，不致相失”。[⑨]当时“海上有倭寇之警”，先命都督杨文节制沿海诸军备之，到三月，复命魏国公徐辉祖、安陆侯吴杰往浙江训练沿

---

① 《明太祖实录》卷199，“洪武二十三年正月己巳”条，第2982—2983页。
② 《明太祖实录》卷201，“洪武二十三年四月丁酉”条，第3007页。
③ 《明太祖实录》卷205，“洪武二十三年十月乙酉”条，第3067页。
④ 《明太祖实录》卷211，“洪武二十四年八月癸酉”条，第3137页。
⑤ 《明太祖实录》卷212，“洪武二十四年九月是月”条，第3146页。
⑥ 《明太祖实录》卷222，“洪武二十五年十一月戊寅”条，第3244页。
⑦ 《明太祖实录》卷230，“洪武二十六年十月丙戌”条，第3361页。
⑧ 《明太祖实录》卷231，“洪武二十七年正月甲寅”条，第3373页。
⑨ 《明太祖实录》卷231，“洪武二十七年二月癸酉”条，第3378—3379页。

海军士。[①]八月，命安陆侯吴杰、永定侯张铨等率致仕武官，前往广东训练沿海卫所官军，“以备倭寇”[②]。十月，“辽东有倭夷寇金州，卒入新市，烧屯营粮饷，杀掠军士而去”[③]。

洪武二十九年（1396年）正月，定擒获倭贼升赏格：

> 凡各卫指挥获倭船一艘及贼者，佥事升同知，同知升指挥使，仍赏白金五十两、钞五十锭。千户擒获者升指挥佥事；百户擒获者升千户；其赏俱与指挥同。在船军士能生擒及杀获倭贼一人者，赏白金五十两，将校军士与倭贼陆地交战，能生擒或杀获一人者，赏白金二十两、钞二十锭。[④]

洪武三十年四月，再度“申禁人民无得擅出海与外国互市”[⑤]。洪武三十一年二月，“倭夷寇山东宁海州，由白沙海口登岸，劫掠居人，杀镇抚卢智。宁海卫指挥陶铎及其弟钺出兵击之，斩首三十余级，贼败去，钺为流矢所中，伤其右臂。先是，倭夷尝入寇，百户何福战死。事闻，上命登莱二卫发兵追捕。至是，铎等击败之”[⑥]。同月，浙江都指挥使陈礼报称，“近者倭贼二千余人、船三十余艘入寇海澳寨。楚门千户王斌、镇抚袁润等御之。贼势暴悍，斌等力不能胜，皆战死。诏发兵出海追捕，赐钞帛恤斌、润家”[⑦]。

对于这一时期明朝的对倭政策，万历时人张瀚曾加追述，其中除与《明实录》记载相互印证者外，还说到洪武时期倭寇不仅在沿海剽掠，屡寇山东、直隶、浙东、福建沿海郡邑，且与张士诚余部相互勾结入寇云。[⑧]

前文呈现的洪武时期倭寇侵扰合计为45次，计为：

洪武二年（1369年）正月，“倭人入寇山东海滨郡县，掠民男女而去”。

洪武二年四月之前，“倭寇出没海岛中，数侵掠苏州、崇明，杀伤居民，夺财货，沿海之地皆患之”。

---

① 《明太祖实录》卷232，“洪武二十七年三月辛丑”条，第3386页。
② 《明太祖实录》卷234，“洪武二十七年八月甲戌”条，第3415页。
③ 《明太祖实录》卷235，“洪武二十七年十月己巳”条，第3429页。
④ 《明太祖实录》卷244，“洪武二十九年正月丁丑”条，第3539页。
⑤ 《明太祖实录》卷252，“洪武三十年四月乙酉”条，第3640页。
⑥ 《明太祖实录》卷256，“洪武三十一年二月乙酉”条，第3699页。
⑦ 《明太祖实录》卷256，“洪武三十一年二月丁酉”条，第3700页。
⑧ （明）张瀚撰，盛冬铃点校：《松窗梦语》，北京：中华书局，1985年，第57页。

洪武二年八月，“倭人寇淮安。镇抚吴祐等击败其众于天麻山，擒五十七人”。

洪武三年六月，“倭夷寇山东，转掠温、台、明州傍海之民，遂寇福建沿海郡县。福州卫出军捕之，获倭船一十三艘，擒三百余人”。

洪武四年六月，“倭夷寇胶州，劫掠沿海人民”。

洪武四年十月，日本使节至南京，“送至明州、台州被虏男女七十余口”。表明此前不久有倭寇攻掠明州、台州事。

洪武五年三月，“倭夷寇海盐之澉浦，杀掠人民”。

洪武五年六月，“倭夷寇福州之宁德县。”“命羽林卫指挥使毛骧、于显、指挥同知袁义等，领兵捕逐苏、松、温、台濒海诸郡倭寇”。

洪武五年七月，“濒海州县屡被倭害，官军逐捕，往往乏舟，不能追击”；“倭夷寇福州之福宁县，前后杀掠居民三百五十余人，焚烧庐舍千余家，劫取官粮二百五十石”。

洪武六年六月，“倭夷寇即墨诸城、莱阳等县。沿海居民多被杀掠。诏近海诸卫，分兵讨捕之。”“台州卫兵出海捕倭，获倭夷七十四人，船二艘，追还被掠男女四人”。

洪武六年年内，福建都司都指挥同知张赫“率舟师巡海上，遇倭寇”。

洪武七年六月，“倭寇滨海州县。靖海侯吴祯率沿海各卫兵捕获，俘送京师”。

洪武七年七月，“倭夷寇胶州”，“倭夷寇海州”，“倭夷寇大任、海口”。

洪武八年十二月前，“潮州濒海居民屡为倭夷劫掠……大肆劫掠”。

洪武十三年七月，“倭夷寇劫广州府东莞等县”。

洪武十三年八月，“倭夷寇广东海丰县，杀掠吏民”。

洪武十六年八月，“赏温州、台州二卫将士擒杀倭寇有功者……”

洪武十七年十月，“镇海卫百户王庭出海运粮遇倭寇战殁”。

洪武十七年闰十月，“浙江定海千户所总旗王信等九人擒杀倭贼，并获其器仗。”“台州倭人登岸，杀其巡检守御”。

洪武二十年七月，“倭寇至台州境上，杀掠居民”。

洪武二十二年（1389年）十一月，“倭船十二艘由城山洋艾子口登岸劫掠”。

洪武二十三年正月，“倭夷由［浙江］穿山浦登岸，杀虏军士男女七十余人，掠其财物”。

洪武二十四年八月，“海盗张阿马引倭夷入寇，官军击斩之”。

洪武二十四年九月，“倭夷寇雷州遂溪县”。

洪武二十七年二月，“海上有倭寇之警”。

洪武二十七年十月，“辽东有倭夷寇金州，卒入新市，烧屯营粮饷，杀掠军士而去”。

洪武三十一年二月，“倭夷寇山东宁海州……先是，倭夷尝入寇，百户何福战死”，“近者倭贼二千余人、船三十余艘入寇［浙江］海澳寨”。

这些情况，都是被载入《明太祖实录》的有明确日期的倭寇侵扰，其规模也为较大者，从防御情况可以推知的其他侵扰、小规模侵扰及后来文献追述的侵扰尚未统计在内。如此，则在洪武约30年间，每年平均约有一次较严重的倭寇侵扰。就时间覆盖性而言，整个洪武时期，仅有少数没有侵扰记载年份，多数年份有倭寇侵扰。从地理范围而言，从辽东到广东，覆盖整个东部与东南海岸线。这样大范围、高频率的来自同一国外势力的武装侵扰，肯定构成对明朝国土安全及其治下民生安宁的巨大威胁，也肯定促使明朝对此威胁来源地国家高度警惕。另据范中义、仝晰纲统计，洪武年间倭寇对辽东侵扰1次，对山东侵扰9次，对南直隶侵扰7次，对浙江侵扰16次，对福建侵扰4次，对广东侵扰7次。[①] 其中有与本文统计并不重合者，显示倭寇侵扰情况比本文直接展示的更为严重。

## （二）洪武时期倭患与明朝对日外交

在面临国土安全威胁的情况下，逻辑上，一个国家的政府可能的举措有

① 范中义、仝晰纲：《明代倭寇史略》，北京：中华书局，2004年，第18页。

四种：一是通过外交斡旋解除威胁；二是加强军事防御使威胁不致造成过于严重的危害；三是通过主动的军事行动消除威胁者实施威胁的能力；四是借助第三种力量牵制、遏制或者打击对方以解除威胁。在14世纪的今称东亚区域，中国是最强大的国家，不存在其他具有实力主持区域性国际事务的国家，所以第四种选择在当时实际不可能发生。明朝建立之后，对周边国家政策以“不征”为基调，所以第三种逻辑上可能的举措也不会成为实际的选择。[①] 其余两种，则被明朝并同采用。洪武时期旨在与日本建立朝贡关系或各安本土的默契关系的外交活动，与建立防御倭寇设置体系的军事举措，如一人以左右两手与人相搏，密切不可分割。洪武十三年（1380年）以前，明朝基本取积极对日交涉姿态，力图通过与日本建立中国与周边国家传统的朝贡关系，使倭寇在其本国政府的收束下不再侵扰中国。洪武十三年之后，转为消极交涉，积极防御。

明朝甫建，立即展开对日交涉。洪武二年二月明太祖向当时他所知道的“日本国主”怀良亲王致书称：

> 自辛卯以来，中原扰扰，彼倭来寇山东，不过乘胡元之衰耳……间者山东来奏，倭兵数寇海边，生离人妻子，损伤物命，故修书特报正统之事，兼谕倭兵越海之由。诏书到日，如臣，奉表来庭，不臣，则修兵自固，永安境土，以应天休。如必为寇盗，朕当命舟师，扬帆诸岛，捕绝其徒，直抵其国，缚其王，岂不代天伐不仁者哉？惟王图之。[②]

据此，明朝建立之后，及时通知日本，中国已经建立统一政府，日本或者“奉表来庭”，与明朝确立封贡关系，或者保境自安，由其抉择，唯必不可继续侵扰中国，否则将加讨伐。当时明朝政府，亦无海禁之意。这种姿

---

① 明太祖确定对周边“不征”的国策，见洪武二年始纂，洪武六年编成的《祖训录》及洪武二十八年据之改定重颁的《皇明祖训》。内有：“四方诸夷，皆限山隔海，僻在一隅。得其地不足以供给，得其民不足以使令。若其自不揣量，来扰我边，则彼为不祥。彼既不为中国患，而我兴兵轻伐，亦不祥也……今将不征诸夷国名，开列于后：……正东偏北：日本国（虽朝实诈，暗通奸臣胡惟庸，谋为不轨，故绝之）。”《四库全书存目丛书》史部，第264册，济南：齐鲁书社，1996年，第167—168页。

② 《明太祖实录》卷39，“洪武二年二月辛未”条，第787页。按：洪武二年以前最后一个“辛卯”年为元至正十一年，即1351年。

态，与现代国家间所谓不论大小，一律平等观念相比，自居大国，并未将他者完全平等视之，但显然将日本视为一个独立国家，希望达成两国间和平并存关系，借此停止倭寇侵扰。[①]这应是当时历史条件下明朝可能设想的唯一对日方略。但明朝此种意图，只有当日本为统一国家时才有意义，而日本当时分为南北政权，并无一个具有对整个日本的控制力。此书由明朝使者行人杨载等持往日本[②]，送交南朝执政者怀良。怀良甚为凶猛，斩杀明使五人，拘囚正使杨载、吴文华，数月后才放其回国。从明朝角度说，对日本国家权力结构定位的误判，是其此番努力没有获得积极结果的重要原因。从日本角度说，则其既无与明朝建立朝贡关系的积极意图，也无约束倭寇侵扰中国的愿望，是明朝此次外交努力没有结果的另一个重要原因。此后倭寇侵扰中国并未稍减，可想而知。

洪武三年（1370年）三月，明朝遣莱州府同知赵秩持诏前往日本。诏内提到："蠢尔倭夷，出没海滨为寇。已尝遣人往问，久而不答。朕疑王使之，故扰我民……俄闻被寇者来归，始知前日之寇，非王之意……"可知当时明太祖可以接受侵扰中国的倭寇并非日本政府指使的说法，但仍认为日本政府对倭寇侵扰中国负有责任，要求其加以约束，否则将招致大军征讨。"果能革心顺命，共保承平，不亦美乎……王其戒之，以延尔嗣。"[③]赵秩等入日本后，将诏书交给日本怀良，两相辩驳，一度被扣留，洪武四年十月方回抵南京。同来的日本怀良使者僧人祖来等"进表笺，贡马及方物"，同时将日本人从明州、台州掳去的男女70余口人送归明朝。[④]明太祖诏赐祖来等文绮帛及僧衣，并派僧人祖阐、克勤等8人护送其还国，行前明太祖曾与诸僧有诗唱和，寄望殷殷。祖阐等到达日本后不久，南朝被北朝军队挫败，祖

---

① 万明曾指出：明太祖尽管在王朝初建时，"也有天下主身份与形象展现，但是在现实中则更多地定位于大国之君。这说明在明朝统治者的认识中，天下国家已经重新定位：从一元天下到多元国家，从天下主到大国之君……从传统帝国天下观到国家观，观念重构的过程，也就是历史转折的过程，标志了传统帝国逐步向近代国家转型的趋向"。见万明：《明代外交观念的演进——明太祖诏令文书所见之天下国家观》，《古代文明》2010年第2期，第71页。

② （明）严从简著，余思黎点校：《殊域周咨录》卷2《东夷·日本》，北京：中华书局，1993年，第51页；《明太祖实录》卷39，"洪武二年二月辛未"条，第785页。

③ 《明太祖实录》卷50，"洪武三年三月是月"条，第987—988页。

④ 《明太祖实录》卷68，"洪武四年十月癸巳"条，第1280—1282页。

阐等被迎至北朝足利义满所在的京都，北朝遂遣派使者随祖阐等入明。①

洪武七年（1374年）六月，日本僧人宣闻溪等入明，贡马及方物，当时日本国政权内讧，宣闻溪没有代表日本政府致明朝皇帝的表文，所持为“其国臣之书达中书省”。明太祖下诏却之不受，同时仍给宣闻溪等赏赐有差，遣还。明太祖就此敕中书省：

> 向者，国王良怀奉表来贡，朕以为日本正君，所以遣使往答其意。岂意使者至彼，拘留二载。今年五月去舟才还，备言本国事体。以人事言，彼君臣之祸，有不可逃者。何以见之？幼君在位，臣擅国权，傲慢无礼，致使骨肉并吞，岛民为盗，内损良善，外掠无辜，此招祸之由，天灾难免。天地之间，帝王酋长因地立国，不可悉数；雄山大川，天造地设，各不相犯。为主宰者果能保境恤民，顺天之道，其国必昌。若怠政祸人，逆天之道，其国必亡。今日本蔑弃礼法，慢我使臣，乱自内作，其能久乎？尔中书其移书，谕以朕意，使其改过自新，转祸为福，亦我中国抚外夷以礼，导人心以善之道也。②

当时日本其他势力也有派遣使者入明朝贡者，明太祖则认为其“无本国之命而私入贡”，却之不受。诏礼部答曰：

> 夷狄奉中国，礼之常经；以小事大，古今一理。今志布志岛津越后守臣氏久，以日本之号纪年，弃陪臣之职，奉表入贡，越分行礼，难以受纳。氏久等当坚节以事君，推仁心以牧民，则不为祸首，享福无穷。如或不然，乱尔国，凶尔家，天灾有莫能逃者。其表文贡物付通事尤虔赍领还国。③

从这些文本看，明太祖先前与日本交涉，意在与日本合法统治者协商，期待的是将邦交、国防、贸易等一体安排稳当，并不清楚当时日本诸势力之间统属关系底细。此后明朝对日交涉本身受挫，又深入了解了以前交涉的所

---

① （明）严从简著，余思黎点校：《殊域周咨录》卷2《东夷·日本》，第54页。
② 《明太祖实录》卷90，“洪武七年六月乙未”条，第1581—1582页。
③ 《明太祖实录》卷90，“洪武七年六月乙未”条，第1582页。

谓“日本国王”并非日本“正君”，而是专擅国家权力的臣子，并且判断其行事蔑弃礼法、内损良善、外掠无辜，将遭天谴，故在根本上失去了与之建立密切往来关系的意愿。明朝处理外交事务，对对方合法性有所考量，认为陪臣迈过其君主入明朝贡，无礼越分，甚至可能招致祸乱。明朝虽积极建立与周边国家朝贡关系，但若对方有得权不正或篡权行为，则一般不会贸然交往。此类情况，在明太祖处理与高丽关系、与李氏朝鲜关系时亦发生过。①

洪武七年（1374 年），有日本僧人灵枢等遣人入明贡马，受之，并赏赐使臣令还。②洪武九年三月，日本怀良遣沙门圭庭用等奉表向明朝贡马及方物并谢罪。明朝赏赐使节使还，同时因所上表中“词语不诚”，致书劝其安天守道，不可自取其祸，书称：

> 然览表观情，意深机奥，略露其微，不有天命，恃险负固，昭然矣……故国有大小，限山隔海，天造地设，民各乐土。于是殊方异类者，处于遐漠，阴命王臣以主之，使不相矛盾。有如其道者，上帝福佑之，否其道者，祸之……王其务修仁政，以格天心，以免国中之内祸，实为大宝。惟王察之。③

该年五月，日本人滕八郎入南京，献弓马、刀甲、硫黄之属，并转交日本僧人灵枢所附贡马二匹。明太祖却滕八郎之献不收，赐白金遣回。灵枢则因先前曾至京受赐，明朝受其所献马匹，赐给绮帛。④六月，于洪武四年出使日本的萧山人华克勤回朝，“奏对称旨”，授官赐金。⑤洪武十二年五月，日本怀良遣其属下刘宗秩、通事尤虔、俞丰等上表贡马及刀甲、硫黄等物。赐怀良织金文绮，宗秩等服物有差，使还。⑥

---

① 如明太祖曾却止高丽入朝，称：“高丽限山负海，风殊俗异，虽与中国相通，离合不常。今臣子逐父，立其子，请欲来朝，盖为彝伦大坏，君道专无，不臣之逆大彰。谕使者归，童子不必来朝。立亦在彼，废亦在彼，中国不与相干。”见（朝鲜王朝）郑麟趾等：《高丽史》卷137《辛禑五》，汉城：景仁文化社，1961年，第964页。又如对李成桂初得政权以后要求对明入贡，明太祖曾因认为其国内数次发生弑杀君王之事，多年不许。

② 《明太祖实录》卷90，“洪武七年六月乙未”条，第1582—1583页。

③ 《明太祖实录》卷105，“洪武九年四月甲申”条，第1755—1756页。

④ 《明太祖实录》卷106，“洪武九年五月壬午”条，第1767页。

⑤ 《明太祖实录》卷106，“洪武九年六月壬子”条，第1777页。

⑥ 《明太祖实录》卷125，“洪武十二年闰五月丁未”条，第1997页。

自洪武九年至十二年，明朝与日本多种势力有所往来，这些往来都在明太祖提点之下，但并不以明朝皇帝对日本国王对话方式，而是取用明中书省或者礼部的名义，这是明太祖得知日本无统一中央政府以后，将对日交涉格局降低的表现。此间，明朝沿海的备倭举措，积极安排。

洪武十三年（1380年）发生胡惟庸案，明太祖认为胡惟庸曾“使指挥林贤下海招倭军，约期来会”①。揆诸情理，胡惟庸做出这样的事情可能还有疑点，但此事在明代文献中多有记载，这种记载本身至少表明当时明朝上层话语中的倭寇，不仅威胁东南海疆，而且威胁明朝内政。该年五月，日本怀良遣人入贡，未持表文，明太祖认为不诚，却之不受。② 九月，“日本国遣僧明悟、法助等来贡方物，无表，止持其征夷将军足利义满奉丞相书，辞意倨慢。上命却其贡”③。这是来自日本北朝势力对明朝的交往。十二月，明太祖遣使诏谕“日本国王”，语词极为严厉：“蠢尔东夷，君臣非道，四扰邻邦。前年浮辞生衅，今年人来匪诚。问其所以，果然欲较胜负。於戏！渺居沧溟，罔知帝赐，傲慢不恭，纵民为非，将必自殃乎？”④ 根据《明实录》记载此书的时间，此谕当针对足利义满而发。当时明朝文献中将南朝、北朝主导势力首脑，都称为“日本国王”。谕中显然依旧认为日本政府对倭寇侵扰中国有不可推卸的纵容责任。

洪武十四年七月，日本怀良遣僧如瑶等贡方物及马十匹。明太祖命却其贡，并命礼部移书劝其自守，勿构隙于明：

> 王居沧溟之中，传世长民。今不奉上帝之命，不守己分，但知环海为险，限山为固，妄自尊大，肆侮邻邦，纵民为盗。帝将假手于人，祸有日矣。吾奉至尊之命，移文与王。王若不审巨微，效井底蛙，仰观镜天，自以为大，无乃构隙之源乎？⑤

同月，明朝礼部又移书责备足利义满：

---

① 《明太祖实录》卷129，“洪武十三年正月甲午”条，第2046页。
② 《明太祖实录》卷131，“洪武十三年五月”条，第2092页。
③ 《明太祖实录》卷133，“洪武十三年九月甲午”条，第2112页。
④ 《明太祖实录》卷134，“洪武十三年十二月是月”条，第2135—2136页。
⑤ 《明太祖实录》卷138，“洪武十四年七月戊戌”条，第2174页。

> 前将军奉书我朝丞相，其辞悖慢，可谓坐井观天而自造祸者也。往者我朝初复中土，日本之人至者，云使则加礼遇，商则听其去来。斯我至尊所以嘉惠日本，故遣克勤、仲猷二僧行。及其至也，加以无礼。今又几年矣。洪武十二年，将军复奉书肆侮……今日本迩年以来，自夸强盛，纵民为盗，贼害邻邦，若必欲较胜负，见是非，辩强弱，恐非将军之利也。将军审之。[①]

这时明朝已经明确地分别针对日本南朝和北朝势力交涉，交涉文书都以礼部名义而不用明朝皇帝名义。依照《明史》记载，怀良曾就明朝责备之书回书。该书不见于《明太祖实录》，见于《明史》成书之前者，有王世贞《弇山堂别集》本，单加标题为《倭国求通表》。但是，该书并非以“求通”为主旨，标题可能是王世贞所加，与内容不谐。另有严从简《殊域周咨录》所载文本，无单独标题。严从简书成于万历二年（1574年），较王世贞书早16年，是目前所见该日本回书存世最早文本。将上述三个文本对照，大旨相同，称谓方式及绝大多数文字相同，仅若干单字、词及最后两句有不同，应是出于一个原本无疑。录严从简本如下：

> 臣闻三王立极，五帝禅宗，惟中华而有主，岂夷狄而无君。乾坤浩荡，非一主之独权；宇宙宽洪，作诸邦以分守。盖天下者乃天下人之天下，非一人之天下也。臣居远弱之倭，偏小之国，城池不满六十，封疆不足三千，尚存知足之心，故知足者常足也。今陛下作中华之主，为万乘之君，城池数千余座，封疆百万余里，犹有不足之心，常起灭绝之意。天发杀机，移星换宿，地发杀机，龙蛇起陆，人发杀机，天地反覆。尧舜有德，四海来宾，汤武施仁，八方奉贡。臣闻陛下有兴战之策，小邦有御敌之图，论文有孔孟道德之文章，论武有孙吴韬略之兵法。又闻陛下选股肱之将，起竭力之兵，来侵臣境，水泽之地，山海之洲。是以水来土掩，将至兵迎，岂肯跪涂而奉之乎！顺之未必其生，逆之未必其死，相逢于贺兰山前，聊以博戏，有何惧哉！倘若君胜臣输，且

---

① 《明太祖实录》卷138，“洪武十四年七月戊戌”条，第2174—2177页。

满上国之意，设若臣胜君输，反作小邦之耻。自古讲和为上，罢战为强，免生灵之涂炭，救黎庶之艰辛。年年进奉于上国，岁岁称臣为弱倭。今遣使臣答黑麻敬诣丹墀，臣诚惶诚恐，稽首顿首，谨具表以闻。[①]

此书自称“臣”“夷狄”“远弱之倭”“弱倭”，而且词意间颇以整个日本统治者自居，这都令人怀疑该文本的真实性。而且，明太祖早已确定日本在不征之国列，虽然曾在对日本统治者的书信中用“征”“伐”二字加以恐吓，但不曾真正立意对日本加以征伐，更未做过任何征伐的军事准备。当时明朝与日本关系的主题，一是倭寇侵扰中国问题；二是是否建立朝贡关系问题，双方政府间直接军事对抗局面并未出现，这些也增加该文本的可疑性。而且，该书行文，裹挟许多中国古籍中语句，却非雅驯，文意虚浮飏扬，不类日本国书。揆诸前后史事，此所谓日本国王的回书出于明中叶人杜撰的可能性不小，至少是在真本基础上做了很多修改的文本。

无论如何，洪武十三年（1380 年）是明日关系的一个拐点。此后的洪武朝与日本各势力的关系都保持紧张状态，明日外交往来极少，仅见洪武十九年十一月，日本怀良遣僧人宗嗣亮上表贡方物，而明朝不受的记载。[②]

通观洪武时期对日外交举措，理路其实甚为明晰。其初衷，一在制止倭寇侵扰中国沿海；二在建立明日和平相处关系。此两个目标密切不可分割。后者又分两个选择，一是建立日本对明朝的朝贡关系；二是不行朝贡，各守疆土，相安无事，皆由日本方面自愿。然而日本方面，无论南朝、北朝，皆未有效约束倭寇，仅此一项，足以使明朝失去与日本政府建立常态化往来关系的积极性。况且，明朝使节曾在日本遭到其政府杀害、扣押，另有倭寇勾结明朝权臣胡惟庸疑案，皆构成明朝对日外交意图趋于淡化的因素。此外，明朝在与日本往来交涉过程中对日本政权结构了解日多，将其权臣执国命的格局，以及纵民为盗等行为，视为逆天无道，失去与之交往的意愿。即使如

① （明）严从简著，余思黎点校：《殊域周咨录》卷2《东夷・日本》，第56—57页。按：“设若臣胜君输，反作小邦之耻”句不甚通，王世贞本做“设若臣胜君输，翻作小邦之利”，文意通顺；《明史》本做“设臣胜君负，反作小邦之羞”，仍不通顺。此外，严从简本“年年进奉于上国，岁岁称臣为弱倭”句，王世贞本为“年年进贡于丹墀，岁岁称臣于上国”，《明史》本则无。此句是三个文本差异最大处。

② 《明太祖实录》卷179，“洪武十九年十一月辛酉”条，第2713页。

此，凡日本入明使节，仍得到接待，并无杀害、扣押之事，以待将来。与此同时，明朝在沿海部署防御，郑重谨严，因而洪武时期虽有倭寇频繁侵扰，却未演成重大灾难。

## （三）洪武时期倭患与明代的“海禁”

20世纪后半叶，中国史学界讨论鸦片战争之前的中国社会时，经常使用诸如“闭关锁国”“夜郎自大”之类的语汇。虽然多数论述主要针对清代使用“闭关锁国”的概念，但也有学者将之延展到“明清时代”。[①] 通俗历史知识中，更时常将明清两代合并讲说，于是逐渐流行起鸦片战争之前的明清中国社会“闭关锁国”的意象。这种“封闭”性中国意象的始点，恰好就是洪武时期。洪武四年（1371 年）的“海禁”被许多学者判定为整个明清500多年自我封闭政策的起点。然而明清时代的中国，有大量海外白银输入，有诸如玉米、红薯之类高产农作物的引进，有天主教传教士与中国知识分子的交流合作以及天主教士在中国社会下层的传教活动，有中国制造的瓷器、丝绸等大量产品的出口和外贸出超，有圆明园这样汲取西方建筑艺术的园林，有遍及东南亚的海外华侨，皆与“封闭”的明清中国意象相冲突。因而，其实并没有充分的理由和严密的逻辑来判定明清时代中国是封闭的。处在那个“封闭”时代之起点的洪武“海禁”究竟意味什么，也需再加考量。

从洪武时期倭患及以倭患为背景的明日交涉、明朝防御倭寇举措角度，可以明确看到，当时明朝与日本之间根本不可能建立常态朝贡关系。明朝政府在与日本初步交涉后不久已经了解到，倭寇侵扰并非日本政府所为，但如欲制止倭寇，势必要求日本政府对之加以约束。倭寇巢穴在日本，依托日本国土为纵深，劫掠中国所得也到日本享用消化，日本如有政府，则该政府对倭寇频繁侵扰中国不能摆脱干系。如果日本政府不欲约束倭寇侵扰中国，日本即成敌对

① 参看徐明德：《论十四至十九世纪中国的闭关锁国政策》，《海交史研究》1995年第1期。另如黄顺力《“重陆轻海”与“通洋裕国”之海洋观刍议》（《深圳大学学报（人文社会科学版）》2011年第1期），主要针对清朝文献评析清代海洋观，包括“在国防战略上以‘禁海’代替海防”，并将此类判断扩展用于论说明清两朝。

国；如果日本政府无力约束倭寇侵扰中国，则意味着该政府不具备对日本的有效治权，其合法性欠缺，其稳定性不足，与之交往的意义也远为不足。所以，倭寇不停止侵扰中国，明朝与其建立常态往来关系的意义甚小，不仅朝贡关系难以成立，连各守其土、相安无事的关系也难成立。此时又不可能自己出动军队去日本沿海、境内围剿倭寇，只好沿海布防，常年备御。故洪武时期以军事备御为基点的对日方针，是不得已而为之，也是合乎事理逻辑的。

针对倭寇侵扰的军事防御，从辽东到广东，蔓延数千里，耗费巨大。由此而造成的民生困扰也难以计量。洪武五年（1372年）八月，因为此前濒海州县屡被倭害，官军逐捕泛舟，明太祖令浙江、福建濒海九卫造海舟660艘，并就此晓谕中书省臣，不可因御倭而致重劳百姓。中书省臣对曰：

> 陛下爱民而预防其患，所费少而所利大。臣尝闻倭寇所至，人民一空，较之造船之费，何啻千百？若船成，备御有具，濒海之民可以乐业。所谓因民之所利而利之，又何怨？但有司之禁，不得不严。[①]

这段对话，反映出明朝沿海整备军务的不得已。有学者曾作专文，统计洪武时期山东一省海防情况，列出卫所、军队详细统计，显然防御倭寇布置代价巨大。[②] 一省如此，东南各省无不如此。邸富生曾统计，洪武时期在浙江沿海设卫14个，千户所31个；在福建沿海设卫9个，千户所13个；仅洪武二十七年在广东沿海就建卫所19个。[③] 陈懋恒统计：洪武年间在辽东沿海设有8个卫，山东沿海设7个卫，浙江沿海设11个卫，福建沿海设6个卫，广东沿海设9个卫，计41卫，驻军近30万。[④] 汤和在宁海、临山诸卫滨海之地筑59城，“籍绍兴等府民四丁以上者，以一丁为戍兵，凡得兵五万八千七百五十余人”[⑤]。这些布置是必要而有效的，《筹海图编》引主事唐枢语回顾：“国初汤信国经理海防，北起乍浦，南迄蒲门，萦迂二千余里，设九卫

① 《明太祖实录》卷75，“洪武五年秋八月甲申”条，第1391页。
② 赵红：《论明初洪武时期的山东海防》，《烟台大学学报（哲学社会科学版）》2005年第4期。
③ 邸富生：《试论明朝初年的海防》，《中国边疆史地研究》1995年第1期。
④ 陈懋恒：《明代倭寇考略》，第164—171页。
⑤ 《明太祖实录》卷187，“洪武二十年十一月己丑”条，第2799页。

及诸所巡司，总有百城。又营寨烽堠，彼此联络，援应接济，血脉贯通。”[①]

设卫、筑城、籍民为兵、调动军需，皆造成经济和民生巨大代价。《明史稿·汤和传》称：“役夫往往过望，而民家墙除雄皑之石，率发以佐筑，浙人颇苦之。”[②] 这种民生代价，从根本上说，归因于倭寇。有的时候，明朝会对造成严重民生代价的举措加以调整，如洪武二十五年（1392年）八月，“山东宁海州莒岛民刘兴等诣阙，诉旧所居地平衍，有田千五百余亩，民七十余户，以耕渔为业，近因倭寇扰边，边将徙兴等于岛外，给与山地，硗瘠不堪耕种，且去海甚远，渔无所得，不能自给，又无以供赋税，愿复居莒岛为便。诏许之”[③]。

在巨大规模防御举措背景下，中国东部沿海一线成为军事戒备区，随时可能发生战事。这时的民间对外贸易活动，虽然可能增加商人收益，却冒增加侵扰势力可乘之机的风险。据万历《漳州府志》载：“国初既设备倭水寨，继有防海都指挥李彝者奏言，海岛居民多货番，以故番有向导，得入吾境。乃尽迁海岛居民，处之内地。于是内有防守，外无引援，百余年无倭患矣。”[④] 可知沿海中国居民的确有可能成为倭寇侵扰的向导内应，而洪武时期防御倭寇的军事布置，确有实效。

洪武二年二月明太祖致日本“国主”书明确提出，日本无论“奉表来庭”，还是“修兵自固，永安境土，以应天休”，都可实现与明朝和平并处，只是不可“必为寇盗”，其中显然没有实行海禁之意。此书没有获得积极反应，其间倭寇又侵扰不止，于是才有明朝于洪武四年底发布的加强东南海防的诏令，提到“仍禁濒海民不得私出海”。[⑤]

洪武七年编成，后经多次修订，在洪武三十年重新颁布的《大明律》将与“海禁”有关的条款列于《兵律》，可见是作为国家安全、防务事务对待：

凡沿海去处，下海船只，除有号票文引，许令出洋外，若奸豪势要

---

① （明）郑若曾：《筹海图编》卷12上《固海岸》，《景印文渊阁四库全书》第584册，第352页。
② （明）万斯同：《明史稿·列传十二·汤和传》，台北：文海出版社，1962年，第3册，第122页。
③ 《明太祖实录》卷220，“洪武二十五年八月己巳”条，第3225—3226页。
④ （明）罗青霄等修纂：（万历）《漳州府志》卷7《兵防志》，台北：台湾学生书局，1965年，第145页。
⑤ 《明太祖实录》卷70，“洪武四年十二月丙戌”条，第1300页。

及军民人等，擅造二桅以上违式大船，将带违禁货物下海，前往番国买卖，潜通海贼，同谋结聚，及为向导劫掠良民者，正犯比照谋叛已行律，处斩，仍枭首示众，全家发边卫充军。其打造前项海船，卖与夷人图利者，比照私将应禁军器下海，因而走泄事情律，为首者，处斩；为从者，发边卫充军。若止将大船雇与下海之人，分取番货，及虽不曾造有大船，但纠通下海之人买番货，与探听下海之人番货到来，私买、贩卖苏木胡椒至一千斤以上者，俱发边卫充军。番货并入官。其小民撑使单桅小船，给有执照，于海边近处捕鱼打柴，巡捕官军不许扰害。①

此款首先显示，当时如果持有号票文引，沿海去处船只可以下海。洪武四年（1371年）令中禁止的“私出海”，是没有号票文引出海，用现代话语说，就是没有许可或者执照出海。既然有许可有不许可，就并非对海岸线的全面封禁。其次，此款禁止“擅造二桅以上违式大船”一语，是边疆防卫性条款，二桅以上大船具有远海航行能力和军事装备性质，在海疆不靖情况下禁止民间擅自建造此类相当于“军器”的船只，禁止“潜通海贼，同谋结聚，及为向导劫掠良民”，是维系国土安全和民生稳定所必需的，并不意味着对海岸线的全面封锁。“打造前项海船，卖与夷人图利”，“将大船雇与下海之人”，也构成破坏沿海防务行为，既然海防局势紧张，则加以禁止，并非全无道理。其下一句，惩罚“虽不曾造有大船，但纠通下海之人买番货，与探听下海之人番货到来，私买、贩卖苏木胡椒至一千斤以上者”，显然是为了断绝前列禁止的自造大船、勾结海贼、劫掠良民、与倭贸易者的国内接济。这种意图，在明初文献中另有明确记载。“先是，上以海外诸夷多诈，绝其往来，唯琉球、真腊、暹罗许入贡。而缘海之人，往往私下诸番，贸易香货，因诱蛮夷为盗。命礼部严禁绝之。敢有私下诸番互市者，必置之重法，凡番香番货，皆不许贩鬻。”②所以，《大明律》中特别提到苏木、胡椒，其主旨也是为了制止沿海下番者“诱蛮夷为盗”。此外还需注意最后一句，“其小民撑使单桅小船，给有执照，于海边近处捕鱼打柴，巡捕官军不许

① 怀效锋点校：《大明律・附录・问刑条例・兵律三・关津》，北京：法律出版社，1999年，第400页。
② 《明太祖实录》卷231，“洪武二十七年正月甲寅”条，第3373—3374页。

扰害”。显然《大明律》前款，并不妨碍沿海小民捕鱼生计，也未绝对禁止民间近海船只出海。综合来看，明初实行“海禁”，明确针对倭寇侵扰而行，并非刻意封闭与他国的政治、商业往来，也不是为了实现对国内商人、商业的控制，更不是意在铲除沿海渔民的生活根基。

另据《邻交征书》所收文献记载，洪武五年（1372年），明太祖派遣护送日本使者祖来回国的僧人克勤在日本曾请日本延历寺住持，向北朝持明天皇即后圆融天皇转达明朝皇帝通商之意，其书云：“大国之民，数寇我疆，王宜禁之。商贾不通，王宜通之。”并提到自己与尊道同属天台宗，当能“修两国之好，使商贾交通，民安其土，兵不加境”。[①] 该书以明朝使者口气称日本为“大国”，显然不是原本，但该文本本身透露出的信息，也是当时明朝并无刻意禁绝对外通商之意，即使与纵容倭寇的日本政府之间，仍在寻求通商的可能渠道。

洪武时期为国防需要，其实曾经实施比“禁滨海民不得私出海”更严峻的措施。汤和曾经迁徙沿海居民内撤，包括“废宁波府昌国县，徙其民为宁波卫卒，以昌国濒海，民尝从倭为寇，故徙之”[②]；“徙福建海洋孤岛断屿之民，居沿海新城，官给田耕种，从左参议王钝请也”[③]；“国初，定海之外，秀、岱、兰、剑、金塘五山争利，内相仇杀，外联倭夷，岁为边患。信国公经略海上，起遣其民，尽入内地，不容得业。乃清野之策也”[④]；洪武十七年“命信国公汤和巡视浙江、福建沿海城池，禁民入海捕鱼。以防倭故也”[⑤]；不一而足。万历时期人严从简认为当时国防举措是有效的，“当时沿海经略之宜，自和一出，规制颇密，使守之弗失，自可摧倭奴之入也”[⑥]。洪武时期倭寇侵扰频繁，却没有造成特别巨大的民生灾难，也没有动摇明朝国家安全的根本，这与洪武时期御倭措施有力，应有关系。

---

① 克勤：《致延历寺座主书并别幅》，载〔日〕伊藤松辑，王宝平、郭万平等编：《邻交征书》，上海：上海辞书出版社，2007年，第226页。

② 《明太祖实录》卷182，“洪武二十年六月丁亥”条，第2745页。

③ 《明太祖实录》卷182，“洪武二十年六月甲辰”条，第2748页。

④ （明）郑若曾：《筹海图编》卷5《浙江事宜》，《景印文渊阁四库全书》第584册，第152页。

⑤ 《明太祖实录》卷159，“洪武十七年正月壬戌”条，第2460页。

⑥ （明）严从简著，余思黎点校：《殊域周咨录》卷2《东夷·日本》，第57页。

洪武时期明朝不得已而有针对日本的沿海布防和“海禁”，如果转将目光向西，就可看到明朝对与境外的往来与商贸，都持积极态度。据《明史》，明太祖曾在洪武三十年（1397年）向撒马尔罕表示：“朕即位以来，西方诸商来我中国互市者，边将未尝阻绝。朕复敕吏民善遇之，由是商人获利，疆埸无扰，是我中华大有惠于尔国也……是以近年回回入境者，亦令于中国互市。”[①]注意这里所讲的并非朝贡贸易，而是民间商人对华贸易，明朝对之毫无刻意阻隔限制之意。西弛而东禁，因为所面临的对方不同，若无倭寇侵扰，“海禁”即无必要。《明太宗实录》也曾记载明太宗对礼部的话说，“太祖高皇帝时，诸番国遣使来朝，一皆遇之以诚。其以土物来市易者，悉听其便。或有不知避忌而误干宪条，皆宽宥之，以怀远人”[②]。这也反映明太祖并无刻意阻绝与外国贸易往来，自我封闭的本意。

明初海禁是由抗御倭寇侵扰这一具体时局而实行的对应性、有条件举措，其实施并不表示明朝刻意追求与外部隔离，故在“海禁”期间，贸易并未停止。洪武四年七月，朱元璋“谕福建行省，占城海舶货物，皆免其征，以示怀柔之意”[③]。王士性曾说：“市舶司，国初置于太仓，以近京，后移福、浙，虽绝日本而市舶不废，海上利之。”[④]《殊域周咨录》也载：

> 按夷中百货，皆中国不可缺者。夷必欲售，中国必欲得之，以故祖训虽绝日本而三市舶司不废。市舶初设在太仓黄渡，寻以近京师，改设于福建、浙江、广东。七年，罢未几，复设。盖北夷有马市，西夷有茶市，江南海夷有市舶。[⑤]

就是洪武时期编定颁行的《大明律》，也有关于民间对外贸易的管理规制，载于《户律》而非《兵律》：“凡泛海客商，舶船到岸，即将物货尽实报官抽分。若停塌沿港土商牙侩之家不报者，杖一百；虽供报而不尽者，罪亦

① （清）张廷玉等撰：《明史》卷332《外国传·西域四》，北京：中华书局，1974年，第8607页。
② 《明太宗实录》卷12上，“洪武三十五年九月丁亥”条，第205页。按：洪武年号至三十一年而止，此“洪武三十五年”为建文四年，明太宗刻意取消建文年号而致如此书之。
③ 《明太祖实录》卷67，“洪武四年七月乙亥”条，第1261页。
④ （明）王士性撰，吕景琳点校：《广志绎》卷4《江南诸省》，北京：中华书局，1981年，第76页。
⑤ （明）严从简著，余思黎点校：《殊域周咨录》卷8《暹罗》，第284页。

如之。物货并入官。停藏之人同罪。告获者，官给赏银二十两。”[①]这里提到的“泛海客商”，显然是民间商人，其泛海贸易，入境时报官纳税，当即为合法。洪武时期所谓“海禁”只是从东南海防需要出发颁布的有特定范围的规定，并未禁绝一切民间海外贸易，因此在《大明律》中方有设立此款的必要。洪武三十年（1397年）八月，明太祖还曾回忆说：“洪武初，海外诸番与中国往来，使臣不绝，商贾便之。”[②]他在此处所说的商贾，多半指伴随朝贡使臣入明贸易的商贾，但毕竟表示明太祖并不希望禁绝商贾来华贸易。

通明一代，上至皇帝，中及封疆大吏，下至地方官，谈及“禁海”之理由，都出于不得不禁的原因，从语境分析，当时若无外来侵扰等情况，都是宁可开海贸易的。故明朝上下基本没有从价值观念、文化观念的层面确立与外部世界隔离的主张。所以一旦后来条件允许，开放海禁就会发生。至于开海禁之后仍有政府控制乃至某些限制，如穆宗开海，并非一切海外贸易贸易自由，而是由市舶司管理收税、政府管理贸易资格，并有其他限制，皆意味政府对海外贸易保持控制和管理，并不意味封闭。市舶司管理海外贸易税收及秩序，类似现代的海关。现代国际贸易，也涉及诸如贸易配额、选择性禁止贸易、关税、最惠国待遇与否等，并非一切由商人之便随意而行。明朝非以禁止官、私海外贸易为基本国策，并未刻意隔离中外，除了与日本之间的贸易一直因倭寇问题而未充分展开以外，与其他国家的朝贡贸易始终进行，朝贡贸易以外的民间对外贸易在嘉靖大倭寇平息以后的隆庆到明末的约100年间是合法的。综合这些情况，明代的中国不是对外封闭，而是有限开放的。即使对日贸易关系，也是被动性禁止贸易，即由于国家安全受到威胁而禁止中日贸易。如果搁置明政府的政策来考察明代中国与外部世界的贸易关系，还可看到更为开放的画面，包括规模巨大的民间贸易活动和大量的中外物流置换、经济体系的交互作用、人口流动、思想文化交融等。[③]

洪武时期以日本为基地的倭寇侵扰中国边境事件连续发生，对中国国家

---

① 怀效锋点校：《大明律》卷8《户律五·课程·舶商匿货》，第80—81页。
② 《明太祖实录》卷254，“洪武三十年八月丙午”条，第3671页。
③ 关于明代的民间外贸活动，参见林仁川：《明末清初私人海上贸易》，上海：华东师范大学出版社，1987年。此外，刘军《明清时期“闭关锁国”问题赘述》（《财经问题研究》2012年第11期）主张，即使是明清官方的政策也不是长期“闭关锁国”，从相关政策执行中实际的微观行为和宏观效果上看，同样不是如此。

安全和东部及东南从辽东到广东沿海漫长数千里区域民生造成严重威胁。这种威胁自元朝已经开始，不是由于明朝“禁海”而招致倭寇，而是倭寇持续侵扰而致明朝强化沿海地区武备与管理。洪武时期对日本国内政治天皇与幕府权力格局以及南北政权纷争局势不够了解，积极与其南朝交涉，以求通过建立朝贡关系，形成中日和平、倭寇得到控制的稳定格局。南朝权臣怀良先曾杀害明朝使臣，后渐倾向于与明朝交往，但不久在与北朝的竞争中遭受挫败。此间明朝已经了解日本南北两政权皆在权臣控制之下的局面，在政治文化价值观念角度并不认可这种体制，又因与多个日本政治势力同时交往，并不能如其先前期待的那样将停止倭寇侵扰与建立稳定和平关系两事一揽子解决，遂转为消极外交，积极防御。在充分考虑洪武时期倭寇所造成的国家安全威胁及积极外交遭受挫折的背景下，可以看到洪武时期的所谓“海禁”是从属于其防御倭寇军事举措的政令，并非立意封闭国家海岸线，也不是为了禁绝对外贸易。洪武时期明朝对外贸易仍以多种方式在多个方向发生。对《大明律》有关“海禁”条款做细致解读，可见当时民间海外贸易并未遭政府绝对禁止。洪武时期的御倭举措坚实有力，因而才得以遏制倭寇更大规模的侵扰。国防与贸易都为国家、社会、民生所需，然而当数种需要发生冲突时，国防需要更为紧急迫切，贸易需要置待将来，这是古今通理。洪武时期御倭、对日外交努力都无重大不当。当时因倭寇威胁而做出的限制沿海人民对外贸易等行为的政令，对当时经济、外贸、民生肯定产生消极影响，然而考虑当时各方面情势，完全开放沿海，恐迅速造成类似嘉靖时期那样的国防与民生灾难。至于明初政府重农本而轻商，本是事实，弊病亦大，但这主要并不在洪武时期对日政策方面，应在更大范围内再加考察。

# 十六

# “大行”消息到朝鲜——以《世宗大王实录》关于永乐帝宾天的记载为中心

明永乐二十二年（朝鲜世宗大王六年，1424年）九月癸酉朔，朝鲜平安道监司金自知向世宗大王呈报，前此派往明朝的使臣朴得年从辽东返回，带来抄录的皇太子向天下文武官员军民等发布的令谕，全文不长：“皇太子令谕天下文武官员军民等，仰惟大行皇帝为天下生灵讨贼胡寇，班师至榆木川，不幸于七月十八日宾天。遗命中外臣民，丧服礼仪一遵太祖高皇帝遗制。布告天下，咸使闻知。”[①] 后来证明，此一并非来自明朝官方的消息内容是准确的。其时距离永乐皇帝宾天已经42天，朝鲜君臣判断此一消息为真，立即商议应行举措，《朝鲜王朝实录》记载相关情况甚详。此部分以该《朝鲜王朝实录》记载为主，将之与其他资料参酌梳理，力求通过永乐皇帝“大行”之后明鲜之间发生的相关信息传递与礼仪互动，对当时明鲜两个宫廷的礼仪制度、明鲜关系格局，以及与之相关的制度特点做出透视性分析。

① 〔韩〕国史编纂委员会编：《朝鲜王朝实录》第2册，《世宗实录》卷25，“世宗六年甲辰九月癸酉”条，汉城：国史编纂委员会，1968年，第620页。

## （一）关于永乐帝宾天情形

前述朴得年呈送至朝鲜京城的报告中说，他通过以前曾出使过朝鲜的明朝官员王贤探得了永乐帝宾天前后情形，称："皇帝与鞑靼相遇交兵，阿录大战死。头目李英云：'忠勇王自请招安鞑靼，扈驾而行，未知去向。'皇帝行在所雨冰如瓦，军人或折臂，或碎头而死，马亦多折项而死，皇帝以此劳心而崩。"① 此处提到的"阿录大"，在明朝方面资料中并未查到线索，中国社会科学院商传研究员向笔者提示，可能是"阿鲁台"在传说中形成的音译名。② 如是，因为阿鲁台并未涉及此役，朝鲜方面所记此信息混淆不确。李英其人，《明史》有传："西番人。父南哥，洪武中率众归附，授西宁州同知，累功进西宁卫指挥佥事。英嗣官。永乐十年，番酋老的罕叛。英击之。讨来川，俘斩三百六十人。夜雪，贼遁，追尽获之，进都指挥佥事。"③ 王世贞也曾提到："宣德初，会宁伯李英，封其父右都督南哥亦如之。南哥，降虏也。"④ 忠勇王金忠原为蒙古将领，名也先土干，永乐二十一年（1423年）率其部署归明，永乐帝封其为忠勇王，赐姓名金忠。洪熙帝加其太子太保。宣德三年（1428年）扈从巡边时有功，四年升太保，宣德六年八月卒。其事散见永乐、洪熙、宣德三朝实录及《万历野获编》等。据《明史》本传，永乐帝最后一次北征与此金忠颇有关系：

> 金忠者，蒙古王子也先土干也。素桀黠，为阿鲁台所忌。永乐二十一年，成祖亲征漠北，至上庄堡，率妻子部属来降。时六师深入，寇已远遁。帝方耻无功，见其来归，大喜，赐姓名，封忠勇王，赐冠带织金袭衣，命坐列侯下，辍御前珍羞（馐）赐之，复赐金银宝器。忠大喜过

---

① 〔韩〕国史编纂委员会编：《朝鲜王朝实录》第2册，《世宗实录》卷25，"世宗六年甲辰九月癸酉"条，第620页。

② 阿鲁台为明前期蒙古鞑靼部首领，多次袭扰明朝边境，与瓦剌部常有冲突，宣德中为瓦剌部所杀。

③ （清）张廷玉等撰：《明史》卷156《列传第四十四·李英》，北京：中华书局，1974年，第4275页。

④ （明）王世贞撰，魏连科点校：《弇山堂别集》卷2《公侯父在受封》，北京：中华书局，1985年，第32页。

> 望。班师在道，忠骑从，数问寇中事，眷宠日隆。明年，忠请为前锋，讨阿鲁台自效。帝初不许。会大同、开平警报至，诸将请从忠言。帝复出塞，忠与陈懋为前锋，而阿鲁台闻王师复出，仓皇渡答兰纳木儿河遁去。忠、懋至河不见寇，抵白邙山，卒无所遇，乃班师。①

据此，永乐帝在永乐二十一年（1423年）深入北地而无功，故在也先土干来降时大喜过望，礼遇有加。金忠急于立功为报，力促永乐帝北征，于是方有永乐帝最后一次出征，以及终于死于班师途中之事。另据《明太宗宝训》，永乐二十二年六月癸亥，永乐帝北征车驾行至连秀坡地方，“宁阳侯陈懋、忠勇王金忠引兵抵白邙山，咸无所遇，以粮尽还”。英国公张辅等愿携一月粮草率骑深入，永乐帝曰：“今出塞已久，人马俱劳，虏地早寒，一旦有风雪之变，归途尚远，不可不虑。”次日遂命班师。②《明太宗实录》所载永乐皇帝宾天前后数日情况，与前引《明太宗宝训》所说情况基本一致。③以此说与前引朴得年从王贤处所得消息比较，二者颇有差异。一是据《明太宗宝训》说，并未发生大的战事，因而也就没有“阿录大战死”之事；二是并无金忠自请招安鞑靼，不知所归之事——既然金忠在班师时一起回朝，“未知去向”说便不成立；三是并无皇帝行在，“雨冰如瓦，军人或折臂或碎头而死，马亦多折项而死”之情形。榆木川在今内蒙古中部多伦一带，虽然地处北方，但在农历七月中旬“雨冰如瓦”的可能性不大，雨冰如瓦，击断马项，击碎士兵头颅的可能性更小，在明朝方面各种记载中也找不到支持证据。

所以，前引朴得年所传永乐帝宾天前后数日情况，颇不可靠。《世宗实录》在稍后记载洪熙皇帝宾天消息传到朝鲜后情况时也书道：“问崩逝之故于华人，或云天震之，或云病而崩。讳之也。”④永乐帝死时的“雨冰如瓦”与洪熙帝死时的“天震”，都没有肯定的依据而是来自传言，却又都被

---

① （明）张廷玉等撰：《明史》卷156《列传第四十四·金忠》，北京：中华书局，1976年，第4274页。

② 《明太宗宝训》卷1《神武》，“永乐二十二年六月癸亥”条，《明实录》附录本，台北：台湾“中研院”历史语言研究所校印，1962年，第65页。

③ 《明太宗实录》卷272，“永乐二十二年六月癸亥”条，台北：台湾“中研院”历史语言研究所校印，1962年，第2464页。

④ 〔韩〕国史编纂委员会编：《朝鲜王朝实录》第2册，《世宗实录》卷29，“世宗七年乙巳闰七月癸卯”条，第684页。

记载在史书之中，都指向“天谴”。此种情况，可能反映当时朝鲜君臣，尤其是《世宗实录》编纂者，对明前期诸帝怀有某种怨望心理。

## （二）朝鲜君臣的大行皇帝丧礼

永乐皇帝七月十八日宾天，随同北征的太监、朝臣密不发丧。《明太宗实录》记载，八月二日（甲辰），杨荣等回到北京，传达大行皇帝遗命，皇太孙即日驰赴开平恭迎大行皇帝龙辇。“皇太子命行营大小官军悉听皇太孙节制，作梓宫，报讣各王、公主，谕告中外。”[①] 据此则明朝公布永乐皇帝死讯是在永乐二十二年（1424 年）八月二日，距离永乐皇帝之死已 14 天。八月三日（乙巳），“百官素服朝夕哭临思善门外”[②]，至八月八日（乙酉），恭迎永乐帝遗体的皇太孙在雕鹗谷为永乐皇帝发丧。此时距离永乐皇帝之死为 20 天。但《明实录》中关于永乐皇帝大行消息在八月二日“谕告中外”的记载其实并不完全准确。因为，朝鲜使者在辽东民间获知永乐帝宾天的消息并将之汇报到朝鲜王朝时，距离永乐帝之死已经过去 42 天，而当时明朝还没有将此消息正式通知朝鲜。

尽管如此，朝鲜君臣还是依据从辽东民间得来的消息，判定永乐帝确已宾天，经礼曹议上，依据抄录来的皇太子令谕精神，议定仿照明太祖宾天礼仪举行永乐帝宾天礼仪：当日举哀，初四日成服；京中四品以上、外方大小使臣、守令着衰服，其余各品官吏以白衣乌纱帽黑角带终制；七日除服，并令全国于此七日间，“停朝市、去刑戮、断音乐、禁屠杀、禁婚嫁、停大小祀”[③]。议定之后，世宗大王又与其臣商议，觉得“君臣终始之义至重”，不忍三日除服，令群臣三日除服，自己则在三日后仍着白衣视事，至二十七日即吉。[④] 所用丧服，依照朱子《家礼》之制缝制，并停止二十七日内朝会、宴

---

① 《明太宗实录》卷 274，“永乐二十二年八月甲辰”条，第 2471 页。

② 《明太宗实录》卷 274，“永乐二十二年八月乙巳”条，第 2471 页。

③ 〔韩〕国史编纂委员会编：《朝鲜王朝实录》第 2 册，《世宗实录》卷 25，“世宗六年甲辰九月癸酉”条，第 620 页。

④ 〔韩〕国史编纂委员会编：《朝鲜王朝实录》第 2 册，《世宗实录》卷 25，“世宗六年甲辰九月甲戌”条，第 620 页。

飨用乐。[①]

到成服之九月四日（丙子），世宗大王为大行皇帝服斩衰，文武群臣四品以上服齐衰，依照日前商定仪注，望阙拜哭。随后数日向阙拜谒哭临。九月十日（壬午），世宗大王率群臣以白衣乌纱帽黑角带拜陈慰表及进香祭文。陈慰表曰：

> 钦惟大行皇帝崩逝。伏惟皇帝陛下，哀痛切至，臣某窃以昊天不惠，仙驭上宾。讣发一朝，悲缠九土。伏惟皇帝陛下，攀慕罔极，圣情难居，愿抑哀思，俯从中制。臣无任痛悼屏营之至。谨奉表陈慰以闻。[②]

进香祭文亦极尽哀婉之情。陈慰使、进香使随即出发，前往明朝京城。

九月十五日（丁亥），派往辽东打探消息的佥知司译院事赵忠佐录得新皇帝即位诏书后回到京城。此时距离洪熙皇帝即位的八月十五日，已整整过去一个月。赵忠佐往返辽东共用14天，在当时已称极其迅速，得世宗大王赐予冬衣一袭以为奖赏。[③]

九月十九日（辛卯），世宗大王改衣衮冕，群臣改衣朝服拜新君登极贺表，另具方物表陈列进献贺礼。遣领议政李稷为正使，以总制李恪为副使入朝祝贺新君登极。登极贺表曰：

> 天佑瑶图，大统斯正，君临黼扆，景命惟新，喜溢神人，欢均夷夏。钦惟皇帝陛下，聪明睿智，刚健粹精。德协二仪，诞受多方之来贺；恩覃八表，克开万世之太平。兹值会同之辰，益膺福禄之集。伏念臣猥将庸质，幸际昌期，迹滞东藩，虽阻骏奔之列，情驰北阙，倍殚虎拜之诚。[④]

---

① 古礼为父母行三年之丧，后世以日代月，计为三十六日。至唐代，降三十六日为二十七日，后世以服二十七日丧为行三年之丧的象征。据宋人车垓《内外服制通释》卷2《丧称三年》：“实计二十七月而谓之三年者，盖以年辰计之而不以月日计之也。谓如子年死，至丑年而小祥，又至寅年而大祥，既跨涉子丑寅三年矣，故谓之三年也。”（参看《景印文渊阁四库全书》第111册，台北：台湾商务印书馆，1986年，第722页。按：“祥”者吉也，丧服至大祥而完全从吉）

② 〔韩〕国史编纂委员会编：《朝鲜王朝实录》第2册，《世宗实录》卷25，“世宗六年甲辰九月壬午”条，第621页。

③ 〔韩〕国史编纂委员会编：《朝鲜王朝实录》第2册，《世宗实录》卷25，“世宗六年甲辰九月丁亥”条，第621—622页。

④ 〔韩〕国史编纂委员会编：《朝鲜王朝实录》第2册，《世宗实录》卷25，“世宗六年甲辰九月辛卯”条，第622页。

另具贡献方物表，其首句为“圣神继统，克享天心，夷夏同欢，毕献方物”[①]。

九月二十三日（乙未），钦问起居使通事史周京从明京师回到朝鲜宫廷，奏报八月十五日至八月二十三日在京参与永乐帝宾天前后礼仪情形，并称在九月十三日返回朝鲜途中在十三山[②]驿会见了辽东镇抚刘八儿，后者告知明朝派有“内官一，御史一，给事中一，行人一，奉两个诏书向汝国，疑是一丧礼诏，一登宝位诏”[③]。史周京并呈上在京师抄录的永乐帝北征诏书。明朝因皇帝大行、新君登极而通知朝鲜之事，显然并不通过告知朝鲜在北京的使者进行，而是派专门使团前往朝鲜当面告知朝鲜君臣。

刘八儿所说的明朝使节前往朝鲜之事不错但其官职并不准确。这些使节包括通报朝鲜永乐帝宾天的使者，称“讣告使”，正使为内官刘璟，其副为行人陈善；通报新君登极的使者，称“登极使”，正使是礼部郎中李琦，副使是通政司参议彭璟。他们应是分别前往朝鲜的，但一路行止距离甚近。这样，九月下旬，明朝有两拨使节前往朝鲜，朝鲜也有两拨使节前往明朝京城。

九月二十八日，朝鲜迎接明朝使节的远接使权轸等在明鲜边境的汤站相遇。权轸被告知朝鲜君臣应准备迎接敕书、诏书，并指定迎接时应着服装及所用仪仗等。权轸等告诉明使，朝鲜方面已经举行了大行丧礼，也为新君登极而举行了拜表入贺之礼，并已拟定在十月二十一日迎敕，二十六日迎诏——这个日期，是朝鲜君臣在不知道明朝已经派出讣告使、登极使的情况下推算的。明使认为这个日期太晚，称：“今我皇帝视殿下如视亲子，使我等来谕。且今万国陈慰朝贺，王国最后至，于义安乎？”随即“取黄历亲择入京吉日曰：敕使当用十月十一日，诏使当用十五日”。[④]

朝鲜君臣只能依照这一时间表举行相关仪式。这意味着，朝鲜君臣为大

① 〔韩〕国史编纂委员会编：《朝鲜王朝实录》第2册，《世宗实录》卷25，“世宗六年甲辰九月辛卯”条，第622页。

② 十三山，山名，在今辽宁省凌源市东。

③ 〔韩〕国史编纂委员会编：《朝鲜王朝实录》第2册，《世宗实录》卷25，“世宗六年甲辰九月乙未”条，第623页。

④ 〔韩〕国史编纂委员会编：《朝鲜王朝实录》第2册，《世宗实录》卷26，“世宗六年甲辰十月甲辰”条，第625页。

行皇帝举行的礼仪活动，因为探知消息与明朝通知消息的时间差，不得不重复上演。此时，权轸等还发现，来到朝鲜的明朝使臣“皆带麻布带，又书示迎诏礼亦用乌角带”。显然明朝官员并未在三日之后服饰从吉，而朝鲜君臣已经依据皇太子关于大行皇帝丧礼一切仿照明太祖丧礼举行的令谕精神，以三日除服为原则做了相应安排。权轸等猜测，“太祖高皇帝遗诏三日而除之制，乃指衰绖尔”，即仅仅指除去衰绖，非指除去一切素服而着吉服。他当时不敢将朝鲜王朝已经三日从吉之事说出，也改着白衣角带，随使臣向朝鲜京城进发。[①]

朝鲜王朝派往明京师的进香使崔迤、陈慰使安纯在九月二十九日路遇明朝使臣。明使追问其如何知道皇帝宾天之事。朝鲜使臣告以入明使者朴得年回国途中在辽东录写皇太子令谕，故知，朝鲜国王已经哭临行丧，并派使者入朝。明使臣说：“诏书未到前，以私通消息入朝，可乎？”而且此番入朝鲜宣读诏书，“诏书开读后，更有进香陈慰乎？”[②]朝鲜派往明朝的贺登极使李稷等也于十月初二日路遇明朝敕书使臣，明朝使臣也提出，朝鲜在明朝诏敕到达之前就派人入京祝贺登极，待他们携带新皇帝诏敕到达朝鲜开读以后，朝鲜如何回奏？最后，明朝使臣与朝鲜君臣决定，已经出发的朝鲜进香、陈慰使等暂且在江边驻留，等待明朝使臣到达朝鲜并宣读诏敕回程时与之会和，一起过江，到达山海关时，再让进香、陈慰使先行进京。[③]

十月七日（戊申），另一拨迎接明朝使节的远接使李孟畇再次就礼仪问题书报国王，“今月初四日，臣陪使臣到安州。使臣云，十一日敕书开读后，宜哭临行丧。臣答云，九月初一日，殿下闻皇帝宾天，率群臣哭临，素服三日，第四日成服，三日而除。再行丧礼，无乃未可乎？使臣云，今陈慰、进香使已行，行丧必矣。然敕书到后，不行丧可乎？其再行，不得已也”[④]。如

① 〔韩〕国史编纂委员会编：《朝鲜王朝实录》第2册，《世宗实录》卷26，“世宗六年甲辰十月丙午”条，第626页。
② 〔韩〕国史编纂委员会编：《朝鲜王朝实录》第2册，《世宗实录》卷26，“世宗六年甲辰十月丙午”条，第625—626页。
③ 〔韩〕国史编纂委员会编：《朝鲜王朝实录》第2册，《世宗实录》卷26，“世宗六年甲辰十月丙午”条，第626页。按：此处日期原文为“九月初二日”，显然是“十月初二日”之误。
④ 〔韩〕国史编纂委员会编：《朝鲜王朝实录》第2册，《世宗实录》卷26，“世宗六年甲辰十月戊申”条，第626—627页。

此，则朝鲜君臣在接到明朝关于皇帝大行的正式通知时，还需再次行丧，只是行礼细节可以略做变通。[①]

十月十一日（壬子），明朝通报朝鲜永乐帝宾天的使者内官刘璟、行人陈善到达朝鲜都城。[②] 国王率王世子以下群臣迎接。这时距离永乐帝宾天已经83天，距离朝鲜国王得知此一消息也已经41天了。洪熙帝敕云："皇帝敕谕朝鲜国王，我大行皇帝为天下生灵讨平胡寇班师，不幸于永乐二十二年七月十八日宾天"。[③] 朝鲜君臣恭迎如仪。十月十五日（丙辰），明朝颁洪熙帝登极诏使臣礼部郎中李琦、通政司参议彭璟也到达了朝鲜京城。朝鲜国王亲迎至景福宫行礼宣读。[④]

当日巳时，朝鲜国王体法明洪熙帝登极诏大赦天下之意，也向朝鲜臣民颁布了"宥旨"，旨称朝鲜国王体察皇帝陛下于衰绖之中顾念朝鲜之恩，用布非常之德音。所用文辞，也从洪熙皇帝即位诏书中来：

> 自永乐二十二年十月十五日昧爽以前，除谋叛大逆谋叛，子孙殴及谋杀祖父母、父母，妻妾谋杀夫，奴婢谋杀主，蛊毒厌魅，谋故杀人，但凡强盗外，已发觉未发觉，已结正未结正，咸宥除之。敢以宥旨前事相告言者，以其罪罪之。[⑤]

礼成之后，朝鲜国王命吏曹正郎安崇善携带修改后的进香、陈慰两份表文，追赶先前已经出发、徐行于路上的进香、陈慰两使。修改后的表文增加了关于获知皇帝宾天消息后朝鲜君臣礼仪举措原委，包括修改表文之事等。

十月十九日（庚申），朝鲜国王亲自到明朝使臣所住馆舍，设宴招待使臣。次日，十月二十日，明朝4位使臣启程回国。"上率世子群臣饯于慕华

① 按：此番经历之后，待不久朝鲜使者又从辽东获得洪熙皇帝驾崩消息并传至朝鲜宫中时，国王便不再立即行丧，而是"心丧以待公报"。见〔韩〕国史编纂委员会编：《朝鲜王朝实录》第2册，《世宗实录》卷29，"世宗七年乙巳七月戊子"条，第682—683页。

② 〔韩〕国史编纂委员会编：《朝鲜王朝实录》第2册，《世宗实录》卷26，"世宗六年甲辰十月壬子"条，第629页。

③ 〔韩〕国史编纂委员会编：《朝鲜王朝实录》第2册，《世宗实录》卷26，"世宗六年甲辰十月壬子"条，第629页。

④ 〔韩〕国史编纂委员会编：《朝鲜王朝实录》第2册，《世宗实录》卷26，"世宗六年甲辰十月丙辰"条，第631页。按：该登极诏书全文录载于该条；李琦路上染病，扶病而行。

⑤ 〔韩〕国史编纂委员会编：《朝鲜王朝实录》第2册，《世宗实录》卷26，"世宗六年甲辰十月丙辰"条，第632页。

楼”。诸使臣日前曾接受朝鲜君臣一些馈赠，临行前大多都退回给了朝鲜方面，各仅带走麻布十匹、席子二张。①

前往明朝的朝鲜贺登极使李稷等在十一月初四日到达辽东，从经历王章处闻知朝廷已立皇后、太子并布告天下。但明朝官员因为此前发生的朝鲜人通过辽东人抄录永乐帝宾天讣告的事情，不肯再让朝鲜人抄写朝廷所颁布的相关文告。② 李稷到达北京后颇受礼遇，盘桓多日，到次年二月才返回朝鲜京城。③

进香使崔迤、陈慰使安纯完成在明的使命之后，很快于十二月二十日（辛酉）携带永乐皇帝谥号咨文及皇太子明年二月千秋节咨文回到朝鲜京城。④ 崔迤等并向朝鲜国王报告了新皇帝优待朝鲜之意，称皇帝特命礼部尚书吕震向朝鲜使臣宣旨："尔国王至诚享上，而使臣等天寒路远，驱疾而来，朕甚嘉之。"吕震本人闻听朝鲜使臣讲述朝鲜君臣闻知永乐帝宾天消息后的举措之后，还说："尔殿下本至诚忠孝，闻丧即遣进香陈慰，亦是。"于是朝鲜承文院提调大提学卞季良、提学尹淮专门来到宫中，向国王祝贺吕尚书此言。国王答曰："予亦甚喜。"⑤ 十二月二十五日（丙寅），朝鲜国王率百官着朝服向所拟贺大行皇帝尊谥表、贺册皇后表、贺册皇太子表，以及为贺事所上方物笺等行礼，着选定的进贺使持送京城。

从前述情况看，朝鲜君臣极尽恭敬、唯恐有失地为永乐皇帝大行举行了一系列礼仪活动。这些活动清晰地表现出朝鲜遵循中原礼仪的文化取向，也显示出明、鲜礼仪同调的相互文化认同性。在此次治丧过程中，因信息时间差导致了一系列礼仪举行的繁难，主要是两国首都距离导致传达信息需要较长时间，同时也因为明朝并没有在第一时间将永乐皇帝大行之事通报朝鲜。

---

① 〔韩〕国史编纂委员会编：《朝鲜王朝实录》第2册，《世宗实录》卷26，“世宗六年甲辰十月辛酉”条，第633页。

② 〔韩〕国史编纂委员会编：《朝鲜王朝实录》第2册，《世宗实录》卷26，“世宗六年甲辰十一月乙酉”条，第637页。

③ 〔韩〕国史编纂委员会编：《朝鲜王朝实录》第2册，《世宗实录》卷27，“世宗七年乙巳正月乙未”条，第650页。

④ 〔韩〕国史编纂委员会编：《朝鲜王朝实录》第2册，《世宗实录》卷26，“世宗六年甲辰十二月辛酉”条，第641页。按：咨文称永乐帝谥号为“体天弘道高明广运圣武神功纯仁至孝文皇帝”。

⑤ 〔韩〕国史编纂委员会编：《朝鲜王朝实录》第2册，《世宗实录》卷26，“世宗六年甲辰十二月辛酉”条，第642页。

何以如此的原因，还待考察。

此外，朝鲜君臣为明朝皇帝而严肃举行的礼仪并不一定直接意味着对于大行皇帝去世的哀伤之情。九月二十一日（癸巳），朝鲜礼曹官员敦请国王“妙选仁贤忠孝之裔，以成嫔媵之礼，以副臣民之望”，王从之。[①] 二十五日（丁酉），为王世子置嘉礼色；同日“禁十二岁以下处女婚嫁”。[②] 此时距离九月初一日为永乐皇帝举丧，尚不足27天。朝鲜国王在永乐皇帝丧礼尚未完结期间，已经在选拔女子，填充后宫。从这一角度看，那些为大行皇帝举行的种种仪式，主要还是为了给明朝和朝鲜国民看，政治目的是第一位的。

## （三）大行皇帝的处女及“鱼、吕、金黑”故事

朝鲜君臣在获知永乐皇帝宾天消息后，除了议定为大行皇帝遥举丧礼的礼仪安排之外所做的第二件事，是下令将各道为贡献永乐皇帝而选送到朝鲜京城的处女及火者退还各道。[③] 在永乐二十二年（1424年）七月八日（辛巳），即永乐帝死前10天，朝鲜宫中还在商议为永乐皇帝选送处女之事。此前，被派往明廷的朝鲜奏闻使元闵生、通事朴淑阳向国王汇报，永乐皇帝对朝鲜国王有所不满：

> 皇帝谓元闵生曰：“老王以至诚事我，至于干鱼，无不进献。今小王不以至诚事我。前日求老王所使火者，乃别求他宦以送。朕老矣，食饮无味。若苏鱼、紫虾、醢文鱼须将来进。权妃生时，凡进膳之物，惟意所适。死后，凡进膳造酒若澣衣等事，皆不适意。”内官海寿立于帝旁，谓闵生曰：“将两个好处女进献。”帝欣然大笑曰：“并将二十以上三

---

① 〔韩〕国史编纂委员会编：《朝鲜王朝实录》第2册，《世宗实录》卷25，“世宗六年甲辰九月癸巳”条，第622页。

② 〔韩〕国史编纂委员会编：《朝鲜王朝实录》第2册，《世宗实录》卷25，“世宗六年甲辰九月丁酉”条，第625页。

③ 〔韩〕国史编纂委员会编：《朝鲜王朝实录》第2册，《世宗实录》卷25，“世宗六年甲辰九月癸酉”条，第620页。

十以下工于造膳造酒侍婢五六选来。”赐闵生银一丁（锭），彩段三匹。[①]

世宗据此报告，知道永乐帝的不满主要是为索要火者和处女而起，于是传令：“命禁中外婚嫁，置进献色，以判敦宁金九德，判汉城吴陞，礼曹判书申商为提调。”[②]同时传旨准备各类干鱼虾以供进献。[③]进献色奉行教旨甚为认真，数日后请示国王：

> 大小两班处女，但令盲人巫女陈告未便。乞令时散东西各品，陈告自己女子及兄弟族亲女子，限七月十八日，外方各官有奴婢大小品官乡吏各户处女，令其道观察使亲监选捡移文。其中隐匿不告者，以年岁相准色恶他女代出者，一依丁酉年例，以王旨不从论罪，家产没官，告者充赏，有科田者，许人陈告递受。不用心考察守令及各道观察使并令抵罪。[④]

国王“从之”。于是进献色及负责拣选处女的内使被派往各道。到八月三日，京中处女聚集议政府，选出28人。八月四日，世宗大王又“御便殿选处女二十八人”。[⑤]前后两日所选当合56人。八月九日，国王又“御便殿监选处女十人”。[⑥]稍后癸亥日、丁卯两日，皆又“御便殿选捡处女”，不记拣选几人。[⑦]从前述引文行文看，截至当日，为永乐皇帝初选得处女约80人，还待从中再加筛选，却因永乐皇帝宾天，皆被送回家中。这些由朝鲜君臣精心从全国挑选的处女如果在永乐皇帝宾天之前被送到永乐皇帝宫中，命运就会彻底改变了。

---

① 〔韩〕国史编纂委员会编：《朝鲜王朝实录》第2册，《世宗实录》卷25，“世宗六年甲辰七月辛巳”条，第611页。按：此汇报语当是元闵生等派人先期回国报告的，其后数日，元闵生方才回到汉城。见〔韩〕国史编纂委员会编：《朝鲜王朝实录》第2册，《世宗实录》卷25，“世宗六年甲辰七月丙戌”条，第613页。

② 〔韩〕国史编纂委员会编：《朝鲜王朝实录》第2册，《世宗实录》卷25，“世宗六年甲辰七月辛巳”条，第611页。

③ 此次所备干鱼虾等计10 200斤，见〔韩〕国史编纂委员会编：《朝鲜王朝实录》第2册，《世宗实录》卷25，“世宗六年甲辰七月己丑”条，第614页。

④ 〔韩〕国史编纂委员会编：《朝鲜王朝实录》第2册，《世宗实录》卷25，“世宗六年甲辰七月丙戌”条，第613页。

⑤ 〔韩〕国史编纂委员会编：《朝鲜王朝实录》第2册，《世宗实录》卷25，“世宗六年甲辰八月乙巳”条；“世宗六年甲辰八月丙午”条，第616页。

⑥ 〔韩〕国史编纂委员会编：《朝鲜王朝实录》第2册，《世宗实录》卷25，“世宗六年甲辰八月辛亥”条，第617页。

⑦ 〔韩〕国史编纂委员会编：《朝鲜王朝实录》第2册，《世宗实录》卷25，“世宗六年甲辰八月癸亥”条；“世宗六年甲辰八月丁卯”条，第618—619页。

明初皇室保持嫔妃、宫女殉葬制度，至正统末方废止。永乐皇帝宾天时殉葬的嫔妃、宫女中包括此前送往明朝宫中的一些朝鲜处女。朝鲜国王在十月十七日（戊午）专门设宴招待了家中有女儿被贡献给永乐帝因而成为“皇亲”并在此时需要到明朝宫廷吊唁皇帝并处理自己女儿殉葬后事的朝鲜臣民，其中被提到名姓者包括任添年、韩确、崔得非等。据《世宗实录》记载，宴中“使臣”说道，“前后选献韩氏等女，皆殉大行皇帝”[①]，所讲往事中特别值得注意的是“鱼吕之乱”、永乐宫人殉葬情形及金黑返回朝鲜故事。

关于鱼吕之乱，《世宗实录》称，前有朝鲜商人家女子吕氏被选送到永乐皇帝宫中——文中称之为“贾吕”，欲与另一位来自朝鲜的吕姓宫女结好，后者不愿，二人结怨。待永乐帝所宠爱的朝鲜权妃去世，贾吕诬告吕氏毒死权妃，引起永乐皇帝震怒，诛杀吕氏及宫人宦官数百余人。后来贾吕私通宦官，自惧缢死。永乐帝追查，贾吕侍婢诬称贾吕欲行弑逆，结果连坐处死二千八百人。关于永乐帝如此残忍的原因，《世宗实录》亦有说明，称：

> 帝宠王氏，欲立以为后。及王氏薨，帝甚痛悼，遂病风丧心。自后处事错谬，用刑残酷。鱼吕之乱方殷，雷震奉天、华盖、谨身三殿俱烬。宫中皆喜，以为帝必惧天变止诛戮。帝不以为戒，恣行诛戮，无异平日。后尹凤奉使而来，粗传梗概。黑金之还，乃得其详。[②]

据《世宗实录》，永乐皇帝宾天之时，嫔妃、宫人有30余人殉葬。

> 当死之日，皆饷之于庭。饷辍，俱引升堂。哭声震殿阁。堂上置木小床，使立其上，挂绳围于其上，以头纳其中，遂去其床，皆雉经而死。韩氏临死，顾谓金黑曰：“娘，吾去。娘，吾去。”语未竟，旁有宦者去床，乃与崔氏俱死。诸死者之初升堂也，仁宗亲入辞诀。韩氏泣谓仁宗曰：“吾母年老，愿归本国。”仁宗许之。丁宁及韩氏既死，仁宗欲送还金黑。宫中诸女秀才曰：“近日鱼吕之乱，旷古所无。朝鲜国大君贤，中国亚匹

---

① 〔韩〕国史编纂委员会编：《朝鲜王朝实录》第2册，《世宗实录》卷26，“世宗六年甲辰十月戊午”条，第632页。

② 〔韩〕国史编纂委员会编：《朝鲜王朝实录》第2册，《世宗实录》卷26，“世宗六年甲辰十月戊午”条，第633页。

也。且古书有之，初佛之排布诸国也，朝鲜几为中华，以一小故，不得为中华。又辽东以东，前世属朝鲜，今若得之，中国不得抗衡必矣。如此之乱，不可使知之。”仁宗召尹凤问曰：“欲还金黑，恐泄近日事也。如何？”凤曰：“人各有心，奴何敢知之？遂不送金黑，特封为恭人。”①

根据行文，讲述这些故事的“使臣”，当指明朝派来宣读诏敕使者，包括李琦、彭某、陈善、刘璟等。李琦在前往朝鲜途中患病甚重，勉力到达朝鲜京城，没有参与宣读诏书礼仪等活动，此次宴会当亦不能出席，故明朝使臣中有可能透露诸女殉葬消息者只有彭某、陈善、刘璟。然而明朝宫禁之令甚严，这些使者可能传给朝鲜君臣的明宫中消息，应该限于诸女殉葬之事本身，而且是明朝令其告知朝鲜国王及殉葬者家属的，因而才有其家属赴京的安排。此外其他情节，包括鱼吕之乱、朝鲜贡女黄氏与人私通事、诸女殉葬时具体情形、韩氏求许金黑回国情况、永乐帝在王氏死后患失心疯等情况，皆应不是明朝使节在此次安慰送行宴会中所讲。可能传说这些故事的人，主要是朝鲜送入永乐帝宫中的太监如黄俨、尹凤等和往来于明鲜宫廷之间的使者如元闵生等，以及在永乐帝宫中度过半生后返回朝鲜的韩氏乳母金黑。故行文中有“后尹凤奉使而来，粗传梗概”，及“黑金之还，乃得其详”这样的话。

前段引文中提到的韩氏，是被贡献进入永乐帝宫中的朝鲜女子，在鱼吕案中幸免，颇能在永乐帝面前维护朝鲜君臣，金黑是她的乳母。引文中提到的尹凤原为朝鲜贵家之阉奴，二十岁时被贡入京，在明朝宫廷内颇受信任。他奉使来朝鲜，最早一次在此次宴会的次年二月。到达朝鲜后，尹凤对朝鲜君臣大加搜刮，并且干预朝鲜政府人事任免乃至要求提升某处地方行政级别，朝鲜君臣勉强应付，大为所苦。②《世宗实录》同卷记载中另外提到的太监黄俨也来自朝鲜，并曾出使朝鲜，后因与赵王朱高煦交好排陷太子而被处死。③

① 〔韩〕国史编纂委员会编：《朝鲜王朝实录》第2册，《世宗实录》卷26，“世宗六年甲辰十月戊午”条，第633页。

② 尹凤出使朝鲜事见〔韩〕国史编纂委员会编：《朝鲜王朝实录》第2册，《世宗实录》卷27，“世宗七年乙巳二月辛亥”条；“世宗七年乙巳二月甲戌”条，第653—659页。

③ 《明史》载，永乐十五年，“高煦以罪徙乐安。明年，黄俨等复谮太子擅赦罪人，宫僚多坐死者。侍郎胡濙奉命察之，密疏太子诚敬孝谨七事以闻，成祖意乃释。其后黄俨等谋立高燧，事觉伏诛，高燧以太子力解得免，自是太子始安”。见（清）张廷玉等撰：《明史》卷8《本纪第八》，第108页。

前文提到的元闵生则是朝鲜宫中官员，曾多次出使明朝宫廷，事多见载于《世宗实录》。

金黑在永乐年间跟随韩氏到朝鲜，韩氏殉葬后并未能立即回到朝鲜，但曾得洪熙皇帝以“保育之勤”而封其为恭人的诰命。[①]后来侍奉太皇太后，“待遇甚厚，赐予无数”。一日向太皇太后表示愿意还乡，并请将朝鲜送来的执馔、唱歌婢女也送还朝鲜。到明宣德十年（1435年）即朝鲜世宗大王十七年，宣德皇帝大行之后，金黑才终于回到朝鲜。该年四月二十六日（丁卯），明朝遣使奉正统皇帝敕命带同此前送往明朝的处女从婢9名、唱歌婢女7名、执馔婢女37名到达朝鲜京城。敕称：“妇女金黑等五十三名，久留京师。朕悯其有乡土之思，亦有父母兄弟之望。今遣内官李忠……送回。王可悉访其家归之，勿令失所。”[②]朝鲜国王对金黑颇有赏赐，然传旨礼曹，命不得透露宫禁内情，内称：

> 宫禁之事，所当秘密。今出来婢子等，久居中朝，凡禁掖之事，习见详知，脱有亲旧问宫禁事，无识婢子辈，不顾大体，悉以告之，则有乖禁密之意。令使婢等，毋得开说，他人毋得访问。如或漏泄见露，则问者、言者及传说者，并置重法。[③]

如此看来，金黑在正统皇帝即位后回国，向朝鲜君臣透露了许多明朝宫廷中事情，其中应涉及鱼吕之案及韩氏为永乐帝殉葬时的情况。当时朝鲜国王明令要求保密。然而修撰《世宗实录》者却将金黑所言情况，与其他往来于明朝与朝鲜之间使者的传说，乃至其他道听途说情况糅合一处，记载于世宗大王六年十月十七日送别入明“皇亲”宴会条下。而且，《世宗实录》此处出现的“仁宗”字样，需在洪熙皇帝宾天并上谥号以后才有，此宴会举行的永乐二十二年（1424年）十月十七日，洪熙皇帝尚端然在位。同卷提到

---

① 〔韩〕国史编纂委员会编：《朝鲜王朝实录》第3册，《世宗实录》卷68，“世宗十七年乙卯四月丁卯”条，第625—626页。

② 〔韩〕国史编纂委员会编：《朝鲜王朝实录》第3册，《世宗实录》卷68，“世宗十七年乙卯四月丁卯”条，第625页。

③ 〔韩〕国史编纂委员会编：《朝鲜王朝实录》第3册，《世宗实录》卷68，“世宗十七年乙卯四月己巳”条，第626页。

的金黑返回朝鲜事，则已经在正统初年。故知前引整个多线索故事，乃是后来连缀起来置于该日项下的。

这种记述方式及其内容反映出，朝鲜君臣对于明朝前期嫔妃宫女殉葬制度甚为反感，有意披露于史书。《世宗实录》中还记有世宗大王与领议政李稷及吏曹判书许稠的一段对话，可以作为这种判断的佐证。当时朝鲜君臣讨论礼仪问题，许稠说道：“且中朝之礼，有不合于古者多矣。至于葬礼，虽童稚犹知作俑无后之语。而今太宗皇帝之葬，殉以宫女十五人，反虞之日，动乐娱尸。如此者，虽中朝不足法也。”[①]

无论如何，此次宴会两天以后，这些心中不知多少酸甜苦辣的“皇亲”就向明朝那已经没有他们亲人的京城进发了。[②]

还应注意，朝鲜君臣每次为明朝皇帝选拔处女，皆通令禁止全国适龄女子婚嫁。其意固然是全国未婚女子皆备皇帝优先之选，然而此种优先选择权不是专门奉承大明皇帝的，也是朝鲜国王自己的特权。前有引文提及，此年九月二十一日，朝鲜国王也为自己充实后宫而发布了禁止十二岁以下处女婚嫁的命令。[③]明朝皇帝在国内之选婚，其实并不禁止全国适龄女子婚嫁，却在朝鲜借助于朝鲜国王所享有的婚配优先权而享受着类似初夜权的特权，足见专制体制对于人的尊严与自由之漠视可以透过宗藩关系延伸至国外。

## （四）余论

永乐皇帝龙驭上宾，在朝鲜引发一系列的政治、礼仪性举措。所有这些举措，都非常具体而生动地体现出二者之间的层级等差关系格局。朝鲜王朝君臣为永乐皇帝举行的丧礼，基本精神皆依照中原礼仪文化，直接体现出朝

---

① 〔韩〕国史编纂委员会编：《朝鲜王朝实录》第2册，《世宗实录》卷30，“世宗七年乙巳十月甲戌”条，第695页。《世宗实录》卷26称太宗宾天时“宫人殉葬者三十余人”，与此处所说“殉以宫女十五人”数字有差，原文如此，待考。

② 〔韩〕国史编纂委员会编：《朝鲜王朝实录》第2册，《世宗实录》卷26，“世宗六年甲辰十月庚申”条，第633页。

③ 〔韩〕国史编纂委员会编：《朝鲜王朝实录》第2册，《世宗实录》卷25，“世宗六年甲辰九月丁酉”条，第625页。

鲜君臣相当程度的中华礼仪文化自觉，同时又浸透着其谨慎事大的政治考量。宗藩关系的文化认同、政治依存、心理纠结，在永乐皇帝的朝鲜治丧过程中，展现到了可意会而不可言传的程度。

从永乐皇帝宾天消息传达到朝鲜的时间序列关系看，该消息从官方渠道正式到达朝鲜，距离永乐帝宾天日相隔83天。减去明朝故意隐瞒皇帝大行消息的14天，该消息用69天到达朝鲜宫廷。朝鲜君臣从民间获知这个消息的日期则距离永乐帝宾天之日42天，减去明朝故意隐瞒消息的14天，该消息用28天到达朝鲜宫廷。当时朝鲜人从其京城往返辽东需要14天，因朝鲜在辽东等地随时有人往来，消息从辽东传到朝鲜宫廷需要7天时间。明朝向其臣民公布皇帝大行消息可通过驿传系统，传达速度应快于朝鲜人在明朝旅行的速度。故如明朝在将永乐帝宾天消息“谕告中外”的八月二日就将该消息发往朝鲜，所需应不超过20天，即消息可在八月二十二日前后到达，比朝鲜君臣实际从民间获得该消息早8天，比朝鲜君臣从明朝官方获得正式通知早49天。这个时间差，使朝鲜君臣在应对皇帝大行消息过程中，增加了许多周折，已如前述。除此之外，这个时间差提示，明朝与朝鲜之间的信息往来甚为迟缓。这种迟缓一则表示出明朝公务管理的低效率；二则表示明鲜关系毕竟还在使节存问、贡献赏赐层面，与日常化往来尚不可同日而语；三则从侧面反映出永乐皇帝之死在明朝宫廷的确引起了一番手忙脚乱，个中缘由，一时尚难厘清。

永乐皇帝之死，从现存史料看，原有一些难以澄清的疑点。《朝鲜王朝实录》中的相关记载，包含明朝官方通报的说法和朝鲜赴明使臣私下渠道探听而得的说法。明朝官方说法可见于明代各类文献，《朝鲜王朝实录》中的相关记载并无特殊史料意义；其所载私人渠道所得说法，经考核推敲，也多有不实之处。如将之与《朝鲜王朝实录》中关于洪熙皇帝之死的私渠道说法排比，则似乎表达出隐约的对明朝皇帝的怨望心理。此点有待进一步分析。近年学术界颇有强调“从域外看中国”、运用域外资料研究中国历史者。由本文考察所见看，域外资料在本质上与中国王朝实录等文献的记述主体知识、立场有差异，故可互补缺失，然而皆具有主观故意成分，其原始信息之信实与否也皆需考辨而后做出判断，不可笼统以为域外记载尽为可靠或一定比域内文献更为可靠。

明朝宫闱禁密之事，多不载于官修史书，而私修史书及笔记之类文献，漫漶、不经者多，因此，朝鲜方面的相关记载，具有特殊的信息价值。永乐皇帝向朝鲜索要处女皆以口头方式进行，大概还是不欲其构成明鲜关系中冠冕堂皇的组成部分；然而朝鲜君臣则为此郑重发布禁止少女婚嫁的政令，成为公开的政务。这意味着中国皇帝的私欲需索通过宗藩关系渠道传达到藩属之邦以后，就异变成了国家公务和礼仪，并因此成为责成于朝鲜人民的义务。藩属关系包含的国家间等差依存关系与专制皇权更大空间的辐射，在这里体现出了几分“淫威”色彩。而且，因为明朝皇帝之婚媾或者对无名分女子的需求，在本土范围之内，并不通过在全国禁止婚嫁、强制所有处女被选的方式进行，朝鲜国王为明朝皇帝选拔处女以及为自己选拔填充后宫的女子时冠冕堂皇地颁布禁婚令的做法，似乎透露出朝鲜王朝的制度中更多的一些奴隶制色彩，至少构成龟缩到最高权贵层的奴隶制残余的一种表现。[①]

永乐皇帝之死，带来数十名后宫女子殉葬。其中包括前述从朝鲜索要来的原处女。中国史学界在争论西周、春秋战国、秦汉奴隶制是否存在，以及如何存在的时候，一类重要的分析证据就是看殉葬现象。虽然个别殉葬现象并不构成全社会奴隶制的充分证据，但殉葬墓坑一般被视为支持奴隶制存在的证据。明代的中国，就其社会的主流关系而言，绝对不应被概括为奴隶制，但公然的人殉就发生在这个社会体系中，可知事实上的奴隶制关系在帝制时代龟缩到了政治统治者上层圈子中。《朝鲜王朝实录》保留了关于永乐大行后诸女殉葬的具体情节描述。从这种描述看，这种殉葬是强制的，因而其实是一种杀殉。其后对于其家属的赠予褒奖以及被褒赠者的沐浴皇恩，体现的仍是皇权蹂躏一切的能力。

《朝鲜王朝实录》中记载了吕氏、韩氏、黄氏、金黑故事，其中的一些

---

① 按：美国著名韩朝历史研究者 James B. Palais 认为朝鲜王朝时期的朝鲜半岛是奴隶制社会。见 James B. Palais. A Search for Korean Uniqueness, *Harvard Journal of Asiatic Studies*, 1995, 55(2): pp.409-425. 本文无意在这样一个重要的基本问题上支持 Palais 的看法，但朝鲜王朝奴仆盛行且其与其他阶层权利差异表诸法律、政策之中，甚值注意。

细节，难以断定真伪，但这种书法的含义却甚显明。朝鲜史家在这里没有遵循为尊者讳的惯例，虽然没有纵意挞伐，但还是在故意将皇帝之不足为人称道的行为书于史册。藩属国与皇权的空间距离，毕竟放大了皇权的网眼，使得朝鲜的史家比明朝的史家略能将褒贬之意形诸笔端。从另一角度说，尽量学习、模仿中原礼仪文化的朝鲜，对于永乐明前期皇帝以人殉葬之事的心态，并不以为然甚至怀有怨恨。明朝自居礼仪大国而行野蛮之事，招致藩属国的鄙薄，实属咎由自取。

另外，明朝宫廷中的朝鲜人甚多，其大类有三：一是作为皇帝性伴侣的嫔妃及其他低名分、无名分女子；二是作为皇帝生活服务者的执馔女人和唱歌女人；三是宦官。明朝的皇帝似乎对朝鲜的女人、宦官、食物有特殊的喜好，这可能是明朝皇宫与朝鲜王宫之间往来特别密切的私人原因。这三类人在明朝宫廷中的角色，从永乐帝宾天前后事中，可见一斑，但要了解其全貌，还需进行更大范围的梳理。这些人本人及其家属因为此种身份而在朝鲜的地位、角色变化也是值得考察的问题。

# 十七

# 清前期中朝关系与“东亚”秩序格局

将现代话语中的“东亚”作为一个地缘政治区域，上溯到17世纪中叶，正处于一系列重大变迁的历史节点。在中国，发生了明清两个王朝统治的更替，带来社会组织方式、政治制度、族群关系、文化风气等多方面的变化，也引发了中外邦交秩序的重塑。明朝与朝鲜、琉球、安南、南掌的藩封关系转变为清朝与这些国家的藩封关系。明中后期与日本无邦交，而日本进入江户时代不久以后实施“锁国”政策，中国的明清易代并没有改变这一格局，清朝与日本政府遂在17—19世纪大约两百年间呈无政府间交往状态。清朝与朝鲜等国封贡关系的重构及日本的锁国，皆为17世纪中叶以后“东亚”地区长期和平的背景条件。狄百瑞（William T. de Bary）这样描述当时的基本情况：

> 清朝维持中国和平近两个世纪。它并没有明显地逾越传统的外部疆界……在制度上它达到了成熟与稳定，而且在文化上达到了精致，那是没有别的国家能够比拟的。况且，在它的四邻它看不到任何能向这些论断挑战的东西。朝鲜的李朝接受了同样道学的自律哲学作为统治他人的基础——“修己以治人”——将近500年保持了和平，增进了繁荣，并提高了人民的文化。日本在消除了早期丰臣秀吉（Hideyoshi）控制东亚的野心后，学会了接受自己的疆界，并在德川将军（Tokugawa）治理之

下集中力量维持内部的和平与繁荣。这是一项产生了两个半世纪免于国外战争和国内严重骚乱的政策。①

在这个为时很长的和平时期，“东亚”各国都实现了诸多方面的社会发展，但对东亚以外世界所发生的全球化历史运动感知都不真切，东亚与西欧的实力对比在此间发生彻底逆转，从而铺垫了19世纪中叶以后东亚地区国际关系剧烈变局的基本背景。以“东亚”作为一个区域单元的历史研究，20世纪前半期日本学者最为积极，第二次世界大战结束以后，美国哈佛学派异军突起，成为国际学术界讨论“东亚”问题具有主导性的学术群体。②晚近的几十年间，“东亚”成为一个更大幅度国际化的话题。“东亚”不仅被作为一个有效的历史研究单元来使用，而且被作为超越民族国家单元历史的途径，引发的学术关注有增无已。然而，如果以国家为单元的历史是有局限的，或者说以民族国家为单元的研究是一种对于“想象的共同体”的研究，那么以“东亚”为单元的研究也是有局限的，也是一种对于想象的、建构的对象的研究。这种研究可以揭示历史的某些侧面，但如果过度解释，往而不复，也可以造成许多历史的误判和误解。本部分梳理中国清代与朝鲜的关系与同一时期中国与日本及“东亚”其他国家、地区关系相比的独特之处，将之归纳为六点。在此基础上，对清代中朝、中日关系的差异性加以分析，然后，对以“朝贡体制”为统摄概念描述17—19世纪“东亚”国际秩序格局的方法也略做商榷。相关的许多复杂问题，包括对“东亚朝贡体系”的拓展讨论，则需要另外为文。

## （一）清代中朝关系的特点

清朝崛起过程中，两次举兵进攻朝鲜，在入主中原之前，开始用清朝与

① 〔美〕狄百瑞：《东亚文明——五个阶段的对话》，何兆武、何冰译，南京：江苏人民出版社，2012年，第64—65页。

② 参看〔美〕费正清编：《中国的世界秩序——传统中国的对外关系》，杜继东译，北京：中国社会科学出版社，2010年，第1页。

朝鲜的封贡关系取代明朝与朝鲜封贡关系。与此相比，前此明朝与朝鲜之间封贡关系的建立不仅与征伐无关，而且是在新建立的朝鲜李氏王朝多次主动吁请情况下形成的。主动与被动、和平与杀伐，明清两代与朝鲜王朝封贡关系建立之初的这种差异，与朝鲜王朝的文化认同有深切关联。明被视为中原文化的国家体现，清则被视为礼乐文化尚不及朝鲜的夷狄。即使有始建节点的这种差异，明清中国与朝鲜王朝呼吸相及，还有地缘政治、经济的相互需求存在，并非一切取决于文化心理。清朝稳定中原局势之后，对朝政策与明代基本一致，对儒家文化传统也表示尊崇，双方皆谨慎维护封贡关系，直至19世纪末。清朝与朝鲜之间的关系与清朝与亚洲其他国家关系相比，呈现出以下特别值得注意之处。

### 1. 敕封、给印、颁历、常设使馆

崇德元年（1636年），清军征服朝鲜，“封其国主为朝鲜国王，赐龟钮金印，给诰命，封王妻为妃，王子为世子，赐裘帽、貂皮、鞍马”[①]。皇太极有制称：

> 既定藩封，宜申新命。爰销传国之印，用颁同文之符。特遣使臣，赍捧印诰，仍封尔李倧为朝鲜国王。嘉乃恭顺，金章宝册，重新作我藩屏，带砺河山不改，立一时之名分，定万载之纲常。天地无私，冠履不易。王其洗心涤虑，世修职贡之常，善始令终，永保平康之福。[②]

清初诸封贡国王给印，形制为“平台方三寸五分，厚一寸九”[③]。但唯有朝鲜国王印信是金印、龟钮、芝英篆，安南、琉球、暹罗三国王印信则是金饰银印、驼纽、尚方大篆。[④]比照清朝国内规制，亲王给金印，郡王给饰

---

① （清）和珅等：《钦定大清一统志》卷421，《景印文渊阁四库全书》第483册，台北：台湾商务印书馆，1986年，第670页。

② （清）乾隆敕撰：《皇朝文献通考》卷293《四裔考一》，《景印文渊阁四库全书》第638册，第596页。

③ （清）乾隆敕撰：《钦定大清会典则例》卷63，《景印文渊阁四库全书》第622册，第129页。

④ （清）允祹等奉敕撰：《钦定大清会典》卷28，《景印文渊阁四库全书》第619册，第226页。关于清代印信的材质、形制、书体的等差含义，参看任万平：《清代官印制度综论》，载朱诚如、王天有主编：《明清论丛》第一辑，北京：故宫出版社，1999年，第419—451页。

金银印，朝鲜国王尊崇视亲王，安南、琉球等国王视郡王。[①]

作为藩封之国，朝鲜需行用中国历法。顺治十八年（1661年）定，“朝鲜国每年十月朔，遣使赍咨赴部，恭领时宪书。豫札钦天监封送仪制司，本司郎中朝服于司署颁发，来使跪领，赍回本国”[②]。

在所有封贡国中，唯朝鲜在中国境内有常设使节接待机构，地在盛京，“朝鲜使馆，在德盛门内，属盛京礼部”[③]。凤凰城处于朝鲜贡道，也设有迎送官三员、主客官一员、朝鲜通事二员、中江税务监督一员，并专设与朝鲜交往职官。[④]乾隆帝曾在乾隆八年（1743年）、十九年、四十三年、四十八年数次前往盛京，朝鲜王朝皆遣陪臣参与迎接。乾隆皇帝曾赐给御书“式表东藩”匾额。[⑤]

藩封关系确立之初即形成朝鲜向清朝入贡规制，康熙时期以后贡物屡加减免。崇德二年（1637年）定每年贡品：

> 黄金百两、白金千两、苎布二百匹、各色棉绸四百匹、各色木棉布四千四百匹、龙纹席二、花席二十、鹿皮百、水獭皮四百、豹皮百四十有二、青黍皮三百、佩刀十、大小纸五千卷、米百石。万寿圣节礼物各色苎布三十匹、各色棉绸七十匹、龙纹席二、各色花席六十、豹皮十、水獭皮二十、白棉纸二千卷、厚油纸十部。元旦、冬至二节，减棉绸三十匹及水獭皮、油纸二种。皇后千秋节，苎布三十匹、棉绸三十匹、花席三十。元旦、冬至二节加螺钿梳函一具。[⑥]

康熙三年（1664年）定，“外国慕化来贡方物，照其所进收受，不拘旧

① 按：前文所称印上字体按乾隆时期所定制度。乾隆十三奏准，“本朝定例大内宝文皆玉箸篆，亲王宝文、郡王印文、朝鲜国王印文及内外文职大小衙门印信关防条记皆上方大篆，内外武职大小衙门印信关防条记皆柳叶篆文……今拟亲王金宝、郡王饰金银印、朝鲜国王金印均用芝英篆，宗人府、衍圣公、办理军机事务处、内务府、翰林院、六部、理藩院、都察院、总理三库事务銮仪卫、盛京五部银印，均用上方大篆”。参看（清）乾隆敕撰：《钦定大清会典则例》卷63，《景印文渊阁四库全书》第622册，第136页。又，清初封贡国王印有满文而无汉字，到顺治十年覆准：“朝鲜国王原领印文有清字无汉字，礼部改铸清汉文金印赐给该王，仍将旧印缴进。”见（清）乾隆敕撰：《钦定大清会典则例》卷63，《景印文渊阁四库全书》第622册，第131页。

② （清）乾隆敕撰：《钦定大清会典则例》卷62，《景印文渊阁四库全书》第622册，第94页。

③ （清）和珅等：《钦定大清一统志》卷35，《景印文渊阁四库全书》第474册，第662页。

④ （清）和珅等：《钦定大清一统志》卷37，《景印文渊阁四库全书》第474册，第682页。

⑤ （清）和珅等：《钦定大清一统志》卷421，《景印文渊阁四库全书》第483册，第671页。

⑥ （清）乾隆敕撰：《钦定大清会典则例》卷93，《景印文渊阁四库全书》第622册，第902页。

例”[①]。康熙三十二年（1693年），因朝鲜额外捐进鸟枪三千支，令将“年贡内黄金百两及蓝青红木棉嗣后永著停止”[②]。康熙五十一年谕：“朝鲜国慎守封圻，恪循仪度，四十余年来未尝稍懈，朕用嘉美，将该国贡典屡加裁减，至于甚轻。今贡物内有白金千两、红豹皮百四十二张，犹恐艰于备办，嗣后将二项永停贡献。”[③]雍正元年（1723年）议准，“朝鲜贡物……视明时贡物已免过半，今惟年贡内可减去青黍皮三百、水獭皮百、木棉布八百匹、白棉纸二千卷。余贡如常”[④]。雍正五年奉旨，“朝鲜年贡之例，每年贡米百石。朕念该国路途遥远，运送非易，着减去稻米三十石、糯米三十石，每年进贡糯米四十石，足供祭祀之用，永著为例”[⑤]。

## 2. 常态化礼仪参与

在京朝贡使节常被安排参与清朝的某些外交性礼仪性活动，相关记载甚多，而朝鲜使节参与的礼仪活动范围超过其他封贡使节，接近常态化。举例如下。

参与国子监御讲、视学。清帝亲临辟雍行讲学之礼时，朝鲜使臣参与，其他国家使臣不参与。乾隆五十年（1785年）二月，“诏建辟雍工成，皇上亲诣国子监释奠先师，御新建辟雍讲学……上亲发御论，诸王公卿以下暨多士、朝鲜国使臣环伏听讲”[⑥]。凡视学之日，“起居注官四人，位西南隅，亦东面侍仪；给事中、御史各二人，位东西檐柱内听讲。各官位桥南甬道、东西六堂。师生各序立堂阶下。朝鲜国使臣立甬道西班各官之末”[⑦]。

参与皇室丧礼。清太宗皇太极驾崩之日，“卤簿全设，内外亲王以下，

---

① （清）乾隆敕撰：《钦定大清会典则例》卷93，《景印文渊阁四库全书》第622册，第903页。

② （清）乾隆敕撰：《钦定大清会典则例》卷93，《景印文渊阁四库全书》第622册，第905页。

③ （清）乾隆敕撰：《钦定大清会典则例》卷93，《景印文渊阁四库全书》第622册，第906页。

④ （清）乾隆敕撰：《钦定大清会典则例》卷93，《景印文渊阁四库全书》第622册，第906—907页。

⑤ （清）乾隆敕撰：《钦定大清会典则例》卷93，《景印文渊阁四库全书》第622册，第908页。按：关于清代各国对清朝所贡物品情况，可参看何新华：《清代贡物制度研究》，北京：社会科学文献出版社，2012年。

⑥ （清）梁国治等奉敕撰：《钦定国子监志》卷8《诣学二·临雍》，《景印文渊阁四库全书》第600册，第84页。

⑦ （清）梁国治等奉敕撰：《钦定国子监志》卷8《诣学二·临雍》，《景印文渊阁四库全书》第600册，第88页。

佐领以上，及朝鲜国世子、和硕福晋以下佐领命妇以上，咸成服”[①]。顺治帝丧，“朝鲜国王遣使进香，恭进祭文一道，沉香三两……祭文由内阁翻译，礼部恭书贡物，付所司陈设祭品，白金交内务府，礼部置办馔筵牲礼”[②]。康熙帝丧，三月十七日祭时，“朝鲜所贡祭品、香烛设几筵前，楮帛积燎，位王以下满汉文武四品官以上，在寿皇殿大门外齐集，按翼排班。朝鲜使臣戴展翅乌纱帽，素服角带，鸿胪官引立右翼班末。祭时引来使于仗南，北向立，赞行三跪九叩礼，退立原处”[③]。雍正帝丧后，于乾隆元年（1736年）二月十四日奏准：

朝鲜国王遣陪臣恭诣世宗宪皇帝几筵前进香，于十七日行礼。是日，设世宗宪皇帝卤簿于雍和门外，读祝官恭奉朝鲜国祭文进雍和门，豫设于永佑殿檐下黄案上……朝鲜国陪臣等官戴展翅乌纱帽，素服角带，鸿胪寺官引立于右翼之末。内府官陈设祭品，点朝鲜国所进香烛。毕，鸿胪寺官引朝鲜国陪臣等官至仪仗之南，向北立，听赞行礼仪，与雍正元年同。[④]

凡皇太子丧礼及未分封之皇子薨逝，“朝鲜使臣在京者，素服七日”[⑤]。皇太后丧，亦颁遗诰于朝鲜，诰到日起成服，二十七日而除。[⑥]

参与千叟宴。乾隆五十年正月初六日赐千叟宴于乾清宫，“凡宗室王贝勒以下文武大臣官员，予告大臣官员，覃恩受封文武官阶绅士兵丁耆农工商，外藩王公台吉，回部番部土官土舍，朝鲜贺正陪臣，共三千人。坐席各以品级班位，凡八百筵”[⑦]。宴席间，“朝鲜正使陪臣李徽之、副使陪臣姜世晃并预宴赋诗，恩赏有加”[⑧]。

---

① （清）乾隆敕撰：《钦定大清会典则例》卷85，《景印文渊阁四库全书》第622册，第655页。
② （清）乾隆敕撰：《钦定大清会典则例》卷85，《景印文渊阁四库全书》第622册，第666页。
③ （清）乾隆敕撰：《钦定大清会典则例》卷85，《景印文渊阁四库全书》第622册，第685页。
④ （清）乾隆敕撰：《钦定大清会典则例》卷86，《景印文渊阁四库全书》第622册，第721—722页。
⑤ （清）允祹等奉敕撰：《钦定大清会典》卷53，《景印文渊阁四库全书》第619册，第473页。
⑥ （清）乾隆敕撰：《钦定大清会典则例》卷87，《景印文渊阁四库全书》第622册，第742、749、778页。
⑦ （清）乾隆敕撰：《皇朝通典》卷57《礼・嘉七》，《景印文渊阁四库全书》第643册，第202页。
⑧ （清）乾隆敕撰：《皇朝通典》卷60《礼・宾》，《景印文渊阁四库全书》第643册，第290页；（清）阿桂等纂修：《八旬万寿盛典》卷32《盛事八》，《景印文渊阁四库全书》第660册，第380页。

予谥号。“朝鲜国王李倧谥庄穆（顺治六年八月谥），朝鲜国王李淏谥忠宣（顺治十六年九月谥），朝鲜国王李棩谥庄恪（康熙十四年正月谥），朝鲜国王李昀谥恪恭（雍正三年正月谥），朝鲜国王李昑谥庄顺（乾隆四十一年七月谥）。朝鲜国王世子追封王爵李漥谥恪愍（乾隆四十一年七月谥）。”①

### 3. 日月食救护

康熙六十年（1721年），钦天监推测闰六月初一日日食，议定“京师、盛京、朝鲜日食四分五分余者救护，其日食二三分者皆不颁行”②。乾隆十三年（1748年）奏准，“嗣后凡遇日月交食，无论一分以下及二分三分，皆由钦天监前期五月具题请旨，敕部通行直省布政使司、盛京奉天府，转行督抚提镇将军所属各衙门并朝鲜国，一体钦遵。三分以上者救护，不及三分者不行救护。仍绘图进呈”③。此种救护，不涉及中朝以外任何其他国家，包括其他藩封国、朝贡国。

### 4. 参与八旗

清朝建立之初，一些朝鲜人归附清朝，逐渐融入八旗系统，但长期保持了其朝鲜身份。其中名分记载比较清晰的是正黄旗和正红旗内专设朝鲜佐领。正黄旗满洲第四参领第九佐领，“系国初以朝鲜来归人丁编立”④。正红旗第一参领第十二佐领和第十四佐领与之类似，“系国初以朝鲜来归人丁编立”⑤。其中，正黄旗为内务府三旗之一。“顺治初年定，内府三旗……正黄旗设朝鲜佐领一人。”⑥起初隶属领侍卫内大臣，康熙十三年改隶内务府总管，康熙三十四年（1695年）又隶属领侍卫内大臣，雍正元年（1723年）改回仍隶属内务府总管。⑦朝鲜佐领属清帝亲信部队，这不仅可以从其服务于宫廷侍卫体现出来，也可以从装备方面看得清楚。朝鲜佐领所辖部队专练

① （清）乾隆敕撰：《皇朝通志》卷53《谥略六》，《景印文渊阁四库全书》第644册，第664页。
② （清）乾隆敕撰：《钦定大清会典则例》卷92，《景印文渊阁四库全书》第622册，第880—881页。
③ （清）乾隆敕撰：《钦定大清会典则例》卷92，《景印文渊阁四库全书》第622册，第882页。
④ （清）鄂尔泰等修：《八旗通志》卷4，第1册，长春：东北师范大学出版社，1985年，第58页。
⑤ （清）鄂尔泰等修：《八旗通志》卷6，第1册，第93页。
⑥ （清）乾隆敕撰：《钦定大清会典则例》卷164，《景印文渊阁四库全书》第625册，第284页。
⑦ （清）乾隆敕撰：《皇朝文献通考》卷181《兵考》，《景印文渊阁四库全书》第636册，第64页。

鸟枪，是内务府军中精锐。康熙六年（1667年）定，“骁骑各给弓一、櫜鞭一、矢五十。每骁骑二人各给长枪一，惟正黄、正红旗朝鲜佐领骁骑各给鸟枪一”[①]。康熙十六年定，“遴选三旗佐领、正黄旗朝鲜佐领，及内管领下甲兵共为六百名。停其一应差遣，专令学习鸟枪”[②]。康熙三十年议准，“设食三两钱粮头目七名，食二两钱粮鸟枪人三十三名，每名各月给马乾银一两五钱。又设食二两钱粮承应奇炮人四名，专司圣驾巡幸随侍鸟枪，豫备铅弹、铁砂、火药、火绳及试演枪炮并南苑打雕，均属朝鲜佐领管辖”[③]。正黄旗、正红旗朝鲜佐领职位，初各设一人。康熙三十四年，正黄旗增加朝鲜佐领一人。[④] 朝鲜佐领分属于骁骑营：“凡内府三旗之制……骁骑营掌关防，参领三旗各五人，以司官兼摄副参领各五人，满洲佐领各五人，旗鼓佐领各六人，正黄旗朝鲜佐领二人，骁骑校正黄旗十有三人，镶黄、正白二旗各十有一人，共领催百四十人，三旗三十内管领下共领催百二十人，骁骑五千二百五十人。”[⑤] 雍正九年（1731年）议准，内务府三旗“每旗各增设护军二百名编为鸟枪护军……其见有鸟枪骁骑六百名，亦令照依鸟枪护军学习连环等技。计新旧护军共千二百名，应按佐领内管领分隶额数，满洲十五佐领，朝鲜二佐领下各定为二十五名旗鼓”[⑥]。次年又奉旨，“正黄旗朝鲜二佐领着为世管佐领。嗣后遇员阙，该参领开送适派子孙并家谱，由内务府引见补授”[⑦]。乾隆九年（1744年）议准，“朝鲜佐领员阙，照世袭佐领之例奏补。朝鲜佐领下骁骑校员阙，于朝鲜佐领下无品级头目及领催内遴选补授，论年开列”[⑧]。

### 5. 赈济灾伤

康熙三十六年，朝鲜国王李焞因国内受灾，上疏清帝，请在中江地方贸

① （清）乾隆敕撰：《钦定大清会典则例》卷174，《景印文渊阁四库全书》第625册，第512页。
② （清）乾隆敕撰：《皇朝文献通考》卷181《兵考》，《景印文渊阁四库全书》第636册，第65页。
③ （清）乾隆敕撰：《钦定大清会典则例》卷164，《景印文渊阁四库全书》第625册，第302—303页。
④ 参看（清）乾隆敕撰：《钦定大清会典则例》卷102，《景印文渊阁四库全书》第623册，第88页；卷164，《景印文渊阁四库全书》第625册，第284页。按：《皇朝文献通考》卷86有“臣等谨按”称：“初设佐领，每旗满洲三人，旗鼓四人。康熙三十四年，各增二人。正黄旗又增朝鲜佐领二人。”见《景印文渊阁四库全书》第634册，第7页。其中“增朝鲜佐领二人”，疑为增一人之误。
⑤ （清）允祹等奉敕撰：《钦定大清会典》卷91，《景印文渊阁四库全书》第619册，第878页。
⑥ （清）乾隆敕撰：《钦定大清会典则例》卷164，《景印文渊阁四库全书》第625册，第286—287页。
⑦ （清）乾隆敕撰：《钦定大清会典则例》卷164，《景印文渊阁四库全书》第625册，第287页。
⑧ （清）乾隆敕撰：《钦定大清会典则例》卷164，《景印文渊阁四库全书》第625册，第288页。

易米粮。礼部拟不准行，康熙帝谕曰：“朝鲜国王世守东藩，尽职奉贡，克效敬慎。今闻连岁荒歉，百姓艰食，朕心深为悯恻。彼既请籴，以救凶荒，现今盛京积贮甚多，著照该国王所请，于中江地方令其贸易。”[①] 于是，遣派户部侍郎贝和诺往奉天，督理朝鲜粜米事务。康熙三十七年（1698 年）正月，遣吏部右侍郎陶岱将运往朝鲜米三万石中一万石赏赉朝鲜国，二万石平粜。后朝鲜国王李焞奏：“皇上创开海道运米，拯救东国，以苏海澨之民，饥者以饱，流者以还，目前二麦熟稔，可以接济，八路生灵，全活无算。”康熙帝为此御制《海运赈济朝鲜记》，内有：

遂于次年二月，命部臣往天津截留河南漕米，用商船出大沽海口，至山东登州，更用鸡头船拨运引路，又颁发帑金，广给运值，缓征盐课，以鼓励商人，将盛京所存海运米，平价贸易，共水陆运米三万石，内加赉者一万石，朝鲜举国臣庶，方藜藿不充，获此太仓玉粒，如坻如京，人赐之食，莫不忭舞忻悦，凋瘵尽起。该王具表陈谢，感激殊恩，备言民命续于既绝，邦祚延于垂亡，盖转运之速，赈贷之周，亦古所未有也。朕念朝鲜自皇祖抚定以来，奠其社稷，绥其疆宇，俾世守东藩，奉职修贡，恩至渥矣。兹者告饥，不惮转输数千里之劳，不惜糜费数万石之粟，环国土而户给之，非独一时救灾拯患，实所以普泽藩封，而光昭先德也。[②]

具体数字记载略有差异，有待进一步考证，而赈济朝鲜灾伤则确有其事。[③]

① 《圣祖仁皇帝圣训》卷60《柔远人四》，《景印文渊阁四库全书》第411册，第800页。
② （清）乾隆敕撰：《皇朝文献通考》卷33《市籴考》，《景印文渊阁四库全书》第632册，第696—697页。
③ 按：关于此次赈灾，前引《皇朝文献通考》记为共经水陆两途运送米三万石，《圣祖仁皇帝御制文二集》卷 17《谕内阁》载初拟运送米数与此相同：“运往朝鲜国米石敕侍郎陶岱，共运致三万石，以一万石赏赉朝鲜国，以二万石平粜。”（《景印文渊阁四库全书》第 1298 册，第 502 页）但《圣祖仁皇帝御制文二集》卷 33 所载《海运赈济朝鲜记》中，相关一段文字则记为：“遂于明年二月，命部臣往天津截留河南漕米，用商船出大沽海口至山东登州，更用鸡头船拨运引路，又颁发帑金，广给运直，缓征盐课，以鼓励商人，将盛京所存海运米平价贸易，共水陆运米四万石加赉者一万石。”（《景印文渊阁四库全书》第 1298 册，第 647 页）《钦定大清会典则列》卷 94 也记为：“朝鲜岁饥，表请中江开市。奉旨准以积贮米谷水陆共运四万石至中江平粜，遣大臣一人前往监粜，又特发米万石赏给。”（《景印文渊阁四库全书》第 622 册，第 943 页）如此则共运致五万石。又据王士祯《居易录》，“朝鲜国王李焞上疏告饥乞籴。奉特旨赐米二万石赈之，又以绥哈城小姐庙二处所贮米二万石运至中江贸易，以户部右侍郎博和诺往监粜，又命长芦盐商领帑金五千两买米二万石，由登州府庙岛地方以鸡头船运往朝鲜贸易，以吏部右侍郎陶岱往监运”。见（清）王士祯：《居易录》卷29，《景印文渊阁四库全书》第869册，第677页。如此，则共运米六万石。

此种赈济，从未发生于清与其他国家之间。

### 6. 常态互市

除象征藩封关系的朝贡会伴随有限特许贸易之外，中朝之间自清初就存在常态性互市。崇德年间，“凡凤凰城等处官兵人等往义州市易者，每年定限二次，春季二月、秋季八月。宁古塔人往会宁地方市易者，每年一次。库尔喀人往庆源地方市易者，每二年一次，由部差朝鲜通事官二人、宁古塔官骁骑校笔帖式各一人前往监视。凡貉、獾、骚鼠、灰鼠、鹿、狗等皮，许其市易外，貂、水獭、猞猁、狲、江獭等皮不许市易。定限二十日即回”[①]。

此皆清人前往朝鲜贸易。顺治年间，朝鲜人经申请可以入北京贸易。顺治九年（1652年）定，“朝鲜国人来京贸易者奏闻方准贸易”[②]。康熙年间，内地商民可到朝鲜贸易。康熙二十八年（1689年）定，“内地商民船至朝鲜者，停其解京，除原禁货物外，听其发卖。回籍，仍将姓名籍贯人数货物于贡使进京时汇开报部。如其船遭风破坏，难以回籍，令该国王将人口解送至京”[③]。除此之外，更为常态化的是中江地方的中朝贸易。[④]鸭绿江西岸的中江附近八旗台站居民需要从朝鲜购买犁、铧、环鼻器具等农耕用品，故有贸易要求。顺治四年，中朝双方确定以春季二月和秋季八月为贸易期，每年开市两次。秋市商品主要有棉布、麻布、盐石、牛马、农器，春市增加纸张、南草等。[⑤]雍正十二年（1734年）题准，该处商税定额每年白银三千二百九十四两。[⑥]此额数只向中国内地商人征收：“凡朝鲜国贡使往还与内地客商互相贸易，不拘何项货物，内地商人计价一两收税银三分，朝鲜人免税。”[⑦]康熙、雍正之际，曾发生朝鲜人拖欠中国商人胡嘉佩等巨额款项

---

① （清）乾隆敕撰：《钦定大清会典则例》卷94，《景印文渊阁四库全书》第622册，第931页。按：凤凰城在今辽宁省凤城市范围，清属盛京将军管辖。

② （清）乾隆敕撰：《钦定大清会典则例》卷94，《景印文渊阁四库全书》第622册，第932页。

③ （清）乾隆敕撰：《钦定大清会典则例》卷94，《景印文渊阁四库全书》第622册，第932页。

④ 学术界对“中江”具体地点原有不同看法，据张杰考证，其在鸭绿江下游三条水道间的於赤岛，因位于西江和小西江之间，故称中江，近是。参看张杰：《清代盛京满族与朝鲜中江贸易新论》，《中国边疆史地研究》2013年第2期。

⑤ 参看张士尊：《清代中江贸易和中江税收》，《商业研究》2010年第6期。

⑥ （清）乾隆敕撰：《钦定大清会典则例》卷48，《景印文渊阁四库全书》第621册，第504页。

⑦ （清）乾隆敕撰：《钦定大清会典则例》卷47，《景印文渊阁四库全书》第621册，第477页。

案。胡嘉佩等亏欠帑银，申请以朝鲜国人赊欠银六万余两充抵。雍正帝恐胡嘉佩等开报不实，“令行文询问，并令内地贸易之人与朝鲜赊欠之人在中江地方质对明白，使中外之人不得互相推诿，以息扰累”。后得盛京礼部奏呈朝鲜国王李昑咨文，判断朝鲜人确有此欠银，但最终决定不再质对，“其朝鲜国人应还之银，着从宽免追”。[①] 乾隆元年（1736年）有上谕：“向来八旗台站官兵，于每年二、八月，携带货物前往中江与朝鲜贸易。朕思旗人皆有看守巡察之责，无暇贸易，且亦不谙贸易之事，远人到边，恐致稽迟，守候多有未便。嗣后着内地商民与朝鲜国人贸易，即令中江管税官实力稽察，务须均平交易，毋得需索滋扰。”次年，朝鲜国王奏请“中江贸易令内地商民多有未便，恳照旧例。奉旨着照所请，仍循旧例，与兵丁按期交易”。[②] 凤凰城东柳条边门作为朝鲜使臣前往北京必经之地，在康熙后期成为很有规模的贸易之地。康熙五十一年（1712年），率朝鲜使团前往北京的金昌业曾记录下他在凤凰城边门看到的情况：“栅门作草屋庇之，门内有城将所坐屋及酒食店、民居，共十余家，而皆覆以草。在数里外望见栅内有白物堆积如丘陵者，乃去核棉花，皆历行所买，其数无虑累十万斤。壮哉!”[③] 据此，清代中朝之间，朝贡与贸易并行。

除前述六个方面之外，中朝之间尚有其他多种往来方式。如双方遇有对方商人船只漂流到达，皆提供接济，护送返回。[④] 海上越境捕鱼船只，许对方查缉。[⑤] 清朝并曾因朝鲜国王李焞患眼病遣人到中国购取药品，特派人持药赠送。[⑥] 清朝屡次归并遣使入京节令祝贺礼仪，以减轻负担。[⑦] 清朝亦曾

---

① （清）允禄奉敕编：《世宗宪皇帝上谕内阁》卷61《雍正五年九月》，《景印文渊阁四库全书》第414册，第690页。

② （清）乾隆敕撰：《钦定大清会典则例》卷94，《景印文渊阁四库全书》第622册，第933—934页。

③ （朝鲜王朝）金昌业：《燕行日记》，载〔韩〕林基中编：《燕行录全集》卷31，汉城：东国大学校出版部，2001年，第319页。

④ 关于漂流人送归之事多种文献皆有记载，如《圣祖仁皇帝御制文集》第3集卷7、《圣祖仁皇帝圣训》卷60、《皇朝文献通考》卷33、《钦定大清会典则例》卷94，具体情况不做详论。

⑤ （清）允禄等奉敕编：《圣祖仁皇帝御制文集》第4集卷1《谕礼部》，《景印文渊阁四库全书》第1299册，第403页。

⑥ 《圣祖仁皇帝圣训》卷60《柔远人四》，《景印文渊阁四库全书》第411册，第807页。

⑦ 参看《圣祖仁皇帝圣训》卷60，《景印文渊阁四库全书》第411册，第806页；《世宗宪皇帝圣训》卷35，《景印文渊阁四库全书》第412册，第446页；《世宗宪皇帝上谕内阁》卷87，《景印文渊阁四库全书》第415册，第358页；《世宗宪皇帝上谕内阁》卷114第415册，第592页。

派人前往朝鲜采集诗歌。[①] 与两国交往范围广泛、密切频繁一致，清朝政府体系内所设与朝鲜相关的机构及职位也远远多于任何其他朝贡国。如礼部下属的会同四译馆，“朝鲜通事官初置六人，后增至十六人……朝鲜译学置译生二十人，于下五旗朝鲜子弟内选充”[②]。盛京属下凤凰城设迎送朝鲜官三人。[③] 此外，清代中国以外，朝鲜、安南、琉球行科举制，同一时期的日本则不行科举制。

## （二）从中朝关系看清代“东亚”秩序格局

前文考察表明，清代中朝之间远比清朝与任何其他国家之间关系更为紧密。这种紧密关系并非基于两国统治者之间情感如何亲近，而是因为二者之间关系的性质与其他国家关系不同。

清代朝贡国列于会典：“凡四夷朝贡之国，东曰朝鲜，东南曰琉球、苏禄，南曰安南、暹罗，西南曰西洋、缅甸、南掌（西北番夷见理藩院），皆遣陪臣为使，奉表纳贡来朝。凡敕封国王朝贡诸国遇有嗣位者，先遣使请命于朝廷。朝鲜、安南、琉球钦命正副使，奉敕往封。其他诸国，以敕授来使赍回，乃遣使纳贡谢。”[④] 往封朝鲜国王、王妃、世子的使节，“皆三品以上官充正副使，服色、仪从各从其品。安南、琉球，以翰林院、科道、礼部五品以下官充正副使，特赐一品麒麟服，以重其行，仪从皆视一品。使归，还其服于所司”[⑤]。凡贡期，“朝鲜岁至，琉球间岁一至，安南六岁再至，暹罗三岁，苏禄五岁，南掌十岁一至，西洋、缅甸道远，贡无定期”[⑥]。乾隆四十三年（1778年）校定上呈的《皇清职贡图》中有“内外”被视为“夷”的各类人群服饰样貌。其卷一是“外藩”之属，次第为：朝鲜、琉球、安南、

① （清）王士禛撰，勒斯仁点校：《池北偶谈》卷18《朝鲜采风录》，北京：中华书局，1982年，第426—430页。

② （清）永瑢、纪昀等奉敕撰：《钦定历代职官表》卷11《礼部会同四裔馆》，《景印文渊阁四库全书》第601册，第208—209页。

③ （清）乾隆敕撰：《皇朝文献通考》卷84《职官考八》，《景印文渊阁四库全书》第633册，第941页。

④ （清）允祹等奉敕撰：《钦定大清会典》卷56，《景印文渊阁四库全书》第619册，第499页。

⑤ （清）允祹等奉敕撰：《钦定大清会典》卷56，《景印文渊阁四库全书》第619册，第499页。

⑥ （清）允祹等奉敕撰：《钦定大清会典》卷56，《景印文渊阁四库全书》第619册，第499页。

暹罗、苏禄、南掌、缅甸、大西洋诸国、小西洋、英吉利、法兰西、[ 喘 ]、日本、马辰、汶莱、柔佛、荷兰、俄罗斯、宋腒朥、柬埔寨、吕宋、咖喇吧、嘛六甲、苏喇、亚利晚。审视这一次序可见两点：①朝鲜居所有“外藩”之首，印证前节所述朝鲜与清朝关系特殊紧密；②清朝在思考“朝贡”事务时并无“东亚”概念。今人所说“东亚”的主要国家日本不仅列在同在“东亚”的朝鲜、琉球之后，而且列在南亚的暹罗、苏禄、南掌、缅甸之后，甚至在欧洲的大西洋、小西洋、英吉利、法兰西（实际指葡萄牙）之后。《皇清职贡图》还于各国男女图像之后加有文字，将朝贡大事标记其间。其中，讲到欧洲国家时牵强叙述其有入贡之类事情，讲到日本时却称：“宋以前皆通中国，明洪武初，常表贡方物，而夷性狡黠，时剽掠沿海州县，叛服无常，俗崇释信巫。”[①] 并无一字提到入清以后中日之间存在什么朝贡或其他任何方式的政府间双边关系。清代中国对外关系图谱中，朝鲜是特殊亲密对象，其次是琉球、安南、暹罗、苏禄、南掌、缅甸诸藩封国，再次是被清朝视为有朝贡关系的大西洋等国，而日本仅因清代之前的历史上曾经朝贡而列在最后一组。因而，今人固然不妨取“东亚”地理范围作为单元来上溯其17、18世纪的国际秩序，但也应看到这种国际关系秩序与“朝贡体系”无法重合。如果把中国、朝鲜、日本作为“东亚”的主要国家成员，乾隆时期的中国政府并无“东亚”意识，也不觉得存在一个一体且与其外部区别的“东亚”秩序。

明人原无“亚洲”概念。这一词汇是明末由欧洲传教士在介绍世界五大洲知识的时候附带引入中国的。艾儒略《职方外纪》中有“亚细亚总说”，称“亚细亚者，天下一大州也，人类肇生之地，圣贤首出之乡”[②]。利玛窦来华时，带入《坤舆万国全图》，也讲五大洲之说。在清朝任官的南怀仁撰《坤舆图说》，称：“亚细亚，天下一大州，人类肇生，圣贤首出。”[③] 故明末人已经见识“亚洲”概念。“东亚”无非指亚洲东部，了解五大洲之说后，

① （清）乾隆敕撰：《皇清职贡图》卷1，《景印文渊阁四库全书》第594册，第429页。
② （意）艾儒略：《职方外纪》卷1《亚细亚总说》，《景印文渊阁四库全书》第594册，第292页。
③ （清）南怀仁：《坤舆图说》卷下，《景印文渊阁四库全书》第594册，第747页。

逻辑上说已不难理解，但未见明人使用。清朝人肯定知道“亚洲”概念，但是他们对相关的地理知识将信将疑，长期没有将“亚洲”运用到自己的主动思维中去，也未将“东亚”作为一个国际关系地理单元，如在乾隆时期编定的《明史》提到五大洲说时，仍称“其说荒渺莫考，然其国人充斥中土，则其地固有之，不可诬也”[①]。四库馆臣所作《坤舆图说》“提要”称：“下卷载海外诸国道里山川，民风物产，分为五大洲……不必皆有实迹，然核以诸书所记，贾舶之所传闻，亦有历历不诬者。盖虽有所粉饰而不尽虚构。存广异闻，亦无不可也。”[②] 这是一种“姑妄听之”，存疑备考的态度。今人用“东亚”作为一个单元来谈论在“亚洲”尚且未成为确定概念而“东亚”更不在国际关系领域思维、话语体系之中时代的国际关系时，其实是把当下的关心投射到以往历史上去。这作为一种现代诠释，未尝不可，但似乎不宜往而不复，说到忘记历史原本情况的程度。

分析清代中朝关系的一些细节也有助于理解所谓“东亚”秩序。

敕封、给印无疑是封贡关系的正式表征。清代除朝鲜外，也对安南、琉球等国敕封、给印，但规格减杀。要点是，虽然清朝在“职贡”项下将欧洲诸国也列为向清朝入贡国家，但不敕封、不给印。这意味着“职贡”或“朝贡”关系，是一种宽泛的国际交往概念，与更能体现周边秩序关系的“藩封”体系并不重合。与之相比，“藩封”体现清朝国家间关系秩序的含义要更明确些。朝贡而不受封，对于清朝来说，只达成在承认清朝尊崇地位基础上的交往关系，并不构成真正持续、常态性的纽带关系，清朝不对此类国家承担任何义务，也不期待任何权利；如单纯朝贡国停止入贡，清朝不会采取任何举措加以扭转。既封且贡，则成为清朝的藩属国，清朝对此类国家依照关系疏密承担不同程度的责任。前文所述康熙年间对朝鲜灾荒的赈济，是其表现之一，天文变异时的救护，也是其一。而且，朝贡作为一种政治礼仪性行为，有规定次数、规模，其附带的贸易行为自然受朝贡次数、规模制约，而清朝与朝鲜之间的贸易，却另有常态渠道，并非全由朝贡礼仪所规定。

---

① （清）张廷玉等撰：《明史》卷326《列传第二百十四・外国七》，北京：中华书局，1974年，第8459页。
② （清）南怀仁：《坤舆图说》卷首，《景印文渊阁四库全书》第594册，第729—730页。

总之，在清代对外关系中，敕封、给印、颁赐历法的藩封之国最为贴近，朝贡国次之，非朝贡国又次之。藩封国中又以朝鲜最为近密，有官员常驻清朝，参与清朝重要礼仪活动，包括非外交性质的礼仪庆典。至于前文提到的朝鲜人参与八旗组织，则有若干比较微妙情况需要注意。第一，这些朝鲜人是作为清初降附人口编入八旗的，不再代表朝鲜王朝，故不直接说明清朝与朝鲜的国家间关系；第二，这些人一直保持了朝鲜人的身份认定，并没有被同化到满洲、蒙古、汉人之中，故依然关涉清朝与朝鲜王朝关系，类似现代的侨民；第三，这些朝鲜人在清朝社会地位较高，接近满洲、蒙古而高于汉人，且颇受皇帝信任。前文提到的朝鲜佐领得在内务府三旗充当皇帝亲近侍卫已大致表明前述第三点。此外，康熙十七年（1678年），左都御史果斯海疏请：“满洲、蒙古、朝鲜人毋许卖与汉军、汉人，八旗各佐领下出户人毋许出本佐领外，应著为禁令。诏从所请。”[①] 这也显示朝鲜人与满洲、蒙古地位同等而高于汉军、汉人。

著名的东亚历史研究者费正清（John K. Fairbank）对“东亚”这个概念的把握是三维度的：“‘东亚’有三种含义：在地理上指亚洲被高山大漠一分为二的东部地区；在人种学上指蒙古人种（因纽特人与美洲印第安人除外）的栖居区；在文化上则指深受中国古代文明影响的地区。最后一个含义所指最狭，除中国之外只有日本、朝鲜和越南，并未把以下另外两大地区包括在内：其一为中亚地区，特别是蒙古、新疆和西藏，该地游牧民族的历史通过商业、战争和占领已与中国的历史融为一体；其二为东南亚地区，该地文化似乎更多地受到印度的影响，不过近几个世纪以来，该地区与东亚在经济、文化和军事战略上的联系亦日渐紧密。”[②] 这三重维度并不完整地相互重叠，因而其所涵盖的人群也并非完全相同。费正清对这种差异并未深论，因而他的“东亚”是带有模糊性的。无论如何，清初至19世纪中叶，中日之间并未建立任何形式的正式邦交关系——无论是藩封关系、朝贡关系，还是类似现代国家间平等往来的关系。而“朝贡体系”从根本上说是一个以政府

---

① （清）乾隆敕撰：《钦定八旗通志》卷165，《景印文渊阁四库全书》第666册，第792页。
② 〔美〕费正清：《中国：传统与变迁》，张沛译，北京：世界知识出版社，2002年，第4页。

间交往为核心的概念，日本不在清代“朝贡体系”之内。这意味着，“朝贡体系”基本不具有统摄性地说明17—19世纪“东亚”秩序格局的有效性。

这当然并不意味着清朝前期与日本之间不存在“关系”。两国相距不远，历史上先前有政府间和民间的往来，曾经发生战争，皆与朝鲜毗邻，自然存在相互关系。明清易代之际，日本德川幕府将注意力主要倾注国内，不再继续对亚洲大陆推进，并且主要为防备天主教渗透等原因而实行“锁国”政策，这是清代中日政府之间既无正式外交往来，也没有武装冲突的基本背景。此时期最能体现中日国际关系的是贸易。松浦章曾指出：“江户时代的日本与清王朝之间不存在正式的外交关系，仅限定于长崎进行民间通商贸易，这种非正式的关系自17世纪前半期一直持续至19世纪后半期。在此期间，中国商船几乎每年都赴长崎贸易。”[①] 他根据《华夷变态》中的记载，把1687年、1688年从中国大陆出港前往日本的船只列成表格，计得船只194艘，乘员9291人。[②] 清代中国运行白银、铜铸币双轨货币体制，但国内乏铜。清朝鼓励商人前往日本贸铜，甚至拨付官银资助此种贸易，但不许日本商人来华贸易。康熙三十二年（1693年），“以日本洋铜饶裕，令安徽、江苏、浙江、江西等省各商携带绸缎、丝斤、糖、药往彼处市铜，分解各省，每岁额市四百四十三万余斤”[③]。史载：“日本当明时素扰内地，今洋铜交市，海波不扬。”[④] 日本也乐见此种贸易，发给中国往日商人许可，清朝文献中称之为“倭照”。双方既然和平相处，遇有日本船只漂流到中国，清政府安排设法接济送回。康熙三十二年九月，“兵部议覆广东广西总督石琳奏称，风飘日本国船只至阳江县地方，计十二人，请发回伊国。应如所请。上曰：‘外国之人船只被风飘至广东，情殊可悯，着该督抚量给衣食，护送浙省，令其归国。’”[⑤] 这是接济护送到浙江距离日本较近处，使之便于回

① 〔日〕松浦章：《明清时代东亚海域的文化交流》，郑洁西等译，南京：江苏人民出版社，2009年，第304页。

② 〔日〕松浦章：《明清时代东亚海域的文化交流》，郑洁西等译，第18—25页。

③ 《皇朝通志》卷93《食货略十三》，《景印文渊阁四库全书》第645册，第322页。

④ （清）乾隆敕撰：《皇朝文献通考》卷293《四裔考一》，《景印文渊阁四库全书》第638册，第580页。

⑤ 《圣祖仁皇帝圣训》卷59《柔远人三》，《景印文渊阁四库全书》第411册，第795页。

国。顺治二年（1645年）十一月，清帝诏示朝鲜国王李倧：“前有日本国民人一十三名、泛舟海中，飘泊至此，已敕所司、周给衣粮。但念其父母妻子、远隔天涯，深用悯恻。兹命随使臣前往朝鲜，至日，尔可备船只转送还乡，仍移文宣示，俾该国君民共知朕意。”[①]这是安排日本漂流人随中朝之间使节前往朝鲜，由朝鲜安排送回日本。后者也是清前期中日之间最具有政府间意味的沟通，其意极为友善，但并非直接发生在中日之间，而是通过朝鲜作为中介。朝鲜充当中日之间沟通中介的角色，也是意味着当时不存在平面化的“东亚”中日韩等国之间直接交往，信息沟通是层级递转的。

在这种情况下，清朝完全了解并认可朝鲜与日本之间的接触。[②]乾隆十三年（1748年），朝鲜国王就日本新立关白，为此将向日本派出使节事呈文清朝，乾隆帝覆准“该国照例通使”。[③]即使如此，清朝对日本仍保持防范之心。雍正六年（1728年）八月，浙江总督管巡抚事李卫上奏，称日本有招致内地人拘留日本，教习弓箭、制造船只、讲解律例形迹，查得相关人员在国内家属也形迹堪疑，“不无窥伺，乘有空隙，欲为沿海抢掠之谋”。同时声称清朝与明朝不同，沿海水师星罗棋布，战船驾驶精熟，官兵皆能奋励用命，尽可防御，但应密饬沿海官员严查往来日本商人、船只货物等。[④]清朝为此加强东南沿线海上稽查戒备。

雍正六年九月李卫上呈的一份奏疏也颇有助于了解当时清朝政府对日本的心态以及双方关系之大要。疏云：

> 但臣访闻得伊等皆贪夷人倭照，争相贸易，惟恐失其欢心，揞照不发，故凡有指名求索之处，无不依从。若到彼国，亦与别商同在土库，惟请去之教习人等，则另居他处，其设谋画计，皆知细底，而商等不过得其大概，多不敢言也。又闻宁波医生朱来章，向曾在彼医痊倭王，厚

---

① （清）乾隆敕撰：《皇朝文献通考》卷295《四裔考三》，《景印文渊阁四库全书》第638册，第660页。

② 朝鲜对中国取“事大”姿态，对日本取“交邻”姿态。参看金指南：《通文馆志》卷3—4“事大上、下”，卷5—6“交邻上、下”，李湛戊戌年（1898年）序本。

③ （清）乾隆敕撰：《钦定大清会典则例》卷94，《景印文渊阁四库全书》第622册，第941页。

④ 《世宗宪皇帝朱批谕旨》卷一百七十四之八，《景印文渊阁四库全书》第423册，第200—203页。

赠而归，现领倭照贸易。臣今托病，令人赴苏密寻。近复访得，倭夷着闽商魏德卿欲请福清县黄栢寺方丈僧人前往，约在九月终到普陀下船，以为料无人知，臣亦差员改装，预往普陀等候。果否到来，查实唤讯。俟此数处之人到后，如探得彼中底里，即当飞驰奏覆……以臣所闻，倭夷于中国土产，多所未有，其仰藉于内地货物者甚殷，若骤加禁绝，则用度不便，恐致多事。是以康熙五十四年，夷人创立长崎译司，倭照给与内地商人领运。彼时督抚与海关意见不同，圣祖天地度量，特赐包容，听从其便。今莫如仰遵皇上谕旨“抚外之道，固本防患”二语，仍循旧例，照常贸易，惟有严加稽察奸弊，实力整饬海防水陆，以备不虞，则天朝之威德，自足震慑邪心而不敢肆其狡志矣。至于噶喇叭、吕宋等处，皆西南洋货物马头……虽红毛亦称狡悍，然与噶喇叭等处皆与中土尚远，非如东洋日本之近而宜防，故从前圣祖定例，西南洋许其内贩，而东洋禁其自来，亦因形势不同之故也。若朝鲜久沐本朝天恩，职贡惟谨。然东洋独日本为强，邻国无不惧之。朝鲜因其相近，自然与之往来交好亲密，不问可知。①

李卫所奏情形，中含细节，未必尽实，但该奏疏比较生动地反映出清前期朝廷对日本的心态、方针，以及对朝、日、“红毛”差异对待背后的考虑。其中要点包括认可与日本的民间贸易活动；虽允许在南洋的西方商人来华贸易，不许日本来华贸易；默许朝鲜与日本有亲密往来，但保持对日本的高度戒备。在这个视角下，当时的“东亚”秩序结构，远非“朝贡体制”或“朝贡贸易体制”所能涵盖与说明的。

朝鲜虽与日本有使节往来和贸易关系，同时也对之加以防范，有时甚至夸大性地向清朝报告日本对朝鲜有不利企图。如顺治七年（1650年）正月，朝鲜国王李淏向清朝报告：

据议政府报云：倭子情形可畏。去年秋间，鞭挞使臣，出言不逊。驿馆倭使，常以密书示通事，言辞甚谬。我国每年所与粮米，前皆运至

① 《世宗宪皇帝朱批谕旨》卷一百七十之八，《景印文渊阁四库全书》第423册，第210—211页。

屯中，今堆积驿馆，似有所待。又云：伊国叛贼，杂入汉商船内，出没沿海地方，遣使我国，言洋船若漂至，即行执送。今有汉人船漂至，不送于咫尺倭馆，直为解送上国。其蓄憾于我，比前必甚。前后事端，已成间隙。绸缪之计，不可不早等语。臣窃念小邦自壬丁年之变，各处城郭皆坏，兵器不整者盖十有余年。今观狡倭情形，万分可虑。倘遇警急，无计奈何，惟恃天朝援兵。念东莱府距王京无十日之程，王京距帝都甚远。当小邦奏请天朝发兵之时，有何城郭器械可恃，以待援兵？今欲修筑训练，以为守御之备，因前有旨禁止，不敢专擅。伏祈皇上体先皇帝存亡继绝之仁，法古圣人先事预防之计，鉴察本内事情，指示胜算，使小邦得免残破之患。幸甚。[①]

清帝认为李淏受人蛊惑，言词夸大，并非属实，遣人切责。[②]其后果然无事。

## （三）余议

葛兆光先生曾就“亚洲”作为一个历史上的“共同体”的说法提出质疑：

但是从历史上看，亚洲何以能够成为，或者什么时候有成为过一个可以互相认同、有共同历史渊源、拥有共同的“他者”的文化、知识和历史甚至是政治共同体？且不说亚洲的西部和中部现在大体信仰伊斯兰教的国家和民族，也不说文化和历史上与东亚相当有差异的南亚诸国，就是在所谓东亚，即中国、朝鲜和日本，何时、何人曾经认同这样一个共同空间？[③]

这种意见是应该认真对待的。

滨下武志教授是把“亚洲自我意识”作为“重建亚洲的整理历史进程”

① 《世祖章皇帝实录》卷47，“顺治七年正月乙丑”条，《清实录》第3册，北京：中华书局，1985年，第376—377页。

② 《世祖章皇帝实录》卷47，“顺治七年正月壬午”条，《清实录》第3册，第378页。

③ 葛兆光：《宅兹中国：重建有关“中国”的历史论述》，北京：中华书局，2011年，第170—171页。

的关键的主要学者。他主张：

> 近代亚洲的历史不是根据西方现代化理论的“发展阶段”，而是要根据亚洲区域内部的复杂关系、亚洲自我意识、亚洲历史的社会体系的本质来定义。我们可以把亚洲的历史理解为一个整体系统的历史，这个系统的特征是以中国为中心的地域圈的朝贡关系。这个朝贡关系是后来出现的“近代”亚洲的前提，而且它的影响在当代亚洲历史的重要方面都有所体现。①

在他的论说中，朝贡体系是亚洲整体性的制度性轴心，也是“近代”亚洲发生的前提。这里，努力突破西方中心论的亚洲观的意识无疑是值得赞许的，把亚洲作为一个整体历史进程来考察的努力也会开启认识亚洲历史的新途径，但问题不仅在于，作为亚洲整体性的“亚洲自我意识”是难以界定和证实的，而且，作为这个整体之支撑的“朝贡体系”，最少在中国清代前期的约两个世纪间并不包括日本。如此，这个体系就无法像滨下武志教授所描述的那样发生整合亚洲的历史作用。滨下武志教授曾借用万历《明会典》卷105中的记载，提示明代的朝贡体系中包含日本，但他对该条史料的解读方法和结论需要重新审视。②日本仅在永乐初到嘉靖三十年（1551年）之间进入明代的朝贡体系，且限制既多，中间亦多有波折，其后与中国再无朝贡关系。③祁美琴也曾撰文指出，滨下武志对中国朝贡圈范围和特质的描述忽略了明朝与清朝的区别，朝贡体制不等于朝贡贸易体制，清代朝贡限于属国，清政府“更加重视朝贡的政治依附关系，将朝贡与通市予以区分，明确藩属关系与通商关系的差异”④。这些质疑并不等于认为14—19世纪亚洲或“东亚”不存在任何跨国家的网络，而是说，朝贡贸易并没有构成该时代亚洲或“东亚”网络的统摄性体制功能。

---

① 〔日〕滨下武志：《中国、东亚与全球经济：区域和历史的视角》，王玉茹、赵劲松、张玮译，北京：社会科学文献出版社，2009年，第16—17页。

② 参看〔日〕滨下武志：《中国、东亚与全球经济：区域和历史的视角》，王玉茹、赵劲松、张玮译，第20页；赵轶峰：《明清帝制农商社会研究：初编》，北京：科学出版社，2017年，第57—59页。

③ （万历）《明会典》卷105《主客清吏司·朝贡一·日本国》，北京：中华书局，1989年，第572页。

④ 祁美琴：《对清代朝贡体制地位的再认识》，《中国边疆史地研究》2006年第1期，第49页。

对朝贡体制过于泛化的主张流行已久，用朝贡体制来概括前现代亚洲国际关系格局俨然成为学术界的习惯。杨念群在他近年发表的一篇颇有透视力的文章中表示，他赞同一些学者先已表达的主张，认为“东亚”概念的形成是一个“现代性事件”，是欧洲近代历史被对象化的一个结果。这就与滨下武志把朝贡体制视为现代“东亚”基础的主张有所不同，“东亚”不是明清朝贡体制直接体现的，而是寻求朝贡体制替代物的结果。这种认识最大的贡献，在于看到“东亚”的现代建构性质。在此基础上，杨念群指出，以往谈论“东亚”的学者过分习惯于把“东亚”作为一个整体来讨论，忽视了“东亚”内部各个地区与西方冲突经验的差异性，进而主张不仅要在与西方崛起的关系角度，而且要在“东亚”内部政治地图与秩序安排的重组的角度，来理解“东亚”的含义。这一点也足以对有关“东亚”意识和“东亚”格局的认识产生深化的作用。但是，从本文的角度看，杨念群在把朝贡体制和华夷秩序观念作为现代的“东亚”所扬弃的历史对象来讨论的时候，过分轻易地采信了先前学者对于朝贡体制的界定。16世纪中叶到19世纪中叶的约3个世纪间，也就是作为“现代想象”的“东亚”形成之前的约300年间，日本根本不在以中国为中心的朝贡体制之内。正视这一点就应该看到，把朝贡体制作为解析现代“东亚”形成机制核心概念的讨论是缺乏史实基础的。①

如前所述，“亚洲”概念是随着“五大洲”之说由欧洲耶稣会士在晚明时代引入中国的。在知晓地圆说和五大洲之说以后约 2 个世纪间，中国人并没有对这种概念、知识进行系统、严谨的追究，只是姑妄听之，存疑备考。其实，晚明及清前期中国知识、思想界对欧洲其他门类知识的态度，除了发觉其直接的实用价值以外——如火器制作，也采取类似的态度。这种表现，略微透露出中国文化重实用而不重纯粹知识的消息。对于传统上偏重实用、直接经验的人民来说，在全球化明显地触及其日常生存方式之前，“五大洲”知识之虚实并不重要，而“东亚”也只有在全球意识形成的基础上才会成为内涵明确的概念。所以，17—19世纪中叶的 2 个世纪间的清朝统治者，

① 参看杨念群：《何谓“东亚”？——近代以来中日韩对“亚洲”想象的差异及其后果》，《清华大学学报（哲学社会科学版）》2012年第1期。

基本没有“东亚”概念，是很自然的事情。在这种情况下，清朝也自然不会去自觉地建构什么“东亚秩序”。

清前期的周边关系架构，从政治角度说，体现在封贡关系中，从经济角度说，体现在贸易中。前者是官方的、严格的，后者是官私掺杂的、漫漶的，两者范围不重合。学界使用“朝贡体制”概括帝制时代后期中国的中外关系的时候，常常夸大“朝贡”的意义，因而也会误解“朝贡”的地缘范围。清朝国际关系中最紧密的国家是朝鲜，其次是琉球、越南等“封贡”国家，再次是一般“朝贡”国。无封贡、朝贡关系的贸易国，自然关系要更疏远。日本既非封贡国，也非朝贡国，而是属于最后一类。因而，在把晚近习用的“东亚”范围推溯到清前期时代的视角下，可以看到，当时这里处于一个和平时期，民间为主的贸易活动使之相互联通，中日无邦交，而朝鲜则与中国、日本皆有直接政府间往来。

对于清前期东亚地区的国际关系格局，岩井茂树曾提出另一种看法。他认为，明前期政府所追求的基于朝贡体制实现天下秩序的构想在16世纪就已经破产，清代存在着一种以“沉默外交”方式处理涉及贸易和移居纠纷的国际关系，18世纪的“互市体制”就体现这种关系结构。[①] 他所说的“沉默外交”是一个非常含糊的概念，其前提是把“外交”的含义模糊化——外交指国家之间通过使节实现交往的行为，无外交不等于无关系，有关系不等于一定是外交关系。尽管如此，岩井茂树毕竟还是从他的角度确认了朝贡体系不能涵盖18世纪中日关系，乃至当时亚洲国际秩序体系的认识——这种秩序或者关系网络，要通过包括朝贡体系但不限于朝贡体系的多重视角来思考。

无论如何，17—19世纪中叶的中日之间毕竟是和平的，今人对这种和平得以实现的因由还应继续深入探讨，不应停止在已有的认识状态。

---

① 岩井茂樹：《清代の互市と“沈黙外交”》，载夫馬進編：《中国東アジア外交交流史の研究》，京都：京都大学学術出版会，2007年，第379—382頁。